# वाल्मीकीय रामायण में वर्णित आर्थिक जीवन

# वाल्मीकीय रामायण में वर्णित आर्थिक जीवन

डॉ. नारायण कुमार

प्रशांत पब्लिसिंग हाउस
दिल्ली-110094

*प्रकाशक:*

**प्रशांत पब्लिसिंग हाउस**

सी–34, 28 फुटा रोड, गली–3,

वेस्ट कलवर नगर, दिल्ली–110094

फोन नं.: 011.22963970, मोबाइल: 9810396373

ई–मेल: prashantpublishinghouse@gmail.com

# वाल्मीकीय रामायण में वर्णित आर्थिक जीवन



प्रथम संस्करण 2014

**ISBN** 978-93-80565-50-7

---

**मुद्रक**

एच.एस. ऑफसेट हाउस प्रेस, दिल्ली

# विषय सूची

# प्रस्तावना

भारतीय चितंन में धर्मतत्त्व सर्वोपरि मान्य समझा गया है उक्ति प्रसिद्ध है:–

***यदा यदा हि धर्मस्य ग्लानिः भवति भारत।***

*अभ्युत्थानम धर्मस्य तदात्मानम् सृजाम्यहम्*

*परिमाणाय हि साधुनाम्*

***विनाशाय च दुष्कृताम्***

*धर्मसंस्थापनोर्थाय*

*सम्भवामि युगे – युगे।।*

धर्म, अर्थ, काम, और मोक्ष, ये चार सोपान जीवन–विकास की सीढ़ी मान्य होती रही है। इन चारो में अर्थ की मान्यता सर्वोपरि अभिहित होते रहा है। समाज के विकास में अर्थ की भूमिका सर्वोपरि रूप में परिमाणित एवं सर्वग्राहय होती है। भारतीय चिंतन की यह मनोदशा चिरकाल से चली आ रही है जिसके फलस्वरूप जनसमुदाय सत्त विकासमान के रूप में मान्य हैं। वाल्मीकीय रामायण में उक्ति है:–

**धर्मार्थकामा!** किल जीव लोक सर्व धर्मः। धर्मफलेषुसर्वग्राहय हुआ करता है। ते तत्र सर्वे सुसंशयं में माम वस्यानिम्तसुपुत्रा

वाल्मीकीय रामायण श्लो सं॰ 57 पृ॰ सं॰ 229

**मानिषाद् प्रतिष्ठां त्वमगमः शाश्वतीः समाः।**

यत् क्रौत्र मिथुनादकम् अर्वाधकाममोहितम्।।

अर्थात् महेर्षि का कारूणिकाविषाद

पराकाष्ठा पर पहुंच गया था। करूणा की अजस्त्र धारा प्रवाहित हो रही थी। आखों के समक्ष ही कारूणिक दृश्य था क्योंकि **क्रौञी की चिल्लाहट असह्य हो रही थी।**

व्याध के प्रति अचानक भाव विशाल अभिव्यक्ति हो रही थी। है! निषाद! तुम्हें कभी प्रतिष्ठाा नहीं मिलेगी, क्योंकि, यह क्रूर कर्म बड़ा ही भयंकर एवं करूणाजन्य है।

ऋषि ने अनुष्टुप छन्द में करूणाजन्य पंक्ति शोकः श्लोकात्वभागतः।। अपने शिष्य को यह पंक्ति समस्या रखने का आदेश दिया। कभी-कभी सत्य सत्त् अनुप्राणित करता है और घटनाएँ हृदयविदारक होती हैं क्योंकि ''मंगलमय विभु किन-किन अमंगलों में कौन सा कल्याण विस्तार रहता है ''यह कौन कह सकता है।

जीवन की आधरशिला भी इस प्रकार उल्लिखित हुई है।

वित्तेन रक्ष्यते धर्मोविद्यायोगेणरन्दयते''

''मृदुना रक्ष्यते भूपः सन्नार्या रक्षतेगृहम्''

# 1

# मानव जीवन के पुरुषार्थ

भारत वर्ष में धर्म का अर्थ, काम तथा मोक्ष प्राप्ति का मूल सोपान कहा गया है। मानव जीवन का उद्देश्य पुरूषार्थ हैं। इन चार त्तवों की प्राप्ति ही है:–

"धर्मार्थ काम मोक्षणां प्राणा: संस्थि दृतव:"[1] में जीवन की स्थापना हुई है।

भारतीय साहित्य किसी एक का आश्रय न लेकर सभी अंगो का सम्यक् प्रश्रय समुपस्थित करने में पूर्ण सफल रहा है।

बाल्मीकि ने अपने काव्य-रचना का परिचय एवं उसमें आए विचारों का उल्लेख इस प्रकार किया है:–

*कामार्थगुणसंयुक्तम: धर्मार्थगुणविस्तरम्।।*

***समुद्रमिवरत्नाढ्यसर्व श्रुतिमनोहरम्।।***[2]

निश्चय ही कवि ने जीवन के चारों तत्वों को अपनी काव्य रचना में समाहित करने का प्रयास किया है। काव्य के सारे गुणों से युक्त होने के कारण प्रस्तुत महाकाव्य श्रोताओं के लिए श्रुतिमधुर है। तत्कालीनयुग के भावों - विचारों का समावेश होने के कारण इसे समुद्र कहा गया है। रत्नों की प्राप्ति हेतु समुद्र में गोते लगाने की आवश्यक है। इसमें काम, अर्थ एवं उनके फलों का वर्णन है।

---

1. पंचतन्त्रम्-हितोपदेश
2. वा. रा-1-3-8

धर्म एवं अर्थ के गुणों का विश्लेषण भी हुआ है।[3]

कवि ने लवकुश के मुख से रामायण का सस्वर पाठ उपस्थित किया है। श्रोताओं के समक्ष रचना के विषयों का उल्लेख करते हुए कहा है–तदिदं वर्तयिष्यामि सर्वे निखिलर्मादित।

*धर्मकामार्थसहितं श्रोतव्यमनसूयया।।*[4]

इसे एक ऐतिहासिक काव्य की संज्ञा दी गई है। रचना में धर्म, अर्थ तथा काम के वर्णन होने के फलस्वरूप श्रोताओं के लिए भी त्रिवर्ग की प्राप्ति की उदघोषणा की गई है। यह महाकाव्य उस युग का चित्रं उपस्थित करता हैं जब देश में न कोई भूखा था, न चोरों का भय था, नगर तथा सम्पूर्ण देश धनधान्य पूर्ण था।

*न चापि क्षुद्भ्यंतत्र न तस्करं भयं तथा।*

*नगराणि च राष्ट्राणि धनधन्ययुतानि च।।*[5]

ऋग्वेद में वर्णित है मार्ग प्रशस्त करने वाले पूर्वजों के प्रति असीमश्रद्धा प्रकट की गई है। जिन्हें जीने के लिए संघर्ष करना पड़ा तथा उनके संघर्ष से आने वाली पीढ़ी को दिशा मिली, वे निश्चय ही स्तुत्य हैं–

*"इदं नमः ऋषियेभ्यः पूर्वजेभ्यः पथिकमदर्थः।*

*पूर्वेभ्यः पथिकृदभयः।*[6]

अथर्ववेद ने तो उन्हें देवताओं के समान पुजनीय तथा यजनीय कहा है। जीवन के मार्ग को प्रशस्त बनाने वाले तथा समाज का कल्याण करने वाले पूर्वजों का भजन करने का उल्लेख इस प्रकार हुआ है–

*लोककृतः पथिकृतो यजामहे*

*ये देवानां हुत भागा इह स्थ।*[7]

---

3. वा. रा. 1–2–5
4. वा. रा. –1–1–93
6. ऋग्वेद–10–14–15–ऋग्वेद
7. अथर्व. वै. 18–3–25; 35

वाल्मीकीय रामायण और आर्थिक जीवन ये दो विरोधी बातें नहीं है–

*नाराज के जनपदे धनवन्तः सुरक्षिता:*

*शेरते विवृत द्वारा: कृषिगोरक्षजीविन:।।*[8]

इसमें पूरो समाज के आर्थिक क्रियाकलापों का चित्र, रचनाकार ने उपस्थित किया है। प्राचीन साहित्य का वार्ता शब्द वर्तमान अर्थशास्त्र का पर्यायवाची शब्द है। कवि वाल्मीकि ने इसका प्रयोग किया है।

*कश्चिते दयिता: सर्वे कृषिगोरक्ष जीविन:।*

*वार्तायांसश्रितस्तात लोकोहि सुखमेधते।।*[9]

कौटिल्य ने कहा हैं–"कृषिपशुपाल्या वाणिज्या[10] च वार्ता" महाभारत में वार्ताशास्त्र का इस प्रकार उल्लेख किया गया है–

*वार्तामूलोऽयं लोकस्य तथा वैधर्यते सदा।*

*त्तसर्वम् वर्तते सभ्यगयथा रक्षतिम्मिप:।।*[11]

*पुराणों में वार्ताशास्त्र की चर्चा होती रही है।*

वृत्ति यानि जीविका से सम्वद्ध शास्त्र ही वार्ताशास्त्र कहा गया था। कोशकार के अनुसार भी अजीवो जीविका-वार्ता:"[12] कह कर स्पष्ट किया गया है। वायुपुराण ने इस शास्त्र की व्याख्या इस प्रकार की है–

*तव: प्रादुर्वभौ तासां सिद्धिस्त्रेतायुगेपुन:।।*

*वार्तार्थसधिकास्यन्या वृतिस्तासांहिकामत:।।*[13]

मतस्यपुराण ने वार्ता" का ऐतिहासिक विश्लेषण दिया है कि द्वापर बोधित

---

8. बा. रा 267-19
9. वा. रा.-2-10-100-47
10. अर्थशास्त्र 1-4
11. महाभारत वनपर्व, 67-35
12. अमरकोष-2-91
13. वायुपुराण 8-124

युगभेद के साथ मतिभेद उत्पन्न हुआ तो मनसा, वाचा, कर्मणा पूर्व वार्ता की व्यवस्था की गई।–

*द्वापरेष्वभिवर्तन्तेमतिभेदस्तदा नृणाम्।*

*मनसा कर्मणा वाचा कृच्छ्द् वार्ता प्रसिधयति।।* [14]

इस तरह के वार्ताशास्त्र पर वाल्मीकि की भी दृष्टिथी जिसका बीज ऋग्वेद काल में ही पड़ गया था।

यत्र व ग्रावा पृथुबुघ्न उर्ध्वो भवति सोतवे। रामायण में भ्सी आर्थिक जीवन सर्वत्र प्रतिविम्वित हुआ है। राम से मिलने हेतु भरत जब चित्रकूट पहँचे तो राम ने अर्थशास्त्री सुधन्वा का कुशल दोम पूछा। राजाओं के सत्परामर्श में अर्थशास्त्रियों का महत्व था। भरत का वन जाना विभिन्न शंकाओं से आपन्न है। अपनी शंकाओं के निवारण हेतु सुधन्वा जैसे अर्थशास्त्री का कुशल पूछकर राम आश्वस्त होना चाहते हैं निश्चय ही तत्कालीन राम परम्परा एवं सामाजिक परम्परा में सुधन्वा जैसे अर्थविद्याविशारद सम्मानित होते थे जो त्तयुगीन विचारधरा का परिचालक है।

*इष्वस्रवरसम्पन्नमर्थ शास्त्र विशारदम्।*

*सुधन्वानभुपाधयायं कच्चित्वं तातमन्य से।।* [16]

अर्थशास्त्रियों के विचारो की मान्यता उस युग में थी। अर्थसंकट काल में अर्थशास्त्रज्ञ की सहायता अनिवार्य थी।

*सहस्त्रण्यपिमूर्खाणां यघुपासते महीपतिः।*

*अथ वाष्यपुतान्येव नास्ति तेषु सहायता।।* [17]

संदेह नहीं कि रामायण काव्य राजतन्त्र कालीन समाज का आख्यान है। वह राजतन्त्र निरंकुश नहीं था। राजा के लिए त्याज्य तथा ग्राहय दोनों का उल्लेख एक साथ हुआ है–

---

14. मत्स्य पुराण 144-24
16. वा. रा. -2-100-14
17. वा. रा. -2-100-23

*दश पंच चतुर्वर्गान् सप्रवर्ग:च त्तवत:।*

*अष्टवर्ग त्रिवर्ग च विद्यास्तिस्तश्च राघव:।।*[18]

यहाँ ''निस्त्र:'' विद्या का उल्लेख हुआ है जिसके अन्तर्गत वेदत्रयी वातों एवं दण्डनीति का समावेश था। रामायण कालीन समाज अपनी आर्थिक चेष्टाओं में जुटा रहता था। यथा राजा तथा प्रजा का सिद्धान्त था। राजा की आर्थिक क्रियाएँ धर्म तथा काम से वाछित नहीं होती थी।

*कश्चिदर्थेन वा धर्ममर्थ धर्मेण वा पुन:।।*

*उमौ वा प्रीतिलोमेन कामेन च न बाधसे।*

*कश्चिदये च धर्म च कामं च जयतां वर।*

*विभज्यकाले कालज्ञ सर्वान वरद सेवसे।।*[19]

राम ने भरत से पूछा था कि तुम्हारी क्रियाएँ चाहे धर्मिक हो अथवा आर्थिक एक दूसरे का विरोधी तो नहीं है!

अर्थ धर्म से तथा धर्म काम से बाधित तो नहीं होता है। इस प्रकार राम के प्रश्न से त्तयुगीन राजाओं के क्रिया कलापों का चित्र स्पष्ट होता है। उस समय सुखसमृद्धि का वातावरण सर्वत्र लहराता था। राम ने उस जन समाज का उल्लेख किया है जो कृषि गोरक्षा तथा वाणिज्य जैसे साधनों से जीवन-निर्वाह करता था।–

*कच्चिते दयिता: सर्वे कृषिगोरक्ष जीविन:।*

*वार्तायां संश्रितस्तात लोको हि सुख मेधते।।*[20]

वार्ता पर आश्रित उस युग का समाज राजा द्वारा अपेक्षित नहीं था। भरत से उस वर्ग कुशल क्षेम पूछना उसके महत्त्व का परिचायक है। जिस राज्य के स्त्री-पुरुष सदा प्रसन्न रहते हैं, खेनी की अच्छी व्यवस्था है, पशु सम्पत्ति का आधिक्य है। भय रहित जन-मानस है। खानों की बहुलता विद्यमान है तथा

---

18. वा. रा. -2-100-68
19. वा. रा. -2-100-63
20. वाल्मीकि राम.2-100-47

अधम कोटि के मानवों का वास नहीं है। वैसा कोशल प्रदेश अभी किस स्थिति में है; राम भरत से जिज्ञासा करते हैं:–

*प्रहृष्ट नर-नारीक: समाजोत्सवशोभित:।*

*सुकृष्टसीमा पशुमान हिंसाभिरभिवर्जित:।।*

*अदेवमातृको रम्य: श्वापदै: परिवर्जित:।*

*परित्यक्तो भयै: खनिभिश्चोपशोभित:।।* [21]

अदेवमातृकभूमि का उल्लेख एवं अन्य परिवेशों के वर्णन से रामायणकालीन समाज की आर्थिकि दशा का चित्र उपस्थित होता है। ऐसे ही वर्णित तथ्यों के आधार पर आर्थिक जीवन का चित्र उपस्थित किया गया है, जो इस अनुसंधन कार्य का मुख्य विषय है।

रामायण काव्य का विषय मानव जीवन है क्योंकि जीवन की मूलनिधि धर्म, अर्थ, काम, एवं मोक्ष है। इस प्रकार प्रस्तुत काव्य रचना में स्थायी एवं अस्थायी दोनों ही तथ्य विद्यमान हैं। अस्थायी तथ्यों पर आधारित काव्य देशकाल की परिधि से घिरा रहाता है। देश काल के परिवर्तन के साथ यह काव्य अपना मूल्य खो बैठता है। दूसरी ओर स्थायी तत्त्वों पर आधारित काव्य अपना मूल्य चिरस्थायी बनाने में समर्थ रहता है। आदि कवि वाल्मीकि के काव्य का वर्ण्य विषय जीवन के स्थायी तत्त्व हैं। रचना में ऐसे लोकनायक चरित्रों का विश्लेषण हुआ है, जो धर्म, काम, मोक्ष के लिए सदा प्रयत्नशील दीख पड़ते हैं। प्रस्तुत पुस्तक महाकाव्य के अर्थ तत्त्व एवं काम तत्त्व से सम्बन्धित हैं। अर्थ एवं काम, धर्म तथा मोक्ष से भिन्न होते हुए भी जीवन के आवश्यक एवं अनिवार्य तत्त्व हैं। सम्पूर्ण रामायण महाकाव्य चार तत्त्वों से समन्वित है। डा० यतीन्द्रनाथ वोस की उक्ति है:–

Behind the divine liturgies and sacrificial fire they conjure up an advauced malrialistic consciousness that had been long locked up in the priestly coffer of "Sacred Books."[22]

---

21. वा. रा. -2-100-44, 45
22. The Social and Rural Economy of Nothern India 600 B.C. to 200 AD page 23.

अतीत वर्तमान की पृष्टभूमि है तथा परिवर्तन प्रकृति-धर्म के अन्तर्गत है।।

सृष्टि के आरम्भ से ही मानव की सारी चेष्टाएँ सुख के लिए होती रही है; संसार में फैली हुई आर्थिक संस्थाएँ जिन्हें हम आज चारों ओर देख रहे हैं वर्तमान युग से निर्माण के लिए उत्तरदायी है। प्राचीन भारत के लोगों ने जीवन के विविध क्षेमों में भी उल्लेखनीय सफल उद्योग किया था।[23]

इन सारे दृष्टिकोणें से यह पुस्तक का अपना महत्व है। क्योंकि प्राचीन आर्थिक जीवन हमारा सही इतिहास प्रस्तुत करता है जो वर्तमान समाज का आदर्श है। वर्तमान इतिहास ग्रन्थ समर्थों के कृत्यों का विवरण कहा जा सकता है। कारलाइल ने इतिहास की यही परिभाषा दी थी। प्राचीन साहित्य महान कला है।[24] जिसमें जीवन के सारे उदात्त तत्त्वों का ग्रहण हुआ है लेकिन कार लाइल का दृष्टिकोण एक देशीय है। समर्थों परपुड.वों एवं नृपों के कार्यों का वर्णन मात्र इतिहास हो तो जनधरा से उस ग्रन्थ का सम्पर्क नहीं हो पाता है। इतिहास वास्तव में जनता बनाती है। राजनीतिक इतिहास तो समाज के एक पक्ष का दिगदर्शन कराता है। अत: इतिहास यदि सर्वांगीण होगा तो सामाजिक प्रयासों का अधिकाधिक समावेश होना अनिवार्य है। इन सामाजिक प्रयाशों के अनुशीलन हेतु प्रचीन काव्यों, नाटकों तथा अन्य साहित्यिक कृतियों का विश्लेषण आवश्यक है। स्मृतिग्रन्थ निश्चय ही प्रचीन भारतीय समाज का ''मैगनाकाटा'' है जो सामाजिक विकास की विभिन्न स्थितियों से गुजरा है। प्रस्तुत अनुसंधान कार्य सामाजिक विकास के इतिहास की एक कड़ी के रूप में अवलोकनीय है। ऐतिहासिक साहित्य किसी न किसी रूप में भारतवर्ष में रहा है, यद्यपि उसका उद्देश्य बहुत अंशो में वीरपूजा ही रहा है। रामायण और महाभारत नामक दो वीर काव्य इस क्षेत्र में हिन्दुओं के स्तुत्य प्रयास हैं।[25]

रामायण काव्य अपने युग की प्रतिनिधि रचना है। पूरे समाज का प्रतिबिन्म इस कृति में उपलब्ध होने के कारण प्रस्तुत शोधकार्य आर्थिक विकास की

---

23. Corporate Life in Ancient India, Dr. R.C. Mazumdar translated by Prof. K. D. Bajpayi.
24. महान कला का विश्लेषण-वाल्टर पैटर-एप्रिसियेशन स्टाइल पेज 38
25. प्राचीन भारत का इतिहास-भागवतशरण उपाध्याय पृ. 5

परम्परा का दिगदर्शन है। ''वाल्मीकीय रामायण में वर्णित आर्थिक जीवन'' वर्तमान आर्थिक जीवन की पूर्व पीठिका है जिसे प्रस्तुत शोध प्रबन्ध द्वारा प्रस्तुत करने का प्रयास किया गया है।

वाल्मीकीय रामायण पर कार्य करने वाले रामाश्रय शर्मा हैं जिनका शोध प्रबन्ध 1941 में प्रकाशित हो चुका है। इस दिशा में दूसरा प्रशंसनीय कार्य डा॰ पी॰ सी॰ वर्मा का है। उनकी रचना ''रामायण-पालिटी' गवेषणात्मक कार्य है। आजकल वाल्मीकीय रामायण का जो प्रकाशन विशेष प्रचलित एवं सत्यमाना जाता है वह बम्बई संस्करण है। इसमें आदि काव्य का प्राचीनतम रूप सुरक्षित रखने का प्रयास किया है।[26]

26. ए.ए. मैकडानेल-हिस्ट्री ऑफ संस्कृत लिटरेचर-पृ. 303

2

# रामायण संपूर्ण भारतीय आर्थिक जीवन

## रामायणपूर्ण भारतीय समाज का इतिहास एवं विभिन्न जातियों के संयोग

रामायण पूर्व भारतीय समाज का इतिहास वेदों एवं उपनिषदों से उपलब्ध होता है। वाल्मीकीय रामायण का मुख्य अंश इस्वी पूर्व 500 के पहले रचा गया है।[1] अत: इसके पूर्व के उपलब्ध साहित्य ऋग्वेद से आर्यों के भारत में प्रसार आपस के युद्ध एवं संघर्ष तथा उनके सामाजिक आर्थिक तथा धार्मिक संरचना के आधार पर रामायण पूर्व समाज का वास्तविक विवरण प्राप्त होता है अथर्वेद तथा यजुर्वेद तत्कालीन संस्कृति एवं जन-जीवन का इतिहास प्रस्तुत करते हैं। ऐतरेय और तैत्तिरीय आदि ब्राहमण ग्रन्थों बृहदारण्यक तथा छान्दोग्य आदि उपनिषदों से सामाजिक विकास से सम्बद्ध प्रचुर सामग्री उपलब्ध हुई है। वृहदारण्यक उपनिषद से यह उद्धरण ऐसा ही संकेत देता है-स नैव व्यभ्वत स विशमसुक्त, यान्येतानि देवतानि गणश:-शंकराचार्य द्वारा इसी व्याख्या में कहा गया है।

विद्योपार्जन हेतु वैश्य वर्ग समाज में उत्पन्न होता है। गण का संगठन होता है। गण के द्वारा ही उत्पादन कार्य प्रारम्भ होता है। व्यक्तिगत प्रयास से सफलता सम्भव नही थी। सहकारिता के द्वारा सम्पत्ति का उपार्जन स्वाभाविक धरा बन

1. ए.ए. मैकडानेल-हिस्ट्री ऑफ संस्कृत लिटरेचर-पृ. 301

गई। श्रेष्ठि तथा गण के हाथ में उत्पादन कार्य आया।[3] अनन्तं बलं में वित्त; यस्य में नास्ति किंचन।[4] यह चिन्तन बहुत वाद की विकासधारा है। प्रारम्भिक आर्थिक स्थिति की नींव तो इन सूक्तों में निहित है:-

*उत गाव इवा दन्त्युत् वेश्भेव दृश्यते।*
*उतो अरण्यानिः सायं शक्टीरिव सर्जति*
*गामडैब आह्वयति दार्वागैषो अपावधीन्*
*वसन्नरण्यान्यां सायमऋक्षदिति मन्यते*
*न वा अरण्याहियां निर्हन्त्यन्यच्श्रेन्नभिगच्छति*
*स्वादोः फलस्य जगध्वाय यथा कामं पिद्यते।*
*आञ्जनगन्धिं सुरभि वहन्नाम कृषी बलाम।*
*प्राहं मृगाणां मातरमरण्यानिम शंसिषम।।*[5]

वन ही घर की तरह दीख रहा है, गाएं चर रही है। यहाँ वन का दृश्य है कि कोई गाड़ी भेज रहा है, कोई लकड़ी काट रहा है, कोई गाएं बुला रहा है और कोई संध्या के कारण भयभीत भी हो रहा है। यहाँ हिंसक पशु न हो तो यह वन किसी की हत्या नही करता है। यहाँ स्वादिष्ट फल भोजन हेतु मिल जाते हैं। कस्तुरी तथा पुष्प में सुगन्धि है। विना खेती किये ही अन्न मिल जाता है तथा विभिन्न जातियों के पशुओं का जन्म स्थान भी है। – यह समाज यज्ञ – याजन की प्रक्रिया से विकास की दिशा ग्रहण करता है–

"From the list of human victims in the Yajurveda and from that of the artisans grouped round the Ashwamedha, we infer the existence of numerous crafts, evidence of active social life.[6]

---

3. ऐतरेयब्राह्मण-3-10-31; कौषीतकि 28-6
   तै. ब्राह्मण-3-4-106
4. महाभारतशांतिपर्व 7-1
5. ऋग्वेद-10-146-1 से 6
6. Classical India-Vol. III, Vedic India by Louis Renoce, translated by Philip Spratt page 133

पुनर्जन्म एवं मोक्ष आदि की कल्पनाएँ बहुत अधिक चिंतनशील समाज की देन कही जा सकती है। नये वैज्ञानिक खोजों की और समाज का मूड़ना उनकी आर्थिक सम्पन्नता का परिचायक है।

कृधी न ऊर्ध्वं चरणय जीवसे [7] जीवन यात्रा में समुन्नत होने की जो प्रार्थना थी फलीभूत होने लगी थी। परिणामस्वरूप जीवन में जटिलता आई। नयी सभ्यता का विकास हुआ। पूरोहितों का समाज पर शासन कायम हुआ। यह कोर्ट जीवन का प्रारम्भ था। वर्ग चेतना की भावना उत्पन्न होने लगी थी। यह जातिभावना की नीति का समय था। समाज में कार्यों का विभाजन आवश्यक मन लिया। अथर्ववेद तथा यजुर्वेद में ऐसे अनेक मन्त्र हैं जिनसे स्पष्ट होता है कि समाज को विघटित होने से बचाने का प्रयास भी साथ-साथ चल रहा था। चली आती हुई परम्परा से भिन्न मार्ग या दिशा ग्रहण करने की चेष्टा उस समय हो रही थी इसलिए ये मन्त्र संगठित करने का प्रयास था।

तरकण्मो व्रत वा गृहे संज्ञानं पुरूषेभ्य: [8]

सुमति तथा सद्भावना लोगों में आवे यही कामना की गई है और संगठित होकर जीने की प्रेरणा इस प्रकार दी जाती है–

"अनाधृष्टा: सीव्रत सहौजस:" [9]

यानि संगठित होकर जीवन यापन करने में कोई भय नहीं रहता है। सामाजिक वैमनस्य न हो सामंजस्य की स्थापना, तथा सह-अस्त्तिव का सद्प्रयास इस मन्त्र में स्पष्ट दीख पड़ता है।

दृते वृहं या मित्रस्य मा चक्षुसा सर्वाणिमृतानि समीक्षान्ताम् मित्रस्याहं यदुाणा सर्वानि भूतानि समीक्षे। [10]

यहाँ पर दृष्टि सुस्थिर करने की कामना है, जिससे सभी उसे मित्र की

---

7. ऋग्वेद-1-36-14
8. अथर्व वेद-3-30-4
9. शुक्लयजुर्वेद संहिता-10-4
10. शुक्लयजुर्वेद संहिता-36-18

दृष्टि से देखें तथा वे भी सबों को मित्र समझ सकें सामाजिक भावना का विकास चल पड़ा था।

एक परिवार के जितने मित्र थे यानी परिवारों के आंचार - विचार मिलते - जुलते थे, वे सभी एक सूत्र में बंध चुके थे।[11]

विभिन्न परिवारों के लिए एक समान नियम-बन्धन की कल्पना ही नहीं की गई, बल्कि उसे एक महाव्रत कहकर आर्यों ने घोषित किया–

*सप्रमर्यादाः कवयस्तक्षुस्तासामेकामिदम्यहुरोगात्।*

*आयोह स्कम्भ उपमस्य नीले पथां विसर्गे धरूणेषु तस्थौ।*[12]

'सप्रमर्यादा' यानि हिंसा, चोरी, व्यभिचार मद्यपान द्यूत अनृत भाषण तथा इन पाप कर्मों में लिप्त रहने वालों का साथ देने वाला आदि नियम इनके अन्तर्गत थे। जो इस मर्यादा का पालन करता था, वह परिकर महाव्रती था। उन सामाजिक नियमों का पालन नहीं किये जाने पर सामाजिक अव्यवस्थाएँ उत्पन्न होती थी। दूसरी ओर सम्पत्ति पर जब व्यक्तिगत अधिकार कायम होने लगा था। गरीब, अमीर वर्ग तैयार होने लगे थे। सम्पत्ति के साधनों पर अधिकार करने की होड़ थी। नैतिक आधारों पर गरीबों की रक्षा का उत्तरदायित्व लिया जा रहा था। भूखें को विना भोजन दिये स्वयं भोजन लेना जघन्य पाप समझा जाता था। उदारता सदृदयता तथा परोपकारिता के मन्त्र प्रचारित हो रहे थे। समाज को सही दिशा देने के लिए नैतिक आदर्श इस प्रकार रक्खा गया था–

1. दैवा न आयुः प्रतिरन्तु ऋ॰ वे॰ 1-89-2
2. न कृते श्रान्तस्य सख्याय देवा
3. न देवानामति व्रतं शतात्मा चन जीवति

परिणामस्वरूप जिन्होंने आचरण की पवित्रता सिद्ध की उन्हें श्रेष्ठता मिल गई। आचरण तथा धन दोनों में श्रेष्ठता होनी चाहिए थी। इस श्रेष्ठता के फलस्वरूप समाज का नेता होने की परम्परा चल पड़ी–

---

11. ऋग्वेद-7-55-5; अथर्ववेद-9-5-30
12. ऋग्वेद-10-5-6

यो वै भवति यः श्रेष्ठतामश्नुते तस्य वाचंप्रादितामनु प्रवदन्ति।[14]

अपनी रक्षा हेतु शक्तिशाली व्यक्ति के चयन द्वारा सम्पत्ति रक्षा का प्रयास हुआ इन्द्र ने दस्युओं से रक्षा का कार्य सम्हाल लिया क्योंकि वे सेना नायक थे।[15]

इसकी पराकाष्ठा एवं परिणति महाभारत में उल्लिखित की गई हैं जो इस प्रकार है–

*राजानं प्रथमं विन्देत त्तो भार्या तपोधनम।*

*राजन्यसति लोकस्य कुतो मार्या कुतोधनम्।।*[16]

इसकी प्रारम्भिक स्थिति केसी थी इस ओर भी घ्यान आकृष्ट किया गया है। पहले जब समाज बना और आवश्यकतानुसार उत्पादन शुरू हुआ तो न राजा था और न राज्य ये था। दण्ड देने वाला या दण्ड भोगने वाला समाज में नहीं था। धर्म या उक्त महाव्रत ही सवों की रक्षा करता था। उसका उल्लेख महाभारत में इस प्रकार है जो राजसत्ता के विकास का इतिहास है। न वै राज्यं न राजासीन्न च दण्डो न दाण्डिकः धर्मणैव सर्वा रक्षान्ति स्म परस्परम्।[17]

बीज जन सड़ता है तो पौधे अंकरित होते है। और जब समाज सड़ता ह तो राजसत्ता अंकरित हुई होगी यह स्पष्ट है। कहना नहीं होगा कि समाज की सड़ांध से राजसत्ता पनपी थी। ऋग्वेद में ही यह आशंका व्यक्त कर दी गई थी क्योंक सम्पत्ति सामुहिक अधिकार से बाहर होती जा रही थी। सम्पत्ति ने अपने अधिकार के फलस्वरूप समाज में विभिन्न विकृतियों उत्पन्न थी। इर्ष्या द्वेष, वैमनस्य, आक्रोश तथा घृणा की जननी सम्पत्ति बन गई–

*एकपादभयो द्विपदोवि चक्रमे द्विपात्त्रिपादमभ्र्त्रूेति पश्चात्*

*चतुष्पादेति द्विपदामभिस्वरे सम्पश्यन्षड.क्ति दपतिरूठमान।*[18]

---

14. ऐ. ब्राह्मण–2–15
15. ऋग्वेद–10–20–8, 1–100–18
16. महाभारत शांति पर्व 57–41
17. महाभारत शांति पर्व 59–14
18. ऋग्वेद–10–117–8

यानी एक गुना धन रखने वाला दो गुने वाले से बैर करने लगता है दो गुने वाले तिगुने वाले के पीछे दौड़ता है, चौगुने धन वाले अपने से दोगुने की महता प्राप्त करने की चेष्टा करने लगता है। इस प्रकार धन की तृष्णा की अनन्ता की ओर कृषियों ने पहले ही सोचा था। पर राजसत्ता कायम हुई जिसने असमानता धरा थी नहीं वल्कि उसके कार्यकलापों से यह विषमता बढती ही चली गई। इस प्राचीन समाजवाद आगे चलकर राजसत्ता में सिमर जाती है और राजसत्ता पूंजीवादी व्यवस्था के घेरे में उमड़-घुमड़कर प्रभाव स्थापित करती है। आर्यों ने यज्ञ का प्रारम्भ घन के वितरण के लिए किया था। इसकी विकृति इस रूप में कायम हुई कि समाज पुरोहितवाद की चपेट में आ गया। पर देवो का यज्ञ आदि में साम्यवाद ही कहा जा सकता है। सर्वप्रथम भय से उपसना की गई जिससे बैक्ति का प्रादुर्भाव हुआ। वह मातृसत्तात्मक युग था। पितृसत्तात्मक युग आते-आते यज्ञ धर्म वन चुका था। दिन भर की कमाई का वितरण अग्नि के पुरोहित द्वारा ही यही यज्ञ रहस्य था। यज्ञो वै श्रेष्ठतमं कर्म''[19] का सिद्धान्त सवों को मान्य था। यह शब्द का वाच्यार्थ है। स्वार्थ त्यागपूर्वक पूजन करना। इसीलिए अथर्वेद का कथन हैं "अयं यज्ञो भुवनस्य नाभि:" इसलिए ऋग्वेद ने घोषणा की कि यज्ञ ही मुख्य धर्म है "यज्ञेनयज्ञभयजन्त देवास्तानिधर्माणि प्रथमान्यासन्।[20]

देवों ने यज्ञ द्वारा यज्ञ पुरूष की पूजा की, यही यज्ञ प्रथम धर्म कहा गया है। यज्ञ धर्म से ही समत्व पर आधारित वह आर्य समाज रक्षित होता था।

*धर्मेणेव प्रजा: सर्वा रक्षन्तिस्म परस्परम्।*[21]

समाज विकास की यह कहानी है जिसे महाभारत में उल्लेखित किया गया है। मानव में विचारों की विकृति पराकाष्ठा पर आयी तो उसके पशुबल ने राजा पैदा किया।[22]

पूरोहित वाद राजा का सबसे बड़ा हथकंडा बन गया।

---

19. शतपथ ब्राह्मण-1-7-4-5
20. ऋग्वेद-10-90-16
21. महाभारत शांतिपर्व-59-14
22. व्राइस स्र्टडीज ऑफ हिस्ट्री एण्ड जूरिसप्रूडेंस वोल्यूम-2, पेज 516

धर्माघ्यज्ञ द्वारा सुखों की खरीद – विक्री होने लगी सुख अब पुरोहितों के बाजार में बिक रहे थे। कृतं में दक्षिणे हस्ते जयो में सव्य आहितः।[23] कासिद्धान्त गोण पड़ने लगा। यह कर्मवाद यज्ञ के कर्मकांड में डूबने लगा। ऐतरेय ब्राह्मण ने इस कर्मकाण्ड रहस्य पर विचार किया हैं–यथा हवा इंद निषादा वा पापकृतो वा विष्वन्तं पुरूषमरण्ये गृहीत्वा वर्तमन्थस्य विस्मादाय प्रवन्ति एवमेव सऋत्विजो यजमानं धर्मन्यस्य विस्मादाय प्रवदन्ति यमनेवं विदा यजयन्ति[24] लोभी लुटेरे कृत्विज यज्ञ के अधिकारी बनकर अरण्य में यजमानों को लूटने लगे। भय लोभ तथा अनाचार के वशीभूत होकर वे ऋत्विज से यज्ञ कराते थे। यजमान कभी-कभी प्राण भी खो बैठते थे।[25]

यं कामयते प्राण नैनं व्यर्धयानीत्विाय व्यमस्य लुब्धंशंस या पर्व वातीया है नैवं त्तलुब्धं प्राणे नेवैनं तद व्यर्धयतीति।[27] पुरोहितवाद में समाज में आस्था के स्थान पर जनास्था फैलाने का काम किया। अपनी कर्मण्यता समाज पर लादने का सफल प्रयास किया। याज्ञिक ब्राह्मणों को देखकर ही ऋग्वेद में यह कथन चेनावनी स्वरूप था–

*मो षु ब्रह्मेव तन्द्रुयुर्भुवो वाजानां पते।*

*मतस्या सुतस्य गोमतः।*[28]

पुरोहितवाद मूर्खता की पराकाष्ठा पर पहुँच गया जब यज्ञ में यह भी कहा जाने लगा कि जीवित जानकर के सींग में अपना पेशाब भरकर किसी सोये हुए दास के चारों ओर घूमना चाहिए। समाज विकास की उस प्रक्रिया ने वो अनर्थ एवं उत्पात पैदा किया उसके विरोध में आवाज उठने लगी। ऋषियों ने इस सामाजिक समस्या का समाधान अवश्य सोचा जो इस प्रकार अभिव्यक्ति हुआ है। यज्ञ का प्रारम्भ धर्म का समाधान अवश्य खोजा जो इस प्रकार अभिव्यक्त हुआ है। यज्ञ का प्रारम्भ धर्म की प्रवृत्ति से हुआ था न कि अकर्मण्यता की

---

23. अथर्ववेद-7-52-6
24. एतरेय ब्राह्मण-3-11-25-ऐतरेय ब्राह्मण-3-46
27. ऐतरेय ब्राह्मण-11-43/3
28. पारस्कर गृहयसूत्र-3-7

उपज के फलस्वरूप प्लवा ऐते अदृढ़ा यज्ञ रूपा अष्टादशोवतमवरं येषु कर्म।[29] यज्ञ टूटी नौका के समान है। इस पर बैठकर जरा मृत्यु के भ्रमर से निकलना सम्भव नहीं है। यह घोषणा करनी पड़ी एक अन्ध दूसरे अन्धे का सहारा लेता है क्योंकि उसे ज्ञात नही है कि सहायता करने वाला भी अन्ध है। यजमान तथा पुरोहित दोनों की वैसी ही स्थिति है। अविद्यायामन्तरे वर्तमाना: स्वयं धीरा: पण्डित मन्यमाना: दन्द्रभ्यमाणा: परियन्ति मूढ़ा अन्धैनैवनीयमाना यथान्धा:[130] विकास की यह गाते एक स्वाभाविक धरा थी जिससे आर्य जाति गुजरती रही है। कोई भी साहित्य अपनी श्रष्टा के जीवनकालीन युग का प्रतिविम्व ही होता है। निस्सीम तथा निष्काल साहित्य सामयिक तथा शाश्वत भी हुआ करता है। साहित्य का महत्व इसी में है कि वह इकाई में समष्टि तथा समष्टि में इकाई का मान सफलतापूर्वक करा सके।

रामायण पूर्व साहित्य युगधर्म का विश्लेषण करने में पूर्ण सफल हुआ है।

## विभिन्न जातियों का संयोग

इस तथ्य का महत्व अधिक नही है कि किन जातियों ने आर्यों को प्रभावित किया था। कौन सी जाति पहले यहाँ थी जिन्होंने सभ्यता का विकास किया। महत्वपूर्ण बात यह है आने वाली पीढ़ी ने अपने पूर्वजों से क्या पाया जिसका उल्लेख पहले यहाँ हो चुका है। इतिहास समाज-विकास की धरा के साथ विभिन्न जातियों का लेखा-जोखा भी प्रस्तुत करना चाहता है। अत: भारतीय समाज का प्राचीनतम रूप जाति तथ्यों के आधर पर वैसा था यह भी विचारणीय हो जाता है। मानव सृष्टि के इतिहास की तिथि की खोज आज तक निर्विवाद नही हो सकी है। फिर भी बहुत से तथ्यों पर विद्वानों का एक मत हो जाना कम आश्चर्यजनक घटना हो जाना कम आश्चर्यजनक घटना नहीं है। विद्वानों ने बहुत सी उपलब्ध सामग्रियों के आधार पर अनुमान लगाया है कि लगभग एक लाख से डेढ़ लाख वर्ष ईस्वी पूर्व भारत में मानव अस्तिव के चित्र

29. मुण्डोपनिषद्-1-2-7
30. कठोपनिषद्-1-2-5

प्राप्त होने हैं।[31] भारत की अति प्राचीन जातियाँ हब्सी और निषाद थी।[32] ठन जातियों ने अपने प्राचीनतम स्वरूप को अक्षुण बनाए रखने में अपनी असमर्थता का अनुभव किया क्योंकि इन्हें खाना बदोस जीवन व्यतीत करना पड़ता था, जिसके फलस्वरूप अन्य जातियों के सम्पर्क में आना तथा परिस्थिति के साथ विभिन्न संस्कारों का ग्रहण करना स्वाभाविक था। इस तरह की जातियाँ पूरे दक्षिण भारत में फैली हुई थी।'[33] प्रागैतिहासिक कालीन हब्सी, निषाद जाति का संघर्ष आग्नेय जाति से हुआ। आग्नेय जाति के कबीले अधिक शक्तिशाली तथा संगठित थे। मूल निवासी इस संघर्ष में टिक नहीं सके। छिन्न-भिन्न होकर इधर-उधर पहाड़ों-जंगलों में भाग चले तथा कुछ आग्नेय जाति विलीन हो गए। यह आग्नेय जाति परिवार अति विस्तृत हो गया। इनका प्रभाव बाद में आने वाली आर्य जाति पर पड़ा। आर्यनाम के साथ ऐसे अनेक शब्द जुड़ते गए हैं, जिनका मूल आग्नेय जाति परिवार की भाषा में निहित है। भाषा विज्ञान के आधार पर यह निष्कर्ष निकाला गया है कि भारत की प्राचीन आवादी किसी एक जाति के विकास के फलस्वरूप नहीं है बल्कि अनेक जातियों के संमिश्रण से यह भारतीय समाज विकसित हुआ है। मोहनजोदड़ो तथा हड़प्पा की खोज से यह तथ्य और भी स्पष्ट हुआ है। भारतीय आर्य जाति यहाँ की आदिम मूल जाति नहीं थी। वल्कि वहाँ से मूल निवासियों से उसे संघर्ष करना पड़ा। ऋग्वेद में इन्द्र की स्तुति की गई है कि आर्य जाति दस्युओं से घिरी हुई। वे दस्यु यज्ञ नहीं करने वाले, आसुरी स्वभावयुक्त हैं अत: उनका नाश किया जाय।[35] इस प्रकार विभिन्न जातियों के समागम के फलस्वरूप कोई भी जाति शुद्ध रूप में नही रह सकी बल्कि एक के साथ दूसरे का मिश्रण होते रहा। भाषा, रक्त एवं सभ्यता में स्वाभाविक आदान - प्रदान हुआ होगा।

इस तथ्य की अवहेलना या इससे दृष्टि फेर लेना अतीत की उपलब्धि के प्रति हमारी अधभक्ति कही जायगी। आस्ट्रिक जातियों का जिन्हें आग्नेय

---

31. प्राचीन भारतीय परम्परा और इतिहास-डॉ. रांपेयराघव (भूमिका)
32. पंचानन पृ.11 इन जा
33. इंडो आर्यन एण्ड हिन्दी-सुनीति कुमार चटर्जी, पृ. 34
35. ऋग्वेद-10-22-6

जातियों का भी संज्ञा दी गई है। आर्य सभ्यता को प्रभावित करने में महत्त्वपूर्ण स्थान था। प्रागैतिहासिक कालीन जातियाँ हब्सीए निषाद आदि जो भारत की मूल जातियाँ थी उनका योगदान भी कम महत्त्वपूर्ण नहीं है। इस प्रकार धुली मिली नयी सभ्यता पनपती रही है। आर्यों का रहन - सहन जैसे धेती पहनना स्त्रियों का साड़ी पहनना मांग में सिन्दूर डालना, विवाह आदि के नियम, ये सारी बाते इन्होंने यहां की आदिम जातियों से ग्रहण की।[36] निषाद एक बलिष्ट जाति थी जिसका उल्लेख रामायण में भी हुआ है।[37] इस जाति का अस्तिव एवं समुचित विकास बहुत दिनों तक कायम रहा क्योंकि यह एक सबल जाति थी।

निषाद जात्यो बलवान स्थप्रतिश्चेति विश्रुतः।[38]

दक्षिणी भारत से उत्तर की ओर इस जाति का बढ़ना सम्भव दीख पड़ता है। आर्य - अनार्य युद्ध में जो अनार्य जाति परणित हो जाती थी उसे समाज में निम्न स्थान दिया जाता था। संस्कृत के डोम शब्द एक निम्न जाति के लिए प्रस्तुत होता है।

यह जाति गा - बजाकर पेट पालती है। म्लेच्छ जाति के अन्तर्गत इसकी गणना हुई है आधुनिक भारतीय भाषाओं में डोम्बए डोम्बे, जेम्वर, डोम्बरी, डम्बर आदि नाम से यह प्राचीन जाति पहचानी जाती है। यह जाति आर्य तथा द्रविड़ दोनों नाम से यह पहचानी जाती है। यह जाती आर्य तथा द्रविड दोनों से पुरानी है।[39]

प्राचीन भौतिक सभ्यता को आगे बढ़ाने का श्रेय भारत की आदिम जातियाँ को अधिक दी जाती है। धन की खेती एवं अन्य अन्नों के उत्पादन में तथा इससे चीनी बनाने रूई से वस्त्र बनाने आदि के ज्ञान उन्हीं से प्राप्त हुए। ऐसा प्रतीत होता है कि गिनती का ज्ञान बीस तक की संख्या में आर्यों ने उन्हीं से सीखा था। तथा जानवरों को घरे लू बनाने का श्रेय उन्हीं जातियों को था।[40]

---

36. इंडो आर्यन एण्ड हिन्दी-सुनीति कुमार चटर्जी, पृ. 31
37. वा.रा. -2-50-35, 2-51-1
38. '' '' 2-50-33
39. प्रि. आर्यन एण्ड प्रिडेभिडियन इन इन्डिया-सी.पी.सी. वागची, पृ. 16
40. एनशिन्ट इन्डिया-डॉ. आर.सी. मजुमदार, पृ. 16

आस्ट्रिक जाति की अपेक्षा इसका व्यापारिक सम्बन्ध दुनियाँ के अन्य देशों के साथ अधिक था। नगर सभ्यता का विकास इन जाति में हो चुका था। धातुओं के उपयोग के ज्ञान प्राप्त हो चुके थे। मूर्ति उपासना मूर्ति के आगे फल पुष्प एवं जल चढ़ाना इन्हीं की देन थी। हिन्दुओं की कई एक दैवमूर्तियाँ इनकी देन है।

मूर्तियाँ इनकी देन है। इस काल में अन्य देशों में कोई ऐसी वस्तु नही जो यहाँ की चीनी मिट्टी से बनी भेड़ों कुत्तों, या अन्य पशुओं की मूत्तियों से साभ्य रखती हो आर्यो ने निषाद, शबर, द्रविड़, आदि जातियों से बहुत कुछ ग्रहण किया था जिसे अभिसभ्यता के अन्तर्गत बड़े आदर से स्थान दिया जाता था।[42]

इस प्रकार आर्यो का प्राचीन इतिहास विभिन्न कालों तथा जातियों का इतिहास हैं। वेदकालीन समाज से भी एक लम्वे समय का चित्र उमड़कर सामने आता है। ऋग्वेद सूक्तों की रचना काफी लम्बे समय तक होती रही थी।[43]

युग का प्रभाव जाति समाज पर पूर्णरूप से रहता है। युग परिवर्तन से धर्म का व्यवहार-पक्ष बदल जाता है, जैसा कि महाभारत में उल्लिखित हुआ है, इसे विकास या ह्रास जो भी कहा जाय लेकिन इसका प्रभाव निश्चित है-

*अन्ये कृतयुगे धर्मास्त्रेतायां द्वापरऽपरे।*

*अन्य कलियुगे नृणां सानुरूपतः।*[44]

परिणामस्वरूप कौरव - पाण्डवों के निकट पूर्वज शान्तनु और उसके ऋित्विज वन्धु देवापि[45] - जो ऋग्वेद में वर्णित उनसे जो चित्र उभरता है यह प्राचीन मन्त्रों से नही होता है। प्राचीन आर्य कवीले का वर्णन तथा एक सुव्यवस्थित समाज के वर्णन तथा एक सुव्यवस्थित समाज के वर्णन में काफी भिन्नता है। आर्य की परिभाषा ऋग्वेद में उल्लिखित हुई है जिनके अनुसार यज्ञ

42. हिन्दू सिमलायजेशन-डॉ. आर.के. मुखर्जी
43. ऋग्वेदिक इन्डिया-डॉ. अविनाश चन्द्र दास
44. महाभारत शान्तिपर्व 259-8
45. प्राचीन भारत का इतिहास-भगवतशरण उपाध्याय, पृ. 57

करने वाले आर्य हैं – यास्क ने आर्यों को ईश्वरपत्र कहा है।[47] दूसरी ओर "पणि" देवताओं को बली नहीं देता है; वह दक्षिणा भी नही देता है।[48] इन्द्र वृत का युद्ध ऋग्वेद में वर्णित है। इन्द्र एक शक्तिशाली राजा है जो अपनी विशाल शैन्यशक्ति तथा विकसित समाज का नायक है। वृत्र जिन्हें देव भी कहा गया है। दूसरे कबीले का नायक है। स्पर्ध के कारण दोनों के युद्ध में यह प्रसंग आया है कि हे इन्द्र! तुमने पणि की छिपायी गायजीत ली थी। त्वष्टा जो सोम के अधिष्ठय थे उन्हें भी जीता था। तुम्हारी शक्ति उस भय रहित बाज की तरह है–

नव च यन्ववतिं च स्त्रवन्ति श्येनो मीतो उत्तरो रजांसि।[49] आर्य सेना नायक का दूसरा चित्र इस प्रकार है।

*यः पृथिवी व्यथमाना मदृंहद् यः पर्वतान्*

*प्रकुपितानरभ्यात् स जनास इन्द्रः*[50]

*इस प्रकार रामायणपूर्ण समाज के इतिहास की एक लम्बी कहानी है। जो विकास की विभिन्न धराओं से गुजरती है।*

## आर्थिक जीवन के विश्लेषण

भाषा – शास्त्रियों के अनुसार आदय भारत – युरोपियों का सामाजिक जीवन बहुत सरल था आर्यों की उक्ति है – मैं जिस देश में जाऊँ, कहाँ शरण लूँ, कौन सा देश उपदेशक और उसके साथ वालों को शरण देता है। यह भाव अपनी परिस्थिति के वर्णन में अभिव्यक्त हुआ है।[51] इस समय वे आर्य सिर्फ भेंड़-बकरी तथा कुत्ते से परिचित थे। चिड़ियों का ज्ञान था पर मछली के ज्ञान का संकेत नही प्राप्त होता है। उन्हें घुमन्तु जीवन व्यतीत करना पड़ता था। जिस

---

47. यास्क नि. पू. सं. 6-26
48. वैदिक इन्डेक्स भा-1, पृ. 471
49. ऋग्वेद 1-1-27, 32
50. ऋग्वेद 2-12-2
51. ऋग्वेद-4-6-1, 4-46-2

हेतु अन्य कबीलों सम्पर्क में आना स्वाभाविक था। आवश्यकताओं से ग्रसित होने के कारण आवश्यकता के अनुकूल ही क्रमिक विकास की प्रक्रिया ने सभ्यता की विभिन्न दिशाओं की ओर उन्हें उत्त्प्रेरित किया। ऋग्वेद में ऐसे वर्णन उपलब्ध हैं। जिनसे प्रतीत होता है कि वे आर्य अपने निवास - स्थान के स्वामित्व हेतु अनार्यों से संघर्ष करते रहे। घुमक्कड़ जीवन समाप्त करने के क्रम में अनार्य - आर्य - संघर्ष की दौड़ चलती रही।[52] ऋग्वेद में आर्यों की इस भावना से सम्बद्ध अनेक सूक्त हैं, जैसे –

*दस्युरभि न अमन्तुरण्यव्रतो अमानुषः।*
*त्वं तस्या मित्रहन्वधर्दासस्य दम्मच।*

अग्नि से भी प्रार्थना की जाती है कि वह वरूथ को जला दे। विश्वा अग्नेऽपयहारातीये भिस्तपोभिरवहो वरूथम।

अर्थात् हे अग्नि! जिस तेज से तुमने कर्कश शब्द वाले जरूथ को जलाया, उसी से राक्षसों को जलाओं। यह संघर्ष आर्थिक स्थिति की सुदृढ़ता के लिए था। अनार्यों की ओर से इन्हें आर्थिक आधार के स्वामी बनने का अवसर प्राप्त हुआ। यह उल्लेख कि इन्द्र पूर्व पश्चिम उत्तर तथा दक्षिण दिशाओं के शत्रुओं का विनाश करें।[53] स्पष्ट करता है कि आर्य अब स्थिर रहने की स्थिति में आ चुके थे। जीविका के लिए जानबरों के स्थान परिवर्तन अब आवश्यक नहीं था। सरस्वती नदी से प्रार्थना करते हैं कि सभी नदियों को वे निकट ले आवें तथा शत्रुओं का विनाश करें[54] यहाँ आर्यों का जीवन अब सिर्फ पशुओं पर अब अवलम्वित नहीं था वल्कि जीविकोपार्जन के द्वितीय साधन की ओर बढ़ चला था। खेती से पशुपालन में भी सहायता मिलती थी। खेती के कारण सामाजिक उत्तरदायित्व बढ़ जाता था। कृषि कार्य के लिए सामाजिक सुव्यवस्था करनी पड़ी तथा अनेक दास समाज में ही रहने लगे। अब युद्ध में उनकी हत्या न करके वंदी बना लेने की परम्परा चल पड़ी। भारत के मूल निवासियों को

---

52. ऋग्वेद-4-16-13, 4-30-21, 7-1-7, 7-9-6
53. ऋग्वेद -10-131
54. ऋग्वेद-6-61-9

आर्थिक दृष्टि से पंगु बना दिया गया। आर्यों की इच्छा पर अवलम्वित रहने के लिए वे बाध्य कर दिए गए। इस प्रकार आर्यों ने एक नवीन आर्थिक के आधार हस्तगत किया था जो पहले अनार्यों के दृष्थों में था। नये सिरे से वस्तियों का निर्माण हुउपजो आर्यग्राम कहलाते थे।

**कृषि व्यवस्था**

ऋग्वेद के प्रथम मण्डल में एक ऋचा है - मैं पवित्र बलए मिश्र और हिंसक रिपु विनाशक वरूण को बुलाता हूँ[55] जल के देवता की आराधना कृषि कार्य के प्रारम्भ का परिचायक है। पशुपालन के स्थान पर कृषि मुख्य जीविका बन गई। कृषि का ज्ञान आर्यों ने इरानियों से अलग होने के पूर्व ही प्राप्त कर लिया था।

अवेस्ता भाषा के यओ करे शा और हल शब्द कृषि ज्ञान के परिचायक हैं। ऋग्वेद के यवकृष भी वैसे ही शब्द हैं। अथर्व वेद में कृषि प्रारम्भ की चर्चा हुई है। पृथुवेन ने कृषिकार्य का आरम्भ किया था। अश्विनों का हल जोतना, बीज बोना आदि क्रियाएं ऋग्वेद में वर्णित हैं। खेती में हल के उपयोग होते थे तथा हल बैलों द्वारा खीचे जाते थे।[56] ऋग्वेद के इन मंत्रों से कृषि की झलक मिलती है। बैल मजदूर हल तथा चमड़े की रस्सी सभी मंगलमय हों यह कामना की जाती है। फसल भी सुफला हो।

*शुनं वाहाः शुनं नरः शुनः कृषालु लांगलं।*
*शुनं वरत्रा वधयन्तां शुनमष्ट्रामुविगंय।।*
*शुनः नः फालाः वि कृषन्तु भूमिं शुनंक्रीनाशा अभियन्तु बाहैः।*[57]

शुनं पर्जन्या मधुना पयोभिः शुनाशीरा शुनमस्मासुधरमा। आर्यों की व्यवस्थित खेती का प्रारम्भ ही नहीं वल्कि इस दिशा में विकास भी उन्होंने किया था। हल खींचने वाले बैलों की संख्या कभी छः, आठ या बारह तक होती थी।[58] कृषि

55. ऋग्वेद-1-1-1, 1-2-7
56. ऋग्वेद-8-22-6, 10-1-23
57. ऋग्वेद-10-1-23
58. ऋग्वेद-8-6-48, 10-101-4

योग्यभूमि क्षेत्र कहलाती थी। जो भूमि पशुपालन के निमित्त चारागाह में प्रयुक्त होती थी। यह गोचर कहलाती थी। क्षेत्र उपजाऊ भूमि के रूप में उल्लिखित हुआ है।[59] करीब खाद के काम में आता था।[60] शतपथ ब्राह्मण के अनुसार यह सूखे उपले के अर्थ में आता था। अथर्ववेद में इसकी उपयोगिता खाद के रूप में स्पष्ट की गई है।[61] आर्यों के लिए कृषि महत्वपूर्ण कार्य हो गया था।[62] फसलों की रक्षा पक्षियों से करनी पड़ती थी। अन्ने के नुकसान या खा जाने के भय से पक्षियों को उड़ाने के लिए जोर से आवाज लगानी पड़ती थी।[63]

फसल काटने के लिए हासिया का उपयोग किया जाता था। उसे गट्ठर में बाँधकर ढोने का कार्य होता था।[64]

खलिहान में अट्ठर जमा किए जाते थे।[65] इसे तैयार करने के लिए मलना पड़ता था। त्तिउ का शूप का उपयोग अन्न को भूसी से अलग करने में होता था।[66] अन्न मापे जाते थे[67] सिंचाई के लिए कई तरह के साधनों के उपयोग होते थे। नहरों से पानी लेकर सींचने का काम होता था।[68]

कुआं जो मनुष्य द्वारा उपयोग में लाया जाता था 'वह' ''अवट'' कहा जाता था। पशुवों को जल पिलाने के काम में आने वाले कुएं ''चरही'' कहे जाते थे।[69] सिंचाई के काम में आने वाले कुएं सिंचाई उपादानों से युक्त रहते थे जैसे कोष (चरस) वरत्रा (बरत) अश्म चक्र (गरारी) इत्यादि इस तरह के

---

59. ऋग्वेद-5-2-1
60. शतपथ ब्रा.-2-1, 4-7
61. अथर्ववेद-3-14-3, 4
62. ऋग्वेद-10-38-7, 13, 117
63. '' -10-68-1
64. ''-8-78-10, 10-101-3
65. ''-10-48-7
66. ''-10-71-2
67. ऋग्वेद-2-14-11
68. '' 8-69-128
69. '' -10-101-7

कूएं से ही सिंचाई कार्य सम्पन्न किया जाता था।[70] कुएँ का जल एक चौड़ी नाली से खेत तक लाए जाते थे। नाली के लिए सुपिरा भूमि का उल्लेख हुआ है जिसके माधयम से खेत तक जल पहुँचाया जाता था।[71] सिंचाई के काम में ह्रद (पोखर) का उपयोग होता था। कृत्या भी सिंचाई के साधन थे।[72] वरत्रा चमड़े की रस्सी थी जिसे कोष में बाँधकर पानी बाहर निकाला[73] जाता था। नहरों के उपयोग से विदित होता है कि सिंचाई का महत्त्व कृषकों को ज्ञात हो चुका या तथा समुन्नत सिंचाई साधन का उपयोग होने लगा[74] था। फसलों को जल द्वारा हरा मरा बनाये रखना यह महत्वपूर्ण था। अतिवृष्टि एवं अनावृष्टि से फसलों का प्रमावित होना उस काल में एक प्राकृतिक एवं स्वाभाविक परिणाम माना जाता था। फसलों को नुकसान पहुँचाने वाले अन्य प्राकृतिक प्रकोपों रिड्ड्यों, कीटों एवं पक्षियों से रक्षा के लिए लोग सचेष्ट रहते थे।[75]

शतपथ ब्राह्मण के अनुसार कृष में ये कार्य आवश्यक रूप से किये जाते थे। कृषन्तः (जोतना) वपन्तः (बीज बोना) लुनन्तः (काटना) तथा मृणन्तः (भूसा से अन्न अलग करना।) तैयार अन्न उर्वर से भापकर रक्खा जाता था।[81] अन्न रखने के लिए स्थवि का उपयोग होता था।[82] कृषक अधिक अन्न प्राप्ति की कामना करते थे और वे ऐसी प्रार्थना करते थे जिससे कि उन्हें अधिक अन्न मिल सके उनकी कामना उत्तम अन्न वाली खेती की रहती थीः सुसस्याः कृषि कृधिः[83] पृथ्वी की प्रार्थना इस प्रकार की गई है। यस्याश्चतस्तः प्रदिशः

70. ऋग्वेद-10-101-5, 6
71. ''-8-69-12
72. ''-3-45-3
73. ''-10-101-5, 7
74. अथर्ववेद-3-13
75. ऋग्वेद-10-68-1
81. ऋग्वेद-2-56-11
82. ''-10-68-3
83. यजुवेद-4-10

पृथिव्या यस्मान्नंकृष्ट्यंसंवभूव:।। या विमर्हि वसुधा प्राणदेवत् सानोभूमिगाष्वप्यन्नेवधातु [84] पृथिवी से प्रार्थना की जाती है कि वह अन्न तथा बौओं से सम्पन्न करें। उस भूमि के प्रति कृषकों की भावना दया एवं उत्साह से ओतप्रोत है।

*यत् से भूमे विज्ञानाभि क्षिप्रं तदपि रोहतुं।*
*मा ते मर्मे विमृग्णरि मा ते हृदयमप्रियम्।।*

यहाँ कामना की गई है जहाँ सौदी जाय वहे स्थल हर भरा हो जाय। मर्म पर आधात या हृदय व्यक्ति करने की भी वना भी नहीं है।। हल द्वारा जुते हुए खेत की रेखा सीता कहलाती थी। [85]

सीता सम्भवत: कृषि देवी के रूप में स्मरण की जाती थी। ऋग्वेद के सूक्त में सौभाग्यवती सीता हम तुम्हारी स्तुति करते हैं ऐसा उल्लेख है। उससे धन एवं सुन्दर फल [86] प्राप्ति की कामना भी की जाती है। पूषा उसे नियमित करें, यही प्रार्थना है। कौटिल्य अर्थशास्त्र में सीता में रिघ्यताम देवी वीजेषुधनेषु च इसी अर्थ में प्रयुक्त है। [87] कृषि कार्य इतना महत्वशाली हो गया कि हल, फाल एवं भूमि की प्रशंसा वार-वार होने लगी। [88] हल के वर्णन से स्पष्ट होता है, कि उस समय किस तरह के हल उपयोग में लाये जाते थे। हल की मूठ लकड़ी की होती थी। [89] इषा के हल को युक्त कर वैल के कंधे पर रक्खे जाने वाले जूए से भी सम्बद्ध कर दिये जाते थे। इसके भारीपन के फलस्वरूप इसे खीचने के लिए छ:, आठ, वारह या चौबीस वैलों तक का उपयोग एक साथ होता था। [90] वेदकालीन फसलों के उल्लेख से प्रतीत होता कि प्रारम्भ में विभिन्न फसलों के नाम 'यव' से जाने जाते है उस समय "यव" की खेती

85. शुक्ल यजुर्वेद-महीधर ठीका
86. ऋग्वेद-4-57-6, 7
87. अर्थशास्त्र-कौटिल्य
88. ऋग्वेद-4-47-6
89. अथर्ववेद-3-7-3
90. का. सं.-15-2

अधिक[91] होती होगी तथा अन्य अन्नों के नाम भी यव से समझे जातें होंगे। यह स्थिति पूर्व वैदिक काल की थी। उत्तर वैदिक काल में फसलों के नाम अनेक हो गए हैं। धन की उपज अधिक प्राचीन काल से होती थी। अन्न के लिए यव और धन्य दो शब्द प्रयुक्त होते थे। क्योंकि ये अन्नवाची शब्द थे। व्रीहि के कई प्रकार विकसित हो चुके थे। कृष्ण, आशु (शीघ्र उत्पन्न होने वाला तथा महाव्रीहि। इन तीनों प्रकार के धनों की खेती होती थी। डी॰ वैन्डोले के अनुसार व्रीहि चीन में दो हजार वर्ष ईस्वीवर्ष में पैदा होने लगा था, किन्तु ''लिवाल'' ने भारत को ही व्रीहि का प्रथम उत्पादक कहा है। अन्य देशों में इसके नाम भारत के आधर पर ही अलग-अलग रक्खे गए थे।[92] शालि तथा यव से भिन्न (गोधूम)[93] था जो बहुत पहले से ही उपजता था। भिन्न-भिन्न समय पर अलग-अलग फसल का बोया जाना तथा अलग अलग समय पर पकने पर काटा जाना उल्लिखित हुआ है।[94] तंदुल[95] नामक धन की खेती होती थी। जिसका उल्लेख अर्थेवद में हुआ है। अन्नों के अन्य नाम भी यहाँ उपलब्ध होते हैं। भाष, रयामाक; शारिशाला तिल जैसे अन्य तथा शण ज्ञात हो चुके थे।[96] गोधूम, यव, व्रीहि, माष, मसुर श्याभाक तिल के उल्लेख संहिताग्रन्थों में हुए हैं।[97]

ग्रामीण अन्न की संख्या उपनिषदग्रन्थ में उल्लिखित है जिससे प्रतीत होता है कि अन्य अन्न मुनिअन्न इससे भिन्न थे। अष्टाध्यायी में अन्नों की कृष्टवय तथा अकृष्टव्य कहकर विभाजित किया गया हैं।[98] कृष्टव्य वे अन्न कहे गए हैं जिसे कृषक उत्पन्न करते थे। अकृष्टव्य स्वतः ही जंगल में उत्पन्न होते थे।

---

91. तै.सं.-1-8-10-1
92. पतंजलिकालीन भारत-पृ. 261
93. मैत्रायणी सं.-1-2-8
94. ''   ''-1-131-2
95. अथर्ववेद-10-9-26
96. ''-2-2-54, 13-3-6, 9-17-4, 3-14-5
97. ब्रा. सं.-13-12, 19-22, 21-7 तैत. सं. 5-1-7-3
98. अष्टाध्यायी-3-1-114

बृहदारण्यकोपनिषद" में अन्न इस प्रकार उल्लिखित है - दशग्राम्याणि धन्यानि भवन्ति व्रीहि यवास्ति लमाषा अणुगबो गोधूमाच्श्र। मसुरच्श्र सत्याश खलकुलाश्च।[99] अन्न के महत्व की चर्चा तैत्तिरीय उपनिषद में की गइ है कि अन्न व्रहमस्वरूप है जिससे प्राणियों का उत्पन्न होना तथा मृत्यु के उपरान्त उसमें विलीन हो जाना निश्चित है।[100] अन्न उत्पादन समाज का महत्वपूर्ण कार्य था। इस कार्य में लगे लोगो को सामाजिक प्रतिष्ठा मिलती थी। पूर्व वैदिक कालीन आर्य अन्न ढ़ोने के लिए घोड़े, कुत्ते, ऊँट आदि का सहारा लेते थे। उनकी पीठ पर अन्न ढ़ोने का उल्लेख ऋग्वेद में उपलब्ध है।[101] बाद में चलकर वैलयुक्त शंकट का उपयोग होने लगा। भूमि की विभिन्न श्रेणियाँ थीं। हल्या, खिल खिल्य आदि शब्द भूमि की विशेषता के परिचायक हैं। ऋग्वेद में उर्वरा शब्द का प्रयोग अनेक स्थलों पर हुआ है।[102] उपजाऊ तथा बंजरभूमि में अन्तर समझा जाता था। जिसके लिए अलग - अलग शब्द प्रयुक्त हैं। खेतों के माप किये जाते थे तथा माप का पालन बड़ी सर्तकता से होता था जिसका उल्लेख ऋग्वेद में हुआ है।

भूमि पर व्यक्तिगत स्वाभित्व कायम होने लगा। ऋग्वेद के एक सूक्त में उपला में अपने पिता की भूमि पर स्वामित्व की चर्चा की है। किसी भूमि पर किसी विशेष व्यक्ति का रहना या किसी के द्वारा विजित करना भूमि पर व्यक्तिगत स्वामित्व का परिचायक है।[103] राज तन्त्रीय व्यवस्था कायम होने पर सिद्धान्तः भूमि राजा का अधिकार समझा जाता था। व्यवहार में भूमि पर व्यक्तिगत स्वामित्व मान्य था। राजा के अभिषेक में जिस मन्त्र का प्रयोग होता था उसके भाव इस प्रकार है:-राजन् तुम्हें राष्ट्रपति बनाया गया। तुम देश के प्रभु हो।

---

99. ब्र. उ.-6-3-1

100. तै.उ.-3-3

101. ऋग्वेद-8-16-28

102. ऋग्वेद-1-107-6, 4-41-6, 5-33-3, 6

103. ऋग्वेद-4-38-1

अरल, अविचल एवं स्थिर रहो। प्रजा तुम्हें चाहे तुम्हारा राष्ट्र नष्ट न हो–

*आ त्वाहर्षमन्तरेभि ध्रुवसिष्ठ, विचाचलिः*

*विशस्त्वा सर्वाञ्षांहन्तु मा त्वद्राष्ट्रमधिभ्रशत।*[104]

यहाँ पर विशों का महत्त्व स्पष्ट परिलक्षित है शतपथ व्राह्मण के अनुसार भूमि पर सबों का अधिकार स्वीकृत हुआ है।[105] व्राह्मण ग्रन्थों में आठ प्रकार के राज्यों का उल्लेख हुआ है।

*स्वस्ति साम्राज्यं भौज्यं।*

*बैराज्यं स्वराज्यं पारमैष्ठयं सज्यं, महाराज्यं*

*अधिपत्यमयं समन्त पर्यायी स्यात् सार्वभौमः सर्वायुषः*

*आन्तादः आपराद्धति पृथन्ये समुद्रपर्यन्ताया*

स्वराड. इति।[106]

इस प्रकार राजा द्वारा शासित विशों के व्यक्तिगत उपयोग हेतु ही भूमि थी। विशों ने अपने कल्याण के लिए राजा से यह कहकर प्रार्थना की थी–

अभिवृल्य सपत्नानभि या नो अरातय अभिपृत न्यन्तं तिष्ठाभि यो न हरस्यति।।

यानी जो विपक्षी हैं वे हमारे शत्रु हैं। जो सेना लेकर हमारे राष्ट्र में युद्ध करने हेतु जाते हैं और जो हमसे द्वेष करते हैं,[107] राजन, उन्हं पराजित करो। यहाँ भी स्पष्ट संकेत प्राप्त हे कि भूमि का उपयोग पूजा द्वारा होता था। राष्ट्र चेतना के आधर पर राजा का शासन पूरे देश पर था और भूमि विशों के हाथ में थी। व्यक्तिगत स्वाभित्व पर राजा की ओर से कोई संदेह उत्पन्न नहीं किया जाता था। विशों का निवास स्थान ग्राम कहलाता था। और उसका मुखिया ग्रामीण कहलाता था। देश की आवश्यकता पर राजा के आहवाण से ग्राम एकत्र

104. ऋग्वेद-10-173-1
105. शतपथ व्रा-13-7-7-75
106. ऐ. व्रा.-अध्याय-8
107. ऋग्वेद-10-174-2

हो जाता था। यही एकत्र हो जाता था। और वही एकत्र ग्राम संग्राम के कारण वाद में युद्ध के अर्थ में भी हो गया है। राष्ट्राभ्युदय में भी अपना अभ्युदय समझने वाला आर्य सर्वस्व होम करने के लिए तत्पर रहते थे। उनकी प्रार्थना थी कि वरूणराष्ट्र को अविचल करें। वृहस्पति राष्ट्र को स्थिर करें; इन्द्र राष्ट्र को सुदृढ़ करें। और अग्निदेव राष्ट्र को निश्चित रूप से धारण करें।।

*अटल, अविचल एवं स्थिर रहो। प्रजा तुम्हें चाहे – तुम्हारा राष्ट्र नष्ट न हो।–*

*आ त्वाहार्षमन्तरेधि ध्रुवतिष्ठा विचाचलिः विसस्त्वा सर्वाभिवाइन्तु मा त्वद्राष्ट्रमधिम्रशत्*

यहाँ पर विशों का महत्व स्पष्ट परिलक्षित है। शतपथ व्राह्मण के अनुसार भूमि पर सवों का अधिकार स्वीकृत हुआ है।

व्राह्मणग्रन्थ में आठ प्रकार के राज्यों का उल्लेख हुआ है – स्वस्ति साम्राज्यं, भौज्यं, स्वराज्यं वैराज्यं पारमैष्ठ्यं राज्यं महाराज्यं अधि पत्यमयं, समन्त पर्यायी स्यात् सार्वभौमः सर्वायुषः आन्ताद् आ पराद्धति, पृथव्ये समुद्र पर्यन्ताया एकराड्. इति। इस राजा द्वारा शासित विसों के व्यक्तिगत उपयोग हेतु; ही भूमि थी। विशों ने अपने कल्याण के लिए राजा से यह कहकर प्रार्थना की थी–

*अभिवृत्य सपत्नानभि या नो अरातयः*
*अभिभूत न्यन्तं निष्ठामि यो न हरस्यति।।*

यानि जो विपक्षी हैं जो हमारे हिंसक शत्रु हैं, जो सेना लेकर हमारे राष्ट्र में युद्ध करने हेतु आते हैं और जो इमसे द्वेष करते हैं, राजन्, उन्हें पराजित करो। यहाँ भी स्पष्ट संकेत प्राप्त है कि भूमि का उपयोग प्रजा द्वारा होता था।

राष्ट्र चेतना के आधर पर राजा का शासन पूरे देश पर था और भूमि विशों के हाथ में थी। व्यक्तिगत स्वामित्व पर राजा ओर से कोई संदेह उत्पन्न नहीं किया जाता था। विशों का निवास स्थान ग्राम कहलाता था। और उसका मुखिया ग्रामीण कहलाता था''।

देश की आवश्यकता पर राजा के आहवान से ग्राम एकत्र हो जाता था। और यही एकत्र ग्राम संग्राम के कारण वाद में युद्ध के अर्थ में भी रूढ़ हो गया है।

राष्ट्र अभ्युदय में ही अपना अभ्युदय समझने वाला आर्य सर्वस्व होम करने के लिए त्तपर रहते थे। उसकी प्रार्थना थी कि वरूण राष्ट्र को अविचल करें। वृहस्पति राष्ट्र को स्थिर करें, इन्द्रराष्ट्र को सुदृढ़ करें और अग्निदेष राष्ट्र को निश्चित रूप से धारण करें।

*ध्रुवं ते राजा वठणो ध्रुवं देवो वृहस्पतिः।।*

*ध्रुवं स इन्द्रश्चाग्निश्च राष्ट्रं धरयां ध्रुवम्।।* [108]

भूमि की सुरक्षा का उत्तरदायित्व हर तरह से राजा पर था। बदले में राजा का स्वामित्व सिद्धन्तः भूमि स्वीकार कर लिया गया था। इसके लिए राजा भूमि की उपज का कुछ भाग करके रूप में ग्रहण करता था। [109] राजा भूमि पर हस्तक्षेप करने का अधिकारी नही था। [110] ऐसा होने पर वैधानिक प्रश्न उठा करता था। ऋग्वेद में भूमि कर के लिए बलिशब्द प्रयुक्त हुआ है। [111]

वलिकृत के माध्यम से राजा कर प्राप्त करते थे। [112] बलिषड्.भाग ही कर चुकाने के विधन स्वीकृत थे। वौधयन एवं वसिष्ठ ने राजकर के लिए उपज का छठा भाग ही निश्चित किया है, [113]

कृषक वर्ग इस काल में समाज से, अलग - थलग नहीं दीखता है। कृषि के लिए निश्चित वर्ग तैयार नहीं हुआ था। परिश्रम एवं सहयोग से विभिन्न तरह के अन्न उपजाए जा रहे थे। सामूहिक प्रयास वह यज्ञ स्वरूप ही था जिससे अनेक तरह के अन्न उत्पन्न हो रहे थे।

*व्रीहयश्च में यवाश्च में भाषाश्च में तिलश्च में।* [114]

---

108. ऋग्वेद-10-173-5
109. मीमांसा सूत्र-6-73, मीमांसा दर्शन-6-7-3
110. अग्निपुराण-70-6
111. ऋग्वेद-1-70-9, 5-1-10
112. ऋग्वेद-7-6-5, 10-173-6
113. वौ.धा.सू.-1-10-18-1, वसिष्ठ ध. सू.-1-42
114. यजर्वेद-18-12

*मृद्‌गाश्च में सत्वाश्च में प्रियंगवश्च में मडणश्च मे मसूराश्च में यज्ञेन कल्पन्ताम्।।*

*श्यामाकाश्च मे नीवारश्च मे गोधूमाश्च मे।*

*समाज अथक परिश्रम द्वारा दरिद्रता से जुझते थे तथा उसका विनाश करते थे।।*

*चतो इतश्चत्तामुतः सर्वा मूणान्यारूषो अराय्ये ब्रह्मणस्पते तीक्ष्ण श्रृंगोद्‌दुषन्निहि।।* [115]

वैदिक काल में कृषि में प्रयुक्त होने वाले शब्द तथा उनके अर्थः–

**पशुपालन**

सम्पत्ति चल और अचल दोने प्रकार की थी। चल सम्पत्ति में पशु का सर्वाधिक महत्वपूर्ण स्थान था। आर्यों का प्रारम्भ में यही एक मात्र सम्पत्ति मानी जाती थी। लैटिन भाषा के पैकृस शब्द तथा अंग्रेजी के पिक्यूनरी शब्द आर्य भाषा के पशु शब्द से मिलते हैं। पैकृस तथा पिक्यूनरी धन के अर्थ प्रयुक्त होते हैं। समाज में कृषि की प्रधानता हो जाने पर भी पशु सम्पत्ति गौण नहीं रही। ऋग्वेद में गाव उक्षणः तथा बाजसनेचि संहिता में गावो धेनवः आदि शब्दों का प्रयेग वार-वार हुए हैं। देवताओं से पशु संख्या की वृद्धि हेतु प्रार्थना की गई है। इन्द्र की प्रार्थना करते हुए कहा गया है कि पूजनीय इन्द्र धन की प्राप्ति कराने के लिए तुम मेरे ऊपर अनुग्रहशील रहना हमें धन एवं गौ दो। हम तुम्हारी पूजा में त्तपर हैं। [116] अपनी सम्पन्नता के प्रति सदा जागरूक आर्य आर्थिक विपन्नता से धृणा करते थे। उनका कथन है कि दरिद्रता की विदाई होते ही इन्द्र के सारे शत्रुओं का विनाश जल के फफोले के समाज हो जाता है–

*युद्ध प्राचीर जग न्तोरो मण्डूरधणिकीः*

*सत् इन्द्रस्य शत्रवः सर्वे बुदबुद या शवः।* [117]

---

115. ऋग्वेद-10-115-2

116. ऋग्वेद-1-1-8, 18, 20

117. ऋग्वेद-10-155-4

आर्यों ने अपनी घरेलू सम्पत्ति की प्रशंसा इस प्रकार की है–[118]

उपहूता इह गाव उपहूता यजावयः। अथो अन्यस्य की लाल उपहूते गृहेषु नः।।[119]

घर में दुधर गाएँ हैं भेंड़ वकरियाँ भी हैं। अन्न को अमृत तुल्य पदार्थ से स्वादिष्ट करने के साधन हैं दरिद्रता दूर करने के प्रथम साधन पशु थे जिसकी प्राप्ति हेतु आर्यों ने विभिन्न देषों से प्रार्थना की थी। ये आर्य यज्ञानिन लेकर बढ़ते थे और गणरूप में अपने पशुओं की रक्षा करते थे। गाय के लिए अपन्या[120] शब्द का प्रयोग उसकी महत्ता का परिचायक है[121] – गावो यज्ञस्य हि फलं गोषु यज्ञाः प्रतिष्ठिताः। इसलिए यज्ञ में गायों में ही प्रतिष्ठित है। ऐसा कहा गया है। इसकी प्रशंसा में हविर्दुध शब्द का प्रयोग हुआ है। यज्ञ में पंचगव्य के महत्व स्थापित होने के कारण न केवल इसके दूध दधि धृत की प्रशंसा की गई। बल्कि गोमूत्र तथा गोवर को भी पवित्र माना गया ऋषियों ने यज्ञ का औचित्य सिद्ध करने के लिए कहा कि यज्ञ से धूआँ धूम से वादल, वादल से वृष्टि; वृष्टि से अन्न की उत्पत्ति होती है। और यह अन्न ही व्रह्मस्वरूप है। अन्न तथा तृण से ही सृष्टि का पालन होता है। इसलिए गाय के लिए कहा गया कि गायों में ही जीवों का निवास है।

*स्तववै विश्वरूपं सर्वरूपं विश्वरूपं।*

उस तर्क के आधर पर इस कथन में सार्थकता लाने का प्रयास अवश्य है। गो जाति की नस्ल सुधार के लिए आर्यो ने अच्छे साँढ़ की आवश्यकता समझी थ्ज्ञी। अच्छे साढ़ो के लक्षणों पर प्रकाश डाला गया है।[122] गाय का महत्त्व प्रतिपादित करते हुए आर्यों ने अपनी मान्यता इस प्रकार दी थी।

---

118. ऋग्वेद-5-4-11
119. वौ. सं.-3-26
120. ऋग्वेद-8-69-2, 9-1-9
121- ऋग्वेद-10-19
122. पारस्कर-गृह्य सूत्र-काण्ड-3 काण्डिका-9

*वशा देवा उपजीवन्ति वशां मनुष्या उत।*

*वशेदं सर्वसंवत यावत्सूर्यो विपस्यति।।*[123]

गोहत्या नहीं होनी चाहिए, इसके लिए आर्यों का तर्क इस प्रकार था–

*मातारूद्रणां दुहितावसूनां स्वसा दिव्यानां–मृतस्यनाभिः।*

*अ नु वोचं चिकितुषे जनाय मा गमनागामदितिम् वधिरूट।*[124]

जो गाय रूद्रों की माता वसुओं की दुहिता आदित्यों की स्वसा दूध का निवास-स्थान है। इसकी हत्या क्यों की जाती है। इस तरह गोवंश की वृद्धि के लिए आर्यों द्वारा नैतिक भावना का उदबोधन होता था। उसकी रदग के लिए आर्यों का प्रबन्ध प्रशांसनीय था। प्रिय सम्पत्ति होने के कारण यह गाय नष्ट न हो तथा न इसे चोर ले जाय यह कामना सदा रहती थी। शत्रुओं के शास्त्र गायों पर गिरे इसके लिए वे प्रयत्लशील रहते थे। युद्ध के अवसर पर गोसम्पति नष्ट करने का प्रयास शत्रुओं द्वारा होता था।

*इसके विनष्ट होने पर पारिवारिक विपन्नता बढ़ जाती थी।*

*न सा नशन्ति नवभाति तस्करो नासामामित्रो व्यधिरा दधर्षति*

*देवांश्च याभिर्यत ददाति च ज्यो गिहाभिः सचेत गोपति सह।।*

अतः आर्यों की कामनाथी कि गाये[125] गोपति का सदा साथ देती रहें। जिन गायों द्वारा इन्द्र का यंजन् किया गया और जोइन्द्र को प्रदान की गई वे गाएँ गोपति का साथ कभी न छोडें। इन्द्र से धन तथा पशु प्राप्ति की कामना अनेक स्थलों पर की गई है। यहाँ गाय ही इन्द्र हैं। जिससे धन की प्राप्ति की कामना इस प्रकार है।

*गावो भगो गाव इन्द्रो मे अच्छान् गावः सोमस्य*

*प्रथमस्य भक्षः*[126]

---

123. अथर्ववेद-10-10-34

124. ऋग्वेद-8-100-15

125. ऋग्वेद-6-28-3

126. ऋग्वेद-6-28-5

*इमा या गावः स जनास इन्द्रः इच्छामी दधूवा मनसाचिदिभद्रम्।*

सोमरस की शक्ति से युक्त जो दूध प्राप्त होने के कारण ही यह भी कहा गया कि गो दृव्यः श्रेष्ठः सोम रस का भक्षण प्रदान करें। गाय का योगदान अर्थ व्यवस्था में सर्वाधिक। या प्रारम्भ एवं विकास के बीच की कड़ी गाय ही थी जिस कारण उसकी प्रशंसा के मन्त्र समान रूप से ऋग्वेद तथा अथर्ववेद में उल्लिखित किये गए हैं। दोनों मन्त्र एक जैसे हैं। मन्त्रों में गाय से प्रार्थनाएँ की गई हैं। गाय से मिलने वाले लाभों के उल्लेख भी हुए हैं। दुर्बल को सबल बनाने तथा कुरूप को रूपदान बनाने की क्षमता गो में पायी जाती है। उसकी उपस्थिति से घर मंगलमय दीख पड़ता था–

*यूयं गावों मेदयथ कृषं चिद वीरं चित्कृणुथासुप्रतीकम।*

*भद्रं गृहं कृणुथ भद्र वाचो वृहदो वय उच्यते समासु।।*[127]

इस तरह यज्ञ समाओं में गायों की प्रशंसा के स्वर उच्चरित होते थे।

इसके पालन - पोषण की व्यवस्था पर आर्यों का पूरा घ्यान रहता था।

लाभ के प्रति सजग रहने वाले आर्यो ने उसकी देखभाल की पूरी व्यवस्था की थी जिससे यह गोवंश बृद्धि कर सके। गोपालन की आन्तरिक भावना जिसमें, दया, प्रेम, तथा करूणा है इस प्रकार अभिव्यक्त होती है। भयोभूर्वातो अभिवातूस्त्रा उवेहवतीरोषधीरा रिशन्ताम्।[128]

*पीवस्वती जीवधन्वा पिवन्त्वसाय पद्धते रूद्र-मूल।।*

अरण्यया खुली प्रकृति के मधय विचरणवाली गाएं झंझावातों वे पीड़ित हो जाती होंगी इसलिए मन्द एवं सुदायती वेहं यह कामना है। तृण स्वादिष्ट तथा शक्तिवर्धक प्राप्त हो, जी पर्याप्त मिले जिससे कि उसके प्राण की तृप्ति होती रहे इतना ही नहीं, बल्कि उसे स्वच्छन्द विचरण का अवसर मिले और रूद्र उसकी रक्षा करें।

गायों के विभिन्न रंगों का वर्णन हुआ है। गायों के रंग नयनाभिराम स्वरूप

---

127. अथर्ववेद-4-21-6, ऋग्वेद-6-28-6

128. ऋग्वेद-10-169-1

थे। इसकी सुन्दरता आकर्षक थी। इस गोकी सृष्टि पर आश्चर्य अभिव्यक्त हुआ है – याः स्वरूपा विरूपा सरूपा चासामग्निरिष्टयानामानिवेदां1

*या अंगिरसस्तपसेहं चन्द्रुस्ताम्यः पर्जन्यहिशर्म यच्छ।*[129]

कृषि की कल्पना है कि अंगिराकौसन्तानों ने तपस्या के द्वारा गायों की सृष्टि की थी। पर्जन्यदेव; इन गायों को सुख पहुंचावें यह कामना है। उनके रंग स्वरूप विरूप तथा सरूप होने के कारण इनकी ओर दृष्टि का आकृष्ट होना स्वाभाविक है। अग्नि गायों को यज्ञ में जानती है। यह सत्य ही है क्योंकि इसी से "हवन" क्रिया सम्पन्न होती थी। गायें दुग्धवती हों यह भावना आर्यो की थी। बछड़े भी सुन्दर हों जिससे गोवंश समुन्नत रह सके। यह कामना की गई है। इन्द्र से इन दोनों बातों के लिए प्रार्थना की गई है। गोष्ठ एक पवित्र स्थल हो जाता था। यह आर्यो को ज्ञात था।

*या देवेषु तन्वमैखयन्तयासां सोमो विश्वरूपाणि वेद।*

*ता अस्मन्यं पयसा पिन्वमानाः पूजावती रिन्द्रः गोष्ठरिरीहि।*[130]

यह धन सबों को आसानी से प्राप्त होने योग्य नहीं था। ऐसा कथन ब्रह्मा की अनुकम्पा से ही "गोधन" की प्राप्ति होती थी ऐसा कथन है जो पूर्व से ही चला आ रहा है। इस धन से देववर्ग तथा पितृवर्ग तृप्त होते थे, यह उनकी विशेष्ताएँ हैं–

*प्रजापति मधयमेता रराणो विश्वदेवैः पितृभिः संविदानः।*

*शिवा सतीरूप नो गोष्ठ माकस्तांसं वयं प्रजायासं सादे।*[131]

गाय बहुत बड़ी सम्पत्ति थी इसलिए इसकी चोरी भी होती थी। चोरी करने वाले राक्षस कहलाते थे। वे वधययोग्य माने गए हैं। पाणि द्वारा आर्यो की गाएं चुरा ली गई थीं जिसका उल्लेख इस प्रकार है। पणियों ने वृहस्पति की गाएँ चुरा जी तो इन्द्र से यह धरना कही गई। इन्द्र ने सरमा नामक दूती को आदेश दिया था कि वह गायों की पता लगा लें। पता लग जाने पर जब सरमा ने गायें

---

129. ऋग्वेद-10-169-2

130. ऋग्वेद-10-169-3

131. ऋग्वेद-10-169-4

के लौटने के लिए कहा तो पणियों ने इन्द्र की जानकारी लेनी चाही। वृंक: इन्द्रः सरमे का दृशी का यस्येदं दूतीरसर: पराकाव: निश्चित है कि पणियों का वर्ग अलग था। उसे जलाने का विचार इस प्रकार अभिव्यक्त होती रही है।

दद्याभिसंसंयहीराविनिद्राप्राणोति।। से स्पष्ट है गोधन की विशेषताएँ उनकी सम्यति स्वरूप में।।

इस तरह आर्यो की सारी शक्ति गो पर आश्रित थी। जिसकी वे रक्षा करते थे। और उसी से आयै समाज भी विकास की दिशा में आगे बढ़ता रहा था।

पशुओं को तीन भागों में विभाजित किया गया था। जैसे वायव्य, आरण्य, एवं ग्राम्य।

इन पशुओं को चारे के लिए कभी-कभी एक स्थान से दूसरे स्थान तक ले जाना आवश्यक [132] हो जाता था। कुछ गायें दिन में तीन बार दूही जाती थीं। प्रात: दोह-संगव एवं सायंदोह। तैत्तिरीय ब्राह्मण के अनुसार इन्हें तीन बार चरने के लिए बाहर किया जाता था। - इन्हें संगये तथा सायंकाल उस समय चारागाह की कमी नहीं रहती थी। इसलिए चारागृह क्षेत्र का विस्तार उल्लेखनीय था। पशुपालन सबसे आसान कार्य था। सायण ने व्यक्त किया है कि ऐसे जो दूध देते थे वे रात्रि के समय पशुगुह में लाये जाते थे। अन्य पशु गोष्ठ या खुले चारागाह में छोड़ दिये जाते थे। [133] ऋग्वेद के अनुसार पूषन देवता मवेशियों की रक्षा करते थे। यह सर्वमान्य था। चारागाह में मवेशियों की देखरेख करने वाले गोपाल कहलाते थे। इनके पास या हाथ में एक अंकुश या डंडा रहता था। ऋग्वेरद की उक्ति सहस्र में "दवतो अष्टवर्णय:"। [134] से विदित होता है कि स्वामित्व की पहचान हेतु मवेशियों के कानों पर चिन्ह लगाये जाते थे। कानों पर "च" जैसा चिन्ह लगाया जाना उसकी शुभकामना थी। उसकी सत्त विकास की सम्भावना दीख पड़ती है।

आयों की मुख्य पशुएँ गाएँ थीं उसके अलावे गोशक्ति पूजणीय शक्ति निम्नलिखित थी जिनका उपयोग वे जानते थे। अवि: यह पिय पशुओं में से एक

132. ऋग्वेद-10-9-8

133. वैदिक इन्डेक्स भाग-1, पृ.259

134. ऋग्वेद-10-62-7

था। मेष अव्यय आदि शब्द उसके लिए प्रयुक्त होते थे। मेषका बधिया किया जाना अमान्य उल्लिखित हुआ है। गान्धार के मेष अति प्रसिद्ध थे।[135] आर्य इन भेड़ों तथा बकरियों से ऊन प्राप्त करते थे।[136] अश्व–यह रथ खींचने तथा घुड़दौड़ में प्रयुक्त होता था। एक दिन में चालीस कोस दौड़ लगाने वाले घोड़े का उल्लेख किया है।[137] गायें आदरणीय प्राणी थीं। अश्वों का उपयोग युद्धभूमि में होता था।[138] उन्हें स्वर्णाभूषणों से सजाया जाता था। उनसे बोझा ढोने का काम भी लिया जाता था।[139] पिंगल वर्ण के अश्वों का उल्लेख हुआ है।[140]

गदहे - रथ खींचने के काम में आते थे।[141]

ऊँट - बोझा ढोने तथा युद्ध भूमि में काम आते थे। गदहे तथा ऊँट दान में भी दिये जाते थे।[142] बोझा ढोने के लिए यह उपयुक्त जानवर था।[143]

भैंस:-आर्यो को भैंस से होने वाले लाभों का भी ज्ञान था।[144] घरेलू जानवर के रूप में उसका पालन-पोषण होता था। भैसों का उल्लेख कई स्थलों पर हुआ है।[145]

हाथी:-राज सवारी के लिए प्रयुक्त होता था। अंकुश के द्वारा इसे वश में करने का उल्लेख हुआ है।[146]

---

135. ऋग्वेद-1-126-7
136. ऋग्वेद-10-26-6
137. ऋग्वेद-8-1-9
138. ऋग्वेद-4-2-8
139. ऋग्वेद-8-46-48
140. ऋग्वेद-7-44-33
141. ऋग्वेद-8-74-70
142. ऋग्वेद-म.8 वालसित्य सूक्त-8-86-22
143. ऋग्वेद-8-46-48
144. ऋग्वेद-8-12-8
145. ऋग्वेद-8-12-8-8-45-7, 9
146. ऋग्वेद-10-68-3

कुत्ते यह उपयोगी जानवर माना जाता था। जानवरों की रखवाली करना तथा बोझा ढोना दोनों ही काम लिए जाते थे।[147]

इस प्रकार आर्यो की प्रारम्भिक अवस्था में पशुओं का स्थान काफी महतवपूर्ण था। जंगली पशुओं का शिकार मनबहलाव तथा भोजन दोनों ही उद्देश्य से होता था जो जानवर घरेलू हो चुके थे वे आर्यो की जीविका में काफी सहयोग कर रहे थे। जानवरों से कृषि की रखवाली होती थी तथा भूमि की उर्वरा शक्ति बढ़ाने में भी सहयोग हो रहा था।

## प्राचीन उद्योग धंधे

आर्यो ने जीवन सुखमय बनाने के लिए सिर्फ कल्पनाओं की उड़ाने नहीं भरी थी बल्कि संघर्ष के द्वारा आवश्यकताओं की चीजें उन्हें प्राप्त हुई थीं। देवो की मित्रता भी परिश्रम के कारण होती है, यह एनकी मान्यता थी।

*न ऋते श्रान्तस्य ख्याय देवा"*[148]

पुरूषार्थ पर प्रारम्भिक आर्यो को पूरा गर्व था, उनका जीवन-दर्शन था-कृतं में दक्षिणे हस्ते जया में सव्यआईतः।[149] जीवन को कर्म से बांधने की चेष्टा सर्वत्र दीख पड़ती है। रोहित से इन्द्र ने कहा थ ाकि श्रम से श्रान्त नहीं होता है उसे श्री की प्राप्ति नहीं होती है–

*नाना श्रान्ताय श्री रस्तीती रोहित शुश्रुम।*

*पापो नृषद वरो जनं इन्द्र इच्चरतः सखा।*[150]

कर्म कोलाहल के मधय सांस लेने वाले आर्यो के प्रेरणास्रोत सूर्य थे जो सदा चलायमान है। श्रमशील व्यक्ति की महिमा न गाकर प्रकृति से प्रेरणा गहन करने की चेष्टा उनकी थी जिससे जीवन मधुयुक्त हो सके तथा सदा चलायमान बने रहने से सुस्वादु फल की प्राप्ति हो सके–

147. ऋग्वेद-8-46-28
148. ऋग्वेद-4-33-11
149. अथर्ववेद-7-52-8
150. ऐतरेय ब्रा-7-15

*चरन्वै मधु विन्दति चरन्स्वादु चरन्स्वादुम्बरम्।*

*सूर्यस्य पश्य श्रेयमाणं यो न तन्द्रयते चरन्।*[151]

कृषि एवं पशुपालन से जीवन पर्याप्त नहीं थे। इस व्यवस्था में एक नयी व्यवस्था उत्पन्न की जिसकी धवनि उस व्यवस्था में निहित है। कृषकों के पास पूँजी एकत्र हो गई थी। श्रम भी उनके अधिकार में थे। क्षेत्रस्वामी के लिए ये पदार्थ उपलब्ध थे।

*क्षेत्रस्य पतिना वयं हितेनेव जयामास।*

*गामस्वं पौषयित्वा सनो मृहातिदृशे।।*

*क्षेत्रस्य पते मधुमन्तभूमि धेनुश्विपयो अस्मासुधुक्ष्व।*[152]

*मधुश्चुतं घृतमिव सुपूतमृतस्य नः पतयो मृहयन्तु।।*

नयी व्यवस्था में समाज में नये-नये सामानों का उत्पादन शुरू किया। ऐश्वर्य वाण समाज में भगवान हो गया था। फिर भी आर्यो ने यह श्रेय अपने ऊपर नहीं लिया उनकी प्रार्थना भी एंश्वर्य ही भगवान हों और उससे ही देवता हमें भाग्यवान करें। ये एंश्वर्य। सभी तुमको पुकारते हैं और सभी तेरे मुखायेक्षी बने रहते हैं।[153] विभिन्न तरह के काम धंधें का प्रारम्भ एक ओर आर्यो की आवश्यकता का परिचायक है तो दूसरी ओर सामाजिक सम्पन्नता का भी। पूर्ववैदिक काल के आर्यो ने अपनी-अपनी रुचि के अनुसार कार्य आरम्भ किया तो उत्तर वैदिककाल में आकर अलग-अलग वर्गो के सृजन हो गये जिससे वर्गीकृत उद्योग धंधे के फलस्वरूप उत्पादन में श्रेणी या गण कायम हुआ, जिससे उत्पादन के मार्ग तथा क्षेत्र कफी प्रशस्त हो गए। शिल्प का विकास बड़ी तेजी से प्रारम्भ हुआ नृत्य एवं संगीत से प्रारम्भ होने वाला शिल्प ज्ञान वस्तु-निर्माण की दिशा में आगे बढ़ रहा था। शिल्पियों का वर्ग उत्पन्न हो चुका था। जो अपने हित की रक्षा के लिए वह वर्ग समुदाय में रहने लगा। औद्योगिक क्षेत्र में विभिन्न व्यवसायों का संलग्न एक अनिवार्य प्रक्रिया थी।[154]

---

151. ऐतरेय ब्रा-7-15

152. ऋग्वेद-4-51-1, 2

153. ऋग्वेद यजुर्वेद-34-38

154. वृहदारण्यक उपनिषद-शंकराचार्य की टीका सहित-1-4-12

शिल्पियों द्वारा निर्मित वस्तु के विवरण से विज्ञान के विकास का परिचय मिलता है अश्विनी कुमारों का उल्लेख ऋग्वेद में हुआ है। रथ उनका प्रिय वाहन है। उनके रथ में तीन चक्के हैं तीन स्तम्भों से वह रथयुक्त है। तीन खंभे पर वह रथ अच्छी तरह अवलम्बित है।[155] पुनः दूसरी कोटि के रथ का भी उल्लेख होता है, वह रथ त्रिकोण है तथा त्रिलोक में चलने वाला है।[156]

त्रिविध्र बन्धन काष्ठों से युक्त अश्विनी कुमारों के रथ हैं। त्रिकोणत्मक रथ त्रिलोक में चलने वाला है। ऐसे सुन्दर रथ के साथ वे आने हेतु आमन्त्रित किये जाते हैं।[157]

अश्विनी कुमारों के पास ऐसे रथ हैं जो अश्वरहित हैं। इस तरह के रथ विजय प्राप्ति हेतु चलाते हैं। वह रथ बिना अश्व का ही चलायमान है।[158] उनके रथ की प्रशंसा से सम्बद्ध उक्ति इस प्रकार हैः-

*आ यां रथो अश्विनास्येनपत्वा सुमृलोकः स्ववांयत्ववाङ्।*

*यो मर्त्यस्य मनसो जनीयान त्रिवन्धुरो वृषणा वातरंहाः*[159]

यानी उनका रथ वान पक्षी की तरह है, यह शीघ्रगन्ता सुखकर और सम्पन्न रथ हमारे सामने आवे, यह कामना की जाती है। पुनः अभीष्ठवर्धक द्वय। तुम्हारा रथ मनुष्य के मन की तरह वेगवान, त्रिविध बन्धनों से युक्त और वायुवेगी है। यह कोरी कल्पना नही कही जा सकती है। अश्वरहित रथ का विशेष उल्लेख इस प्रकार हुआ हैः-

*अश्विनोरसनं रथमनश्वं वाजिनीतोः तेनाहंमूरिचाकना।*[160]

इस तरह के रथ का निर्माण आश्चर्यजनक घटना हे। अन्नदाता अश्विद्वय के रथ जो अश्वशून्य और गगनशाली है, प्राप्त हो चुका है, इस रथ के द्वारा

155. ऋग्वेद-1-34-2
156. ऋग्वेद-1-34-12
157. ऋग्वेद-1-47-2
158. ऋग्वेद-1-112-12
159. ऋग्वेद-1-118-1
160. ऋग्वेद-1-20-10

अनेक प्रकार के लाभ प्राप्ति की कामना की गई है। सिर्फ रथ की प्रशंसा नहीं बल्कि रथकार या रथ निर्माता भी प्रशंसा के पात्र हैं:-

*अनखो जातो अनमी शुरू कथ्यो रथस्विक्र: परिवर्ततेश्व:।*

*महन्तद्वो देवस्य प्रवाचनं यामृमव: पृथिवीयच्चपुष्यन।* [161]

यानि ऋमुजो। तुम्हारा काम स्तुत्य है। तुम्हारे द्वारा प्रदत्त अश्विकुमारों का त्रिचक्ररथ अश्व के बिना और लगाम के बिना अन्तरिक्ष आकाश में परिभ्रमण करता है जिसके द्वारा तुम लोग धापृथिवी का पोषण करते हो। वह रथ निर्माण कार्य तुम लोगों के देवत्व को प्रसिद्ध करता है। इस तरह के आश्चर्य जनक रथों के प्रसंग कई स्थलों पर उपलब्ध हुए हैं। [162]

पंखों वाली नाव का उल्लेख भी एक मन्त्र के द्वारा हुआ है। [163] ऐसे नाव के निर्माता के ही ऋमुगण हैं जो विचित्र रथों के बनाने वाले हैं।

इस प्रकार से ऋमुओं के कलाकौशल तथा शिल्पज्ञान एक विशेष दिशा की ओर इंगित करते हैं जिससे विज्ञान के विकास का परिचय प्राप्त होता है। आर्यों ने शक्ति साहस तथा पौरुष को महत्व दिया है-

*वाङगम असन्नसौ: पाठाश्रुत्तुरक्षयो श्रोतं कर्मयो:।*

*अपलितावेशा अशोकादन्ता बहु बाहोबलम्।*

*उर्वोराजो वाङगमयोर्जव: पादयो: प्रातिबहा:।।*[164]।

शरीर स्वथ रखने की कामना यदि है तो भौतिक पदार्थों के निर्माता के प्रति श्रद्धा से उनके मस्तक इस प्रकार झुक जाते हैं:-

*नमस्तक्षाम्यो रथकोरम्यरच वो नमो।*

*नम: कुलभिम्य: कर्मारेभ्यश्च वो नमो।।*

---

161. ऋग्वेद-4-36-1

162. ऋग्वेद-4-77-3, 10, 30-12, 1-118-1, 4-36-1

163. ऋग्वेद-10-10-1, 2

164. अर्थवेद-19-60-1, 2

*नमो निषादेभ्यः पुंजिष्ठेभ्यश्र को नमो नमः*

*श्वनिभ्यो भृगुभ्यश्च वो नमः*[165]

*इषकुदम्यो धन्वकृदम्यश्च वो नमो नमः*[166]

अभिवादन उनकी सामाजिक प्रतिष्ठा तथा आर्थिक महत्व का परिचायक है क्योंकि समाज की कामना थी

*प्रतार्यायुः प्रतरं नवीयः*[167]

यानी नवीन से नवीनतर जीवन की ओर बढ़ते जाना है। कृषि एवं पशुपालन के जीवन में आर्यों को नयी दिशा की ओर उत्प्रेरित किया था। समृद्धि सदा नये मार्गों की जननी रही है–

*ब्रजं कृणुहवं सहि नृपाक्षो कर्म सीव्यहनं बहुलापृथूनी*

*पुरः कृयुधवमायसीरधष्टमावः सुसश्चमसो बहंतातम।*[168]

गायों के लिए बड़े-बड़े ब्रज की आवश्यकता थी। मोटे-मोटे चकड़े के चर्म सिलवाना, तथा लोहे के दुर्ग का निर्माण करना ही उनकी विशेष आवश्कता का परिचायक है। अतः सर्वप्रथम लक्षण कार्य का प्रारम्भ हुआ। यह लक्षण कार्य करने वाला आगे चलकर तक्षा हुआ जिसने बढ़ईगिरी का कार्य भी अपने हाथों लिया।

तक्षाः-रथ एवं गाड़ी बनाने का कार्य करता था। रथ सोने से भी सजाए जाते थे।[169] भृगुवं शियो को रथ बनाने में विशेष सिद्धि प्राप्त थी।[170] सिद्ध हस्त तक्षा के माध्यम से रथ-निर्माण कार्य काफी विकसित हुआ। प्रारम्भ में यह आवागमन का एकमात्र साघन थां। सोने तथा बैठने के लिए पलंग का निर्माण होता था। 'वैश्य' शब्द पालकी डोली का भी परिचायक है। बढ़ई या वक्षा के औजार पत्थर तथा लोहे के होते थे। घरेलू सामानों का निर्माण इसी वर्ग द्वारा

---

165. यजुर्वेद-16-17
166. तै.सं.-4-5-4-2
167. ऋग्वेद-10-59-1
168. ऋग्वेद-10-101-8

होता था-द्रुणा सदस्यमस्नुणे तथा अभिद्रोणानि "रूरवत"। तक्षा द्वारा निर्मित गाड़ी जिसकी दस्त "हंदिस" कही जाती थी। यह एक विशेष कोटि की गाड़ी थी। तत्कालीन समाज में नावो तथा जलपोतों के उपयोग होते थे। टूटी नौका से कोई नदी पार नहीं कर सकता है। ऐसा वग्रन आया है–प्लवाहयेते अदृश प्रखरधारा से युक्त जिसमें पत्थरों का प्रवाहित होना उल्लिखित हुआ है उसे पार करते समय जिस कठिनाई का सामना करना पड़ता होगा उसका वग्रन हुआ है। वैवी छोटी नदी तैर कर या पैदल चलकर बड़ी कठिनाई से पार की जा सकती थी। बड़ी नदी के लिए नौका आवश्यक थी। ऐसे पोत का जिस पर सौ परिवार पार हो सकते थे उल्लेख हुआ है–लकड़ी के तुल्य का निर्माण तक्षा द्वारा किया जाता था–हल, गाड़ी, काठ के विभिन्न पात्र, आदि के उल्लेख ऋग्वेद में हुए हैं जिनके निर्माण में तक्षा का कला कौशल काफी महत्वपूर्ण था। प्रोष्ठ लकड़ी का बनता था। यह स्त्रियों के सोने के कार्य में आता था।

*प्रोष्ठेऽशया वश्चेशया नारी:*[183]

यात्रा उस काल की एक समस्या थी। ऐसे सुरक्षित साधनों की खोज आवश्यक थी जिससे यात्रा निर्विघ्न सम्पन्न हो सके। सुरक्षित यात्रा के लिए रथ की चर्चा की गई है।[184] मृगु सन्तान द्वारा निर्मित रथ अश्विद्वय को अर्पित किया जाता है।

*एतं वा स्तोभमश्विना वर्म तक्षाम मृगवोम न रथम्।।*[185]

तक्षा द्वारा निर्मित रथ युद्धभूमि में अपनी कुशलता का परिचय देता था। मनोविनोद के लिए पृत या पृतन जैसे रथ की दौड़ होती थी।[186]

## तन्तुवाय

वस्त्रोद्योग वेदकालीन समाज का अति विस्तृत कार्य था। इस उद्योग में लगे हुए असंख्य नर-नारी सदा कार्यरत रहते थे। वस्त्र की अत्यधिक आवश्यकता

---

183. ऋग्वेद-7-55-8
184. ऋग्वेद-7-3-57
185. ऋग्वेद-6-75-5, 6
186. प्राचीन भारतीय परम्परा और इतिहास-पृ. 188

रहने के फलस्वरूप यह गृह उद्योग के माधयम से पूरे देश में तैयार किया जाता था।

इस उद्योग से सम्बद्ध विशेष ज्ञान की शिक्षा देने की व्यवस्था थी। ऐसे पाठशाला के उल्लेख उपलब्ध होते हैं जहां वस्त्र बुनाई के ज्ञान हेतु शिक्षा देने की व्यवस्था की गई थी–

*यो चज्ञो विश्वतस्तन्तुभिस्त्त एकशतंदेवमेंभिरायत:*

*इमे यवन्ति पितरोय आययु: प्रवणनवयेत्यसे त्ते*[187]

जिस कोटि के वस्त्र तैयार किये जाते थे उसका वर्णन हुआ है–

*स सूर्यस्य रश्मिभि: परिव्यत सन्तु तन्वानास्त्रिपुतंयथाविवे।*

*नयननृतस्य प्रशिषोनवीयसी: पतिजनीनां मुषयाचिनिव्यष्यतम्।*[188]

आर्यो ने निश्चय ही उत्तम कोटि के वस्त्र निर्वाण में सिद्ध हस्त्ता प्राप्त कर ली थी। आर्य कन्याएँ सन्दर वस्त्रों में अपने को सजाती थी जिससे उसके प्रति दृष्टि आकृष्ट हो सके वस्त्र की सजावट पत्नी के लिए आवश्यक कही गई थी क्योंकि–

*"जायेव पत्थउशती सुवासा:"*[189] *कहा गया है।*

वस्त्रात्मंकरणा में उसकी असीम सुन्दरता निखरती थी।[190] विवाहोंत्सव में सम्मिलित आर्य स्त्रीयों के वस्त्रालंकरण ने ऋषि वामदेव तक की दृष्टि आकृष्ट कर ली थी।[191]

यक्ष के प्रसंग में वस्त्र का उल्लेख हुआ है।

*योवां यक्षोभिरा कृतोदधिवस्त्रा वधूरिव"*[192]

---

187. ऋग्वेद-10-130-1
188. ऋग्वेद-10-107-10
189. ऋग्वेद-1-24-7
190. ऋग्वेद-1-24-8
191. ऋग्वेद-4-58-9
192. ऋग्वेद-8-26-13

पति पत्नी के मिलन पर वस्त्र का प्रसंग इस प्रकार आया है

नव विवाहिता के सुन्दर वस्त्राभरण ऐसे गृहों की सुन्दरता [193] निखर उठती है। सफल गृहस्थ जीवन की कल्पना इस उक्ति में साकार हो उठती है जिससे वस्त्र उद्योग का महत्व स्वतः प्रतिपादित होता है:–

*भौवा जिग्य: सुरभिंयोनिमके भौजा जिम्युर्वधवंयासुवासा:।* [194]

आर्यो की ऋचाएँ प्रणयन तथा श्रोता के लिए भव्यता तथा आकर्षण शक्ति की तुलना इस प्रकार की जाती है–भद्रा वस्त्राण्यर्जुना वसाना संयमस्में ऋषियों न अपनी [195] ईश प्रार्थना के सम्बन्ध में कहा कि– उनकी ये प्रार्थनाएँ ईश्वर को वस्त्रों से सुसज्जित विभूषित करने के समान हैं। [196] वस्त्र देवताओं के लिए मन्त्रों के लिए तथा आर्यो के जानवरों के लिए उपयोग में लाए जाते थे। ऋषि की यह उक्ति वस्त्रप्रियता का परिचायक है

यवश्वाय वास उपस्तृणान्त्यधीवासांयाहिरण्यान्स्मै। [197] वस्त्र नयनभीराम होते थे उसकी चमक-दमक मनोहारणी होती थी।

वस्त्रैव भद्रा सुकृता ववसूयू रथं न धीरः स्वपा अवक्षम- [198]

इस प्रकार प्राचीन काल में रंग-विरंग के वस्त्रों की तैयारी होती थी जिसका उपयोग आर्यो द्वारा बड़े शौक से होता था।

इस उद्योग के सारे कार्य-कलापों का वर्णन वेद साहित्य उपलब्ध होता है औजारों का उल्लेख इस प्रकार है

"सामानि चक्रप्रसराणि ओतवे" [199]

---

193. ऋग्वेद-10-68-2
194. ऋग्वेद-10-107-9, 10-71-4
195. ऋग्वेद-3-39-2
196. ऋग्वेद-10-5-4
197. ऋग्वेद-1-162-16
198. ऋग्वेद-4-20-15
199. ऋग्वेद-10-130-2

तसर बुनने वाली करघी होती थी। अन्यत्र यह भी उल्लेख मिलता है

"न अहं तं तुं न विज्ञानामि औतुं न वयन्ति"[200]

स्पष्ट है कि ताना औत कहलाता था। तथा बाना तन्तु था। बुनकर के लिए वाय शब्द भी प्रयुक्त हुआ है–

"वाय अधीना आवासांसि ममृजत्"[201]

स्त्रियाँ वस्त्रोद्योग में पूर्ण रुचि के साथ लगे रहती थी। शरीर की शक्ति तथा रुचि के अनुकूल यह कार्य था। इसलिए इस उद्योग में संलग्न रहती थी।[202]

मा बच्चों के लिए वस्त्र तैयार करती थी जिसका उल्लेख इस प्रकार हुआ है–

"वस्त्रापुत्राममातरः वयंति"[203]

अधूरे बुने हुए वस्त्र छोड़कर गई हुई स्त्री पुनः लौटकर अपने कार्य में जुटती है उसका उल्लेख इस प्रकार हुआ है–(पुनः स अव्यत वित्तं बयन्ति)

स्त्रियों का वस्त्र उद्योग में लगे रहने का संकेत और भी अनेक स्थलों से प्राप्त होता है।[204]

बाय के अलावे भी तन्तु बाय शब्द का उल्लेख प्राप्त होता है।[205] वस्त्रों पर कसीदा कार्यो कार काढ़ने का चलन प्रारम्भ हो चुका था। यह कार्य आर्य कन्याएं करती थीं।[206] योग्य वर के हाथ ही कन्या दी जाती थी। वस्त्राभूषणों से अलंकृत की गई कन्या वर को दी जाती थी।[207]

---

200. ऋग्वेद-6-9-2
201. ऋग्वेद-10-26-6
202. ऋग्वेद-2-3-6
203. ऋग्वेद-5-47-6; अर्थवेद-10-7-42, 14-25-1
204. ऋग्वेद-2-3-6
205. ऋग्वेद-10-106-1
206. ऋग्वेद-2-3-6
207. ऋग्वेद-10-39-4, 9-46-2

*एतं वा सतोममश्विनाबर्मा त क्षाम मृगवो न रथम्।*

*न्यमृक्षाम योषणां न मर्ये नित्यं न सुनुं तनर्यदधानः*

जमाता को दी जाने वाली वस्त्रालंकृत कन्या आकर्षणयुक्त रहती थी। सुन्दर वस्त्रों से स्त्रियों का अलंकृत होना बुरा नहीं था।[208] विवाह के अवसर पर कन्या द्वारा त्याग वस्त्र ब्राह्मण को दान स्वरूप प्राप्त होता था। जिससे उस वस्त्र की रमणीयता स्पष्ट होती है।[209] पति द्वारा स्त्रियों के शरीर ढकने वाले वस्त्र का उपयोग नहीं होता था। क्योंकि उससे पति की श्री नष्ट होती थी।[210]

स्त्रियों के स्वरूप वस्त्रों से ढके रहें यह ऋषियों का आदेश था स्त्री अपने तन को किस तरह ढके इसका संकेत दिया हुआ था। इन्द्र का आदेश नारी जाति के लिए था कि वह नीचे की ओर देखे, ऊपर नहीं। पैरों को संकुचित रक्खे इस प्रकार वस्त्र धारण करे जिससे उसके (ओष्ठप्रान्त) तथा (कटि के निम्न भाग) कोई देख न सके।

*अधः पश्यस्वमोपरि सन्तरां पादकोहर।*

*मा ते वश प्लकौ दृशत्सत्री हि व्रता जमूषिय।*[211]

सूती वस्त्रों की अपेक्षा उन्हीं वस्त्रों की प्रचुरता समाज में दीख पड़ती है। आसानी से भेंड़ बकरियों के रोएं प्राप्त हो जाते थे जिससे कि ये वस्त्र अधिक बनते होंगे उर्णम्रदाः विप्रयस्वा।"[212]

जैसे उल्लेख से ऊनी वस्त्रों के विशेष प्रचलन से होता है। ऊन तथा सूत का कातना स्त्रियों का कार्य कहा गया था–

*तद्रा एत्तस्त्रीणां वर्म यदूर्णासूत्रम्*[213]

*भरूत् देव के वस्त्र ऊनी कहे गए हैं:-*

---

208. ऋग्वेद-10-114-3
209. ऋग्वेद-10-85-29, 34
210. ऋग्वेद-10-85-3
211. ऋग्वेद-8-43-9
212. ऋग्वेद-4-22-2
213. शतपथब्रा0-12-7-2-11

*उत स्म तै परूष्णामूर्णा वसत् सुन्ध्यव:*[214]

प्राचीन आर्यों के निवास स्थान अधिक ढंढे क्षेत्र में रहने के कारण ऊनी वस्त्रों के उपयोग अधिक पनप सके। शीत कटिबन्ध में उत्तम कोटि के ऊण उपलब्ध होते थे। परूष्णी नदी के मैदानी क्षेत्र उत्तम ऊनों के लिए प्रसिद्ध थे। यह क्षेत्र कभी आर्यों का निवास स्थान था। वासो वायोऽवीनामा वासांसि ममृवत्[215] स्त्रियों द्वारा चादर ओढ़ी जाती थी। यह द्राचि कहलाती थी।[216] अन्य पोशाक भी उल्लिखित हुए हैं।[217]

उत्तम कोटि के ऊष्मों से कपड़े शाल और कम्बल तैयार होते थे। अपने को उत्तम ऊनों से ढक लेना सम्भव था। सर्वाहमस्मि रोमशा गन्धारीणामिवाविका[218] उनके मुलायमपन अति सुखदायक होते थे। उर्णभ्रदांगण[219] बकरे द्वारा रथ खींचा जाना,[220] उसकी शक्ति तथा विशेष नस्ल का परिचायक है। प्राचीन आर्यों द्वारा ऐसे वस्त्रों का उपयोग होता था जो चमड़े से निर्मित रहता था। मुनि द्वारा धारण किये वस्त्र–

*मुनयो वातरश्ना: पिशङगा वसतेमला*[221]

स्पष्ट है कि चमड़े सिद्ध करके पहने जाते थे। महतों द्वारा मृगचर्म धारण करने के उल्लेख हुए हैं।[222]

आर्यों के उपयोग में आने वाले वस्त्र जिनके उल्लेख वैदिक साहित्य में

---

214. ऋग्वेद-5-52-9, 4-22-2
215. ऋग्वेद-10-26
216. अर्थवेद-5-7-29
217. अर्थवेद-8-2-16
218. ऋग्वेद-1-126-7; 10-95-3, 10-26-6
219. ऋग्वेद-10-18-10
220. ऋग्वेद-1-138-4
221. ऋग्वेद-10-136-2
222. ऋग्वेद-1-166-10

हुए हैं, वे इस प्रकार हैं–अधिवास,[223] वास[224] सिच[225] सामुल्य[226] द्राचि[227] तथा पेशस[228] से सभी पोशक स्त्रियों द्वारा व्यवहार में लाये जाते थे।

सामुत्य साड़ी के स्थान पर उपयोग में लाया जाता था। द्राचि स्त्रियों द्वारा व्यवहार में लाये जाने वाला ऐसा वस्त्र था जो जो शरीर के ऊपर भाग में बसा हुआ रहता था तथा जिस पर स्वर्ण कशीदे जड़े रहते थे। सम्पन्न पुरुष भी उसका व्यवहार करते थे।[229]

ऋग्वेद में वरूण तथा पयमान द्वारा उस वस्त्र का उल्लेख हुआ है।[230] वास एक ऐसा वस्त्रया जो माथा तथा स्तनभाग ढकने में आता था। मुदगलानि वास का प्रसंग ऋग्वेद में आया है।[231] "सिच" जैसे वस्त्र का उपयोग स्त्री द्वारा अपने बच्चे को ढकने में होता था:–

*उथमीति सवितेव बाहू उमे सिचोयत्ते भीम ऋज्जन्*[232]

अधिवास अपने पूरे शरीर को ढकने के लिए स्त्रियाँ व्यवहार करती थीं। यह शाल की तरह पोशाक था जिसका उल्लेख ऋग्वेद में पृथ्वी पर जंगल से उपमित होकर हुआ है।[233]

सिरी स्त्री बुनकर के लिए प्रयुक्त होने वाला शब्द है।[234] वस्त्र उद्योग

---

223. ऋग्वेद-1-40-9, 16, 162, 10, 5, 4
224. ऋग्वेद-10-102-2
225. ऋग्वेद-10-102-10, 11
226. ऋग्वेद-10-25-29; 9-100-9
227. ऋग्वेद-1-25-13
228. ऋग्वेद-1-25-13
229. ऋग्वेद-1-66-10
230. ऋग्वेद-9-100-9
231. ऋग्वेद-10-102-2
232. ऋग्वेद-1-95-7; ऋग्वेद-3-53-2
233. ऋग्वेद-1-10-9
234. ऋग्वेद-10-71-9

इतना प्रचलित था कि स्त्रियाँ इस कार्य में अच्छी तरह खप जाती थी। विभिन्न रंगों के उपयोग वस्त्रों को आकर्षण युक्त करने के लिए होते थे [235]

सुन्धयवः [236] शब्द से अनुमान लगाया जाता है कि आर्यो द्वारा ऊनी वस्त्रों की रंगाई होती थी। पेशस् [237]-स्वर्ण जटित वस्त्र था। "हिरण्य पेशस" शब्द का उललेख हुआ है जिसमें हिरण्य शब्द निरर्थक प्रतीत होता है क्योंकि ऋचा इस प्रकार है-

*चतुष्पर्दा भुवतिः सुपेशा घृतप्रतीका वयुनानिवस्ते* [238]

*सम्पन्न दम्पत्ति के लिए जो पाषाक होते थे उसके लिए*

*"उमा हिरण्यपेश्तना"* [239]

चर्मकारः-चमड़े के उद्योगधंधे सभ्यता के पूर्व ही प्रारम्भ हुए। आर्यो की जीविका प्रारम्भ में पशुओं पर आश्रित की। पशुओं के चमड़े उपयोग में ले आना स्वाभाविक था। इन चमड़ों का पहले वस्त्र के रूप में उपयोग हुआ। बाद में वस्त्र जब ऊनी-सूती तथा रेशमी होने लगे तो यह मुनी वस्त्र तक सीमित रहने लगा। सामान की अधिकता थी इसलिए इसके व्यवहार से क्षेत्र का विस्तार हुआ। इससे तरह-तरह के सामान तैयार होने लगे। विस्तार इस हद तक हुआ कि चमड़े से विभिन्न तरह के बाजे तैयार हुए जो मनोविनोद के साधन थे।

अनिवार्य आवश्यकता से विलासितापूर्ण आवश्यकताओं की ओर बढ़ते जाना स्वाभाविक था। चर्मणा अकतो जनाः [240] के अनुसार चर्मकार तरह-तरह के सामान तैयार करने लगे। इससे बनने वाली वस्तुएँ विशेष रूप से इस प्रकार था। प्रत्यक्षा; रथ कसने की रस्सियाँ मशक, चाबुक, रास, गोफना आदि [241]

---

235. ऋग्वेद-1-92-4
236. ऋग्वेद-8-31-8
237. ऋग्वेद-5-7-10
238. ऋग्वेद-10-114-3
239. ऋग्वेद-8-31-8
240. ऋग्वेद-8-5-38
241. ऋग्वेद-6-75-11

*"गोमि: संनद्ध पतति प्रसूता*[242]*"*

चमड़े से बनने वाले वाद्य-यन्त्र उल्लिखित हुए हैं। पूर्व वैदिक आर्यो के पैरों में जूते नहीं रहते थे। जूते के स्थान पर किसी अन्य साधन का सहारा लिया जाता होगा।

क्योंकि उपानह या पदत्राण के प्रयोग नहीं उपलब्ध होते हैं। उत्तर वैदिक काल में जूते की उल्लेख हुआ है। सम्भव है पहले जूते के स्थान पर एक लेट का व्यवहार पुरूष एवं स्त्रियों द्वारा होता होगा। चर्मकार का समाज में आदरपूर्ण स्थान था। क्योंकि वह घरेलू समान का निर्माण करता था।

*अथ वाराही उपानहा उपमुञ्च्ते*[251]

*बराहो पानहा उपमुञ्चते*[252]

राजसूय यज्ञ में चमड़े का जूता पहनना आवश्यक था। चमड़े से बने पात्रों में घरेलू सामान रक्खे जाते थे।। शतं घृतं चर्माणि शतंमधु चर्माणि शतंतण्डुल चर्माणि। शतं लाजा चर्माणि शतं घाना चर्माणि[253]

चमड़े का ढाल बनाने का उल्लेख सविस्तार हुआ है।[254] सोमरस तैयार करने के लिए सोमवल्ली चमड़े के भीतर रखकर पत्थड़ से कूटी जाती थी जिससे सोमरस तैयार होता था।[255]

कर्मार:- यह धातुका कार्य करने वाला वर्ग था। धातुओं में हिरण्य; कार्षणायस; रजत्, त्रपु आदि के सम्बन्ध में आर्यो की जानकारी प्राप्त हो चुकी थी। असुर अयोजाल से विभिन्न समान बनाने में दक्ष थे।

---

242. ऋग्वेद-10-27-22; ऋग्वेद-1-2-3
251. बौ.धा. सूत्र-12-12
252. काठक श्रो. सूत्र-15-6-23
253. बौ. धा. सूत्र-15-6
254. आ. गृह. सूत्र-3-12-11
255. ऋग्वेद-6-75-14; वैदिक इन्डेक्स भाग-1-पृ. 228

उल्लेख है–

अयो जाला असुरा मानिनोऽयस्मयैः पैशे रंकिनो ये यरन्ति।[256] कृषि के उपयोग में आने वाले सामान अनेक थे धातु के ये सारे सामान कर्मार ही तैयार करते थे। अमृदात्र या सूण्यफाल आदि कृषि के कार्य में आते थे।[257]

*हस्तं दात्रं न च आददे।*[258]

*सृण्यः पक्वं स्मात्।*[259]

*शुनं न फालाः विकृषन्तुमूमिम*[260]

धातु अग्नि गलाये जाते थे। माथी या धैक्नी का उपयोग होता था। चिड़िया के पंखों से भी हवा करने के उल्लेख हैं। सूखी लकड़ियों को जलाकर धातु गलाए जाते थे। गर्म धातु को पीट पीटकर वर्तन तैयार किया जाता था। इन उल्लेखों से सारे त्तव स्पष्ट होते हैं

*अध्मत;*[261] *उपधमाताहव धमति,*[262]

*पर्णनः शकुनानाम् अयस्मय धर्म*[263] *अयोहतः*[264]

*आदि। लोहे के त्रर बनते थे।*[254]

*उल्लेख हैं। पुरः कृणध्वमायसीर घष्ट*[266]

---

256. अर्थवेद-19-766-1
257. अर्थवेद-7-5-6, वैदिक इन्डेक्स भाग-1-पृ. 30
258. ऋग्वेद-8-78-10
259. ऋग्वेद-10-101-3
260. ऋग्वेद-4-57-9
261. ऋग्वेद-10-72-2
262. ऋग्वेद-5-9-5
263. ऋग्वेद-5-30-15
264. ऋग्वेद-9-1-2
265. ऋग्वेद-7-3-7
266. ऋग्वेद-10-101-8

यानि राजन् लोहे के दुर्ग बनवाओ लाहे के बने सौ नगर थे।[267] अंकुश से हाथी वश में किये जाते थे।[268] और ये अंकुश लोहे के होते थे। लौह निर्मित धुरी तथा तलवार से शत्रु पर वार होता था।[269]

लोहे के अस्त्र पर शान चढ़ाये जाने का उललेख हुआ है[270] लोहे तथा सोने टोप पहने जाते थे।[271] आर्य कवच पहनते थे। तथा तलवार और भाले से युद्ध करते थे।[272] धातु से बने अस्त्र-शस्त्र के उल्लेख इस प्रकार हैं।

नं. 1 गात्राणि असिना भिक्षुक: ऋग्वेद-1-62-20

2 शष्टाकहं गां इव असि:। 10-79-6

3 द्रहंतर: पर शुन द्रुहंतर: वीलु: ऋग्वेद-1-27-3

4 वाशीमंत कृष्टिमंत मनीषिण: सुधन्वान: इणुमंत:

5 निर्षागण: सुअश्वास्थ सुरथा: पृश्निमातर:।

6 सुजायुधा: मरूत: याथ न शुभं ऋग्वेद-5-57-2

7 चोदयविधयमयसो न धाराम ऋग्वेद-6-47-10

8 यवंतरिक्षो पतयन्ति पणिनो विभवस्तिग्यमूर्धन: अथर्ववेद-3-19-4

लोहे के घर भी बनाये जाते थे[273] 12-73 1) 4-46-11

सोना तथा लोहा दोनों के कवच बनते थे।[274] आर्यों के तीर-धनुष की

---

267. ऋग्वेद-7-15-14
268. ऋग्वेद-10-49-9
269. ऋग्वेद-5-52-2
270. ऋग्वेद-6-3-5
271. ऋग्वेद-8-96-3
272. ऋग्वेद-4-96-3
273. ऋग्वेद-7-3-7; 7-15-14
274. ऋग्वेद-1-25-123; 1-56-3

कीमत स्वर्ण में आंकी जाती थी।[275] लौहकार या कर्मार तथा स्वर्णकार के वर्ग अलग-अलग रहकर कार्य करने लगे थे।[276]

## स्वर्णकार

ये हिरण्यकार कहलाते थे। हिरण्य का उल्लेख अनेक स्थलों पर हुआ है। हिरण्यभिवरोचते[277]

हिरण्यमुतभोगं ससान;[278] शुचि हिरण्यम्[279] सूर्यो अग्नि रूतवा हिरण्यम्।[280] स्वर्ण जिस स्थल पर प्राप्त होते थे उसका उल्लेख हुआ है। सिन्धु प्रान्त सोने के लिए प्रसिद्ध था। सिंधु नदी हिरण्यवर्तिनी तथा हिरण्यमयी की संज्ञा से अनिहित की गई है। इसके अतिरिक्त अन्य स्थलो से भी स्वर्ण की प्राप्ति होती थी:-

शुभे रूक्म न दर्शतं निरवात[281] सिंधु नदी के प्रसंग में थे उक्तियाँ धयान करने योग्य हैं

*स्वश्वा सिन्धुः सुरथा सुवासा हिरण्ययी*[282]

*उतस्था नः सरस्वती घोरा हिरण्य वर्तिनिः*[283]

*सिन्धुहिरण्य वर्तनिः*[284]

प्राचीन आर्य आभूषणों के प्रेमी थे, स्त्री पुरुष दोनों ही स्वर्णाभूषण धारण करते थे "निष्कृण्वान"[285] स्वर्णकार कहे जाते थे।

---

277. ऋग्वेद-1-43-5
278. ऋग्वेद-3-49-9
279. ऋग्वेद-4-10-6
280. अर्थवेद-1-9-2
281. ऋग्वेद-1-117-5; अर्थवेद-12-1-6, 12-26
282. ऋग्वेद-10-75-8
283. ऋग्वेद-6-61-7
284. ऋग्वेद-8-26-8
285. ऋग्वेद-8-47-15

इससे स्पष्ट होता है इस उद्योग के विकास में श्रम विभाजन अधिक कार्य कर रहा था क्योंकि खास-खास वस्तुओं के निर्माता अलग-अलग विशेषज्ञ शिल्पी रहते थे। तत्कालीन आभूषण जिनके उपयोग विशेष रूप से होते थे। कर्णशोभन (कुण्डल) निष्क (माला) रूक्म (हार) नुपुर आदि थे। विवाह के अवसर पर वर द्वारा पहने जाने वाले आभूषण उल्लिखित हुए हैं [286] कुटीर स्त्रियों द्वारा व्यवहार में लाये जाने वाला आभुषण था जसे माँग पर या मस्तक के ऊपर पहना जाता था। [287] इन ऋचाओं में आभूषणों के उल्लेख हुए हैं।

*अर्हन् निष्कयजत विश्वरूप में*[288]

*देवा निष्कमिवं पतिमुंचत*[289]

*स्त्रेमाः आसन प्रतिधय कुटीरं*[290]

सोना गलानं की प्रक्रिया तथा साफ करने की कला आर्यों की ज्ञात थी वे उत्तम कोटि के स्वर्णाभूषण तैयार कर लेते थे।

कुलालः- मिट्टी के वर्तन बनाने वाले के लिए पाणिनि ने कौलालक शब्द का प्रयोग कियां है।। मिट्टी के सुन्दर वर्तन बनाने की कला यहाँ बहुत पहले ही विकसित हो चुकी थी। कुलाल सुन्दर वर्तनों को गदहे पर लादकर तक्षशिला लाते थे और वहाँ बेचते थे। [297] प्रारम्भ से ही कुलाल समाज का सम्मानित वर्ग था जिसे अश्वमेघ आदि यज्ञों में राजा द्वारा निमन्त्रण मिलता था। वह यज्ञ सम्पन्नता हेतु तरह-तरह के सामान तैयार करता था। कुला कुलानां स शास्ति वयैक विभंति विधायामय स्वमिष्ट काकुरूल तिस्रोमहतीः कुंभीः कुरूत [298]

---

286. ऋग्वेद-5-60-4
287. ऋग्वेद-10-85-8
288. ऋग्वेद-2-33-10; 5-19-3
289. अर्थवेद-5-15-3
290. ऋग्वेद-10-85-8
297. वार्लिगेम बुधिष्ट लिजेंड्स-28-1; पृ.167, 259, 323
298. बौ.श्रो.सू.-15-4

अश्वमेघ यज्ञपयुक्त होने वाली छोटी-छोटी ईंटें कुलाल ही तैयार करता था। युद्ध में काम आने वाली ढाल चमड़े की बनती थी जिसे तैयार करने में उसकी सहायता ली जाती थी।

जिसे तैयार करने में उसकी सहायता ली जाती थी। उल्लेख है-

*अहिरिव भोगैः पर्यैति बाहुज्याया हेति परिवाधमानः*[299]

श्रमजीवी वर्गः-आर्यो ने अपनी जीविका के लिए पशुपालन कृषि तथा उद्योग धंधे को अपनाया था। सभी इन तीनों साधनों के या इनमें से कम से कम एक के अधिकारी हो सके यह सम्भव नहीं था। सबों में एक जैसी बुद्धि तथा समान अवसर की प्राप्ति की सम्भावना नहीं रहती है।

उद्योग धंधे के विकास में ही श्रम जीवी वर्ग उत्पन्न करने की क्षमता रहती है। दोनों का सम्बन्ध अन्योन्याश्रित होता है तथा एक दूसरे जनक कहा जाता है। उत्पादन के लिए पाँच अनिवार्य त्तव कहे जाते हैं- भूमि, श्रम, पूंजी, संगठन, तथा साहस। श्रमजीवी वर्ग जब उत्पन्न होता है तो उत्पादन में वृद्धि होने लगती है। पशु-पालन कृषि तथा उद्योग धंधे सभी क्षेत्र में वृद्धि हुई; जब इस वर्ग का सहयोग प्राप्त हुआ। उषा के आगमन होते ही कोई भोग में; कोई यज्ञ में तथा कोई धन अर्जन में लग जाते हैं-

*जिसश्चे तरितवे मधेन्यामोगम अष्टयेराय उत्तवम।*

*दन्तं पश्चदम्य उर्विया विचक्ष उषा अजीगर्मुवनामि विश्वा।*[300]

यानी जो वक्र होकर सोये थे उनमें से किसी को भोग के लिए किसी को यज्ञ के लिए और किसी को धन के लिए उषा ने जागृत किया है। सबों को अपने-अपने कर्म की ओर अभिप्रेरित कर उषा अंधकार दूर करती है। ऐसा होते हुए भी ज्ञाती चित सन्तौ न समप्रणीतः [301] के अनुसार एक वंश के होते हुए भी सभी एक सभा नहीं होते हैं। वेदकालीन समाज में पुरुषों की तरह स्त्रियाँ

---

299. आ.गृ.सू.-3-12-11; ऋग्वेद-6-75; 14
300. ऋग्वेद-113-5
301. ऋग्वेद-10-117, 9

भी श्रमिक की तरह कार्य करती थी। धन्यकृत भूसी से अन्न अलग करने के कार्य में लगी हुई स्त्री का उल्लेख इस प्रकार है–यद्रा [302]

*यद्रा दार्स्याऽहस्ता समङक्त उलूखलं मूसलं शुम्भताप:।*

कृषि–कार्य में अनेक श्रमिक लगे रहते थे। कृषि से सम्बद्ध कार्यों में लगे हुए श्रमिकों के नाम कार्य के अनुसार अलग–अलग थे। क्रीनाश, कृषिबल–यह जमीन जोतने का कार्य करता था। प्रत्येक जमीन जोतने वाला भू–स्वामी भी हो यह सम्भव उस काल में भी नहीं था।

भू–स्वामी भी जमीन जोत्ते थे, इसमें संदेह नहीं है। अश्द्रिय का भूमि जोतना उल्लिखित हुआ है–

दशस्यन्ता मनवे पूर्ण्यदिवियवं वृकेणकर्णथ: तावामय सुमतिभि: शुभश्वती अश्विना प्रस्तवीमहि। [303]

*वशस्यन्ता मनवे पूर्ण्य दिवियवं वृकेण कर्णथ:।*

*तावामय सुमतिभि: शुभस्वती अग्विना पस्तुनीमहि।*

जमीन जोतना, बीज बोना, फसल की रखवाली करना, फसल करना, खलिहान पर ले जाकर उसे मल–मलकर तैयार करना, भूसी से अन्न निकालना, तौलना, गाड़ी पर ढोकर घर लाना, "स्थवि" में रखना इन सारे कार्यों का वेद साहित्य में उल्लेख बड़ी स्पष्टता के साथ हुआ है जिसका वर्णन यथास्थान हो चुका है। ये सारे कार्य भू स्वामी द्वारा नहीं होते थे बल्कि श्रमिकों की सहायता से सम्पन्न किये जाते थे। पाणिनि ने भी इन कार्यों का उल्लेख किया है। [304]

पशुपालन में लगे श्रमिकों का नाम गोप या गोपाल अविपाल, अजापाल, पशुप आदि थे। पूषण देव पशुरक्षक के रूप में वर्णित हुए हैं। [305]

*पूषात्वैतश्चावयत प्रविद्वान् नष्ट पशुर्भुवनस्यगोया:।।*

---

303. ऋग्वेद–8–22–6

304. अष्टाध्यायी–5–2–11; 12; 2–3–183

305. ऋग्वेद–10–17–3

पशु चराने का कार्य गोपाल करते थे।[306] वह अपने अंकुश से पशुओं को नष्ट होने से बचा लेते थे। अपनी सहायता के लिए जिससे पशु भी सुरक्षा हो सके कुत्ते का उपयोग करते थे[307] गोपाल पशु चराने का कार्य इस तरह करता था इसका वर्णन हुआ है।

*आवर्त्तनं निवर्त्तमायगोपा निर्वत्ताम्।*

*आनिवर्त्त निर्वतय पुतनं इन्द्र गादेहि*[308]

पशुओं को गोष्ठ से चारागाह तक ले जाना एवं सन्ध्याकाल में पुनः गोष्ठ तक पहुँचाना गोपाल का कार्य था। उस समय ीी परिश्रम से भागने वाले लोगों की कमी नहीं थी। बिना श्रम किए मौजमस्ती से जोनन बिताने की इच्छा कुछ लोगों में देखी जाती है असामाजिक त्तवों के प्रभाव में आकर गरीबी की जिन्दगी बिताने वाले के प्रति समाज की दृष्टि सहानुभूतिपूर्ण रहती थी, तथा सही दिशा देने के प्रसंग उल्लिखित हुए हैं।

*अक्षैर्मादीव्यः कृषिमित कृषिस्व वित्तेरमस्व बहुमन्यमानाः।*

*तत्रगावः कित्व तत्र जाया तन्मे विचष्टे सावतायमर्यः*[309]

जुआरी से कहा गया है धूतक्रीड़ा छोड़कर वह श्रम करे तो उसे पत्नी सम्पत्ति तथा पशु की प्राप्ति हो सकती है। पाणिनि ने भी श्रमिकों द्वारा किए जाने वाले कार्यों का उल्लेख किया है; जो कार्य वेदकालीन समाज[310] में भी किसी न किसी रूप में अवश्य वर्त्तमान होंगे। पतंजलि ने अपने महामाष्य उल्लिखित किया है कि श्रमिकों के जितने वर्ग होते थे उनकी विशेषताओं का उल्लेख हुआ है। जैसे तमधीष्टोमृतोभावी नसतो मासमधीते।

*किं तर्हिर मूहर्त मसावघीष्टो आसत्कर्म करोति।*

*मासर्थो मुहुर्त्तोमासः*[311]

---

306. ऋग्वेद-1-191-4

307. ऋग्वेद-4-5-6; 8-22-2; 7-55-3

308. ऋग्वेद-19-5-6

309. ऋग्वेद-10-34-13

310. पाणिनि -5-2-112;62-107; 5-4-1-4-121

311. महाभाष्य -5-1;-80

पुनश्य–

*य आशु कर्त्तव्यानर्याश्चिरेण करोति स उच्यते शीतकइतिय।*

*पुनराशु कर्त्तव्यानार्थानाश्वैव करोति स उच्यते उष्णाकइति* [312]

इस तरह के वर्णन वेद साहित्य में उपलब्ध नहीं होते हैं। महाभारत में एक स्थल पर "नारद" ने युधिष्ठिन से प्रश्न किया है कि श्रमिकों के अधिकार राज्य में सुरक्षित हैं अथवा नंहीं।

*उन श्रमिकों के बल पर ही समृद्धि निर्भर करती है।*

*कच्चिनं सर्वे कर्मान्ता: परोक्षास्ते विशंकिता:*

*सर्वे वा पुनरूतसृष्टा संसृष्टं कारणम्* [313]

यह स्थिति वेदकालीन समाज में नही थी। आर्यो ने युद्ध में अनार्यो या दासों की हत्या करना जब बन्द कर दिया तो उसे बन्दी के रूप में रखना शुरू किया। श्रमिकों का एक बड़ा समुदाय इस कारण खड़ा हुआ जो आर्यो की अर्थ व्यवस्था सुदृढ़ करने में सहायक सिद्ध हुआ। जो आर्यो की अर्थ व्यवस्था सुदृढ़ करने में सहायक सिद्ध हुआ। पर ऐसा नहीं कहा जा सकता है कि श्रमिकों के जन्म का कारण यही हुआ। जुआरी को धूत क्रीड़ा से अलग करके कृषि, पशुपालन की ओर ले जाने के प्रयास में श्रमजीवी होने का संकेत अवश्य है। आर्यो की सुदृढ़ स्थिति से तथा आर्थिक सम्पन्नता से श्रमिकों का वर्ग कायम हुआ था। श्रमिक वर्ग की स्थिति अच्छी नहीं थी। मोहन जोदड़ो हरप्पा संस्कृति के सन्दर्भ में भी दासों के उल्लेख हुए हैं इन दासों का जीवन अत्यन्त दयनीय अवस्था में व्यतीत होता था। [314]

आर्य - अनार्य संघर्ष ने दासों के लिए बहुत से शब्दों की सृष्टि की जिनके उल्लेख वेद साहित्य में हुए हैं। इन शब्दों के प्रति आर्यो के मनोभाव स्पष्ट होते हैं:-

---

312. महभाष्य –4-4-66-5-2-72;

313. महाभारत-सभापर्व –10-34-13

314. स्लेबरी इन ऐंशियन्ट इण्डिया पृ०स०–18

1. मृध्रवाक् - जिनकी भाषा अबोधगम्य है।

2. अकर्मन - कर्म नहीं करने वाला ऋग्वेद-10-22-8

3. अदेवयु - देवों को नहीं मानने वाला ऋग्वेद-8-7-11

4. अयज्यु - यज्ञ नहीं करने वाला ऋग्वेद-7-6-3

5. अव्रवन - भक्ति एवं श्रद्धारहित रहने वाला ऋग्वेद-4-16-9

6. अयज्वन - यज्ञ नहीं करने वाला-8-70-11

7. अव्रत वैदिक व्रतनियम के अनुसार ऋग्वेद-1-75-3

इस तरह दास, दस्यु तथा अनार्य के लिए भी विभिन्न शब्द प्रयुक्त हुए हैं–[315]

ऐसे दासों के लिए समाज ने उनके ऊपर जो कार्य-भार सौंपा था वह इस प्रकार है।

*शिल्पाजीवन मृतां चैव शुद्राणां व्यवधत् प्रभु*[316]

*शिल्प तथा मृति उसकी जीविका के साधन थे।*

*सेवा-कार्य उसके लिए यज्ञकल्प ही कहा गया है।*[317]

इन्द्र आर्य वर्ग के रक्षक थे जिन्होंने दासों को सिर्फ पराजित ही नहीं किया बल्कि उसकी सामूहिक हत्या की तथा उन्हें बन्दी बनाया। वैसे वर्ग के अनुसार श्रमिक जीवन व्यतीत करना स्वाभाविक था। उनकी स्त्रियां आर्यो का मनोरंजन करती थी:–

*उदकुम्मानधिनिधायदास्यो मार्जालीयं परिनृत्यन्ति*
*पदोनिघ्नतीरिक्ष मधुगायन्तो मधुवैदेवानां परमन्नायम।*[318]

---

315. ऋग्वेद –2-21-5;10-11-3

316. ब्रह्ममाण्डपुराण –2-7-16; वायुपुराण 8-163

317. म० पुराण –142-50

318. त्रै० सं० –7,5-10-1

श्रमिक वर्ग उत्तर वेदकालीन साहित्य में विशेषरूप से स्पष्ट हुआ है। कार्य क्षेत्र के विस्तार ने विभिन्न वर्ग उत्पन्न किया जैसा कि कथन है–

*"यथाकारी यथाचारी तथा भवति"*[319]

मनुस्मृतिकार ने भी धर्म के आधर पर वर्गो की सृष्टि का उल्लेख किया है:–

*सर्वेषां तु नामानि कर्मानि च पृथक-पृथक।*

*वैदशद्वेम्य एवारदौ पृथक संस्था च निर्ममे*[320]

वेदकाल्लीन समाज कर्म के आधर पर विभाजित नहीं था। सम्पूर्ण ऋग्वेद में राजन्य तथा शूद्र शब्द का उल्लेख सिर्फ एक बार होता है वह भी दशम मंडल में जो कि वाद की रचना है। विभिन्न श्रेणी के कार्य होते थे जिसे कि जाति या वर्ण से कोई सम्बन्ध नहीं था। बाद में वैदिक सम्बन्धें को घ्यान में रखते हुए समाज के कार्य के आधर पर उसके नाम तथा उसकी अलग-अलग व्यवस्थाएं हुई है:–

(1) कर्मार - कर्मकार - लुहार

(2) कुलाल कुम्भकार - मिट्टी का वर्तन बनाने वाला

(3) केवर्त - केवर्त - मछुआ

(4) गणक ज्योतिषी

(5) गोपाल - गोप - गाय चराने वाला

(6) तक्षत ष्ट्रिन्तक्षा - बढ़ई

(7) धेवर - धीवर मछुआ

(8) नाचित - नाई क्षौर कर्म करने वाला

(9) मलग - रजक - वस्त्र साफ करने वाला

---

319. बृहदारण्यकोचनिषद; –4-4-5

320. मनुस्मृति

यजुर्वेद के आधर पर विभिन्न कार्य करने वाले श्रमिक वर्ग इस प्रकार उल्लिखित हुए हैं।[321] कारि वप तक्षाण इषुकारश्वनिन पौंजिस्ट; पैशितु प्रच्छिद, अहिपाल वासः धेवर या दास

इन सबों के साथ जाति वर्ग आदि जुड़ा हुआ था बल्कि इन सबों कके प्रति जो भावना समाज की थी वह इस प्रकार अभिव्यक्त हुआ है-

ऊँ येन देवा न विपन्ति नोच विद्विषते मिय।

त्त् कृण्मो व्रज वो गृहे संज्ञानं पुरुषेभ्य:[322]

यहाँ यह कामना की गई है कि विद्वान विभक्त न हों एक दूसरे से द्वेष न करें यह ज्ञान घर के लिए तथा सब लोगों के लिए दिया जाता हैं।

## आर्थिक व्यवस्था का विकास

आर्यो का अरण्य प्रेम वेद में वर्णित हुआ है। गृहस्थ जीवन का सुन्दर चित्र भी स्पष्ट हुआ है। व्यवस्था एक ऐसी कड़ी है जिसके साथ विकास की धरा जुड़ी रहती है वह श्रृंखला विच्छिन्न नहीं होती है। जीवन की घोर कठिनाइयों का अनुभव करने वाला दरिद्रता की मार बड़ी बारीकी से समझता है–

*अरायि काणे विकटे गिरि गच्छ सदान्वे गिरि विठस्य*

*सत्यभिसतेमिष्ठवा चातयामसि*[323]

इसकी विदाई के लिए आर्यो ने पुरुषत्व का सहारा लिया था। इसकी विरूपता, कुरूपता के स्वतः घृणा उभरती थी। इसके लिए उपयुक्त स्थान निर्जन प्रदेश ही था। दरिद्रता अशांति का मूल कारण है, यह आर्यो को ज्ञात था। उस दरिद्रता के आगमन से वृक्ष, लता तथा सस्य के अंकुर नष्ट हो जाते थे। दान द्रोहिणी कही गई है क्योंकि इसके रहने से दानकर्त्ता में सामर्थ्य का सर्वथा अभाव हो जाता था।

---

321. यजर्वेद –30-6 से 30-17 तक
322. अथर्ववेद –3-30
323. ऋग्वेद –10-155-1

*चतो इतश्चवामुत सवर्वा भ्रूनान्यारुषी अराययं*[324]

अज्ञान पूर्ण कार्य करने वाला सत्य मार्ग पार नहीं कर सकता है

*ऋतुस्य पंथां न तरन्ति दुष्कृत:*[325]

अपने जीवन को कर्त्तव्य से बाँधने की चेष्टा आर्यो का कथन था कि बैठने वाले का भाग्य भी बैठ जाता है और जब यह खड़ा होता है तो उसका सौभाग्य भी खड़ा हो जाता है। खड़ा रहने वाले सौभाग्य भी पड़ा रहता है। और चलने वाले का सौभाग्य गतिशील हो जाता है, अत: श्रम में सदा लगा रहना चाहिए–

*उपासते मग आसीन स्योहर्वतिष्ठति तिष्ठत:।।*

*शेते निपमानस्य चराति चरतो मग:*[326]

*कर्म के बंधन को दृढ़ करने के लिए उसका सिद्धान्त था–*

*न श्व: श्वमुवासीत। को हि मनुष्यश्य खो वेद।*[327]

यानि आने वाले कल को कोई नहीं जानता है। जो करना है उसे आज ही कर लेना चाहिए। ऐसे आर्यो ने अपने जीवन को विभिन्न स्थितियों में रखा था। उनके अनुभव प्रारम्भ की अवस्था को इस प्रकार उल्लिखित किया है–

*न वा अरण्या निर्हन्त्यन्यश्चेन्नभिगच्छति।*

*स्वादो फलस्य जग्ध्वाय यथा कर्मनिपयते।*[328]

यह अरण्य किसी को मानता नहीं है चोर वाह्य आदि के लिए भय बने रहते हैं अन्यथा स्वादिष्ट फल खाकर वहाँ समय बिताया जा सकता है। गांवों में रहना आर्यो ने प्रारम्भ कर दिया था। इसलिए आरम्भ से कहा जाता है। तुम

---

324. ऋग्वेद –10–155–2
325. ऋग्वेद –9–73–6
326. ऐतरेय ब्राह्मण –7–15
327. श॰ प॰ ब्रा॰ –2–1–3–9
328. ऋग्वेद –10–167–1

अकेला यहाँ रहती हो; भय अवश्य लगता होगा क्यों नहीं गांवों की ओर चल देती हो–कथं ग्रामं न पृच्छसि नत्वा भार्गव विन्दति [329]

उनके जीवन की कठिनाइयों का अन्त बहुत धीरे धीरे होता है। साधन के अभाव से ग्रसित जन संबंध के द्वारा इनके घर तथा ग्राम का निर्माण होता है तो सुखी जीवन की झाँकी भी प्राप्त होती है:–

*सूततावन्त: सुभगा हरावन्तो हसामुदा:।*

*अधुहया अतृप्यासो गृहामास्मद् विभीतन्* [330]

यहाँ घर के निवासी आपस में मधुर एवं सम्य सम्भाषण करते हैं। सौभाग्य विद्यमान है, प्रीतिभोज होता है, सभी हँसी-खुशी से रहते हैं। उस घर में न कोई भूखा है न प्यासा है। न यहाँ अरम्यमाला भय ही है। ऐसे स्वस्थ वातावरण का निर्माण उसके घर में हुआ है कि

पवास काल में भी सदा घर की याद आती रहती है:–

*येषांमधयेति प्रवसन येषु, सौभनसो बहु:।*

*गृहानुपह्वयाम्। यान ते नो जान्त्वायत:* [331]

वैसे घर में सहृदयता का मंजुल सामंजस्य रहने के कारण स्वागत की सुरभि सदा अनुप्राणित करती रहती है। यदि यह घर रिक्त रहता तो आकर्षण कुछ कम भी रहता लेकिन घर में सम्पन्नता का साम्राज्य छाया हुआ है। जीवन की अवश्यताएँ पूर्ण करने के लिए सारे साधन वहाँ उपलब्ध हैं। उस घर का चित्र स्पष्ट करते हुए कथन है–

*अपहूता इव गाव उपहूता अजावय:*

*आगे अन्नस्य की लाल उपहूतो गृहेषुन:* [332]

---

329. ऋग्वेद –10–146–1

330. पैपलादसंहिता –3–26–3

331. पैपलादसंहिता –3–26–4

332. पैपलादसंहिता –3–26–5

दूध देने वाली गाएँ घर पर हैं। भेंड तथा बकरियाँ भी हैं। अन्न अमृत तुल्य हो जाय इसके लिए रस भी है। यह आर्थिक सम्पन्नता का परिचायक है। घर की सामाजिक प्रतिष्ठा की चर्चा हुई है। घर होते हुए यदि सामाजिक सम्पर्क नई लोकगृहस्थ का निवास नहीं होकर एक साधना-कुंज ही कहा जायगा स्थानीय देवता की प्रसन्नता की कामना की गई है:-

*उपहूता भूरिधना: सखाय: स्वादू सन्मुद:*

*अरिष्टा: सर्वपुरुषा: गृहान: सन्तु सर्वदा।*[333]

अर्थात् प्रचुर धन वाले मित्र इन घरों में आते हैं तथा प्रसन्नता के साथ सहभोज में सम्मिलित होते हैं। घर में रहने वाले सभी सभी प्राणी नीरोग एवं स्वथ रहें ऐसी कामना की गई है। इस प्रकार की स्थिति घर में सुख विद्यमान रहती थी जिससे आर्यों के लिए वे घर स्वर्ग ही थे। इनकी गृह व्यवस्था से दैनिक जीवन के आर्थिक कार्य-कलाप स्पष्ट होते हैं। उनके कार्य ऐसे होते थे जिससे देवताओं तथा मनुष्यों दोनों का कल्याण हो सके। उनका सिद्धान्त था।

*स्वस्ति नो देवननास्तु स्वस्ति मनुष्यन्नेति*[334]

आर्यों ने अपनी आर्थिक स्थिति की सुदृढ़ता के लिए युद्ध किया और उसमें अपने मनोभाव इस प्रकार अभिव्यक्त किया:-

*धन्वना गा धन्वनामिं नयेम शन्वना गीव्रा: जयेम्।*

*धनु श्नोरचकामं कृणोति सर्वा: पदिशो जयेम।*[335]

यहाँ धन्वा से गाएं जीतने की कामना है। मनुष्य से युद्ध जीतने की प्रबल इच्छा है। धन्वा से सेना जीता जाती है। शत्रुओं में भगदड़ मचायी जाती है तथा सारी दिशाओं को जीतने की इच्छा है। सैन्य शक्ति के द्वारा जीता हुआ राज्य था धन क्षणिक है यह जानकारी उन्हें थी। स्थायी सुख-शांति की कामना रहने के कारण ही एक कवि कल्याण के लिए खेत में हल चलाते हैं:-

---

333. पैप्पलाद संहिता -3-26-6

334. शत प॰ ब्रा॰ -9-1

335. ऋग्वेद -10-6-75

*सृज्य: चुं जन्ति कवयो चुगा वितन्वते विपृथक।*

*धीरा देवेषु सुन्मना।*[336]

निराहावान कृणोतन सर्वरत्रा दधनन। आर्यों ने जीवन में कर्मठता को प्रश्न दिया था। इस कर्मठता के विकास में समाज का जो चित्र बन सका वह इस प्रकार था।

*न मे स्तेनो जनपदे न कदर्यो न मथप:*

*नानाहिताग्निर्नाविद्वान न स्वैरी स्वैरिणी कुत:।*[337]

चोर, मद्यप व्यभचारी एवं व्यभिचारिणी का समाज में नामोनिशान नहीं था क्योंकि आर्थिक विषमता की खाई गहरी नहीं थी। समाज की दृष्टि मौतिक सुख की प्राप्ति के लिए भौतिक सुख एक साधन मात्र था। जनक तथा याज्ञ वलक्य के प्रसंग से यह तथ्य स्पष्ट हो जाता है। जनक के यज्ञ में याज्ञ वलक्य सर्वश्रेष्ट व्रह्मवादी घोषित हुए थे क्योंकि जितने भी व्रह्ममवादी एकत्र हुए थे वे सभी पराजित हो गए। व्रतवादियों के वे वाद - विवाद तत्कालीन समाज की चिन्तनधरा से सम्बद्ध है।[338] मैत्रेयी तथा काल्यायनी के बीच याज्ञ वलक्य की सम्पत्ति वाँटने के सन्दर्भ में मैत्रेयी की यह उक्ति तत्कालीन समाज के प्रबुद्ध वर्ग की चेतना थी:–

सा हि वाच मैत्रेयी ये नाहं नामृता स्थां किमहं तेन कुर्याय देव भगवान वेद तदैव में व्रूहीति.[339]

इस तरह तत्कालीन समाज की विकासधारा इस हद तक पहुँची थी पर प्रारम्भिक अवस्था में यह भावना नहीं है वल्कि आर्य सामठ हजार घोड़े दस हजार ऊँट तीन हजार भेड़े एक हजार गदही तथा दस हजार गाएँ प्राप्त करने का कामना इस प्रकार अभिव्यक्त करते हैं:–

336. ऋग्वेद –10–10–101
335. छ० उ०–अ०–5
338. वृ० रण्यको०–द्वितीय अ०
339. वृ० रण्यको०–द्वितीय अ० –4–3

*षष्टि सहस्त्रश्यवस्थायुतासनमुष्ट्राणां विशीतंशता।*

*दश श्यावीनां शता दशत्रयरूषीणां दश गवां सहस्रा।।* [340]

प्रारम्भ में आर्यो ने एक साधारण मनुष्य की तरह घर बनाया इनके घर के विवरण अथर्ववेद में उल्लिखित है। [341] घर लकड़ी के होते थे। पत्थरों का उपयोग नहीं होता था। प्रत्येक घर में अग्नि हर समय प्रज्वलित रहती थी। [342]

आर्यो के गृह - निर्माण में उपमितः अतिमित; प्रतिमित। विषवन्त आदि शब्दों के प्रयोग हुए हैं [343] जो घर की वनावट से सम्बन्धित हैं। आर्यों के घर में वॉस के फट्टे का उपयोग होता था तथा उसके ऊपर अक्षु या छप्पर रख दिया जाता था। घर के दिवारों के निर्माण में "पलद" यानि घास के गट्ठर का उपयोग होता था। [344]

घर विभिन्न जोड़ो पर वन्धन दिया जाता था जिसके लिए अलग - अलग शब्दों के प्रयोग हुए है। नहन प्राणाह संदंश प्ररिष्वज्जत्य आदि। आर्यो के घर के कमरे भिन्न नाम से सम्बोधित होते थे, जैसे हविर्धन अग्निशाल (अग्निस्थान) पत्नीनां सदन [345] अथर्ववेद के अनुसार घर में प्रयुक्त होने वाली इंटो का भी उल्लेख है। [346] अथर्ववेद के अनुसार घर के वाहरी दिवारों को पक्ष तथा चौरवट युक्त दरवाजे को आता कहा गया है [347]–इस तरह के गृह समूह से ग्राम का बोध होता था। सन्धयाकाल में मवेशी जंगल से चरकर गाँव लौट जाता था तथा रात्रि के समय घर में रक्खा जाता था। ऐसे गाँव के चारों ओर घेरे की सम्भावना संकेत प्राप्त होता है। घेरा युक्त गाँव पुर कहलाता था। महाग्रामाः [348]

---

340. ऋग्वेद–4-46-22
341. अथर्ववेद–3--12
342. ऋग्वेद–1-69-2
343. वैदिक इन्डेक्स भाग –1–पृ०–256
344. अथर्ववेद–9-3-8
345. वैदिक इन्डेक्स भाग –1पृ० 257
346. अथर्ववेद–9-3-17
347. वैदिक इन्डेस्क भाग –1 पृ० 257, 263
348. जैमिनी उप ब्रा० –3-13-14

शब्द के प्रयोग हुए हैं जिससे स्पष्ट होता है कि कुछ छोटे ग्राम होते थे; कुछ बड़े गाँव होते थे। ऋग्वेद में मनुष्य - समूह का उल्लेख हुआ है। यह प्राचीन ग्रामवासी आर्य का घोतक है। गाँव के प्रधान ग्रामणी कहकर सम्बोधित हुए है [349] वे सेनानायक का कार्य करते थे। शतपथ ब्राह्मण के अनुसार ग्रामणी सूत अथवा सारथि से नीचे स्तर में था। [350]

सूत अथवा सारथि से नीचे स्तर में था। इससे स्पष्ट होता कि ग्रामणी राजपुरूष या एक राजा के अन्तर्गत कई एक ग्रामणी थे। [351] आर्य-निवास भारत के पश्चिम भागों में था। क्योंकि पूर्वी क्षेत्र के लिए महारण्य शब्द का प्रयोग हुआ है। [352] सत्त संघर्ष-शीलता के फलस्वरूप आर्य पश्चिम से पूरब दिशा की ओर बढ़ते गए क्योंकि इनके आगे आदर्श था–

*चरम वै मद्युविन्दति; चरनस्वादुमुदुम्वरम्।*

*सूर्यस्य पश्य श्रेयमानम् यो न तन्द्रयते चरन।*

*चरैवेति चरै वेति।।* [353]

प्राचीन आर्यो के मनुष्यकृत देश, प्रदेश, नगर एवं ग्राम बड़े ही भव्य दीख पड़ते हैं। ऐतरेय ब्राह्मण ने शासन की और तौर - तरिके के आधर पर राज्यों का वर्गीकरण किया है। [354] प्राचीन प्रदेश एवं नगरों के नामोल्लेख से स्पष्ट होता है कि उनकी नगर सभ्यता का विकास हो चुका था। प्राचीन नगर उनवके सुव्यवस्थिति आर्थिक जीवन के परिचायक है।

नगरवासी के लिए तैतिरीय ब्राह्मण में शब्द का प्रयोग हुआ है। नगर की अपेक्षा गाँवों का जीवन अधिक स्वच्छन्द तथा आलस्य पूर्ण था। अपनी उच्छृखलता के कारण जुआरी दाव पर अपने घर तक हार जाते थे और दूसरों

---

349. ऋग्वेद–10-62-11,10-107-5
350. शतपथ ब्राह्मण –5-3-1-5-4-4-18
351. अथर्ववेद–4-22-2
352. ऐ० ब्रा०–6-33, श० प० ब्रा०–13-3-7-10
353. ऐ०ब्रा०–33-3-15
354. ऐ०ब्रा० –8-1-4

के घर शरण लेते थे।[355] सुरापान करने पर ग्रामीणों की समिति में एक दूसरे के प्रति विद्रोह की भावना हो जाती थी।

*पीतासो युघ्यन्ते दूर्मदासो न सुरायाम्।*[356]

*जीवन शुद्ध भोजन को महत्व दिया गया था। उनकी मान्यता थी–*

*आहार शुद्धौ सत्वशुद्धिः सत्व शुद्धौ ध्रुवास्मृतिः।*

*स्मृतिलभ्ये सर्वग्रथीनां विप्रमोक्षः।।*[357]

शरीर की शक्ति जाग्रत रखने के लिए अन्न के महत्त्व का सही मूल्यांकन हुआ था–

*अग्निराप्यायभैद्धातुं पार्थिवं पवनेरितः।*

*दत्तावकाशं नमसा जरयत्वस्तु मे सुखम्।।*

*प्राणापान समानानामुदानं व्यामोस्तथा।।*

*अन्नं पुष्टिकरं चास्तु ममाप्य व्याहतं सुखम्।।*[358]

भोजन के समय का उल्लेख इस प्रकार किया गया है–

तस्मादुसापं प्रातराश्येव स्यति्[359] ऋग्वेद में तीन वार भोजन करने का उल्लेख है[360] – जो वाद में चलकर दिनभर में दो वार भोजन करना उपयुक्त माना गया।[361]

## प्राचीन व्यापार

सुखमय जीवन व्यतीत करने की कामना ने आर्यों को उत्प्रेरित किया था

---

355. ऋग्वेद –10–34–10–11
356. ऋग्वेद –8–2–12
357. छा०उ० –7–26–2
358. वि०पुराय –3–11–90–92
359. श०प० ब्रा० –2–2–6
360. ऋग्वेद –3–52–3,6
361. महाभारत –13–104–95

कि दरिद्रता को यह आदेश दिया जाय कि समुद्र के किनारे बहते हुए किसी काष्ठ पर चढ़कर वह समुद्र के उस पार चली जायः–

*ऊदो यदारू प्लवते सिन्धे पारे ऊपरूषम्।*

*तथा रमस्व दुहेणो तेन गच्छ परस्तरम्*

आर्यो ने धन संचय तथा धन के सही उपयोग का ज्ञान प्राप्त कर लिया था। धन किसे कहा जाय और इसकी प्राप्ति के साधन क्या हैं इसकी जानकारी थी। प्रारम्भिक अवस्था में युद्ध में जीती हुई सामग्री धन था जिसकी प्राप्ति के लिए युद्ध किये जाते थे। घुडदौड़ या रथदौड़ में प्राप्त पुरस्कार धन कहा जाता था। छूतक्रीड़ा में दाव पर रक्खी हुई तथा जीती हुई वस्तु धन था। आर्यों की मान्यता थी कि अन्न तथा पशु के अतिरिक्त भी शायद धन है।[362]

रभि समुद्रातं[363] वसूनि समुद्रात्[364] जैसे उल्लेखों से सामुद्रिक व्यापार के संकेत के साथ ही विशेष धन की ओर भी संकेत हैं। धन की प्राप्ति के लिए व्यापार की क्रिया बहुत बाद की उपज है। क्री धातु से बना क्रय शब्द वेद में उपलब्ध नहीं होता है। शतपथ ब्राह्मण में ''पणन्'' शब्द क्रय - विक्रय के अर्थ में प्रयुक्त हुआ है।[365]

रौथ, त्सिभर एवं लुडविग पणि शब्द पर विचार किया है। उनके विचार एक दूसरे से काफी भिन्न हैं। संस्कृत भाषा में पणिक का अर्थ व्यापारी है। ''पण्य'' विकने वाले वस्तु के अर्थ में प्रयुक्त हुआ है। निश्चय ही इस शब्द का मूल वेद साहित्य में है।

ऋग्वेद में ''पणि'' का उल्लेख हुआ है। अपनी निर्दयता के कारण वह भेडिया माना गया है।[366] पणि का उल्लेख - संदर्भ यह स्पष्ट नहीं करते है कि वे आर्य थे क्योंकि इनके लिए प्रयुक्त विशेषणों से आर्य द्रोह ही स्पष्ट होता

362. ऋग्वेद –4-15-6;8-22-2; 5-55-3
363. ऋग्वेद –8-6-48;-10-101-4
364. ऋग्वेद –7-6-7, 5-55-6
365. ऋग्वेद –श० प० ब्रा० 3-3-2-11
366. ऋग्वेद –6-51-14

है[367] वृवु नामक पणि ने भरद्वाज ऋषि को बहुत अधिक दान स्वरूप दिया; यह उल्लिखित हुआ है।[368] इससे यह अनुमान नहीं लगाया जा सकता कि पणि आर्य व्यापारी थे। आर्यों को व्यापार करने का ज्ञान था। विश् व्यापारी वर्ग थे जो आगे चलकर वैश्य कहलाए। कर सिर्फ विशों से लिया जाय यह राजा को छूट दी गई थी। विशों के तथा विशों के लिए ही शासन तथा शासक था जैसा कि यहाँ स्पष्ट है:–

*राजा राष्ट्र नाम पेशों नदी नाम नुत्मस्मे क्षत्रं*[369]

''विश्''[370] एक सम्मानित वर्ग या सभी विश् राजा को चाहें यह कामना की गई है। विश् ही राष्ट्र था। विश् द्वारा उत्पादन होता था जिससे कि सम्पूर्ण राष्ट्र संचालित होता था। राष्ट्र की प्राणशक्ति सही अर्थ में ''विश्'' वर्ग ही था। राजा की सलाह समिति राजा के लिए दक्षिण (कर) प्राप्त करा सके यह कामना की गई है।

*इन भिन्दो ऊदी घर घ्द्रुवं ध्रुवेण हविषा*[371]

*तस्मैसोमो अधि व्रतत्रस्मा '3' ब्रह्मणस्पति।।*

राजसत्ता विशों में चिरस्थायी हो इसकी कामना की गई है।[372] विशों का कृषि, गोरक्षा के वाद तीसरा कार्य वाणिज्य था।। वाणिज्य से वणिक् तथा आज का प्रचलित शब्द ''बनिया'' बना है। प्रारम्भ में व्यापार वस्तु विनिमय के माध्यम से होता था जिसका उल्लेख ऋग्वेद में हुआ है।[373] वाद में गायों के आधर से मूल्य निर्धरण होने लगा।

---

367. ऋग्वेद –7-6-3
368. ऋग्वेद –6-45-31,33
369. ऋग्वेद –7-34-21
370. ऋग्वेद –10-173-1
371. ऋग्वेद –10-163-3
372. ऋग्वेद –10-173-45
373. ऋग्वेद –8-1-5

*क इम दशभिर्ममेन्द्रे क्रीणाति धेनुभि:*

*यदा वृत्राणि जङ्घनदथैनं में पुनर्ददत्।।*[374]

वस्तु के मूल्य निर्धरण में माल - तौल नहीं होता था। ऐसा प्रसंग उल्लिखित हुआ है कि एक वार मूल्य निश्चित करके किसी वस्तु की बेच देने पर पुन: हेर, फेर नहीं होता था।

"कनीय वस्नं" पर अधिक मूल्य की वस्तुबेज दी जाती है। फिर कम मूल्य पाने वाला जाकर कहता है कि यह वस्तु नहीं विकी है। तो उसकी बात सामाजिक नियम के अनुसार मान्य नहीं होती है। दवा विक्रेता निर्धरित मूल्य पर स्थिर रहते थे। मूल्य तय हो जाने पर वस्तुओं के बेचे जाने का उल्लेख ऋग्वेद[375] में हुआ है। वैश्य द्वारा किये गए धनार्जन से सभी वर्ग लाभान्वित होते थे।[376]

वेद साहित्य में चार समुद्रों का उल्लेख हुआ है। आर्य उन समुद्रों के मार्ग से व्यापार करते थे।[377] सामुद्रिक नौका के दुर्घटनाग्रस्त हो जाने का उल्लेख इस प्रकार हुआ है।

*तग्रो ह मुज्युमश्विनीबनेयं रमिं न कश्चिन्म*[378]

तग्र नामक राजर्षि ने अपने पुत्र भृज्यु को शमुजय हेतु सेना के साथ नावों से समुद्र स्थित द्वीप में भेजा था।

दुर्घटना में भुज्यु डूबने लगा तो अश्विनी कुमारों ने अपना अन्तरिक्ष नौका द्वारा उसकी रक्षा की थी। चारों समुद्रों से युक्त भूखण्ड की चर्चा हुई है जिसमें धन-प्राप्ति की कामना भी की गई है। राय: समुद्रांश्चतुरो स्मन्यं सोम विश्वत:।।

374. ऋग्वेद -4-1-10
375. अर्थवेद -3-15
376. ऐ०ब्रा० -8-26
377. ऋग्वेद -1-46-2
378. ऋग्वेद -1-116-3

*आपयस्व सहस्रिण:।।*[379]

समुद्र यात्रा के आनन्द का उल्लेख हुआ है:–

*आ युद्रुहाव वरूणश्च नावं प्रयत्समुद्रमीरयावमधयम्।*[380]

*अधियदपां स्नुभिश्चरविप्रख इखयाव है शुभेकम*

इस तरह के वर्णन अन्यत्र भी उपलब्ध होते हैं।[381]

379. ऋग्वेद –9-33-6

380. ऋग्वेद –7-88-6

381. ऋग्वेद –9-88-3;4-55-6

# 3

# सामाजिक संगठन और आर्थिक वर्ग समाज में अर्थ का स्थान चतुवर्ग आदि की कल्पना

## समाज का विकास एवं स्वरूप

### राक्षक समाज

राक्षस समाज का विकास स्वाभाविक है। रामायण कालीन समाज एक लम्बी परम्परा से गुजर चुका था। पाषाणयुग से लेकर उपनिषद-काल तक के समाज का अनुभव हसे था। उत्तरकाण्ड रामायण में अगस्त ऋषि ने सृश्टि की उत्पत्ति पर प्रकाश डाला है जिस सन्दर्भ में राक्षस की उत्पत्ति इस प्रकार स्पष्ट होती है

*रक्षामेति च तत्रान्ये यक्षाम इति चापरे।।*

*भुडि.क्षतामुडि.क्षतैरूक्तस्त्तस्तानाह भूतकृत्।।*[1]

ब्रह्मा ने जल की सृष्टि करके उसकी रक्षा हेतु प्राणियों की सृश्टि की। प्राणियों में जो भूखे थे, वे बोल उठे – रक्षामः और जो भूखे नहीं थे उन्होंने

1. वा॰रा॰ –7-4-12

कहा यक्षामः। इसी से एक की संज्ञा राक्षस, हो गई और दूसरे की संज्ञा यक्ष हुईः–

*रक्षामेति च यैरूक्तं राक्षसास्ते भवन्तु वः।।*

*यक्षाम इति वैरूक्तं रक्षा एवं भवन्तु वः।।*[2]

राक्षस तथा यक्ष देवयोनि के अन्तर्गत मान्य हुए हैं। राक्षस तथा यक्ष के प्रति वेद साहित्य में घृणा तथा आक्रोश है।[3]

1–हे अग्नि! यक्ष से सम्बन्ध न रक्खो[4]

2–हे सर्वनाम देवता कहीं हमें यक्ष नहीं मिल जाय।।[5]

वेद साहित्य में असुर से आर्य प्रेम भी प्रकंट हुआ है।।

1. बली अर्थ में असुर शब्द का प्रयोग हुआ है।[6]
2. अनिष्ट हटाने वाला असुर है।[7]
3. प्राणदाता असुर है।[8]
4. असुर कल्याण कारी है।[9]
5. असुर अनिष्टकारी नहीं है।[10]
6. असुर लाभकरी है।[11]

---

2. वा॰रा॰ –7-4-13
3. अमरकोष –4-3-13
4. ऋग्वेद –4-3-13
5. ऋग्वेद –7-56-16
6. ऋग्वेद –1-54-3
7. ऋग्वेद –1-24-14
8. ऋग्वेद –1-35-10,1-35-7
9. ऋग्वेद –6-64-2
10. ऋग्वेद –1-108-6
11. ऋग्वेद –1-110-3

इस तरह का विश्लेषण पण्डित रामगोविन्द त्रिवेदी ने किया है।[12] याक्षिणी से ही ताड़का राक्षसी हो गई थी। यह प्रसंग कवि वाल्मीकि ने भी उपस्थित किया है–

*राक्षसत्वं मजस्येति मारीचं व्यवहार सः।।*

*अगस्त्यः परमं धस्ताटकामणि शप्रवान*
*पुरूषादी महायक्षी विरूपा विकृताननां।*

*इदं रूपं विहायशु दारूणं रूपमस्तुते।।*[13]

रामायण के अनुसार राक्षसों की जाति प्रभाव दण्डकारण्य के उत्तरी भाग पर था जिसका मुखिया विराध नामक रादास था। कबन्ध एक दूसरी शाखा का प्रतिनिधित्व करता था जो दनु की सन्तान होने के कारण दाव कहलाता था। ''हन्तार' दानवेन्द्राणाम्'' से स्पष्ट है कि रावण की शाखा इनसे भिन्न थी क्योंकि दानवोकें मुखिया का वध करने वाला रावण था। इस प्रकार तीसरी शाखा राक्षसों की लंका में थी जो पुलसत्य तथा दिति की सन्तान थी। दक्षिणी भारत तथा समुद्री किनारे के भाग पर इन राक्षसों का प्रमाव था। इसे पौलस्त्य तथा सातुधान कहा गया है।[14] वह अपने साम्रज्य विस्तार के लिए घोषणा करता है कि या तो युद्ध करो अथवा हार स्वीकार कर लो।

*समासाधुतु राजेन्द्रान महेन्द्र वरूणोपमान।*

*अव्रवीद्रा सेन्द्रस्तु युद्ध में दीयतामिति।।*[15]

इससे लोटा लेने के लिए अनार्यों में वानर जाति के मुखिया वाली तैयार हुए थे।।

सहस्नबाहु से पराजित होने के उपरान्त उनसे संधि कर ली थी–

12. वैदिक सा॰ पृ॰ –355
13. वा॰रा॰ –1-2-7,8
14. एपिकभायथोलौजी –पृ॰-38,39
15. वा॰ रा॰ –7-19-2

त्तः स राजा पसिताश्नानां सहस्त्रबाहोरूप लभ्यमैत्रीम।। पुर्नृपाणां रूदनं चकार, चचार सर्वो पृथिवीं च र्पात।। [16]

रावण की इस साम्राज्यवादी नीति का वानरराज बलि ने डटकर मुकाबला किया था।

रावण जब युद्धोन्मत होकर बाली के समीप पहुँचा ही थाकि बाली ने उसे अपनी कांख के नीचे दबोच लिया और चारो समुद्र तक घुमाता रहा, जब तक कि बाली की देवाराधना समाप्त न हुई।

*वानरेन्द्र महेन्द्राम राक्षसेन्द्रोऽस्मि रावणः।*

*युद्धेसुरिह संप्रातः स चाद्यासादितस्त्वया।*

*अहो वलमहो वीर्य महो गाम्भीर्यमेवचों।।*

*येनाहं पशुवदगृह्य भ्रामितश्चतुरोऽर्णवान्।।* [17]

इस प्रकार किष्किन्धा एक शक्तिशाली राजा के हाथ में था जिसके आगे रावण की शक्ति भी क्षीण हो जाती थी। अनार्य जातियों में गृध्रो एवं सुपर्णी की जातियाँ थीं जिसका निवास स्थान पश्चिमी समुद्र तटवर्ती क्षेत्र में फैली हुई पर्वत श्रेणियाँ थी। सम्पत्ति तथा जटायू इस जाति के मुखिया थे। निषाद, शवर तथा नाग जातियाँ भी अनार्य थी। निषाद एक शक्तिशाली जाति थी जो आर्य सीमा के समीप ही समीप वर्ती राज्य के रूप में फैला था। निषादराज गुह इक्ष्वाकुवंशी राजा के मित्र थे। आर्य जाति का संघर्ष अनार्य जाति से समाप्त नहीं हुआ था। रामायण में वर्णित युद्ध ही उनकी अंन्तिम लडाई की तत्कालीन बहुत सी ऊनार्य जातियों ने विना युद्ध ही आर्यो की अधीनता स्वीकार कर ली थी। वानर जाति जिसका राज किष्किन्धा पर था उसने आर्य द्रोह की बात छोड़ दी थी। इसे मिलाने में पूरी राजनीति का सहारा लिया गया था। वाली जैसे शक्तिशाली राजा की हत्या छिपकर की गई थी। नागजाति का अधिकार भारत में दक्षिणी तस्वती। भागों पर था। इसे समुद्री जाति की संज्ञा दी जा सकती है। रामायण के अनुसार सुरसा नागों की माता थी। समुद्र उसका अधिष्ठान था।

---

16. वा॰ रा॰ –7-33-23

17. वा॰ रा॰ –7-34-36, 37

*अव्रुवन् सूर्यसंकाशं सुरसांनागमातरम्*

*अयं वातात्मजः श्रीमान् प्लवते सागरोपरि।।* [18]

नाग कन्या अपनी सुन्दरता के लिए प्रसिद्ध थी। नागों की कन्याएँ रावण द्वारा जर्वदस्ती व्याह ली गई थी।–

*प्रमथ्य राक्षसेन्द्रेण नागकन्या बलाद्धता:।* [19]

अनार्यो में ही एक आसुर जाति थी जिसका प्रभाव दण्डकारण्य में विशेष था। इसके मुखिया हत्वल एवं वातापि थे। असुरों का परिचय देते हुए कहा गया है–

*त्वमिहा सुसंधनां पातालतलवासि नाम्।।*

*देवराज्ञा गिरि श्रेष्ठ परिधः संनिवेशितः।।* [20]

असुर पाताल निवासी थे। इन असुरों को मारने की प्रार्थना ऋषियों ने राम से की थी।

*खड्.ग च परमप्रीत वस्तूणीचिक्षयसायकौ।।*

*वसतृस्त स्यरामश्य बने वन चरैः सह*

*ऋषयोऽम्यागमन्सर्वे बधयासुर रक्षसाम्*

*स तेषां प्रतिशुश्राराक्षसानां तथा वने।।* [21]

दण्डकारण्य राक्षसों की किरकिरी थी। आर्य सभ्यता के अनुसार इस क्षेत्र में यज्ञ - याजन वे देखना नही चाहते थे। उनकी सीमावर्ती चौकी, जनस्थान के समीप थी। राक्षसों के साथ युद्ध का मुख्य कारण दण्डकारण्य तथा जनस्थान का संघर्ष था। राजा दशरथ ने भी दण्डकारण्य की सीमा पर युद्ध किया था। और अपने प्राण बचाने के लिए केकेयी कि दो वरदान भी दे [22] दिये थे। राम

---

18. वा० रा० –5-1-45
19. वा० रा० –5-1-145
20. वा० रा० –5-1-92
21. वा० रा० –2-9-44
22. वा० रा० –7-4-13

के पूर्व राजा दशरथ का ही युद्ध इस दिशा में नहीं हुआ; वल्कि इन्द्र तथा ऋषि अगस्त्य भी लड़ चुके थे। अनार्य एक ऐसी ताकत थी जिससे आर्य शक्ति सदा टकराती रही पर राम की तरह जड़-मूल से नष्ट करने में कोई भी राजे समर्थ नहीं हो सके थे। आर्य प्रधान भूभाग जैसे मधुपूरी, मलय एवं करूणं तथा अन्य कुछ भूभागों पर राक्षसों के अधिकार थे। जहाँ से पूरे आर्यावर्त्त में उत्पात मचाने का मौका उन्हें मिलता था। मधुपूरी मथुरा के समीप का क्षेत्र था जिस पर लवणासुर का शासन था। लवणासुर रावण का भतीजा था जिस पर लंका विजय के उपरान्त ही चढ़ाई की जा सकी थी। ताड़का तथा उसके पुत्र मारीच का शासन मलद तथा करूष पर या जो सोन तथा गंगा के बीच का भूभाग था। रावण ने जब प्रतिद्विन्दी आर्य राजाओं को युद्ध के लिए ललकारा तो पूरे आर्यावर्त के राजे नतमस्तक हो गए थे। सिर्फ माहिष्मती के कार्तवीर्य सहास्त्रार्जुन ही लोहा लेने के लिए तैयार हुए। रावण ने इस अजेय आर्य शक्ति से संधि की थी।[23]

*ततः स राजा विशिताशनानां सहस्त्रबाहो पलभ्यमै।*[24]

दुष्यन्त, सुरथ, गाधि गय तथा पुरूरवा ने रावण की अधीनता स्वीकार की थी। कोशलराज्य पर अनरण्य का जब शासन था तो रावण का आक्रमण हुआ और अण्रण्य युद्ध में मारा गया था।

दूसरा आक्रमण मांधता के समय में हुआ और तब मान्धता ने रावण की अधीनता स्वीकार कर ली।। दशरथ की उक्ति राक्षस राज रावण के सम्बन्ध में इस प्रकार है न हि शक्तोऽस्मि संग्रामे स्थातुं तस्य दुरात्मनः राक्षसों तथा आर्यों के युद्ध का कारण सीमा विवाद नहीं वल्कि एक का दूसरे के क्षेत्र में घुसने का प्रयास है। रावण की उत्तरी चौकी जनस्थान है जहाँ पर उन्होंने चौदह हजार सैनिक खरदूषण के सेनापत्तिव में रखा था। दूसरी ओर अगस्त्य ऋषि ने गोदावरी के ऊपरी तटों के पास जन-स्थान के समीप ही दण्डकारण्य में एक आश्रम मंडल की स्थापना की थी। दोनों ओर से शीतयुद्ध चलता रहता था। अगस्त्य के सम्बन्ध में यह कथन उनकी सैन्य शक्ति का परिचायक है।।

---

23. वा॰ रा॰ –7-32-23
24. वा॰ रा॰ –1-20-20

*प्रशान्तमृगयूथश्च नानाशकुनिनादितः*

*निग्रहय तरसामृत्युं लोकानां हित काम्यया*

*दक्षिणा दिक्कृतायेनशरण्या पुण्यकर्मणा*

*तस्येदमाश्रमदतं प्रभावाधस्य राक्षसैः।।* [25]

इस प्रकार आर्य-समाज तथा असुर या राक्षस समाज की प्रतिस्पर्ध रामायण में वर्णित है। तीसरा समाज वानर जातियों का जो राक्षसों की अपेक्षा अधिक सभ्य एवं सुसंस्कृत है तथा आर्य/संस्कृति से प्रभावित था। राक्षस समाज के स्वरूप की चर्चा रामायण में विस्तार से हुई है। यह समाज अपनी कुरूपता के लिए प्रसिद्ध था।

*रोमभिःर्निचितैस्तीस्क्ष्णैर्महागिरिभिवोच्छ्रितम्।*

*नीलमेघनिभंरौद्रं मेघस्तनितनिःस्वनम्।।*

*अग्निज्वाला निकाशेनल लाटस्थेन दीप्यता।।*

*महापक्ष्मेण पिड्.गेन विपुलेनायतेनचा।* [26]

शरीर का काफी मोटा तथा विशाल होना, विखरे बाल एवं लप-लपति जिह्वा अंगरो के समान आँखें; नीखे नख रोए दार सम्पूर्ण शरीर ढेढ़े - मेढ़े दॉत वाले होना ही स्वाभाविक दशा समझी जाती थी। कवंध के शरीर के वर्णन में यह भयंकरता अपनी सीमा पार कर जाती है। [27]

ताटका की विकरालता वैसी ही है। [28] अतः उसके लंबे पेट तीखे दाँत और रूखी त्वचा से युक्त रहना स्वभाविक ही है। पुरूषों की तरह उसका महाकाय रूप धृणा एवं भय उत्पन्न होने वाला है। अशोक वाटिका में सीता के समीप रक्खी गइ राक्षसियाँ वैसी ही भयंकरता से युक्त थीं। वे अपनी विकराल आकृतियों से सीता को भयभीत करने का कार्य करती थीं। उसे स्वेच्छारूप

---

25. वा॰ रा॰ –3–11–81
26. वा॰ रा॰ –3–69–28,29
27. वा॰ रा॰ –3–69–31–32
28. वा॰ रा॰ –1–26–9

धारण करने की क्षमता थी। ताटका के प्रसंग में यह इस प्रकार उल्लिखित हुआ है:–

*कामरूपधरा सद्यः कृत्वा रूपाण्यनेकशः।*

*अन्तर्धनं गता यक्षी मोहयन्ती स्वमायया।*[29]

सम्भव है कि आर्यो के शत्रु होने के कारण उसकी कुरूपता भयंकरता आदि के वर्णन अतिशोक्तिपूर्ण हो गए हो जैसा कि रावण को दशग्रीव या दशानन किया गया है। आर्यों की सुकुमारता, सुन्दरता के आगे राक्षसों की विकरालता तथा कुरूपता चित्रित करना कवि का उद्देश्य रहा होगा:–

*सा हेमवर्णानीलांग मैथिली राक्षसाधिपम्।।*

*सुशुभे काञ्चनी काञ्ची नीलं गजमिवाश्रितों।।*[30]

काले हाथी को सोने की करधनी जैसी लगती है, वैसा ही सीता रावण को सुशोभित कर रही थी। रावण की लंका में हनुमान जब रात्रिकाल में पहुँचता है और उसके अन्तःपुर में घुसकर सीता की खोज करता है तो अन्तःपुर की सुन्दरता उसकी दृष्टि में इस प्रकार थी–

*त्तो बरार्हाः सुबिशुद्ध भावास्तेषां स्त्रियस्तत्र महानुभावारू।।*

*प्रियेषु पानेषु च सक्तभावा ददर्शतारा इव सुप्रभावा।।*

*श्रियाज्वलन्तीस्त्रपयोपगूढा निशीथकाले रमणोयगूढ़ा*

*ददर्श कश्चित्प्रमदोपगूढ़ा यथा तिहंगाः कुसुमोपगूढ़ा*

*गृहेषु हृष्टाः परमामिरामाहरिप्रवीरः स ददर्शरामाः।।*[31]

अन्तः पुर की सुन्दरता के अतिरिक्त समाज में विद्यमान मनमोहक स्थिति का उल्लेख इस प्रकार हुआ है:–

---

29. वा॰ रा॰ –1–26–19
30. वा॰ रा॰ –3–52–23
31. वा॰ रा॰ –5–5–17 से 22 तक

*विरूपान बहुरूपांवूच सुरूपांश्च सुवर्चसः*

*पताकाध्वजिनश्चैव ददर्श विविधयुधम।।*[32]

मन्दोदरी की सुन्दरता ने हनुमान की दृष्टि हठात् आकृष्ट कर ली थीः–

*गौरी कनकवर्णा ड्.गी मिष्ठामन्तः पुरेश्वरीम।*

*कपिमन्दोदरी तत्रशयानां चारूपिणमि।।*[33]

रावण के सुन्दर रूप कम आकर्षक नहीं थेः–

*स रावणः शस्त्रभृतां मनस्विनां महाबलाना समितो मनस्वी।*

*तस्यां समायां प्रभया चाकाशे मध्ये वसुनाभिव वज्रहस्तः।।*

राम बानरी सेना को आदेश देते हैं कि मनुष्य रूप में सिर्फसात योद्धा रहेंगे।।

*राक्षसेन्द्रा नुगश्चैव गुल्मे भवतु मध्यमे*

*न चैप मानुषं रूपं कार्य हरिभिराहवे।।*[34]

*ऐषा भवतु संज्ञा नो युद्धेऽस्मिन् बानरे बले।*

*वानारा एव नाश्चिहनं स्वजनेऽस्मिन् भविष्यति।।*

*वयं तु मानुषेणैव सप्र योतस्यामहैपरान्।*

*अहमेष सह भ्राता लक्ष्मणेन महौजसा।।*

*आत्मना पञ्चमश्चायं सखा मम् विभीषणः।।*

*स रामः कृत्यसिद्धयर्थमेंवमु क्त्वांविभीषणम्।।*

वानरों में से कोई मनुष्य का रूप धारण नहीं करे क्योंकि उससे संदेह उत्पन्न होगा और राक्षसों पर प्रहार करने में कठिनाई हो जा सकती है। राक्षस मनुष्य की तरह ही थे। यदि आकृति एवं रंग में भिन्नता होती तो ये आदेश नहीं

32. वा॰ रा॰ –5-4-20
33. वा॰ रा॰ –5-10-52
34. वा॰ रा॰ –6-11-33

दिये जाते। सीता की सुन्दरता तथा मन्दोदरी की सुन्दरता में समानता के कारण ही मन्दोदरी को देखकर हनुमान विचार करता है कि यह सीता हो सकती है।।

*सतां दृष्टवा महाबाहूर्मूषितां मारूतात्मजः।*

*तर्कमामास सीतेति रूपयोवनसंपदा*

*हर्षेण महता युक्तों ननन्द हरियूथपः।।* [36]

हनुमान जैसे चतुर मंत्री के मन में सीता की उपस्थिति का मान होना राक्षसियों में मानवजन्य प्रकृति-आकृति की समानता का परिचायक है, लेकिन राक्षस समाज-सामग्री की असमानता के कारण मानव-समाज के लिए शुरू से ही आलोच्य रहा। राक्षस समाज प्रारम्भ से घृणा द्वेष एवं आक्रोश के पात्र बने रहे इसलिए आर्यो ने उसकी सारी क्रियाओं का वीभत्व रूप ही उपस्थित किया है।

कुम्भकर्ण की निन्द्राभंग होते ही घड़ों खून पीता था तथा मॉस की ढेर उस जगह लगा दी जाती थी–

*मांसानां मेरूसंकाशं राशिं परमतर्पणम्।*

*मृगाणां महिषाणां च वराहाणां चसंचयान्।।*

*चक्रुनैत्रिर्सृतशर्दूला शर्दूला राशिमन्नस्य चक्ररूिदशत्रवः।*

*तः शोणितकुम्भंश्च मद्यानि विविधनि च।।* [37]

ताटका ऐसी ही राक्षसी थी जो अगस्त्य ऋषि को खाने के लिए झपटी तो ऋषि ने उसे शाप दे दिया।[38] वह शाप वश विकृत मुखवाली तथा मनुष्य भक्षण करने वाली हो गईः–

*पुरूषवादी महायक्षी विरूपा विकृतानना।*

*इदं रूपं विहायाशु दारूणं रूपमस्तु ते।।*

---

35. वा० रा० –6-37-34, 35, 36
36. वा० रा० –5-10-52-53, 54
37. वा० रा० –6-60-32-33
38. वा० रा० –1-25-13

*सषै शापकृतामर्षा ताटका क्रोधमूर्च्छिता।*

*देशमुत्सादयत्येनमगस्त्या चरितं शुभम्।।*[39]

मलद तथा वरूण राज्य में रहने वाली ताटका यक्षिणी के शरीर में जो शक्ति थी उसका वर्णन इस प्रकार है–

*कस्यचित्वथ कालस्य यक्षी वै कामरूपिणी।*

*बलं नागसहस्रस्य धरयन्ती तदाहयभूत्।।*[40]

जो राज्य उसके शासन में था उसमें यक्षिणी पुत्र मारीच अपनी प्रजा को सदा तंग करता था। मारीच का वर्णन कम वीभत्स नहीं था–

*बृतबाहुर्महाशीर्षो विपुलास्वतनुर्महान्।*

*राक्षसो भेरेवाकरो नित्यं त्रसयते प्रजाः।।*[41]

आर्य राजाओं में इसे पराजित कर भगा देने की क्षमता नहीं थी, जिस कारण विश्वामित्र की सलाह इस प्रकार अभिव्यक्ति है–

*स्वबाहुबलाश्रित्य जहीमां दुष्टचारिणीम्।*

*मन्नियोगादिमं देशं कुरू निष्कंटकं पुनः।।*

*न हि कश्चिदिमं देशें शक्रोत्यागन्तुमीदृशम्।*

*यक्षिण्या घोरया राम उत्सादितमसहयया।।*[42]

उस यक्षिणी के आतंक से वह "जनपद" जनरहित होते जा रहा था जिसका वध राम द्वारा किया जाता है। राम के पूर्व किसी रजा में वह तेज तथा पराक्रम नही था कि उस यक्षिणी से लोहा लें तथा उसका विनाश करने में पूर्ण समर्थ हो सके। विराध तथा सूर्पणखा के प्रसंग भी नर-मास भक्षण से भरे हुए हैं:–

---

39. वा॰ रा॰ –1–25–14
40. वा॰ रा॰ –1–21–22
41. वा॰ रा॰ –1–24–27
42. वा॰ रा॰ –1–24- –30–31

*युवयोः पापयोश्चाहम पास्यामि रूधिरं मृधे।*

*तस्यैवं व्रुवतो धृष्टं विराधस्यं दुरात्मनः।*[43]

अन्यत्र मांस - भक्षण का उल्लेख भी स्पष्ट करता है–

*अनैन तेन सह भ्राता भक्षिष्यामि मानुषीम्।*[44]

वह सूर्पणखा अपना परिचय देती हुई राम के समझ कहती है:–

*अहं शुर्पणखा नाम राक्षसी कामरूपिणी।*

*अरण्यं विचरामीदमेका सर्वभयंकरा।।*[45]

राक्षस समाज का आर्यों के प्रति वैर एक स्वाभाविक बात थी। भारत के दक्षिणी भूभाग पर वह अपना अधिकार ही समझता था। राक्षसों की रीति-नीति भिन्न थी। इसलिए दोनों समाज का घुलमिल जाना सम्भव नहीं हो रहा था:–मातृसत्तात्मक समाज होने के कारण ताटका शूर्पणखा आदि का शासन पर पूर्ण अधिकार था।। स्त्रियाँ छक कर माँस-मदिरा तथा ''सर्वशोकविनाशिनी'' सुरा का पान करती थी।

*ततत्व जा मुखी नाम राक्षसी वाक्यमव्रवीत*

*विशस्येमा त्तः सर्वाः समान् कुरूत पिण्डकान्*

*विभजाम ततः सर्वा विवादो में न रोचते।*

*पेयमानीयतांक्षिप्रं लेहयमुच्चावम्य बहुः।।*[46]

दोनो में काफी अन्तर रहते हुए भी आर्य - अनार्या के बीच वैवाहिक सम्बन्ध के कई उदाहरण उपलब्ध होते हैं। रावण के अन्तःपुर में एक भी ऐसी स्त्री सीता को छोड़ कर नहीं थी जो बलपूर्वक अपहरण कर ली गई हो।।

---

43. वा॰ रा॰ –3-2-14
44. वा॰ रा॰ –3-17-29
45. वा॰ रा॰ –3-17-22
46. वा॰ रा॰ –5-24-48

*राजर्षि विप्रदैयाणां गर्न्धणां च योषितः।*

*राक्षसानां चयाः कन्यास्तस्य कामवशंगताः।।*[47]

राजर्षियों विप्रों गन्धर्वों तथा दैत्यों की कन्याएँ कामाशक्त होकर ही रावण के अन्तःपुर में पत्नी बनकर आई थी। राक्षसेन्द्र रावण का व्यक्तिव काफी प्रखर था। उनके व्यक्तिव से आकृष्ट होकर ही ये स्त्रियाँ रावण के अन्तःपुर में थी। शूर्पणखा का राम के प्रति आकृष्ट होना तथा विवाह के लिए अपनी व्यग्रता प्रकट करना इस प्रकार वर्णित हुआ है।

*समुपेतास्मि भावेन भर्तारं पुरूषोत्तमम्।*

*अहं प्रभाव सम्पन्ना स्वच्छन्द बलगामिनी।।*

*चिराय भव में भर्ता सीतया किं करिष्यसि।*

*विकृता च विरूपा च न चेयं सदृशी तव।।*[48]

सीता तथा वेदवती जैसी आर्यं कन्या से रावण की विवाह योजना आदेश जन्य नहीं वल्कि परम्परा से चली आती हुई एक सत्य घटना थी। मुल्कभोग की परम्परा राक्षस-समाज में थी। स्वच्छन्द अचार सामाजिक नियम था। बलात् कन्या का अपहरण तथा भेग उस समय के नियम थे।। पुंजिकस्थला के साथ रावण ने बलात्कार किया था और ब्रता द्वारा अभिशप्त होने के कारण भयग्रसित होकर जब वह किसी दूसरी स्त्री के साथ वैसा आचरण करने से लाचार था। पर समाज में यह परम्परा थी इसलिए महापाश्र्व नामक मन्त्री ने रावण को सलाह दी थी।

*बलात्कुक्कुट वृत्तेन वर्तस्व सुमहाबल।*

*आक्रम्य सीतां वैदेही तथा भड्.दव, रमस्य च।।*[49]

---

47. वा॰ रा॰ –5-9-69,69
48. वा॰ रा॰ –3-17-26,27
49. वा॰ रा॰ –7-13-4

*इस रीति की परम्परा का उल्लेख स्वयं रावण ने भी किया था।*

*स्वधर्मो राक्षसां भीरू सर्वथैव न संशय:*
*गम नं वा पर स्त्रीणां हरणं संप्रमथ्य वा।।*[50]

सीता के समक्ष रावण राक्षसी परम्परा कावर्णन करते हुए कहते हैं कि यह क्रिया उसके लिए सामाजिक नियम के अन्तर्गत है, फिर भी सीता के साथ वह वैसा आचरण नहीं करेगा। मन्दोदरी को यह स्पष्ट विदित था। कि रावण ने देवों असुरों की कन्या का अपहरण किया:–

*देवासुरनृकन्यानामाहर्तारं त्तस्त:।*
*शत्रुस्त्रीशोकदातारं नेतारं स्वजनस्य च।।*[51]

आर्य सभ्यता इससे काफी भिन्न थी। फिर भी अनायोकि दृष्टि में आर्य हेय थे। स्वयं मन्दोदरी ने सीता को अपने से तुच्छ समझने की कोशिश की थी:–

*अनंगवशमापन्नस्त्वं तु मोहान्न बुध्यसे।*
*न कुलेन न रूपेन न दाक्षिण्पेन मैथिली।।*
*मयाधिका वा तुल्या वा त्वं तु मोहन्न वुध्य से।*
*सर्वथा सर्वभूतानां नास्ति मृत्यरलक्षण:।।*[52]

रावण मनुष्य को तृणवत् समझ कर ही उससे किसी तरह के खतरे की आशंका नहीं करता है और न ब्रह्मा से निर्भय होने का वर ही माँगाता है:–

*न हि चिन्ता समान्येषु प्राणिष्वमरपुजित।*
*तृणभूता हि ते मन्ये प्राणिनों मानुषादय:।*[53]

राम तो दया के पात्र ही हैं–

---

50. वा० रा० –5-20-5
51. वा० रा० –6-114-54
52. वा० रा० –7-4-13
53. वा० रा० –7-10-20

*राज्यभ्रष्टेन दीनेन तापसेन पदासिना।*

*किं करिष्यसि रामेण मानुषेणाल्प तेजसा।।*[54]

इस प्रकार आसुरी समाज अपनी ताकत के बल पर आर्यों की अपेक्षा अधिक सम्पन्न तथा विपुल बल - वैभव का भोग करने वाला था। इस बल के स्रोत थे आर्यों की तरह उसकी तपः साधना, उस समाज में कर्म के प्रति निष्ठा का अभाव नहीं था। तपस्या के द्वारा विभिन्न तरह की शक्तियों का सृजन करना वे जानते थे। आध्यात्मिक विकास आर्यों की अपेक्षा उसकी तपस्या अधिक कठिन हुआ करती थी। रावण, कुम्भकर्ण तथा विभीषण की उग्र तपस्या का वर्णन महर्षि वाल्मीकि ने उत्तर काण्ड काण्ड में किया है इस तपस्या के आधार पर प्राप्त की गई शक्ति अतुलनीच थी। वर्णन की शैली में अतिशयोक्ति अलंकार का आश्रय अवश्य है।

यज्ञ करने की परम्परा राक्षसों में विशेष दीख पड़ती है। युद्ध करते हुए रावण-पुत्र इन्द्रजीन ने एक विशेष प्रकार के यज्ञ का अनुष्ठान निकुमिला देवी के मन्दिर में किया था जिसके समापन पर अजेय हो जाने वाला था।

*स होतुकामो दुष्टात्मा गतश्चैत्य निकुम्भिलाभ्।*

*निकुम्भि लाभधिष्ठाय पावकं जुहवेन्द्रिजित्।।*

विराध ने भी तपस्या के द्वारा यह 'वर' प्राप्त कर लिया था कि वह किसी भी अस्त्र - शस्त्र से उसकी हत्या न हो सके। रावण ने तपस्या के बल पर इतनी शक्ति अर्जित कर ली थी कि सीता का बलपूर्वक स्पर्श करने पर भी बचा रह गया। हनुमान ने सीता के हरण पर अपनी प्रतिक्रिया इस प्रकार अभिव्यक्त की है।

*तपसा धरयेल्लोकान् क्रुद्धो वा निदर्हेदपि।*

*सर्वथाति प्रवृद्धोऽसौ रावणो राक्षसधिय:।।*

---

54. वा॰ रा॰ –3–55–21

55. वा॰ रा॰ –6–32–25

*जनकास्यात्मजा कुर्याद्यात्कोध्र कलुषी कृता।*

*जाम्बवत्प्रमुखान् सर्वाननुज्ञाप्य महाहरीन्।*

*तस्य तां स्पृशतों गात्रं तपसा न विनाशितम्।*

*न तर्दाग्रशिखा कुर्यात्संस्पृष्टा पाणिना सती।।*[56]

राक्षस अग्नि तथा शिव के उपसक थे। विवाहदि क्रिया में अग्नि के साक्ष्य की चर्चा हुई है।। कन्या मन्दोदरी नाम पत्न्यर्थ प्रतिगृहयताम्।।

*वाढमित्यैव तं राम दशग्रीवोडभ्यभाषत।*

*प्रज्वाल्य तत्र चैवाग्निभकरोत् पाणिसंग्रहम्।।*[57]

रावण की मृत्यु हो जाने पर विभीषण ने विलाप करते हुए उन्हें ''आहिताग्नि''[58] की संज्ञा दी है। अपनी असीम शक्ति के दर्प में रावण ने जिन जातियों का नाम लिया है उसमें मनुष्य जाति नहीं है–

''सुपर्ण नागयज्ञाणां दैत्यदानवरक्षसाम्'' से स्पष्ठ है कि राक्षस मनुष्य की तुलना में अधिक शक्तिशाली थी। इस जाति के ज्ञान-विज्ञान आर्यों की अपेक्षा अधिक विकसित थे। मनुष्य के शारीरिक बल की तुलना राक्षसों से नहीं की जाती थी। वह वर्ग शारीरिक शक्ति की अजेयता के कारण ही आर्यों की दृष्टि में घृणा का पात्र था। राक्षसों की तपस्या भौतिक सम्पदा की प्राप्ति के लिए थी जबकि आर्य अध्यात्मिक विकास के लिए तपस्या करते थे। अथर्व वेद में निहित जादू-टोने तथा शक्ति प्राप्ति के लिए विहित यज्ञ का महत्व वे राक्षस अधिक देते थें। भौतिक दृष्टि से राक्षसों की सभ्यता विशेष विकसित हो चुकी थी।

## वानर-समाज

रामायण में वर्णित बानर-समाज राक्षसों की तुलना में कम नहीं था। उनकी उत्पत्ति की चर्चा हुई है जिससे स्पष्ट होता है कि वह देव जाति होने के कारण देव-वर्ग के अन्तर्गत हैं।

---

56. वा॰ रा॰ –5-51-3,4
57. वा॰ रा॰ –7-12-19,20
58. वा॰ रा॰ –6-109-23

*अप्सर+सु च मुख्यासु गन्धर्वीणां तनुषु च।*

*किनरीणां च गात्रेषु वानरीणां तनुषु च।।*

*यक्ष पन्नग कन्यासु ऋक्षिविद्याधरीषु च।*

*सृजध्वं हरिरूपेण पुत्रांस्तुल्य पराक्रमान्*

*पूर्वमेव मयासृष्टो जाम्व वानृक्षपुंग वः।।*

*जृम्ममानस्य सहसा मम वक्रादजायत्।।* [59]

इसमें अपने इच्छानुसार रूप बदलने की क्षमता थी। [60] हनुमान अवसर के अनुसार कई तरह के रूप बदलकर अपना कार्य सम्पन्न कर चुके थे।

*भिक्षुरूपप्रतिच्छन्नं सुग्रीव प्रियकाम्यया।*

*ऋष्यभूकादिह प्राप्तं कामग्र कामरूपिणम्।।* [61]

वाली में इतनी शक्ति थी कि वह रावण जैसे शक्ति शाली के गले में रस्सी बाँधकर घसीटते हुए राम तक ला सकता था–

*प्रसुप्तः पन्नगेनेव नरः पाप वंश गतः।*

*मामेव यदि पूर्वं त्वमेतदर्थमचोदयः।।*

*मैथिली महमेकाहा तव चानीतवान् भवेः।*

*सुग्रीवप्रियकामेन यत्कृतेऽस्मिहतस्त्वया।।* [62]

यदि यह कहा जाय कि रावण की साम्राज्य लिप्सा समाप्त करने वाला दक्षिण में एक मात्र शक्तिशाली राज्य किष्किन्धा ही था। तो अतिशयोक्ति नहीं होगी। हनुमान सुग्रीव का मन्त्री था। वह बात का मर्म समझने वाला तथा चतुर था "वाक्य ज्ञो वाक्य कुशलः" [63] शब्द से उनकी विशेषता उल्लिखित हुई है।

---

59. वा॰ रा॰ –1-17, 6,5,7
60. वा॰ रा॰ –4-3-23
61. वा॰ रा॰ –4-3-23
62. वा॰ रा॰ –4-3-47, 48
63. वा॰ रा॰ –4-3-24

राम के समक्ष भिक्षुक के वेष में उपस्थित होकर वह अपने सुसंस्कृत ज्ञान का परिचय देता है। जिसे वेद ज्ञान में विदग्घता प्राप्त नहीं होगी वह इस तरह की सभ्य भाषा का प्रयोग नहीं कर सकता है:–

*नान्तग्वेदविनीतस्य नायजुर्वेद धरिण:*

*नासामवेदविदुष: शक्यमेवंप्रभाषितुम्।*

*नूनं व्याकरणं कृत्स्नमनेन बहुध श्रुतम्।*

*बहु व्याहरतानेन न किंचिदपशव्देतम्।।*[64]

हनुमान जिस भाषा का प्रयोग करके अपना परिचय दिया है उसमें कहीं अशुद्धि व्याकरण की दृष्टि से नहीं है जिससे प्रतीत होता है कि व्याकरणशास्त्र का स्वाध्याय यह कई बार कर चुका होगा उसकी परिस्कृत भाषा से यह भी स्पष्ट है कि ऋग्वेद, यजुर्वेद तथा सामवेद का सम्यक अध्ययन बह कर चुका है। इस तरह हनुमान की प्रशंसा राम द्वारा होती है। वानर समाज आर्य शिक्षा - दीक्षा का अनुयायी था। उसकी रीतिनीति की कुशलता की विशेषता स्पष्ट हो चुकी थी, जिससे लक्ष्मण से कहा जाता है कि

*एवंगुणगणैर्युक्तायस्यस्युं: कार्य साधका:*

*तस्य सिध्यन्ति सर्वार्था दूत वाक्यं प्रायोदिता:।।*[67]

हनुमान की वाणी में ऐसी शक्ति दीख पड़ती है कि तलवार से हत्या करने के लिए कोई तत्पर भी हो तो उसकी बातें सुनकर रूका जा सकता है। स्वयं सुग्रीव ने हनुमान को पण्डित कहा है। देश-काल के अनुसार आचरण करने में वह कुशल है:–

*त्वय्येव हनुमन्नस्ति बलं बुद्धि पराक्रम:*

*देशकालानु वृत्तिश्च नयच्श्र नयपण्डित।।*[68]

---

64. वा॰ रा॰ –4-3-28, 29
65. वा॰ रा॰ –7-3-27
66. वा॰ रा –4-3-31, 33
67. वा॰ रा॰ –4-3-35
68. वा॰ रा॰ –4-44-7

यह अपने समाज का प्रतिनिधित्व करने की पूरी क्षमता रखता था। समाज के सारे गुण उस एक व्यक्ति में समाविष्ट थे ऐसा प्रतीत होता है–

*व्यवसायश्च ते वीर सत्त्व युक्तश्च विक्रमः।*

*सुग्रीवस्य च संदेशः सिद्धिं कथयतीव में।।*[69]

जैसी पंक्ति से उस वीर के प्रति सामाजिक विश्वास के भाव उमड़ पड़ते हैं। सिद्धमति, व्यवसाय ज्ञान शुरता और शास्त्रज्ञान इन सारे गुणों का वह अधिकारी पात्र था। वह अपनी कुशल मंत्रणा का परिचय उस अवसर पर देता है जब राम द्वारा सुग्रीव का कार्य सम्पन्न हो जाता है तथा सुग्रीव का उत्तरदायित्व समक्ष आ जाता है। राज्य की तथा राजा की श्री वृद्धि केसे होती है उसका उल्लेख हनुमान इस प्रकार करता है–

*तस्य राज्यं च कीर्तिश्च प्रतापश्चामिवर्धते।*

*तस्य कोशश्च दण्डश्च मित्राण्यात्मा च भूमिप।।*[70]

कोश, दण्ड, मित्र तथा अपना शरीर जब समान भाव से समझा जाय तव ही राज्य तथा राजा का समुन्नति हो सकती है। उस समाज की चतुरता उस समय दीख पड़ती है जब क्रुद्ध लक्ष्मण को शान्त करने के लिए पहले सुग्रीव न जाकर तारा जाती है। उसकी वाणी में चतुरता के साथ ही सरलता है जिससे किसी क्रुद्ध पुरूष का क्रोध स्वतः शान्त हो जाता है। वह लक्ष्मण से कहती है कि राम का कार्य सम्पन्न करने के लिए वह सुग्रीव, रूमा, तारा अंगद तथा राज्य तक का भी त्याग कर सकता है।

*रूमां मां कपिराज्यं च धनधन्य वसूनी च रामप्रियार्थ सुग्रीववस्त्यजोदिति मतिर्मम्।।*[71]

मित्रता का मूल्य चुकाना उस जाति को परम धर्म था। सुग्रीव राम की कृपा से अपनी स्थिति वसाने में समर्थ हो सका, वह विस्मरण करना सम्भव नहीं है।

---

69. वा॰ रा॰ –4–44–14
70. वा॰ रा॰ –4–29–11
71. वा॰ रा॰ –4–35–13

इस तरह की उक्तियों से तारा ने जातिगत विशेषता का परिचय दिया है। तारा एक असाधारण कोटि की विदुषी नारी थी। उसमें ऐसी क्षमता थी कि विभिन्न तरह के उत्पातों की जानकारी पहले ही ग्रहण कर लेती थी।

सुग्रीव एक बार पराजित होकर पुनः शीघ्र ही लौट कर युद्ध के लिए ललकारता है तो तारा अपने पति को रोकती है तथा समझाती है कि इतना शीघ्र लौटकर युद्ध के लिए उत्प्रेरित करने के पीछे अवश्य कोई रहस्य है।

*पूर्व मापत्तिः क्रोधस त्वमाहवते युधि*

*निष्पत्य च निरस्तस्ते हन्यमानो दिशों गतः।*

*त्वया तस्यरिस्तस्य पीडितस्यविशेषतः।*

*इहैत्य पुराहवानं शंका जनयतीव में।* [72]

आने वाली विपत्ति का स्पष्ट संकेत यहाँ उल्लिखित है। फिर भी वाली अपनी मृत्यु नजदीक होने के कारण उसकी बात पर ध्यान नहीं देता है।

सिर्फ लोकाचार के अनुसार शिष्ट एवं सभ्यभाषा में असहमति ही प्रकट करता है।

*न मे गर्वितभायस्तं सहिष्य दुरात्मवान्।*

*कृतं तारे सहायत्वं सौहृदं दर्शितंमयि।।* [73]

पर बाली को तारा की सारी विशेषताएँ पहले से विदित थी। वह प्राण - त्याग के समय सुग्रीव से कहता है कि तारा में प्रभूत वुद्धिमत्ता है–

*सुषेण दुहिता चेयमर्थ सूक्ष्मविनिश्चये।।*

*औत्पातिके च बिवधे सर्वतः परिनिष्ठता*

*यदेषा सधिति वूयास्कार्यं तन्मुक्तसंशयम्*

*न हि तारामतं किंचिदन्यथा परिवर्तते।।* [74]

---

72. वा० रा० –4-15-10, 11

73. वा० रा० –4-16-9

74. वा० रा० –4-22-13, 14

तारा के परामर्श हेतु बाली का स्पष्ट निर्देश है कि सुग्रीव कभी भी उसकी बात का उल्लंघन न करे। उसकी कार्य क्षमता पर बाली को पूरा विश्वास था। तारा ने लक्ष्मण के क्रोध की शान्ति हेतु शास्त्र सम्मत ऐसी बातें कही कि लक्ष्मण मंन्त्रमुग्ध हो गए। तारा के सारगर्मित कथन थें–

*न काम तन्त्रे तव बुद्धिरस्ति वै यथा मन्युवंश प्रयत्न।*

*न देशकालौ हि न चार्थधर्मावपेक्षत कामरतिमनुष्यः।।*[75]

इतना ही नहीं वल्कि उच्च गुण–सम्पन्न पुरूष हीन गुणवाले प्राणी पर क्रोध नहीं करते हैं।

*कोपं कथं नाम गुण प्रकृष्टः कुमार कुर्यादपकृष्टरूत्वे।।*

*कस्त्वव्दिधः कोप वशं हि गच्छेत्सत्वावरूद्धस्तपसः*

*प्रसूतिः।।*[77]

तथा जो कर्मात होता है, उसका[78] असंतुलित हो जाना कोई अस्वाभाविक बात नहीं है। तारा अपनीराजनीतिज्ञता एवं वाक् चातुरी से कहती हैः–

तं कामवृतं मम संनिकृष्टं कामाभियोगाच्च निवृतल्ज्जम क्षमस्व तावत्पर वीरहन्त स्त्वद् भ्रातरं वानरवंशनाथम्[79] इस तरह क्रुद्ध लक्ष्मण के हृदय पर अपना पूरा प्रभाव डालका् उनके तथा सुग्रीव के बीच मनोमालिन्य समाप्त कर देती है। राक्षस समाज में जिस तरह भुक्तभोग एवं स्वच्छन्द यौनाचार का नियम था वानर जातियों में भी वैसी ही प्रथा थी। रूमा सुग्रीव की पत्नी थी लेकिन बाली ने उसे अपना लिया था। उसके पूर्व ही वाली के जीवन काल में तारा सुग्रीव की पत्नी होकर रह रही थी।

जिसका उल्लेख अंगद के मुँह से इस प्रकार हुआ है।

---

75. वा० रा० –4–33–55
77. वा० रा० –4–33–52
78. वा० रा० –4–33–54, 14
79. वा० रा० –4–33–50, 14

*भ्रातुर्ज्येष्ठिस्य यो भार्या जीवतो महिषं प्रियाम्।*

*धर्मेण मातरं यस्तु स्वीकारोति जुगुप्सितः।।*[80]

वह सुग्रीव तारा से आकृष्ट था जिस कारण बाली की मृत्यु का संदेह ही करके तारा तथा रूमा के साथ विषय-वासना के सागर में डूबता तैरता रहता है–

*स्वां च पत्नीभभिप्रेतां तारा चापि सभीप्सितम्।*

*विहरन्तमहोरात्रं कृतार्थ विगतज्वरम्।।*[81]

रावण का दशग्रीव या दशानन कहा जाना उसके प्रति आक्रोश तथा घृणा ही अभिव्यक्त है। वानर जाति को भी पूंछ वाली जाति कहना उसे आर्य जाति से अलग-थलग रहने का ही रखने का ही प्रयास मात्र है। इस जाति ने आर्य संस्कृति का विशेष विरोध करना छोड़ दिया था। इसका कारण आर्य भूभाग की समीप्यता ही है। आर्यो के आंचार विचार के अनुसार ही वह अपने जीवन को डालने का प्रयास कर रहा था। राम ने उस भूभाग पर इक्ष्वाकु वंशी राजाओं का अधिकार कहलाया है–

*इक्ष्वाकूणामियंभूमिः सशैलवन कानना*

*मृगपक्षिमनुष्याणां निग्रहप्रगहावपि।*[82]

किष्किन्धा की वानरजातियां अयोध्यानरेश के प्रति अपनी श्रद्धा ही प्रकट करती हे। राजा की ओर से सम्राट को कर की प्राप्ति होती होगी। वानर जाति का नाम इसलिए दिया गया कि पहले की जातियां पशु - पक्षियों के नाम पर अपने कबीले का नाम रखती थी। पशुओं के नाम पर जातियों के नाम होते थे।[83] नाग, गृध सुपर्ण कच्छप आदि जातियाँ ऐसी ही थी। नागों का स्थान पहले गंगा क्षेत्र था पर, उन्हें पराजित होकर जंगल की ओर भागना पड़ा। छोटा नागपुर आदि स्थान इसी सन्दर्भ में है।। पार्जिटर के अनुसार हनुमान द्रविड़ भाषा

80. वा॰ रा॰ –4-55-3
81. वा॰ रा॰ –4-29-4
82. वा॰ रा॰ –4-18-6
83. प्राचीन भारतीय परम्परा और इतिहास पृ॰ 109

के आणमण्डि से बना है। इनके अनुसार वेद का वृषाकपि हनुमान [84] ही है। इस जाति के अस्त्र -शस्त्र अभी तक वृक्ष तथा पत्थर ही थे। नख तथा तेज दाँत से युद्ध करने में पूरी सिद्धरस्ता उन्हें प्राप्त थी।

*गिरिकुञ्जर मघाभा नगर्या निर्ययुस्तदा*

*तः सचिवसंदिष्टां हरयो रामेहर्षणाः॥*

*नखदष्ट्रायुधधेड़ा सर्वे विकृत दर्शनाः।* [85]

पूंछ उनके प्रियआम्षण हुआ करते थे, स्वयं रावण ने इसे स्वीकार किया था। उस आभूषण में आग लगाकर उसे जला देने की चेष्टा हुई थी।

*कपीणांकिल लांग लभिष्टं भवति भूषणम्॥*

*तदस्य दीप्यतां शीघ्रं तेन दग्धेन गच्छति।* [86]

रावण ने अपमानित करने के उद्देश्य से इस आशय की आज्ञा दी थी। पूंछ के प्रति वानरजाति का प्रेम उसकी जातिगत विशेषता का परिचायक है। सम्भव है कि यह आभूषण के रूप में धारण किया जाने वाला एक जाति विशेष चिह्न था जिसके जलने पर हनुमान किसी तरह की पीड़ा का अनुभव नहीं कर रहा था–

*कामं बन्धनैश्च में भूयः पुच्छस्योद्दीपनेन च।*

*पीड़ा कुर्वन्तु रक्षांसि न मेडस्ति मनस श्रमः॥* [87]

कई एक प्रमाण उपलब्ध होते हैं जिनसे स्पष्ट होता है कि वानर जाति के शरीर के अंगस्वरूप नही थीं वल्कि आभूषण के रूप में पूंछ का उपयोग यह जाति करती थी। [88] मन्मथ राम के अनुसार वानर भारत की मूल जातियों में से एक थी जो आर्यों के प्रसार के कारण दक्षिण की ओर हटती [89] गई। रामस्वामी

84. एपिक मायथोलौजि पृ० 15
85. वा० रा० –4-31-24
86. वा० रा० –5-53-3
87. वा० रा० –5-53-16
88. बंगाली रामायण पृ० 52, महाराष्ट्रीय वृतरामायण सभालोचन
89. सरस्वती भवन स्टडीज –4-29-4

शास्त्री ने उसे आर्यजाति कहा है जो अपने आर्य समाज से काफी अलग-थलग हो जाने के कारण आर्य संस्कृति में अच्छी तरह से घुला हुआ नहीं दीखता है पर आर्य संस्कृति के सम्पर्क में आने से प्रगति पथ पर बढ़ने लगती [90] है। डा॰ शांति कुमार नानूराम व्यास ने गणना की है कि सम्पूर्ण रामायण में वानर से सम्बन्ध शब्द कितनी वार प्रयुक्त हुए हैं। [91]

वानर शब्द - 1080 बार

हरि शब्द - 540 बार

प्लवंग शब्द - 240 बार

कपिशब्द - 420 बार

इन्होंने स्पष्ट रूप से कहा है कि पूँछ शरीर का अभिन्न अंग न होकर जातीय निशानी थी। वीर जाति के इन बानरों की संख्या की चर्चा तारा ने लक्ष्मण के समक्ष की थी। वीरवानरों की उपस्थिति की योजना इस जाति के फैलाव स्थल एवं निवास -स्थल के संकेत प्राप्त होते हैं:- [92]

हनुमान जब अशोक वाटिका में प्रवेश करता है तो पहले अपने आराध्यदेव स्मरण कर लेता है। उनके आराध्य देव इस प्रकार थे – ब्रह्मा, अग्नि, वायु व्रजधरी इन्द्र, पाशयुक्त वरूण, चन्द्र, अष्विन्, मरूत, कृषि एवं अन्य भूतादि। [93]

*ब्रह्मा स्वयंभूर्मगवान् दवा दिशन्तु मे।*

*सिद्धमाग्निश्च वायुश्च पुरूछूतश्च बज्रभृत।।*

*वरूण: पाशहस्ताश्च सोमादित्यौ तथैव च।*

*अश्विनौ च महात्मनौ मरूत: शर्व एव च।।*

*सिद्धिं सर्वाणि भूतानि भूतानां चैव य: प्रभु।*

---

90. इण्डियन कल्चर भाग-5- पृ॰ 195
91. रामायण कालीन समाज पृ॰ 71,72
92. वा॰ रा॰ –4-35-19, 20
93. वा॰ रा॰ –7-34-33

*यास्यन्ति मम वै चान्ये सद्रष्टा: पथि गोचरा:।।*[94]

इस प्रकार हनुमान के उपास्यदेव के उल्लेख से यह स्पष्ट संकेत मिलता है कि वानर जातियों के अराघ्य देवथ्वे ही जो आर्यो के थे।

राक्षस समाज की स्थिति इससे भिन्न है; लंका की निंकुभिला देवी, राक्षसों की कुलदेवी है जिसका उल्लेख आर्य देव - देवियों के बीच नहीं है।

सुरा चायनीयतां क्षिप्रं सर्वशोकविनाशिनी[95] मानुषं मांससमास्वाद्य नृत्यासोड्थनिकुम्मिलाम्। अनियमित तथा अमर्यादित यौन सम्बन्ध राक्षसों में जैसा है, वैसी विकृति वानर-समाज में नहीं दीख पड़ती है। शूर्पणखा राम तथा लक्ष्मण से वार-वार पुण्य निवेदन करती है लेकिन अंजना का आलिंगन कामोत्मत्त वाली अपनी लम्बी भुजा द्वारा करती है तो अंजना उसे रोकती हुई कहती है।

*मन्मथाविष्अ सर्वांगों गतात्मा तामनिन्दिताम्।*

*सा तु तत्रैव सभ्रन्यता सुवृत्रा वाक्यमव्रक्ति्*

*एक पत्नी व्रत मिदं को नाशयितुमिच्दति।*

*अञ्जनाया वच: श्रुत्वाभारूत: प्रत्यभाषत।।*[96]

यहाँ अंजना का एक पतिव्रत भंग हो रहा है जिससे वह भयप्रकम्पित है। दूसरी ओर राक्षस समाज के चरित्रानुसार शूर्पणखा की काम तृप्ति न तो राम से और न तो लक्ष्मण से हो रही है। इसलिए क्रोध से काँप रही है। हनुमान रावण के अन्त:पुर में घुसता है और छिप कर परायी स्त्रियों को अस्त-व्यस्त दशा में देखकर सोचने लगता है कि इस तरह दूसरे की स्त्रियों को देखना धर्म-विरूद्ध है क्योंकि उसने परायी स्त्रियों पर आजतक दृष्टि नहीं डाली है और अभी इस दशा में अनेकों स्त्रियों को देखना पड़ रहा है। पुन: उसका मन इसे पाप नहीं मानता है।

---

94. वा॰ रा॰ –5-14-66, 67, 68
95. वा॰ रा॰ –5-24-47
96. वा॰ रा॰ –4-66-16, 17

*कामं दृष्टवा मया सर्वा विश्वसता रावणस्त्रिय:।।*

*न हि में मनस: किं चिदैकृत्यमुपद्यते*

*मनोहि हेतु: सवषामिन्द्रयाणांप्रवर्तने।*

*शुभाशुभा स्वबस्थासु तच्च में सुव्यवस्थितंम्।*[97]

नैतिकता की भावना हनुमान में जो है वह उसके सामाजिक परिवेश का परिचायक है। बानर-समाज अपने कबीले में विखड़ा हुआ है।

किष्किन्धा के अतिरिक्त अन्य पर्वत श्रेणियों तथा जंगली भूभागों पर रहा रहा था, जब आवश्यकता पड़ती है तो चारो ओर से वह वर्ग अपने यूथ के साथ उपस्थित होता है - राक्षस-समाज की एक विशेषता, विशेष रूप से उपस्थित होता है लंका में ब्राह्मण आर्य की उपस्थिति का संकेत मिलता है।

*पूजितान दधिया मैच्श्र सर्पिभि: सुमनोडक्षतै:।*

*मन्यवेदविदोविप्रान् ददर्श सुमहाबल:।*[98]

ऐसे विप्रों का स्वागत नागरिकों द्वारा होता था।

प्रहस्त सेनापति के रूप में युद्ध-क्षेत्र जाने लगता है तो राक्षस प्रहस्त की मंगल-कामना हेतु ब्राह्मणों को प्रणाम करते हैं।

*हुताशनं तर्पयतां ब्राह्मणांच्श्र नमस्यताम।*[99]

सम्भव है कि ब्राह्मण राक्षसों का पौरोहित्य कार्य स्वीकार कर लेने पर मित्रवत लंका में रहते होंगे। संस्कृत भाषा के अध्येताओं की कमी लंका में नहीं थी। हनुमान सीता के समक्ष संस्कृत भाषा नहीं बोलना चाहता है क्योंकि वह इस भाषा के बोलने से रावण समझा जायगा सीता भयभीत हो जायगी-

*यदिवाच प्रक्षस्यामि द्विजातिरिव संस्कृताम रावणां मन्यमाना मां सीता भीताभविष्यति।*[100]

---

97. वाल्मीकीय रा॰ -5-11-43
98. वा॰ रा॰ -6-10-9
99. वा॰ रा॰ -5-47-22
100. वा॰ रा॰ -5-30-18

*''वेदविज्ञाव्रत स्नातक'' की संज्ञा रावण को दी गई है।।*

रावण का पुत्र अतिकाम वेदों में पारंगत था तथा ज्ञानी वृद्धजनों की सेवा में सदा संलग्न रहता था– तस्यासी द्वीर्यवान् पुत्रो रावण प्रतिमो रणे वृद्धसेवी श्रुतिघरः सर्वास्त्रविदुषांबरः।[101]

हनुमान ने लंका में देखा था कि रावण स्वाधयाय में लगे हुए है तथा वैदिक मन्त्रों का घोष भी उसने सुना था।

*शुश्राव जपतां तत्र मन्त्राम् रक्षो गृहेषुवै।*

*स्वाधयाय निरतां श्रेव यातुधनान् ददश्च सः।*[102]

अशोक वाटिका में रात्रि के अन्तिम प्रहर में वेदों के ज्ञाता तथा यज्ञों के अनुष्ठान कर्त्ता राक्षसों के मुँह से हनुमान ने वेदघ्वनि भी सुनी थी। जो राक्षस समाज की मनोवृति का परिचायक है।

*षड्गवेदविदुषां क्रतुप्रवरयाजिनाम्।*

*शुश्राव ब्रह्मघोषांश्च विरात्रे ब्रहमराक्षसाम्।।*[103]

इस तरह आर्य जाति राक्षस एवं वानर से भिन्न होकर भी बहुत सी अवस्थाओं एवं मनोभावना में समान थी। भोतिक विकास का मूल्यांकन अलग से नहीं करके एक ही साथ स्पष्ट किया गया है।

## आर्यजाति

प्राचीन सामाजिक सिद्धान्त धीरे-धीरे ढ़ीले पड़ते जा रहे थे। सभी समान रूप से परिश्रम में न लगते थे और न इसकी आवश्यकता ही रहा गई थी। एक ओर धन तथा शक्ति की धरा के फैलाव सीमित होते जा रहे थे तो दूसरी ओर ज्ञानमन्दिर के निर्माण का अधिकार वर्ग - विशेष में सिमट रहा था।

---

101. वा॰ रा॰ –6–71–23;
102. वा॰ रा॰ –5–4–13
103. वा॰ रा॰ –5–18–2
104. ऐ॰ ब्रा॰ –7–15

*संगच्छध्वं, संवदध्वं सर्वामनांसि जानताम।*

*देवभागं यथा पूर्वं संजानानां उपसिते।* [105]

यहाँ संघ तथा सामुदायिक विकास की कामना की जा रही है तथा एकमत होने का आग्रह है। वेद जाति में संगठित होकर एकमत्य होकर जिस तरह आविर्माग ग्रहण किया था, यही आदर्श समाज का होना चाहिए यह ऋषियों की काम ना है।

*पुरूद्रुहो हि क्षितयो जना नाम्* [106]

यानि मनुष्यों में अनेक प्रकार के विरोध या संघर्ष रहते ही हैं जिससे नाना प्रकार के कार्यों की ओर अभिमुख होना स्वाभाविक था।

आर्य जातियों में वट विखराव दीख पड़ता है

*नानानं वा उ नो धियो वि व्रतानि जनानाम्।* [107]

विभिन्न दिशाओं में उनकी वुद्धि का फैलाव हुआ व्यक्तिवादी चेतना ने सामुहिक चेतना एवं विचार को उपस्थित किया प्राचीन आर्यों का जाति आदर्श ऋग्वेद में इस प्रकार अभिव्यक्त हुआ है–

*समानी व आकृतिः समाना हृदयानि वः।*

*समानस्तु वो मनो यथा वः सुहासति।।* [108]

यानि पूरे समाज का अध्यवसाय एक जैसा हो उनके हृदय एवं मन समान भावना में तरंगित होते रहें तथा समाज के संगठन की दिशा एक जैसी हो यह कामना ऋषियों की थी। यहाँ वर्ण व्यवस्था की गंध नहीं है। आगे चलकर मंत्र में भेद होने लगा था कि किसी वर्ग के लोग किस मंत्र का पाठ करेंगे। यहाँ पर सामाजिक सामंजस्य का सुन्दर उदाहरण है:–

---

105. ऋग्वेद –10-191 (संज्ञान सू०)

106. ऋग्वेद –3-18-101

107. ऋग्वेद –9-11-1

108. ऋग्वेद –संज्ञान सूक्त

*समानो मंत्र समितिः समानी स्मानं मनः सहचित्र मेषाम्।*

*समानं मंत्रमभिमन्त्रये वः समानेन वो हविषा जुहोम।।* [109]

प्राचीन क्षेत्र कार्य की दृष्टि से तथा विचार के संदर्भ में आति विस्तृत नहीं था। एक कविले पर नियंत्रण रखना तथा पूरे भूभाग में फैले विभिन्न कवीलों पर वैचारिक समानता लाना तथा नियंत्रण करना दोनों कार्यों में कोई तुलना नहीं हो सकती है। धीरे-धीरे आर्यो का फैलाव होता गया जिससे विभिन्न तरह की परिथतियाँ के फलस्वरूप उनके विचार बदलते चले गए। एक ऐसी स्थिति आयी थी, आर्यो को मानना पड़ा कि समाज की वैचारिक विभिन्नता के कारण परिवेशों की असमानता है। ऋग्वेद [110] में प्रमुख राजन्य तथा शूद्र बाद में आकर अन्य वेद साहित्यों [111] में बार-बार प्रयुक्त होने लगे। क्षात्र शब्द की अपेक्षा ब्राह्मण तथा क्षत्रिय शब्द कम प्रयुक्त हुए हैं उधर वेदकालीन समाज के पूर्व का समाज़ वर्णित हुआ है। [112]

इस व्यवस्था में अधम या उत्तम वर्ण का भेद धन या जाति की दृष्टि से नहीं था। किसी तरह के संघर्ष की सम्भावना नही थी महान सत्व एवं बल से सम्पन्न जनता शोकरहित होकर सुखमय जीवन व्यतीत करती थी। बाद का सामाजिक इतिहास जातीय संघर्ष का इतिहास है। समाज पर ब्राह्मणों का अधिकार हुआ तो क्षत्रियों का विरोध धीरे-धीरे बढ़ने लगा। रामायण काल आते आते यह द्वन्द्व शिथिल हो गया। ब्राह्मणों ने संघर्ष का निदान खोज लिया था, फिर भी विरोध के स्फुलिंग यत्र-तत्र अवश्य दीख पड़ते हैं जिसका उल्लेख रामायण में हुआ है। जमदग्नि तनय परशुराम के क्रोध का वर्णन वाल्मीकि ने किया है जिसमें पूर्व के इतिहास का संकेत है।–

*कैलासमिव दुर्धर्ष कालाग्निमिव दुःसहम्।*

*ज्वलन्तमिव तेजोभिर्दुर्निरीक्ष्यं पृथग्जनैः।।*

---

109. ऋग्वेद –संज्ञान सूक्त

110. ऋग्वेद –10-90-12

111. यजुर्वेद –18-18-अथर्ववेद-19-6-1

112. वायु पु॰ –1-8-60,62

113. वा॰ रा॰ –1-74-19; 23

*स्कन्धो चासाद्यपरशु धनुर्विद्युद्वणोपमम्।*

*प्रगह्यशरमुख्यं च त्रिपुरन्ध यथा हरम्।* [113]

उनके कंधे पर विघुत की तरह चमकने वाला धनुष शोभित हो रहा है। हाथ में तीक्ष्णवाण है। त्रिपुरधती शिव की तरह वे मालूम पड़ते हैं। अपने पिता की हत्या हो जाने के कारण उनका क्रोध अब तक शान्त नहीं हुआ है। ऋषिवसिष्ठ के मन में भी यह शंका उत्पन्न होती है कि अपने पिता वध हो जाने के कारण क्रुद्ध परशुराम दशरथ आदि क्षत्रियों के भी संहार करने आए हैं –

*सर्वक्षत्रवघं कृत्वा गतमन्युर्गतज्वरः।*

*क्षत्रस्योत्सादनं भूयो न खल्वस्य चिकीर्षितम्।।* [114]

उस परिस्थिति का अंत उस काल कीं एक महान घटना है। सामाजिक परिवेश बदल जाने का संकेत है। परशुराम ने विश्वकर्मा द्वारा निर्मित धनुष, जो शिव धनु कहलाता था, उस पर रौंदा चढ़ाने के लिए राम से कहा। यह क्षत्रिय की शक्ति के परीक्षण का कहना है बहाना था। राम ने यह कार्य बिना आयास ही कर दिखाया जो क्षत्रिय बल का स्थापना का परिचायक है- इस घटना से एक युग के अन्त तथा दूसरे युग के प्रारम्भ होना का संकेत मिलता है।।

*ते जोडभिहत वीर्यत्वाञ्जामदग्न्यो जड़ीकृतः*

*रामकमलयपत्राक्षंमन्दमुवाच ह*

*काश्यपायमयादत्तायदपूर्वं वसुन्धरा*

*विषये मे न वस्तव्य मितिमांक श्यपोऽब्रवीत्।* [115]

राम ने शिव धनुष का अन्त किया था जो एक वर्ग का प्रती कथा। परशुराम के तेज का क्षीण हो जाना तथा सत्वहीन होकर वैष्णव तेज सम्पन्न राम की ओर देख्ना ब्राह्मणयुग का अन्त मानना चाहिये। [116]

---

114. वा॰ रा॰ –1-16-12;13

115. वा॰ रा॰ –1-7-10 से 15

116. वा॰ रा॰ –1-7-10 से 15

यह काल यजुर्वेद का है। इसमें तथा अथर्ववेद में अनेक सामाजिक चित्र उपस्थित किये गए हैं। सम्पत्ति की चोरी होने लगती है तथा चोरों से रक्षा के लिए प्रार्थना की जाती है।[117] ऋग्वेद में भी ऐसी प्रार्थनाएँ यदि हैं तो दस्युओं-दासों तथा पणियों के रक्षा के लिए न कि आर्य जातियों के मध्य रहने वाले चोरों से। जब आर्य जातियॉ असमानताओं की दिशा से गुजर रही थी। वर्ग-भावना के जन्म होने का अवसर था। त्र्यम्वक शिव की प्रशसा की जाती है और शिव आर्यों के भी पूज्यदेव हो जाते हैं। पहले की अवस्था का सुधार इस प्रकार कर लिया गया कि शिश्न को लिंग के रूप में स्वीकार कर लिया गया जो लिंग कि घिस के रूप में मान्य हुए। तस्मिन लिंगे महादेवः स्वयं ज्योतिः सनातनः।[118] इसे और भी स्पष्ट किया गया है अग्नि पुराण में - अनेन पूजये लिंगे लिंगे, यस्मात् स्थित शिवः[119] अग्निं पुराण में ''शिश्न देवाः'' अलग जातिया वर्ग के लिए प्रयुक्त शब्द है क्योंकि उसका अर्थ है वह जाति या वर्ग जिनके देवता शिश्न थे। वे अनार्य शिश्न देव की उपासना करते थे। आर्यों न जब उस वर्ग को पराजित किया तथा अपने में मिलाने का प्रयास किया तो वे उनके पूज्यदेव धीरे-धीरे आर्य समाज में प्रवेश करने लगे।

आर्यों ने इस प्रभाव को समझा था अतः उस प्रभाव को रूपान्तिरित करके स्वीकार कर लिया शिव का अर्थ इस प्रकार किया जाता था– ''शेते सर्वभूतेषु इति शिवः''[120] परिणामस्वरूप शिव की उपसना जिस रूप में होने लगी उसके लिए एक कथा की कल्पना की गई। लिंगकारा समुदभूता बहने ज्वाला तिमिषणा।[121] इस तरह शिव की उपसना आर्यों में प्रचलित होने लगी। ऋग्वेद के रूद्रवाद में आकर ''रूद्र'' शिव[122] हो गए। अथर्ववेद में रूद्रशिव का धनुष

117. यजुर्वेद –1-16
118. लिङपुराण अ० ६६ श्लोक 19
119. आग्न पुराण–323
120. लिंग पुराण अ०–66-श्लोक-19
121. मत्सत्य पुराण 6–3-4
122. ऋग्वेद –1-27-10,2-11-6,13-2-5

पिनाक [123] कहा गया। समाज के परिवर्तन से धर्म की मान्यताओं में भी अन्तर होने लगा।

*आदिम धयान्तरहितं भेषजं भवरो भिणाम्*

*प्रणवे नैव मन्त्रेण पूजयेल्लिंगमूर्धनि।* [124]

लिंग शिव चितस्वरूप मान्य हो गया। राक्षसों की शिवोपासना घटी नहीं आर्यों के देवता हो जाने पर भी राक्षसों का जाति विशेष बढ़ता ही जा रहा था। राक्षस आर्य विकास के बाधक सिद्ध हो रहे थे। राक्षसों के नाश की प्रार्थना राक्षसों के साथ संघर्ष का परिचायक [125] है। दूसरी ओर आर्यों द्वारा शिव की पूजा [126] भी राक्षसों को मिलाने की चेष्टा थी।

धर्म में जोड़-तोड़ सामाजिक उथल-पुथल पुथल का संकेत देता है। वैश्यों का सामाजिक प्रतिष्ठा देनी पड़ी क्योंकि ब्राह्मण - क्षत्रिय वर्ग - विद्वेष ने उसका महत्त्व बढ़ा दिया था।

यक्षों के साथ वैश्यों का सम्बन्ध स्थापित होने की परिस्थिति उत्पन्न होनी लगी। यज्ञ धन के देवता के रूप में पुंजित हुए।।

वैश्यों ने यज्ञ की पूजा की, क्योंकि उन्हें व्यापार के लिए जंगल की राहों से गुजरना पड़ता था। तथा जंगल में रहने वाले यज्ञ उन्हें मार डालते थे। इसलिए वैश्यों के देवता ''यक्ष'' राजकुबेर हो गए। इस परम्परा के चित्र आज भी ''ॐ कुबेराय नमः'' आदि देखने को मिलता [127] है। आर्य संस्कृति के प्रसार का प्रयास तेजी से हो रहा था। जिसके परिणाम में दक्षिण में आर्य राक्षस युद्ध होता है। तत्कालीन समाज पुरोहित, योद्धा किसान तथा व्यापारी के अतिरिक्त चतुर्थ वर्ग यानि शुद्र को मान्यता देने की स्थिति में जा चुका था। यह वर्ग समाज का अनिवार्य अंग सिद्ध हो; बाद में उसकी उत्पत्ति हुई पर कार्य

---

123. वैदिक इन्डेक्स भाग-1-पृ०-530
124. सौर पुराण-42-41
125. यजुर्वेद 5-23,-24, 25
126. यजुर्वेद 3-60
127. प्राचीन परम्परा और इतिहास-पृ० 166

में कम महत्व नही था। अतः शरीर के महत्वपूर्ण अंग पैर से उत्पन्न होने काव्यात्मक कल्पना की गई।

चातुर्वर्ण्य की प्रतिष्ठा समाज ने स्वीकार की।[128] इस क्षत्रियों का शासन – अश्व, गो आदि पशुओं तथा पृथ्वी पर कायम हुआ।[129] इस युग का प्रधान रचना यजुर्वेद था। इस वेद के शासन का परिणाम यह हुआ कि यज्ञ -याजन की प्रधानता हुई पुत्र-प्राप्ति के लिए यज्ञ होने लगे हरिश्चन्द्र का यज्ञ पुत्र-प्राप्ति हेतु यज्ञ होने लगा था। स्वर्ग की· प्रप्ति के लिए यज्ञ का अनुष्ठान किया।[130] राजादशरथ का पुत्रेष्ठि यज्ञ रामायण में वर्णित है।

*चिन्तयानस्य तस्यैव बुद्धिरासीन्महात्मनः*

*सुतार्थ वाजिमेधेण, मिमर्थं न यजाम्यहम्।।*[131]

इतना ही नहीं वल्कि विवाह भी मनुष्य यज्ञ से होने लगा मिथिलामम्युचागम्य वीर्य जिज्ञास वस्तदा तेषां जिज्ञासमानानांमैशं धनुरूपाहृतम्।।[132] राजाओं के नाश हेतु यज्ञ हुए तथा राक्षस भी अपनी विजय कामना से यज्ञ करने लगे। इन्द्रजीत द्वारा निंकुमिला देवी के मन्दिर में यज्ञ का अनुष्ठान विजय-कामना से हुआ था।

*स हेतु कामेदुष्टात्मागतच्श्रैत्यनिकुम्भिलाभ्।*

*निकुम्भिलाभि मघिष्ठाय पावकं जुह्वेन्द्रजित्।।*[133]

प्रत्येक बलशाली राजा की कामना अश्वमेघयज्ञ करने की होती थी। ऋग्वेदकाल से पुरूमेघ यज्ञ का स्थान तत्कालीन समाज के अश्वमेध यज्ञ ने ले लिया। यह यज्ञ आदिम सभ्यता का प्रतीक था तो बाद का अश्वमेध यज्ञ शक्ति-विकास का प्रतीक हो गया। वह प्रारम्भिक यज्ञ वितरण का साधन था तो बाद का यज्ञ धन तथा शक्ति संचय का श्रोत हो गया था। राजा दशरथ के

128. यजुर्वेद 30–5
129. यजुर्वेद 20–10
130. वा॰ रा॰ 1–8–2
131. वा॰ रा॰ 1–8–2
132. वा॰ रा॰ 1–66–18
133. वा॰ रा॰ 6–72–28

यज्ञ में उपस्थित होने वाले मिथिला नरेश काशीराज, केकयराज अंगराज, कोशल-नरेश भानुमान प्राच्यदेश से विभिन्न नरेश सिंधु सौवीर, सौराष्ट्र के नरेश दक्षिणात्यदेशों के नरेश एवं पृथिवी पर के सभी नरेशों को उपस्थित होने का सौभाग्य प्राप्त हुआ था-[134]

उन नरेशों ने उपस्थित होकर सम्राट को करके रूप में उपहार प्राप्त किया त्तः कश्चिद होरात्रै रूप याता महीक्षितः। बहूनीरत्ना न्योदाय राज्ञो दशरथस्यह।।[135]

यज्ञ स्थल पर बहुत सारे रत्नों की ढेर लग गई थी। यह सम्राट की शक्ति का परिचायक है। यह यज्ञ प्राचीन पृष्टभूमि में हुआ था। यज्ञ से सब कुछ प्राप्त हुआ है यह समाज में प्रचलित था।[136]

ऋग्वेदकालीन यज्ञ की मानसिक पृष्टभूमि बहुत भिन्न थी। अयं यज्ञो भुवनस्य नाभिः।[137] पहले के समाज की सुत्रवाक्य[138] था। पर व्यवहार में क्रियाकल्प - भिन्न हो गया। यज्ञ से ही सभी कर्मों को बाँधने की चेष्टा हुई और ''यज्ञो वै श्रेष्ठतमं कर्म''[139] का सिद्धान्त समाज ने ग्रंहण किया।

वैदिक आर्य पूर्वी पंजाब तथा पश्चिमी वंगाल से पूर्व की ओर काफी बढ चुके थे और कालान्तर में कुरू, पांचाल वत्स उसीनर मतस्य, शात्य, शूरसेन कौशल, काशी विदेह जैसे राज्य शक्तिशाली हो चुके थे। अनार्थों पर आर्य भाषा लादी जा रही थी।[140] वैक्र्त, चण्डाल डोम जैसी अनार्य जातियाँ आर्यों की भाषा से प्रभावित हुए तथा उनकी भाषा के बहुत से शब्द 'संस्कृत' में ग्रहण हुए। यह आर्य - अनार्य सम्पर्क के विस्तार का फल[141] था। यज्ञों के माध्यम

---

134. 1-13-21, 27
135. 1-13-33
136. यजर्वेद -18-12
137. यजर्वेद -18-13
138. ऋग्वेद -10-90-8, 9, 10
139. श॰ प॰ ब्रा॰1-7-4-5
140. ओरिजन एण्ड डेवल मेंट ऑफ बंगाली लैंग्वेज एण्ड . लिटरेचर पृ॰ 42
141. ओरिजन एण्ड डेवल मेंट ऑफ बंगाली लैंग्वेज एण्ड . लिटरेचर -पृ॰ 42

से असंख्य अन्याय तथा उत्पातों की घटनाएँ होने लगी थी। यज्ञ पशुओं के महत्व का उल्लेख वाल्मीकि ने किया है।

*प्रायश्चितं महघेत नरं वा पुरूषर्षभ*

*अनयस्य पशु शीघ्रं यावत्कर्म प्रवर्तते*

*उपाधयाय वचः श्रुत्वा स राजा पुरूषर्षभ।*

*अन्विषेण महावुद्धि पशुंगोभिः सहस्रशः।।* [142]

राजा अम्बीरष के यज्ञ पशु खो जाने पर उसके विनाश की संभावना अभिव्यक्त की गई है। एक हजार गाएँ देकर भी यज्ञ पशु की प्राप्ति हो यह आवश्यक कहा गया है; यहाँ तक कि इसके स्थान पर मनुष्यमसमर्भित किये जा सकते थे।

ऋचीक पुत्रः शुनः शेषः को यज्ञ बलि के लिए खरीद लिया गया था। [143]

राजतन्त्र की निरंकुशता बढ़ गई थी। राजा को अधिकृत किया गया था कि सिर्फ विशों से कर ग्रहण करें। बाद में यह स्थिति नहीं रही। कर सिर्फ विशों से नहीं लेकर पूरे उत्पादन पर आधारित होने लगा था। उत्पादन कर्त्ता 'कर' दाता हो रहे थे। प्रजा पर राजा की निरंकुशता जब बढ़ जाती थी तो उसका विरोघ होता था। सगर के पुत्र असमंजस का अत्याचार जब बढ़ जाता है तो प्रजा विरोध करती है जिसके परिणामस्वरूप उसे देश-निष्काशन का दण्ड मिलता है–

पौराणांहिते युक्तः यित्रा निर्वासितः पुरात्। [144] विशों की आवाज अनसुनी नहीं होती थी– [145]

जनमानस का ध्यान रखना राजा का कर्त्तव्य था। उसे प्रजा के नाम पर त्याग करना पड़ता था। राम के राज्य में प्रजा की भावना जानने का प्रयास

---

142. वा॰ रा॰ –1–61–8, 9

143. वा॰ रा॰ –1–61–23

144. वा॰ रा॰ –1–38–22

145. पौलिटीक हिस्टी ऑफ इण्डिया पृ॰ 137

जासूस के द्वारा जनमानस का मूल्यांकन किया जाता था जैसा कि वाल्मीकि ने वर्णन किया है–

*शुभाशुभानिवाक्यानि यान्याहुः पुरवासिनः।*

*श्रत्वेदानीं शुभं कुर्या न कुर्यामशुभानि च।।*

*कथयस्व विस्त्रव्धे विगत ज्वरः*

*कथयन्ति यथा पौरः पापा जनपदेषु च।*[146]

क्षत्रियों पर ब्राह्मणों का शासन समाप्त नहीं हुआ था वल्कि उसका रूप बदल गया था–

*आ त्वाहार्षमन्तरेधिं ध्रुवतिष्ठा विचाचलिः।*

*विशस्त्वा सर्वा वाञ्छन्तु मा त्वद्राष्टमधिभ्रशत्।।*[147]

राजमुकुट पहनते समय राजा को दंड से स्पर्श किया जाता था जिसका अर्थ था कानून एवं दण्ड विधान से वह ऊपर[148] नहीं है। उस पर नियंत्रण हेतु मंन्त्री ग्रामीण तथा समिति की सलाह अनिवार्य कर दी गई थी–

*तस्यधर्मार्थ विदुषों भावभजाय सर्वशः*

*ब्राह्मण जनमुख्याश्च पौरजानपदैः सह्।।*[149]

ब्राह्मणों ने समाज को सब कुछ समर्पित कर दिया था। दान में सारी पृथ्वी पाकर भी वे लौटा देते थे जिससे कि भूदेव की संज्ञा उन्हें मिली थी–

*न भूम्या कार्यमस्माकं न हि शक्ताः स्म पालने*

*रताः स्वाधयाय करणेवयम् नित्यं हिभूमिष।।*[150]

परशुराम तथा दाशरथि राम के झगड़े में यह संकेत दिया है कि वितरण

---

146. वा॰ श॰ –43–5–10–11
147. ऋग्वेद 10–173–1
148. अर्थर्ववेद –3–5–6–6,79–1
149. वा॰ श॰ –2–2–19,1–38–22
150. वाल्म॰ र॰ –1–14–47

का अधिकार जब क्षत्रियों काथा तथा ब्रह्मणविशों से अलग होकर-छोटी - छोटी जागीर स्वीकार कर रहे थे।[151] उत्पादन का उत्तरदायित्व विशों पर था। सुरक्षा एवं सैन्यशक्ति क्षत्रियों के हाथ में आ गयी थी। पहले जहाँ पूरा समाज लड़ता था अब यह कार्य एक विशेष वर्ग के हाथों में था। पेशोवर सैनिक तैयार हो गए थे। उन्हें समय पर वेतन दिया जाता था। युद्ध में जीती गई वस्तुओं पर या युद्ध से प्राप्त वस्तुओं पर उस वर्ग का अधिकार समझा जाता था। ठीक उसी तरह यज्ञ-याजन से प्राप्त सामग्री धर्म के नाम पर दिये गए दान के अधिकारी एक मात्र ब्राह्मण ही होते थे। ऋषियों एवं मुनियों के धर्मोपदेश समाजिक कानून थे जिसकी अवहेलना होने पर दंड का भागी होना पड़ता था।

दण्ड में कभी-कभी समाज से निष्काषित भी कर दिया जाता था।

*अन्यां गतिं गमिरूयामि स्वस्ल्विांडस्तुतपोधना:।।*

*ऋषिचुत्रास्तु तच्छुत्वा वाक्यं पौरामिसंहितम्।।*

*शेष: परमसंकुद्धश्चण्डालत्वं गमिष्यसि।*

*एवमुक्त्वा महात्मानो विविशुस्तं स्वमाश्रमम्।।*[152]

इस प्रकार रामायणकालीन सामाजिक संगठन के चित्र अनेक प्रसंगों तथा उद्धरणों से स्पष्ट होते हैं। शूद्र वर्ग के सामाजिक वितरण उतने स्पष्ट नही हैं जितने के अन्य तीन वर्णों के महाभारत कार ने इस वर्ग पर पूरा विचार किया है क्योंकि तब तक यह वर्ग एक संगठित समाज का रूप ग्रहण कर चुका होगा वाणिज्यं पशुपाल्यं च तथा शिल्पोपजीवनम्।

*शूद्रस्यापि विधीयन्ते यदावृत्रिनं जायते।।*[153]

जैसा स्पष्ट उल्लेख रामायण कार ने वैश्व वर्ग तक ही सीमित रक्खा है क्योंकि उस समय तक शुद्र वर्ग अपना सामाजिक संगठन कायम करने में सफल नहीं हुआ होगा या उस वर्ग का महत्त्व स्थापित नहीं हो सका होगा। समाज उस वर्ग से अपरिचित नहीं था।

---

151. बा०रा० –158-8;9,

152. मरा०मा०शा०पर्व 29-4-4

153. ऋग्वेद– 10-90-12

क्योंकि जाति तथा शुद्र शब्द का सृजन ऋग्वेद के दशम मंडल में ही हो चुका [154] था। इसमें संदेह नहीं कि यह मंडल वाद की रचना है। रामायण में भी इस शब्द तथा वर्ग के अनेक प्रसंग आए हैं।

*अथ क्लेशजभेव त्वं धर्म चरितुमिच्छसि।*

*धर्मेण चतुरो वर्णान् पालयन क्लेशमाप्नुहि।।* [155]

**समाज का स्वरूप**

रामायण कालीन समाज वर्ण के आधर पर विभाजित हो चुका था; जो वर्ण व्यवस्था उत्तर वैदिक काल में कायम हुई, वह इस समाज में आकर रूढ़ हो गई। तथा जाति व्यवस्था में परिवर्तित होने लगी। सामाजिक नियम - बन्धन काफी सुदृढ़ हो गए जिसका उल्त्मंधन कम होता था। पूरा समाज चार वर्णों में विभाजित था। राजा चारो वर्णों का पालन धर्म पूर्वक करते थे। धर्मेण चतुरो वर्णन पालयन क्लेश माप्नुहि। [156] सामाजिक वर्ग - विद्वेष शान्त था। पूरी प्रजा की रक्षा पितामह ब्रह्मा की तरह राजा करते थे।

*चातुर्वर्ण्य स्वधर्मेण नित्यमेवाभ्यपालयत्।।*

*न द्वेष्टा विद्यते तस्यं न च स द्वेष्टिकंचन।।*

*स च सर्वेषु भूतेषु पितामह इवा परः।* [157]

हनुमान के समक्ष स्वयं लक्ष्मण ने इस सामाजिक स्वरूप का वर्णन करके राजा की लोकप्रियता एवं समाजिक शक्ति का उल्लेख किया है। समाज में सभी वर्ग सम्मानित थे। सामाजिक प्रतिष्ठा उन्हें समानरूप से दी जाती थी। किसी राजकीय या सामाजिक समारोह में चारो वर्णों की उपस्थिति होती थी।

ब्राह्मणान् क्षत्रियान् वैश्यान् शूद्राश्चैव सहस्रशः समानयस्य शतकृत्य सर्वविशेषु मानवान् [158]

---

154. वा॰ रा॰ –2-106-21,22
155. वा॰ रा॰ –2-106-22
156. वा॰ रा॰ –4-4-6, 7

राजा दशरथ के यज्ञसमारोह में उपस्थित होने के लिए चारों वर्णे को निमंत्रित किया गया था। यज्ञ स्थल पर ठहरने के लिए राजा की ओर से पूरी व्यवस्था की जाती है। अलग-अलग वर्णों के निवास का विवरण इस प्रकार आया है:-

*ब्राह्मणावसथाश्चैव कर्त्तव्या: शतश: शुभा:।।*

*मद्यान्नपानै बहुभि: समुपेता: सुनिष्ठिता:।।* [159]

सैकड़ो सुन्दर घर ब्राह्मणों के लिए तैयार किये गए थे। मजबूत तथा विस्तृत ब्राह्मण - निवास - स्थान पर भोजन की पूरी व्यवस्था की गई थी सैनिक वर्ग तथा विदेश के निवासियों के लिए अलग भवन तैयार किए गए थे:-

*वाजिवारणशालाश्च तथा शय्या गृहाणि च।*

*भटानां महदावासा वैदेशिक निवासि नाम्।।* [160]

*पौर जनों के लिए भी काफी विशाल एवं विस्तृत भवन तैयार किये गए थे- ''तथा पौर जनस्याचि कर्त्त्व्या बहुविस्तरा:।।* [161]

ऊपर के दो वर्णों को छोड़कर शेष पौरजन ही कहलाते थे। जनपदवासियों का सम्मान कम नहीं था। इसलिए कि राजा का आदेश था:-

*सर्वे वर्णा यथा पूजां प्राप्नु वन्ति सुसंस्कृता।* [162]

समाज में सुव्यवस्था के कारण आपसी कटुता नहीं थी। सभी वर्ग के लोग अपने कार्य में लगे रहते थे। कोई लोभग्रसित होकर अनैतिक आचरण नहीं करते थे-

*ब्राह्मणा: दात्रिय:, वैश्य: शुद्रा: लोभ विवार्जता:।*

*स्क्कर्मसु प्रवर्तन्ते तुष्टा: स्वैरेव कर्मभि:।।* [163]

---

162. बा॰ रा॰ -1-13-14

163. बा. रा॰ -6-131-104

इससे विदित होता है कि मर्यादाएँ निर्धरित थी जिसका उल्लंघन किसी भी वर्ग द्वारा नहीं होता था सभी अपनी सीमा के अन्तर्गत रहकर जीविकोपार्जन करते थे। किंसी वर्ग की उद्दाम भावनाएँ दूसरे वर्ग के स्वार्थ से टकराती नहीं थी। सभी वर्ग अपने को गौरवान्वित समझते थे, किसी में हीन-भावना नहीं थी। कोई वर्ग किसी दूसरे वर्ग को प्रताड़ित प्रपीड़ित करने की बात नहीं सोचता था। ऋग्वेद के पुरूषसूक्त–

*ब्राह्मणोऽस्य मुखमासीद् बाहु राजन्यः कृतः*

*ऊरूतदस्य यद्वैश्यः पदम्याभशूद्रोऽजायत्।।*[164]

जो सूत्र वाक्य थे उसे ही परवर्ती साहित्य में ग्रहण कर लिया तथा समाज जिस साँचे में ढल चुका था उसे और भी मजबूत करते हुए आगे बढ़ रहा था। रामायण में यह वाक्य ज्यों का त्यों रख दिया गया है।

*मुख तो ब्राह्मणा जाता उरसः क्षत्रियास्तथा।*

*ऊरूम्यां जज्ञिरे वैश्याः पदम्याम् शुद्राः इति श्रुतिः।।*[165]

महर्षि वाल्मीकि की अपेक्षा व्यास ने और भी स्पष्ट कर दिया है कि गुण आधर पर समाज के चारो वर्ग की स्थापना की गई थी। एवं कर्म के आधर पर समाज चतुर्वण्य मया सृष्टागुण कर्म विभाग सः।[166] इसे दैवी सिद्धान्त के आधर पर हमेशा अकाटय सिद्ध करने का प्रयास हुआ। महाभारत में मुत्रऋषि के माघ्यम से वर्ण व्यवस्था के उद्भव तथा विकास का विश्लेषण दैवी सिद्धान्त को छोड़कर वैज्ञानिक तरीके से किया गया है; इस विश्लेषण से स्पष्ट होता है कि पूरा समाज पहले ब्राह्मण था, कोई वर्ण इसके बीच था ही नहीं आर्थिक जीवन की प्रक्रिया में ये विभिन्न वर्ण पैदा हुए–

*न विशेषोडस्ति वर्णानां सर्वे ब्रह्ममिदंजगत्।*

*ब्रह्मणा पूर्वसृष्टं हि कर्मभिर्वर्णतां गंतम्।।*

---

164. ऋग्वेद –10-90-12

165. वा॰ श॰ –3-1-30

166. गीता –4-13

*कामभोगप्रियास्तीक्ष्णा क्रोधनाप्रिय साहसाः।*

*व्यक्त स्वधर्मारल्कांगास्ते द्विजाः क्षत्रतांगताः।।*

*गोम्योवृत्ति समास्थायपीताः कृष्युपजीविनः।*

*स्वधर्मान् नानु तिष्ठन्ति ते दिजा वैश्यतांगताः।।*

*हिंसानृताप्रपालुब्धासर्वकर्मोप जीविनः।*

*कृष्णाः शोच परिभ्रष्याले द्विजाः शूद्रतांगताः।।* [167]

कर्म भेद से वर्णभेद उत्पन्न हुआ था विषय भोग के प्रेमी तीक्ष्ण स्वभाव बाले क्रोधी दुस्साहस पूर्ण कार्य – (अस्त्र - संचालन युद्ध - शिकार आदि) करने वाले ब्राह्मणोचित धर्म (यज्ञ - याजन आदि) का त्याग करने के कारण उनका रंग तामसी (लाल) हो गया तथा वे क्षत्रिय भाव को प्राप्त हुए जिससे कि उनका वर्ण क्षत्रिय वर्ण कहलाया गोपालन द्वारा या किसी कार्य के माध्यम से जीविको पार्जन करने ब्राह्मणों का रंग पीला पड़ गया जिससे वे वैश्य वर्ण के अन्तर्गत मान्य हुए जो ब्राह्मण पवित्रता से भ्रष्ट हो चुके थे, हिंसा, आदि के वशीभूत होकर कार्य करते थे ऐसे ब्राह्मणों के शरीर का रंग काला हो गया और शूद्र वर्ण माने गए इस तरह से भृगु ऋषि का कथन है–

*इत्यैतेः कर्मभिर्यस्ता द्विजा वर्णान्तरं गता।।* [168]

रामकृष्ण भण्डारकर के अनुसार विश्वमित्र के एक सौ पुत्रों में से चार पुत्रों की संतान नेशुद्रत्व शापवशशुद्रत्व किया था। [169] वे आर्य वस्तियों की बाहरी सीमा पर अपना निवास स्थान बनाकर रहने लगी थी। ऐतरेय ब्राह्मण से यह तथ्य समर्थित होता है– [170] इससे संकेत मिलता है कि आर्य क्रियाओं के लोप हो जाने पर दासत्व, शुद्रत्व की प्राप्ति होती थी। आर्य संस्कार च्युत यदु तुर्वसु क्षत्रिंय होते हुए भी शुद्र माने गए थे। [171] रामायण कालीन समाज की

167. महा० शान्ति पर्व –188–10 से 13

168. महाभारत–शांतिपूर्व–188–14

169. म्तसल भ्पेजवतल व जमबंद.त्उ.ज्ञतपींदअंदकंतकांत

170. ऐ० व्रा० –7–18

171. ऋग्वेद –10–62–10. 620–12–4–30–17 10–49–8

स्थिति अब वह नहीं रह गई। वर्णव्यवस्था कर्म से नहीं होकर जन्म से होने लगी थी। रामायण में इसके अनेक उदहरण उपलब्ध हैं। त्रिजही ब्राह्मण होकर भी अपनी जीविका के साधन ''फाल, कुदाल लांग ली'' रक्खे हुए थे और वह वैश्य नहीं माना गया बल्कि अवसर आने पर ब्राह्मणों की श्रेणी में खड़ा होकर प्रभूत गायों का दान प्राप्त करने का अधिकारी होता है।

*निर्धनों बहुपुत्रोऽस्मि राजपुत्र महाशय:*

*उच्छवृत्तिर्वने नित्यं प्रत्यवेक्षस्व मामिति।।*[172]

रामायण के वर्णों से आपसी सम्बन्ध अत्यन्त मधुर प्रतीत होते हैं।

*वर्णेस्वग्रय चतुर्थेषु देवतातिथि पूज का।*

*कृतज्ञाश्च वदान्याच्श्च शूरा विक्रमसंयुता:।।*[173]

यहाँ चारो वर्णों को एक सूत्र में पिरोकर सामुहिक उत्तरदायित्व का वर्णन हुआ है। धर्म एवं सत्य के पालन में ये चारो वर्ण संलग्न थे। पूरा समाज एक दूसरे के प्रति कृतज्ञता की भावना से जी रहा था। सभी उदार एवं शूर थे। पूरे समाज में पराक्रम की भावना थी। ब्राह्मणों को देवपूजक तथा शूद्र को सेवक कहकर यहाँ उपस्थित नहीं किया वल्कि सबों को अतिथि पूजक एवं देवपूजक कहकर समान उत्तरदायित्व की भावना से प्राण-दान कह गया है फिर भी वर्ण - व्यवस्था में जातीय भावना का रूढ़ हो जाना यह भारत की निराली प्रणाली ही है।

मिस्र तथा मेसोपोटामिया में भी पौरोहित्य रक्षा, व्यापार एवं उत्पादन तथा सेवा के कार्य आदिम जातियों में निर्धारित थी। यहाँ यह व्यवस्था कट्टरता की ओर अग्रसर नहीं हो सकी।[174] रामायण कालीन समाज की जातीय कट्टरता के कारण शूद्रो को वेद - ज्ञान से वर्जित - रक्खा गया।।

*भावं न चास्याहममुप्रदातुमलम् - द्विजो मन्त्रभिवाद्विजाय।।*

---

172. वा० श० -2-32-35

173. वा० श० -1-6-17

174. एवरीडे लाएफ-इन-एनसियन्ट इन्डिया-पृ० 48

सीता लंका में रावण से कहती है कि वह अपना शरीर रावण को अर्पित उसी तरह से नहीं कर सकती है, जिस तरह से कि द्विजों के योग्य मन्त्रज्ञान शूद्रों को नहीं दिया जा सकता है। रामायण के उत्तर काण्ड से यह और ीाी स्पष्ट हो जाता है कि आद्विजों को तपस्या करने का अधिकार प्राप्त नहीं था।

*त्रिभ्यों युगेभ्यस्त्रीन् वर्णान धर्मश्च परिनिष्ठत:।*

*न शूद्रो लभते धर्म युगतस्तु नरर्षभ।*[176]

रामायण में नारद ऋषि ने प्राचीन आर्य समाज के विकास तथा रामायणकालीन स्थिति पर प्रकाश डाला है। समाज की विकास धारा का उल्लेख करते हुए आने - जाने वाले समय की और संकेत भी दिया है। समाज किस तरह इस रामायण कालीन स्थिति में पहुँचा है तथा समाज की मनोदशा आगे क्या होगी, यह विवरण नारद के मुख से उपस्थित किया गया है।

*श्रुत्वा कर्त्तव्यानां राजन् कुरूष्व रधुनन्दन*

*पुरा कृतयुगे राजन् ब्राह्मणा वै तपस्विन:।।*[177]

यानि पहले ब्राह्मण ही तपस्वी थे दूसरे वर्ण तपस्या नहीं करते थे।।

*ततस्त्रेतायुगं नाम मान वानां वपुष्मताम*

*दात्रियास्तत्र जायन्ते पूर्णण तपसान्विता:।।*[178]

त्रेतायुग में दृढ़शरीरधरी क्षत्रिम तपस्या के दो क्षेत्र में आगे आए। वे इस युग में ब्राह्मण की तरह तपस्या में प्रधान हो गए। इस क्षेत्र में ब्राह्मण तथा क्षत्रिय तपस्या एवं वीर्य में समान हो गए।

*ब्रह्मक्षत्त्रंच त्‌ सर्व यत्पूर्वम परं च यत्।*

*युगयोरूमयोरासीत् समवीर्यसमन्वितम्।*[179]

---

175. वा० रा० –5-28-5
176. वा० रा० –7-74-26
177. वा० रा० –7-74-9
178. वा० रा० –7-74-11, 12
179. वा० रा० –7-74-13,14

इस समानता के कारण ब्राह्मण क्षत्रिय में कोई भेद नहीं रहा तो पूरे समाज को चार वर्णों में विभक्त कर दिया गया। कृतयुग का मुख्य भोजन माँस था।

*आमिषं यच्च पूर्वेषाम् राजसां मलं भृषम्।।*

*अनृतं नाम यदभूतं पादेन पृथिवी तले।।* [180]

खेती आजीविका का साधन वाद में आकार हुआ। इससे अपने को अलग रखते हुए धर्म - कर्म में लगे रहने वाले ही पुण्यात्मा हैं इस युग में पाप ने एक पैर पृथ्वी पर रक्खा तथा द्वापर में दोनों पैर पृथिवी पर आ गए।

*तत्तः पादमधर्म स द्वितीय भवता रयंत्।*

*त्तो द्वापर संज्ञस्य युगस्य समजायत।।* [181]

इस युग में वैश्यों को भी तप का अधिकार हो गया। अन्त में ''नारद'' आने वाले समय की ओर घ्यान आकृष्ट करते हुए - कहा

*हीन वर्ण नृपश्रेष्ट तप्यते सुमहत्त्पः।*

*भविष्यच्छुद्रयोन्यां वै पश्चर्याकलौयुगे।* [182]

यह भावना रामायण कालीन समाज की है; जिसके अनुसार समाज का आचरण होता था। यह सामाजिक मापदण्ड चारो वर्णों में लागू था।

ब्राह्मणों का कार्य पठन - पाठन था। उनकी जीविका का साधन वेद-ज्ञान ही था शिक्षा के केन्द्र ब्राह्मणों द्वारा संचालित होते थे। केन्द्र के संचालक कुलपति समझे जाते थे। आश्रम के अतिरिक्त नगरी में भी शिक्षा देने की व्यवस्था थी। आश्रम को ब्रह्ममघोष निनादितम् कहा गया है। वहाँ पर कुछ बटुक रात्रि के अन्तिम प्रहर से ही वेद - पाठ करते होंगे।

वेद घ्वनि के गूँजते रहने के कारण वह ब्रह्ममघोष निनादित कहा गया। वेद-पाठ सामुहिक तौर-तरीके से होता था। गुरू आश्रम के माघ्यम से शिक्षा का प्रसार होता था। शिक्षा देने वाले पिता तुल्य समझे जाते थे। तीन तरह के

---

180. वा० रा० –7-74-17

181. वा० रा० –7-74-23;

182. वा० रा० –7-74-27

पिता होते थे:– ज्येष्ठभ्राता, जन्मदाता तथा विद्यादाता की श्रेणी एक ही थी। गुरू की संज्ञ शिक्षा-दाता को इसलिए दी गई थी कि वे तीन पिताओं में से सर्वश्रेष्ठ होते थे।

*पिता हयेनं जनयति पुरूषं पुरूषर्षम।*

*प्रज्ञां ददाति चाचायस्तस्मात्सगुरूरूच्यते।*[183]

इस प्रकार ऋषि वसिष्ठ ने आचार्य का स्थान माता-पिता के ऊपर रक्खा है। रामगुरू की पूजा माता-पिता के समान करते थे आचार्य[184]-उपाध्याय[185] कुलपति[186] शिक्षकों की श्रेणी थी।।

*कृताजलिरूवाचेदमृषिं कुलपतिं त्त:।।*[187]

राम ने चित्रकूट से विदा होते हुए आश्रम के कुलपति को प्रणाम किया उपाध्याय शिक्षक की वह श्रेणी थी जो अपनी जीविका के लिए शिक्षण - कार्य करते थे।

*सुधन्वानमुपाधयायं कश्चित्त्वं तात मन्यते"।*[188]

क्षात्रों की अलग - अलग कोटि या श्रेणी थी।।

*विद्याध्यन करने वाले छात्र श्रोत्रिय।*[189]

तापसगण[190] तथा ब्रह्मवादी[191] कहलाते थे। अलग-अलग श्रेणी के छात्रों के लिए नियमों में भी भिन्नता होती थी। तुवुरू अप्सराओं को नृत्य तथा गाल

183. वा० रा० 2-41-3
184. वा० रा० –2-111-3
185. वा० रा० –2-100-14
186. वा० रा० –2-116-4
187. वा० रा० –2-116-14
188. वा० रा० –2-100-14
189. वा० रा० –1-1-1
190. वा० रा० –1-14-12
191. वा० रा० –1-12-5

की शिक्षा देने वाले शिक्षक कहलाते थे। कुछ इतिहासकारों की मान्यता है कि प्राचीन काल में शिक्षण-कार्य सिर्फ ब्राह्मण वर्ग द्वारा ही सम्पन्न नहीं होता था वल्कि इस कार्य में पूरे द्विज-वर्ग यानि ब्राह्मण, क्षत्रिय तथा वैश्य के सहयोग प्राप्त [192] थे। पूरे राज्य में फैले हुए शिक्षण-संस्थान पर राजा की उदारता पर पूर्ण दृष्टि रहती थी। राम ने अपनी सम्पत्ति का बहुत बड़ा भाग ब्राह्मणों एवं क्षात्र संघो मं वितरित किया था।

*पुशुकामिश्च सर्वाभिगवां दशश्तेन च*

*ये चेमे काठकालापा वहवो दण्डमाणवा*

*नित्यस्वाधयायशीलत्वान्नान्य त्कुर्वन्ति किंचन*

*अलसाः स्वादुकामाश्च महतां चापि संमताः।*

*तेषामशीतियानानि रत्नापूर्णानि दापय।*

*शालिवाहसहस्रं च द्वे शेते भद्रकास्तथा।* [193]

वेदों की कठकलाप शाखा का अध्ययण करने छात्रों के लिए यज्ञ पशु एवं एक हजार गौएँ अस्सी रत्नपूर्ण बाहन एवं दो हजार बैलों पर लादकार अन्न दिये गए थे। आचार्यों के लिए प्रभूत सम्पत्ति का दान किया जाता था।

*अगस्त्यं कौशिकं चैव ताबुभौ ब्राह्मतमौ।*

*अर्चयाहूय सौमित्रे रत्नैः सस्य भिवाम्बुभिः*

*तर्पयस्वमहाबा हो गोसहस्त्रेश्च मानद।*

*सुवर्णो राजतैश्चैव मणिभिश्च महाधनैः।।* [194]

सुयज्ञ को दिये गए दान कम महत्वपूर्ण नहीं है। [195]

---

192. एजुकेशन इन एनिशियंट इण्डिया पेज 174

193. वा॰ श॰ –2-32-19, 20

194. वा॰ रामायण –2-32-13-14

195. वा॰ रामायण –2-32-4;-10

पौरोहित्य कार्य जीविका के मूल-साधन नहीं थे। इस पर आश्रित रहकर जीवन-यापन सम्भव नहीं था; इसलिए यह द्वितीय साधन के रूप में स्वीकृत किया गया था। कुछ ब्राह्मण खास - खास वंश के पुरोहित हो गए थे। कुछ ब्राह्मण श्रोत एवं स्मार्त्त कर्मों में श्रृत्विक हो जाते थे इन सारे कार्यों में ब्राह्मणों को एकाधिकार प्राप्त था। विश्वमित्र तथा वशिष्ट का द्वन्द्व के क्षणिक कारण नहीं है वल्कि द्वन्द्व का मूल कारण ब्रह्ममर्षि पद प्राप्त करना था।

*ब्राह्मण्यं तपसोग्रेण प्राप्तवानसि कौशिक।*[196]

देवताओं ने आकर कहा कि उग्र तपस्या से वह पद आपनेपा लिया लेकिन विश्वामित्र की मनः कामना यह थी कि वशिष्ट उन्हें ब्रह्ममपुत्र कहकर पुकारें ब्रह्मपुत्रों वशिष्टोभामेष; वदतु देवताः।

*यद्ययं परमः कामः कृतोयान्तु सुरर्षभ।*[197]

त्रिशंकु के अपूर्ण यज्ञ इस यज्ञ के परिचायक है–

क्षत्रियों याजकः यस्य चाण्डालस्य विशेषतः।[198] ब्राह्मणों का संगठन तत्कालीन समाज में काफी सुदृढ़ था। इसका भेदन अन्य जातियों के लिए यदि असम्भव नहीं तो कठिन अवश्य था। विश्वामित्र का ब्रह्मर्षि पद प्राप्त करना कम कठिन कार्य नहीं था। सरयू तट से लेकर भारत के दक्षिणी छोर तक फैले हुए कृषि आश्रमों की लम्बी कतार ब्रह्मणों के संगठन तथा कार्यक्षेत्र के एकाधिपत्य का परिचायक है।

ऋषि अगस्त्य, वशिष्ट शरभंग अत्रि, वाल्मीकि, गौतम भरद्वाज सुतीक्ष्ण के प्रसिद्ध आश्रम शिक्षा केन्द्र थे, उन आश्रमों के प्रधान, कुलपति कहलाते थे जिन्होंने सामाजिक मान प्रतिष्ठा को तिलांजलि दे दी थी। वे तपः साधना में लगे रहते थे।

ऋषि आश्रम के दैनिक कार्य निश्चित थे। यहाँ हवन-पूजन प्रतिदिन का कार्य था। देवगण, पितृगण तथा अतिथिगण की सेवा भी होती थी। दैनिक

---

196. वा॰ रामायण –2-32-1; 65-20

197. बा॰ रा॰ –1-65-24

198. बा॰ रा॰ –1-59-13

क्रिया के उपरान्त ऋषि, मुनि अपने शिष्यों को पढ़ाने के कार्य में लग जाते थे। वाल्मीकि के अध्यापन क्रिया का उल्लेख इस प्रकार हुआ है। धन्दोविद: पुराण ज्ञान वैदिकान द्विजसत्तमान्। चित्रज्ञान वृत्तसूत्रज्ञान गीतनृत्य विशारदान् लवकुश का रामायण गान सुनने वाले जिन शास्त्रज्ञों की बैठक होती है वे शास्त्रज्ञ इस प्रकार थे – सामुद्रिक शास्त्रज्ञ, संगीतज्ञ साहित्यज्ञ वाक्य पद एवं समाज के ज्ञाता छन्द: शस्त्रज्ञ कला मर्मज्ञ ज्योतिविद्, व्यवहार के ज्ञाता क्रियाकल्पसूत्रज्ञ आदि थे। उससे विदित होता है कि इतने तरह के शास्त्रों का ज्ञान वाल्मीकि आश्रम में दिया जाता होगा भारद्वाज आश्रम के शिक्षण कार्य का उल्लेख रामद्वारा हुआ है। संध्याकाल में ऋषि जिस समय अपने शिष्यों से घिरे हुए बैठे थे उस समय राम उनके आश्रम पहुँचते हैं।

*सप्रविश्च महात्मानमृषिं शिष्यगणै वृर्तम*

*संशित व्रतमेकाग्रं तपसालब्ध चक्षुषम्*

*हुताग्नि हो त्रम दृष्वैव महाभागं कृताञ्जलिः।* [200]

सायंकाल का समय ऋषियों का कथा वार्त्ता में व्यतीत हुआ करता था। प्रपन्ना रजनी पुण्या चित्रा: कथयत: कथा:। [201] समाज में रहने वाले ब्राह्मण वर्ग ग्राईस्त जीवन व्यतीत करते हुए छात्रों के लिए शिक्षण कार्य करते थे। सुधन्वा एक ऐसे ही शिक्षक उल्लिखित हुए हैं। धनुर्विद्या की शिक्षा इज्ञवाकुवंशी राजकुमारों को सुधन्वा से प्राप्त हुई थी। [202]

अर्थशास्त्र [203] विशारद के रूप में भी उल्लिखित हैं सुयज्ञ-प्रसंग तत्कालीन शिक्षक की संतोष पूर्ण स्थिति का परिचायक है। सुयज्ञ वशिष्ठ पुत्र हैं ये कुलपुरोहित थे और विद्यालय का संचालन भी इनके माध्यम से होता था। सुयज्ञ ऐसे तपोनिष्ठ शिक्षक थे जिन्हें बुलाने के लिए स्वयं लक्ष्मण आते हैं जो उनकी तप:साधना का परिचायक है, लक्ष्मण के समक्ष राम का आख्यान है कि अयोध्या में अनेक ब्राह्मण गुरू कुल में रहते हैं।

---

199. बा॰ रा॰ –7-74-9

200. बा॰ रा॰ –2-24-11, 12

201. बा॰ रा॰ –2-24-34

203. बा॰ रा॰ –2-100-14

*बसन्तीह दृढं भक्तया गुरूषु द्विजसत्तमाः।*[204]

जैसे ब्राह्मणों को राम अपनी व्यक्तिगत सम्पत्ति का दान करते हैं सुयज्ञ से यह निवेदन किया जाता है कि राम आपका दर्शन चाहते हैं।[205]

सुयज्ञ की उपस्थिति पर राम की श्रद्धा भक्ति इस प्रकार प्रकट होती है।

*तमागतम् वेदविदं प्राञ्जलिः सीतयासह।*
*सुयज्ञमभिचक्राम राघवोऽग्निभिवाचिंतम्।*[206]

पलंग जो रत्नजटित थे विभिन्न सामानों के साथ दान में दिये जाते है; जिससे विदित होता है कि उनका निवास-स्थान अत्यन्त सुन्दर रहा होगा

सीता द्वारा दिये हुए स्वर्ण हार ''करधनी'' तथा केमूर आदि सुयज्ञ पत्नी के लिए है। उन्हें पूरी तरह संतुश्ट कर राम अपनी पत्नी सीता सहित उनका आर्शीवचन प्राप्त करते हैं-

*इत्युक्तः स· हि रामेण सुयज्ञः प्रतिगृहयत्त्।*
*राम-लक्ष्मण-सीतानां प्रयुयोजाशिवः शिवाः।।*[207]

तदुपरान्त महर्षि अगस्तय एवं विश्वामित्र भी आमंत्रित किए जाते हैं जिससे स्पष्ट होता है कि इन ऋषियों के नगर में कोई आश्रम था। ब्राह्मण समाज में ऐसे लोग भी थे जो न पुरोहित हो सकें और न गुरू या आचार्य वैसे ब्राह्मण समाज में जीवकोपार्जन के लिए शारीरिक परिश्रम पर निर्भर करते थे। त्रिजटी ऐसे ब्राह्मण इसके उदाहरण [208] हैं। वह अपना परिश्रम एक निर्धन ब्राह्मण कह कर देता है। जिस के बाल-बच्चे बहुत हैं तथा कन्दमूल जमीन से खोद कर अपने परिवार की जीविका चलाते हैं-

---

204. बा० रा० -2-31-36
205. बा० रा० -2-32-2
206. बा० रा० -2-32-4
207. बा० रा० -2-32-11
208. बा० रा० -2-32-29

*त्रासीत्पिंगलो गार्ग्यस्त्रिजटो नाम वै द्विजः।*

*उच्छवृत्तिर्वन नित्यंफालकुद्दाल लांगली।।*[209]

ऐसे साधारण कोटि के ब्राह्मण एक नागरिक मात्र माना जाता है जिससे राम मसरवरा भी करते[210] है– त्रिजटी ब्राह्मण जन्मना ब्राह्मण होकर दान प्राप्ति के अधिकारी बनते हैं। ब्राह्मण एक वर्ग राजन्य संस्कृति से आपूर्ण राजनीति परामर्शदातृ समिति के सदस्य होते थे। विधि-व्यवस्था पर सलाह माँगी जाती थी। इस कोटि के ब्राह्मण सफल विधि होने के कारण राजकीय न्याय व्यवस्था में सहयोग प्रदान करते थे। राम को पापी कहते हुए जब राजदरवार में शिकायत पेश होती है तो न्याय के लिए ऐसे ब्राह्मणों की सलाह मांगी जाती है।–

*बशिष्ठं वामदेवं च भ्रातरौ सहनैगमान।*

*त्तो द्विजा वशिष्ठेन सार्धमष्टौ प्रवेशिताः।*[211]

स्पष्ट है कि राम ने वसिष्ट, वामदेव अपने भाइयों तथा शास्त्रज्ञो को बुलाया। वे मन्त्रीगण आठ ब्राह्मणों के साथ दरवार पहुँचते है तथा परिस्थिति की जानकारी प्राप्त करते हैं। ऐसे पदों पर वसिष्ठ एवं वामदेव जैसे ब्राह्मण भी रक्खे जाते थे।

मार्कण्डेय, मौद्गल्प, कश्यप, कात्यायन, जाबा लि गौतम आदि ब्राह्मण भी परामर्श देने वाले गुरूजनों में थे।–

*राजानं देवसंकाशं वर्धस्वेति त्तौऽब्रुबन*

*मार्कण्डेयोऽथ जाबालिगौतमो नारदस्तथा।*[212]

ऐसे गुरूजन राजा के सानिघ्य में सदा रहें यह आवश्यक नहीं था आवश्यकता पड़ने पर इनकी याद की जाती थी। ब्राह्मण वर्णगत कर्त्तव्य से च्युत भी हो जाते थे। ऐसे ब्राह्मण शूद्र से भी निम्न समझे जाते तथा इनकी निन्दा की

---

209. बा॰ रा॰ –2-32-29; 30

210. बा॰ रा॰ –2-32-36

211. बा॰ रा॰ –7-74-3; 4

212. बा॰ रा॰ –1-58-11-

जाती थी। जातिच्युत की वैसी दशा हो जाती थी जिसका उल्लेखत्रिशंकु के प्रसंग में हुआ है।

*चित्यमाल्यानुलेपश्च आयसामरणोऽभवत्।*

*तं दृष्टवा मन्त्रिण: सर्वे व्यक्त्वा चण्डालरूपिणम्।*[213]

क्षत्रिय एवं वैश्यकर्म करने वाले ब्राह्मण हेय दृष्टि से देखे जाते थे। उन्हें कुत्ते तथा भेड़िये की संज्ञा दी गई है। रामायण कालीन ब्राह्मणों ने सुधन्वा; परशुराम, अगस्त्य आदि ने क्षत्रियों की तरह शस्त्र धारण किया था। सुधन्वा धनुर्वेदग्य था। स्पष्ट है कि सभी ब्राह्मण ऋत्विक पौरोहित कार्य में नही खप पाते होंगे। उन्हें जीविकोपार्जन के लिए अन्य साधनों का आश्रय लेना पड़ता था। महाभारत कालीन ब्राह्मणों के कार्य में वैसी विकृति आयी वैसी रामायण काल में नहीं थी। इनके कार्य क्षेत्र में क्षत्रियों ने प्रवेश करने की चेष्टा रामायण काल से बहुत पहले ही गुरू की थी जैसा कि विश्वामित्र वशिष्ट के द्वन्द्व से स्पष्ट है।

*कथं स्वर्गं गामिष्यन्ति विश्वामित्रेण पालिता:।*

*एतदवचननैष्ठुर्यमुचु: संरत्कलोचना वासिष्ठामुनि शार्दूलसर्वे ते महोदया:*

*तेषां तदवचनं श्रुत्वा सर्वेषांमुनिपुंगव:।।*[214]

जो ब्राह्मण प्रारम्भिक अवस्था में गण का शासक बना था वह अब रामायण काल में पौरोहित्य कार्य कर रहा था। इस दिशा में विश्वामित्र का सुदास का पुरोहित होना तथा त्रिशंकु का यज्ञ सम्पादन करना अम्वरीष का विना यज्ञ पशु का यज्ञ पूरा करना आदि कार्य ब्राह्मण वर्ग के एकाधिपत्य का अतिक्रमण दीख पड़ता है रामायण के पूर्व क्षत्रिय भी पौरोहित्य कार्य करते थे। युगयो रूमयोराशीत् समवीर्य समन्वितम्। अपश्यंस्तु न ते सर्वे विशेषमधिकं त्त: मानवा ये महात्मानस्त्वत्र त्रेता युगे युगे ब्रह्मज्ञात्रं च त्त् सर्वयत् पूर्व परं च यत्।।[215]

---

213. बा० रा० –1–60–15–16

214. बा० रा० –7–74–13; 14

215. बा० रा० –7–74–13; 14

ब्राह्मण के आचार्यत्व के एकाधिपत्य को चुनौती देने वाले जनक, प्रवाहण जैबलि, अश्वपति, वैश्य के नाम आते हैं ब्राह्मण श्वेतकेतु के पिता उद्दालक पाञ्चाल नरेश क्षत्रिय जैबलि के पास ज्ञानार्जन हेतु गए थे–

*स ह गौतमी राज्ञोऽर्थ मे याय।*

*तस्मै ह प्राप्तायार्हा चकार।।*[216]

इस प्रकार रामायण कालीन समाज के ब्राह्मण वर्ग अपने आर्थिक क्रियाओं के आधर पर इन भागों में विभक्त हैं। ब्रह्मसम, देवसम, क्षत्रसम, वैश्यसम् शुद्रसम तथा चाण्डालसम थे। आपातकाल में ही ब्राह्मण अन्य वर्गों के कार्य अपना सकते थे धर्मशास्त्रकारों की व्यवस्था इस सम्बन्ध में इस प्रकार अभिव्यक्त हुई है। ब्रह्मसम ब्राह्मण ब्रह्मवादी थे जिनका परम लक्ष्य परमात्म तत्त्वचिंतन था–ऐसे ब्राह्मण-तपस्वी ब्रह्मतेज सम्पन्न होते थे–

*शमोदमस्तप: शोचं क्षान्ति राजैर्वमेव च*

*ज्ञानं - विज्ञान मास्तिवयं ब्रह्मर्मस्वभावजम्।*[217]

राजा दशरथ ने ब्रह्मवादी ब्राह्मणों को अश्वमेधयज्ञ आमंत्रित किया था।

*सुभन्त्रवाह्‌यदिाप्रमृत्विजो ब्रह्मवादिन:*

*सुयज्ञवासुदेवम च जाबालिमथका स्यपम।*[218]

तप: साधना में ही ब्रह्मवादी ब्राह्मणों का दर्शन राम को जंगल के विभिन्न आश्रमों में हुआ था–[219]

ब्राह्मणों के लिए निर्धरित कर्म नहीं करने पर ब्राह्मण कम वैश्य सम शुद्रसम कहलाते थे। त्रिजटी वैश्यसम ब्राह्मण[220] थे–सुधन्वा परशुभ एवं अगस्त्य को क्षात्रसम ब्राह्मण कहा गया है। अत्यन्त ही गर्हित कार्य करने वाले

---

216. छान्दोग्य उपनिषद –5-3,-6

217. महाभारत –6-42-42

218. वा॰ रा॰ –1-12-5

219. वा॰ रा॰ –3-6-6

220. बा॰ रा॰ –2-32-35-11

ब्राह्मण चाण्डाल सम कहे जाते थे। चोर कर्म नटकर्म और ऐसे ही अन्य कर्म निकृष्ट माने - जाते थे। रामायणकाल में नगर वासी एवं बनवासी के रूप में विभक्त दीख पड़ता है नगरवासी ब्राह्मण अग्निहोत्री थे। वे चारों वेदों तथा व्याकरण सहित छः वेदांगों के ज्ञाता होते थे। ऐसे सत्यपरायण ब्राह्मण अयोध्या में निवास करते थे।

*तस्यां पुर्यामयोघ्यायां वेदवित्सर्व संग्रहः।* [221]

वनवासी ब्राह्मणों के उल्लेख कई स्थलों पर हुए हैं। वे अरण्य में आश्रम बनाकर तपः साधना में लीन रहते थे। ऐसे तपस्वियों की एक लम्बी सृंखला; रामायण काल में दीख पड़ती है ब्राह्मणों का किसी राज्य में न रहना एक भयंकर पाप समझा जाता था सुमंत्र ने केकेयी से कहा था कि यदि भरत को राज्य दिलाने का संकल्प नहीं करती हैं तो सभी ब्राह्मण उसके राज्य से बाहर हो जॉयगें। [222]

ब्राह्मण ही सभ्यता तथा संस्कृति के एक मात्र प्रचारक [223] था राज एवं राजवंश ब्राह्मणों की देन मानी जाती थी। सभी प्राणियों की एक मात्र गति ब्राह्मण है, यह रामायण की मान्यता थी

*इक्ष्वाकुणां ही सर्वेषां पुरोध परमांगतिः।*

*न चाति क्रमितुं शक्यं वचनम् सत्यवादिनः।* [224]

रामायण में इस वर्ग का महत्व सर्वाधिक उल्लिखित हुआ है। युवराज पद की प्राप्ति के लिए ब्राह्मण भक्त होना आवश्यक था। बहुश्रुतानां वृद्धानां ब्राह्मणा नामुपासिता। तेनास्याहा तुला कीर्तियशस्ते जश्च वर्धते। [225]

राजकीय समारोह में ब्राह्मणों की सवारी आगे रहती थी। [226] पुत्रेष्टियज्ञ के

---

221. बा० रा० –1-6-1
222. बा० रा० –2-35-11
223. अध्याय –5-
224. बा० रा० –1-51-3, 4
225. बा० रा० –1-58-3
226. बा० रा० –6-128-33

संचालक एवं विधन कर्ता ब्राह्मण थे। धनुभंग होने पर राम - विवाह की अनुमति गुरू वशिष्ठ. से लेनी पड़ी थी। राजा एवं पुरोहित दोंनों के पद समान समझे जाते थे। गुरूवशिष्ठ राजा की अनुपस्थिति में राजभार के संचालक माने जाते थे ब्रह्माण्ड तथा वायु-पुराण में भी उस तथ्य का समर्थन किया है अयोध्या चैव राज्ञं च तथैवान्तः परं मुनिः।

*राज्योयाध्याय संयोगाद्वसिष्ठः पर्यरक्षत।* [227]

*रामायण के अनुसार–एते*

*ऐते द्विजा सहमात्यैः पृथग्वा च मुदैरयन।*

*बशिष्ट मेवा भिमुखा श्रेष्ठं राज पुरोहितं।।* [228]

दशरथ की मृत्यु हो जाने पर मार्गदर्शन वशिष्ठ ही करते हैं। ब्राह्मण के सत्कर्म ही उनकी प्रतिष्ठा के कारण थे।–

*स्वधर्मनिरतानित्यं ब्राह्मणाविजितन्द्रियाः।।*

*दानाध्ययनशिलाच्श्र संयताश्च प्रतिग्रहे।।* [229]

ब्राह्मण अतिथि अपमानित नही हो इसलिए सीता को भी लक्ष्मण रेखा पार कर भिक्षा देनी पड़ी [230] थी। इतना ही नहीं वल्कि समाजिक मान्यता इस प्रकार दी गई है।

*अबघ्यो ब्राह्मणों दंण्डेरिति शास्त्रविदोविधुः।* [231]

ब्राह्मण होने के कारण ही राम ने परशुराम पर प्राणघाती वाण का संघान नही किया था। [232] राजा दशरथ की मनो व्यथा अंधमुनि के पुत्र की हत्या के पराकाष्ठा पर पहुँच गई थी क्योंकि वे समझ रहे थे कि उनसे ब्रह्म हत्या हो

227. ब्रह्माण्ड पुराण –3-63-93
228. बा॰ रा॰ –2-6-7-4
229. '' –1-6-13
230. '' –3-47-2
231. '' –7-59-34

गई।। ब्रह्म हत्या [233] के पाप से मनुष्य सैकड़ो वर्ष तक स्वर्ग का अधिकारी नहीं होता था।[234] ब्राह्मणों को दी हुई सम्पत्ति ब्रह्मस्य कहलाती थी जिसका अपहरण मन से भी नहीं होता था।[235] ऐसा करने पर दैवी प्रकोप की सम्भावना मानी जाती थी।[236] ब्राह्मण राष्ट्रगोप माने जाते थे।[237]

ब्राह्मण जिस रथ पर बैठते थे वह ब्राह्मरथ कहलाता था जिस पर दृष्टि पड़ते ही गुरू वशिष्ट की उपस्थिति का भान होता था।[238] इस प्रकार यह वर्ग देव स्वरूप था।[239] इस वर्ग का चरित्र रगों की तरह पवित्र कहा [240] गया है। रामायण के अनुसार द्वितीय स्थानक्षत्रिय वर्ग को प्राप्त था। इस वर्ग के धर्म तथा कर्त्तव्य राम के मुख इस प्रकार उल्लिखित होते है।

*दानंदीक्षा च यज्ञेषु तनुत्या ग्रोमृधेमुहि।*[241]

यज्ञ में दान देना दीक्षा ग्रहण करना एवं युद्ध में शरीर त्याग यह क्षत्रियों का कर्त्तव्य है। ऋग्वेद में क्षत्रिय शब्द देवताओं की उपाधि तथा राजा के लिए प्रयुक्त है।[242] अनेक स्थलों पर यह वर्ण विशेष अर्थ में ही प्रयुक्त [243] हुए है। शौर्यवीर्य पराक्रम युक्तवर्ग के लिए क्षात्रशब्द उल्लिखित हुआ है रामायण में सीता का कथन है कि शस्त्र के संयोग से मनुष्य की वृद्धि नष्ट हो जाती है इन्धन का संयोग पाकर ही अग्नि प्रज्वलित होती है उसी तरह मनुष्य के विनाश

---

233. बा॰ रा॰ –2–63–50
234. गौतम धर्म सू॰ –21–1
235. बा॰ रा॰ –2–5–4
236. बा॰ रा॰ –7–59–18
238. बा॰ रा॰ –2–5–4
239. बा॰ रा॰ –7–109–8.
240. बा॰ रा॰ –3–24–21.
241. बा॰ रा॰ –1–26–5,4–17–36,1–25–15
242. बा॰ रा॰ –2–40–7.
243. ऋग्वेद –7–62–2,8; 25–8, 8–67–1,10–66–8

का कारण यह शस्त्र ही है। सीता की दृष्टि में क्वच शस्त्रं, क्व च वनम्, क्व च क्षात्रं, तपः क्व च तपः क्व च–[245]

इस सन्दर्भ में राम का कथन क्षत्रिय धर्म का उल्लेख करते हुए इस प्रकार अभिव्यक्त हुआ है–

*किं तु बदयाभ्यहं देवि त्वयैवोक्त मिदं वचः।*

*क्षत्त्रियैर्धयते चापो नार्तशब्दों भवेदिति।।*[246]

क्षत्रियों का समाजिक उत्तरदायित्व भरत की उक्ति से इस प्रकार स्पष्ट हुआ है–

*धर्मेण चतुरो वर्णान पालयन क्लेश माप्नुहि।*

*चतुर्णामा श्रमाणां हि गार्हस्थ्यं श्रेष्ठमाश्रमम्।।*[247]

क्षत्रियों को पृथ्वी पालन के अधिकारी तथा योग्य बनाया है।[248] महाभारत में क्षत्रियों के कर्त्तव्य का उल्लेख करते हुए कहा गया है कि असाधुओं पर नियन्त्रण रखना धर्माचरण करने वाले को संरक्षण प्रदान करना क्षत्रियों के प्रधान कर्म[249] हैं–क्षत्रियों का यज्ञ कराना तथा शिक्षणकार्य दोनों वर्जित था। ''क्षत्रियः याचको यस्य''[250] का उल्लेख उसी मनः स्थिति में हुआ है। क्षत्रियों का ब्राह्मण अनुयायी होना कर्त्तव्य समझा जाता था। रामायण कालीन समाज की स्थितिः–क्षात्र ब्रह्ममुखंचासीत्।[251] वाली थी आगे चलकर यह स्थिति नहीं रही। ऋग्वेद काल में जिस वर्ग ने अपने शोर्य का प्रदर्शन किया था वह क्षत्रिय

---

244. ऋग्वेद – 8-35-16,-18-1-57-2
245. बा० रा० –3-9-27
246. बा० रा०–3-10-13.
247. बा० रा०–2-106-22
248. वा० रा०–1-14-47-48
249. वा० रा०–6-42-43
250. वा० रा०–1-59-13, 14
251. वा० रा०–1-6-19

था[252]। आगे चलकर यह स्थिति नही रही। उपनिषदकाल में क्षत्रियों ने समाज में सर्वश्रेष्ठ स्थान प्राप्त करने की चेष्टा की जिसकी झलक रामायण काल में भी उपलब्ध है। वशिष्ट विश्वामित्र को ब्रह्मपुत्र कहे यह उसी कालकी देन है। पञ्चाग्नि विद्या के जनक क्षत्रिय दार्शनिक ही थे। रामायणकालीन समाज में क्षत्रियों का यह उग्र तेज सम्भवतः परशुराम संघर्ष के कारण दब चुका। इस सघर्ष का इतिहास महर्षि वाल्मीकि ने इन्द्र के समक्ष शस्त्र त्यागने की प्रतिज्ञा की थी तथा सारी पृथ्वी कश्यप को दान - स्वरूप दे दी थी। महेन्द्र पर्वत पर आकर स्वयं समाधिस्थ होने की बात निश्चय कर चुके थे

*भार्गवाणां कुले जातः स्वाधयायव्रत शालिनाम्।*

*सहस्राक्षों प्रतिज्ञाय शस्त्रं प्रक्षिप्रवानसि।*

*स त्वं धर्म परो मूत्वा कश्यपाय वसुन्धरां्।*

*दत्वा वनमुपागम्य महेन्द्र कृत केतनः।।*[253]

अतः अब कोप करने की स्थिति का त्याग करें यह उनसे आग्रह किया जाता है। चित्रकूट में भरत की भेंट जब राम से होती है तो राम प्रश्न करते है कि सर्वशास्त्रज्ञ ब्राह्मण पौरजनों के साथ मिलकर तुम्हारे अकल्याण की कामना तो नहीं करते हैं?

*कश्चिते ब्राह्मणाः शर्म सर्वशास्त्रार्थ कोविदः।*

*आशंसन्ते महाप्राज्ञ पौर जान पदैः सह।।*[254]

भरत का कुशल क्षेम इसी में निहित था कि ब्राह्मणों का पूर्ण समर्थन राज्य संचालन में मिलता रहे। ब्राह्मणों के समर्थन पर पौरजनों का समर्थन आश्रित था। इससे स्पष्ट होता है कि क्षत्रिय वर्ग ब्राह्मणों के पूर्ण समर्थन प्राप्ति के पात्र बन चुके थे। क्षत्रियों ने ब्राह्मणों का आध्यात्मिक क्षेत्र में अधिकार स्वीकार कर लिया था। क्षत्रियों के उत्पत्ति उस विराट पुरूष की वाहु से होने के कारण देश की सुरक्षा एवं प्रशासन का भार उनके ऊपर था।

---

252. ऋग्वेद–8–35–16, 18

253. वा० रा०–1–75–7, 8

254. वा० रा०–2–100–4

वायु पुराण ने क्षत्रियों की उत्पत्तिब्रह्म के वक्ष से कहा है।[255] क्षतियों के गुण, रजोगुण कहे गए हैं; इनके लिए मोहित वर्ण की कल्पना की गई थी। जिससे क्षत्रियों का भोग-विलास में लिप्त रहना तथा समय पर शौर्य का प्रदर्शन करना आवश्यक कर्म था।

रामायण में उल्लेख है:–

राजर्षीणां हि लोकेऽस्मिन् रत्यर्थमृगयावने यानि शिकार खेलना राजाओं के मनोविनोद का मुख्य - साधन था। क्षत्रियों के मनवहलाव हेतु मृगया आवश्यक क्रिया मानी जाती थी। राजषियों द्वारा भी यह क्रिया समर्पित थी:–

*नात्यार्थमभिकाड्.क्षामि मृगयां सरयूवने।*

*इतिवेषातुला लोके राजर्षिगण संमता।।*[257]

वर्णगत कर्म के प्रति रामायणकालीन समाज में पूरी निष्ठा दीख पड़ती है। स्वर्ण मृगा के वध की कारण स्पष्ट करते हुए राम ने लक्ष्मण से कहा है कि हरिणों के बध दो उद्देश्य से होते हैं। मास की प्राप्ति तथा आखेट का सुख[258] दोनों कार्य क्षत्रियों के कर्त्तव्य के अन्तर्गत थे। राम ने इस क्रीड़ा में निहित क्रुरता की और अपनी अज्ञानता नहीं प्रकट कर वल्कि मृग - वघ के औचित्य सिद्ध करते हुए इसे क्षत्रिय धर्म कहा था। रामायणकालीन समाज में "कर्मणा क्षत्रिय:" के स्थान पर जात्या क्षत्रिय: स्थापित हो चुका था। विश्वमित्र महर्षि होकर क्षत्रिय थे और सात्विक प्रवृति युक्त युधिष्ठिर धर्मराज होकर भी क्षत्रिय ही थे। राम क्षत्रिय वर्ग का प्रतिनिधित्व करने वाला क्षत्रिय माना गया है। वे क्षत्रियों के सारे गुणों से युक्त थे। हाथी - घोड़ों की सवारी में वे चतुर थे। शत्रुसेना पर आक्रमण करने तथा प्रहार करने में प्रवीण थे। शास्त्र तथा शास्त्रों का निरन्तर अभ्यास करना इनका दैनिक कार्य था। जीवन के प्रथम भाग में क्षत्रियों के चरित्र निर्माण हेतु काफी संघर्ष करना पड़ा था। युवराज होने के पहले तक, राम का जीवन इस प्रकार था।

---

255. वायु पुराण–9-113
256. वा॰ रा॰–2-49-17
257. वा॰ रा॰–2-49-16
258. वा॰ रा॰–3-43-4

*व्रतैच्श्र ब्रह्मचर्यच्श्र गुरूभिश्चोपिकर्शित:।*

*भोगकाले महत्कृच्छ्रं पुनरेव प्रपत्स्यते।।*[259]

वेदाध्ययण; ब्रह्मचर्यपालन तथा गुरूसानिध्य आवश्यक कार्य था। युवराज होने पर ही उनके लिए भोग का समय आया लेकिन वह सुख राम को प्राप्त नहीं हो सका। राज पद के अधिकारी क्षत्रियों के चरित्र का उत्कर्ष ब्रह्मचर्य पालन विद्यार्जन, एवं बुद्धि विलास में निहित था:–

*चरितब्रह्मचर्यश्च विद्यासातस्य धीमत:।*

*धर्मे प्रयतमानस्य को राज्यंमद्विधे हरेत्।।*[260]

यानि स्नातक क्षत्रियों को राज्य प्राप्ति का अधिकार मौलिक अधिकार के रूप में मान्य था। पराक्रमी क्षत्रियों को बलवीर्य के आधार पर अग्निहोत्र का समय ग्रीष्मकाल[261] था तथा उनके यज्ञोपवीत सूत्र पाट के होते थे। वर्ण पहचान के लिए यह समाजिक व्यवस्था थी। अथर्ववेद के अनुसार क्षत्रिय वर्ण राजन्य संस्कार से युक्त माना गया है और उनके सफल प्रशासन की अपेक्षा की जाती थी।–

को अस्था वो ब्रूहो वह्य वत्या उन्मेष्यति क्षत्रियोइच्छन्। को यज्ञकाम:[262] को उ पूर्ति काम: को देवेषुवनतु दीर्घमायु:। रामायणकालीन समाज में यह वर्ण–व्यवस्था एवं जटिलता से आवद्ध हो गई। दात्रियवर्ग समाज में ब्राह्मणों के अनुयायी हो चुके थे। क्षत्रियों के अनुयायी वैश्य वर्ण थे।

*क्षत्रं ब्रह्ममुखं चासीद्वैश्या: क्षत्रमनुव्रता:।।*

*शुद्रा स्वधर्मनिरतास्त्रीन्वर्णानुप चारिण:।।*[263]

---

259. वा॰ रा॰–2-12-84
 वा॰ रा॰–2-12-84
260. वा॰ रा॰–2-82-11
261. ऐत॰ ब्राह्मण-1-1-4
262. अथर्ववेद–7-130
263. वा॰रा॰–1-6-19

क्षत्रियों के अनुयायी वैश्यों के होने से प्रशासनिक सुविध थी। विशों के नेता क्षत्रिय हो गए थे। जिन्हें समाज का पूर्ण समर्थन प्राप्त था। क्षत्रियों के लिए ब्राह्मण प्रणम्य थे। कार्य के आरम्भ में वे उनकी आराधना कर लेते थे। रामायण में उल्लिखित है कि सीता की अग्नि परीक्षा जब होने लगी तो सबसे पहले ब्राह्मणों को उसने प्रणाम किया था।[264] स्पष्ट है कि प्राचीन आर्यराष्ट्र का मस्तिष्क ब्राह्मण था तो क्षत्रिय वर्ग उसकी भुजा थी।। क्षत्रियों के द्वारा ब्राह्मण की अवमानना की कल्पना नहीं की जाती थी। महाराज अतर्क के समीप किसी ब्राह्मण ने उनके नेत्र की याचना की तो ब्राह्मण को वह दान में मिल गया।

*तथा अलर्कस्तेजस्वी ब्राह्मणों वेदपारगो।*

*याचमाने स्वके नेत्रे उद्धृत्याविमना ददौ।।*[265]

क्षत्रियों के लिए शास्त्रज्ञान आवश्यक था। उनकी बुद्धि शास्त्रानुगामिनी कही गई है। कौशल्या के समक्ष शपथ खाते हुए भरत ने - शास्त्रानुगामिनी बुद्धि का उल्लेख किया था।

*कृतशास्त्रानुगा बुद्धिर्मा भूतस्य कदाचन।*

*सत्यसन्धः सतां श्रेष्ठो यस्यार्योऽनुमते गतः।।*[266]

क्षत्रियों की दैनिक क्रिया के उल्लेख हुए हैं। सुतीक्ष्ण के आश्रम पर राम की दिनचर्या का उल्लेख हुआ है जिससे क्षत्रियों के दैनिक कार्य-कलापों का विवरण प्राप्त होता है। विश्वामित्र के आश्रम में राम की दैनिक क्रियाएँ आचमन सन्ध्यावन्दन अग्निहोत्र देवपूजन[267] आदि हैं। दैनिक क्रिया के उपरान्त अन्य कार्यों का आरम्भ होता था।[268]

ब्रह्मवटुक की तरह वे विश्वामित्र के कहने के अनुसार कार्य करते थे–

---

265. वा॰रा॰–2-14-5

266. वा॰रा॰–2-75-21

267. वा॰रा॰–1-35-7 से 9 तक

268. वा॰रा॰–1-35-11

*उतिष्ठ नरशार्दुल कर्त्तव्यं देवमाहिनकम्।*[269]

क्षत्रिय नारियॉ भी, ब्राह्मण नारियों की तरह विहित दैनिक क्रिया करती थी। कौशल्य का प्राणायाम् करना एवं ध्यानावस्थित होकर भगवान जनार्दन का स्मरण उल्लिखित हुए हैं।

प्राणायामेन पुरूषं घ्यायमाना जर्नादनम्।।[270] क्षत्रिय नारियॉ युद्ध-क्षेत्र में जाती थी। केकेयी के प्रसंग से यह तथ्य[271] स्पष्ट है। उसकी वीरता तथा साहसिक क्रिया–

कृपणैविश शासैन त्रिभिः परभ्या मुदा[272] से स्पष्ट है कि कौशल्या ने अश्वमेघ के घोड़े को तीन ही वार में खंडित कर दिया था शरीर के ऊरू प्रदेश का महत्त्व कम नहीं है – उत्पत्ति का उत्स होने के तथा शरीर के भार बहन के फलस्वरूप विराट पुरूष के ऊरू से वैश्य वर्ग की उत्पत्ति कही गई है। समाज के भरण-पोषण के कार्य वैश्यों से सम्पन्न होते थे।

ब्राह्मण एवं क्षत्रिय अपने - अपने वर्ग निर्धरित कर आर्यों की सीमा बाँध चुके थे।।

शेष समाज विश ही था। जो आर्थिक व्यवस्था सुदृढ़ करने में संलग्न था। "राष्ट्राणि वै विशः"[273] यानि जनता ही राष्ट्र बनाती है। यह सिद्धान्त पूर्णरूप से घटित होता है। व्यापार एवं कृषि कर्म वैश्यों के लिए थे। इन कार्यों द्वारा समाज की सारी आवश्यकताएँ वैश्य पर ही थी। इन कार्यों द्वारा समाज की सारी व्यवस्थाएँ ब्रह्मा ने चारो वर्णों की सृष्टि की तथा वैश्य जाँघ से उत्पन्न[275] हुए

---

269. वा॰रा॰–1-23-2
270. वा॰रा॰–2-4-32
271. वा॰रा॰–2-9-15, 16
272. वाल्मीकीयरा:–1-1-14-33
273. वाल्मीकीयरा: ऐ॰ ब्रा॰-8-26-
274. युर्जेवेद–30-5
275. महा॰ शान्तिपर्व–1104-5

वायु पुराण तथा ब्रह्माण्ड पुराण द्वारा भी ब्रह्मा को विराट पुरूष के स्थान पर रक्खा गया है।।[276]

अयोध्या नगरी का वर्णन करते हुए वाल्मीकि ने ब्राह्मण - क्षत्रिय एवं वैश्यों का नाम वहाँ के नागरिकों के रूप में उल्लिखित किया है।[277]

द्विजो में वैश्य की संख्या सबसे अधिक थी। रजोगुण एवं तमो गुण समन्वित वैश्यों की उत्पत्ति का उल्लेख विष्णु पुराण में भी हुआ है–

*रजसा तमसा चैव समुद्रिकतास्यपौकसः।*

*पदभ्यामन्याः प्रजा ब्रह्मा ससर्ज द्विजोत्तम।।*[278]

ब्रह्मा ही वर्ण व्यवस्था करने वाले कहलाए गए है। वाल्मीकि ने राजा दशरथ के पुत्रेष्टी यज्ञ में वैश्यों को सम्मान जनक स्थान प्रदान किया था। पौरजनों के रूप में वहाँ वैश्यों का उल्लेख हुआ है। ''वैश्यानां पीत के वर्णा[279] से स्पष्ट है कि उनके वर्ण यानि रंग में भी भेद हो जाता था जैसा कि यजुर्वेद ने ब्रह्मण को कृषि एवं पशुपालन कार्य करने पर उनके रंग की विकृति हो जाने से वैश्यत्व प्रदान किया गया है।[280] वैश्यों के कर्मो का उल्लेख इस प्रकार हुआ है–[281]

रामायण कालीन समाज में वैश्यों की तपः साधना का अधिकार था। वैश्य को कृषि के प्रसंग का अधिकार था। वैश्य कृषि के प्रसंग से यह स्पष्ट[282] है। द्विज वर्ग अपनी - अपनी जाति के अनुसार अलग - अलग कार्यों में संलग्न दीख पड़ती है। "ब्राह्मणैः क्षत्रियैः वैश्यैः स्वकर्म निरैतः"[283] सदा शिल्पियों का

276. ऋग्वेद–1090–12
277. वायु पुराण–9–11–3, व्रा० पु०–1–5–108
278. वा० रा०– 166–5
279. महा० शा०पर्व–183–5
280. यजु०– 117–2
281. महा० शा०पर्व– 2–64–32
282. वा० शा०–2–100–41
283. वा० शा०–2–100–41

स्थान रामायणकालीन समाज में महत्त्वपूर्ण [287] था। समाज में इन्हें पूरी प्रतिष्ठा प्राप्त थी तथा सर्वाधिक महत्त्व देना तत्कालीन समाज की कलाप्रियता का परिचायक है। समाज का यह वैश्य वर्ग "ज्ञानविज्ञानप्रवीण:" था। इन्होंने विभिन्न प्रकार के यन्त्रों का निर्माण तथा सही संचालन किया था। [288] कौटिल्य ने वैश्य कर्म में - "वैश्यस्याधययनं यजनं दानं" का उल्लेख [289] किया है। रामायण कालीन समाज विशिष्टता युग था। सभी वर्णो में अपने-अपने क्षेत्र में न सिर्फ एकाधिपत्य प्राप्त किया वल्कि उस कार्य में नैपुण्य की पराकाष्ठा भी उन्होंने प्राप्त कर ली थी। कृषि पर वैश्यों का एकाधिकार था। कृषि कर्म अन्य वर्णों के लिए पूर्ण रूप से वर्जित हो चुका था।

स्मृतिकार के अनुसार कृषि यत्नेन वर्णयेत्" [290] इससे कर्म की हेयता सिद्ध होती है पर वैश्यों के लिए कृषि गोरक्ष वाणिज्यम् ' वैश्यकर्मस्वभाव [291] का उल्लेख उन कार्य परिधि का सूजक है। समाज में धन अर्जन का कार्य वैश्यों का था। धन-अर्जन हेतु ब्राह्मण, क्षत्रियों को छोड़कर पूरा समाज सदा तत्पर रहाता था। राम ने चित्रकूट पर आए हुए भरत से अयोध्या निवासियों की प्रसन्नता की जिज्ञासा की थी।

*कंच्चिते दयिता: सर्वे कृषि गोरक्षा जीविन:*

*वार्त्तायां संश्रितस्तात लोको हि सुख मेधते।।* [292]

रामायणकालीन समाज का दृष्टिकोण हर आर्थिक क्रिया के प्रति सम्मान पूर्ण था।

*यथा सर्व सुविहितं न किञ्चित परिहीयते।*

*तथा भवन्त: कुर्वन्तु प्रीत स्निग्धेन चेतसा।* [293]

---

287. वा॰ रामायण–1-13-75
288. वा॰ रामायण–1-5-10
289. कौटिल्य अर्थशास्त्र
290. मनुस्मृति
291. महा॰ भीष्म पर्व–42-44
292. बा॰ रा॰–2-100-47
293. बा॰ रा॰– 1-13-17

वैश्यों में कार्यों की विभिन्नता लेकर छोटे-बड़े काख्याल नहीं किया जाता था। सबों को अपने कार्यों में विश्वास था। श्रद्धा के साथ सारी आर्थिक क्रियाऍ अपनायी जाती थी। वर्णाश्रम बन्धन के प्रति समाज में पूरी श्रद्धा तथा आस्था थी।

*ब्राह्मण: क्षत्रिया: वैश्य: शूद्रा लोभवि वर्जिता:।*

*स्वधर्मेसु प्रवर्तन्ते तुष्टा: स्वैरेव कर्मभि:।।* [294]

गुरू वशिष्ठ की उक्ति से समाज के हर वर्ग के प्रति सम्मान की भावना प्रकट होती है। राजकीय समारोह में सिर्फ द्विज वर्णों को ही आमंत्रण नहीं दिया जाता था वल्कि शूद्र वर्ग ससम्मान आमंत्रित किये जाते थे। [295] रामायणकालीन समाज में शूद्रों की स्थिति असम्मानजनक नही थी। उनके कार्य तथा सामाजिक उत्तरदायित्व वर्णाश्रमधर्म के अनुसार विहित थे।।

यह रामयण में कथन है:–

*क्षत्रं ब्रहममुखं चासीद्वैश्या: क्षत्रमनुव्रता:। शूद्रा: स्वधर्मनिरता: स्त्रीन्वर्णानुप चारिण:।।* [296]

शुद्र वर्ण की उत्पत्ति विराट पुरूष के पैर से मानी गई है। [297] उनके वर्ण असित कहे गए हैं। [298] शूद्रों को तमोगूण माना [299] गया है। तमो गुणी शूद्रों को विघारहित माना गया क्योंकि यह गुण अज्ञानता का परिचायक था। रामायण के अनुसार वर्णाश्रम धर्म को तोड़ने वाले राजा द्वारा दण्डित [300] होते थे। समाजरूपी शरीर के चारो प्रधान अंगों को सबल बनाए रखना राजधर्म था। राजतन्त्र के कमजोर हो जाने पर वर्णाश्रम धर्म में अव्यवस्था उत्पन्न होती थी। समाज में

---

294. बा॰ रा॰–6-131-104
295. बा॰ रा॰–1-13-20
296. वा॰ रा॰ 1-6-19
297. ऋग्वेद 10-90-12
299. महा॰ शा॰ पर्व-188-5
300. वा॰ रा॰–7-76-1 से 7

शूद्रों को धर्म - कर्म करने की छूट थी। श्रमणा के तप की चर्चा राम ने बड़ी श्रद्धा के साथ की है।[301]

ऐसा प्रतीत होता है कि समाज का जीवन - दर्शन था - ''यादृशे कुरूते कर्म तादृशं फलमश्नुते''[302] अतः समाज का उद्देश्य था कि जिस तरह से उग्र तपस्या के द्वारा ऋषि दिव्य लोक प्राप्त करते हैं– "तपांस्यु ग्राणिचास्थाय दिवंयाता महर्षयः"[303] ठीक उसी तरह समाज पुण्यकर्म का महत्त्व स्थापित करते हुए उसके फल की उपलब्धि की कामना में लगा रहता था। पुराणग्रन्थों में शूद्रों के प्रति सामाजिक सम्मान की भारना विद्यमान है जैसा कि रामायण काल से भी समर्थित होता है। समाज की यह उदार - भावना सामाजिक सामंजस्य का प्रतीक है। दानंदयाच्छुद्रोऽपि - पाक्यज्ञेर्यजेत च;[304] त्रिशंकु दात्रिय होकर चाण्डालत्व को प्राप्त करता है और श्रमणा शुद्र होकर तपस्विनी हो जाती है। दोनों कथा रामायण में महत्वपूर्ण स्थान रखती है; इससे स्पष्ट है कि रामायण कालीन समाज मानव तथा मनावता को भूलकर वर्ण व्यवस्था की जंजीर में जकड़ा हुआ नहीं था।

## आर्थिक वर्ग

रामायण कालीन सामाजिक संगठन के आधर चारों वर्ण थे कार्यों के आधार पर इन वर्णो के विभाजन के वावजूद जन्मना जाति का सिद्धान्त समाज में आ चुका था। अध्यापन महत्त्व की दृष्टि से प्रधान कार्य था। त्रिशंकु ब्राह्मण[305] कहे जाते थे इनका कार्य अध्यापन[306] था। निरूक्तकार यास्क ने विद्या के सम्बन्ध में कहा कि वह अपनी रक्षा के लिए ब्राह्मण-वर्ग को ही उपयुक्त समझती थी जिससे वह ब्राह्मणों के पास रह गई। वह वर्ग अध्ययन अधयापन से ही अपने को जोड़ने की चेष्टा करते रहे। रामायण कालीन समाज

301. वा॰ रा॰–3-74-8
302. वा॰ रा॰–6-15-23
303. वा॰ रा॰–2-109-29
304. विष्णुपुराण:–3-8-24
305. तैत्तरीय ब्राह्मण–27-12
306. वृहदारण्यकोपनिषद:–4-3-35, 39

में शिक्षा प्रदान पर एकाधिकार ब्राह्मणों का नहीं [307] था। अन्यवर्ग भी इस क्षेत्र में आ चुके थे। विश्वामित्र दशरथ के दोनों कुमारों राम-लक्ष्मण को कई तरह की शिक्षाएँ एवं विद्या प्रदान किये थे। ब्राह्मण वर्ग अपनी वौद्धिक श्रेष्ठता अदुण्ण रखने के प्रयास में थे फिर भी विश्वामित्र की यह अनुठी विद्या इस प्रकार उल्लिखित है–

*बला चातिबला सर्वज्ञानस्यमातरो।*

*बामामतिवत्यां चैव पठतः सथि राघव।।*

*क्षुत्पिपासे नते राम भविष्येते नरोत्तम।*

*विद्याद्वयमधीयाने यशश्रा प्यतुलं त्वयि।।* [308]

शिक्षक समाज एक सम्पन्न वर्ग था आर्थिक सम्पन्नता के प्रमाण कई स्थ्लों पर उपलब्ध होते हैं। [309]

साहित्य संगीत एवं कला की शिक्षा देने वाले ऋषि वाल्मीकि की आर्थिक सम्पन्नता ही भौतिक वस्तु के प्रति उनकी उदासीनता के कारण हैं।

*लोभऽषि न कर्त्तव्या स्वल्पोऽपि धन कांच्छया*

*किं धनेना श्रमस्थानां फलमूलोप जीविनाम्।।* [310]

शिक्षण कार्य में लगे हुए ऋषि मुनि एवं ब्राह्मण गृहस्थ जीवन भी व्यतीत करते थे तथा उसके निवास - स्थान नगर तथा वन दोनों ही है। शिक्षक तथा शिक्षालय के स्तर अलग - अलग थे, विश्वामित्र फौशिकी नदी के तटवर्त्ती आश्रम को छोड़कर सिद्धाश्रम विशेष योग्यता प्राप्ति हेतु [311] जाते थे। राम ने कई स्तरों को पार कर पूरी शिक्षा प्राप्त की थी।

---

307. वा॰ रा॰–1-22-16-17
308. वा॰ रा॰–1-22-167-17
309. वा॰ रा॰–2-32-9
310. वा॰ रा॰–7-93-12
311. बा॰ रा॰–1-34-12

*गजस्कन्धोऽश्वपृष्ठे च रथचर्यासुसंमतः।*

*धनुर्वेदे च निरतः पितृशुश्रूषणो रतः।।*[312]

इन्हें प्रारम्भिक शिक्षा सुधन्वा से[313] प्राप्त हुई थी। विश्वामित्र की शिक्षा का स्तर उसके वाद ही है–

*प्रदीप्ते नरशार्दुल प्रयच्छामि नृपात्मज।*

*धर्मपाशमहं राम कालपाशं तथेव च।।*

*पाशं वारूणमस्थं च ददाम्यहमनुत्तमम्।*

*अशनी द्वे प्रयच्छामि शुष्कार्द्रे रघुनन्दन।।*[315]

अगस्तय द्वारा दी गई शिक्षा उच्च कोटि की है। शिक्षक के घर जाकर शिक्षा प्राप्ति के नियम थे।।

*सत्कृत्य निहितं सर्वमेतदाचार्यसमानि।*

*सर्वमायुधमादाय क्षिप्रमाब्रज लक्ष्मण।।*[316]

राम के विभिन्न अस्त्र -शास्त्र गुरू के घर पर ही रक्खे हुए थे। जिन्हें ले आने की आज्ञा दी जाती थी। गुरू के घर पर उन अस्त्र, शस्त्रों का रहना राम के दैनिक शस्त्र-अभ्यास से सम्बन्ध है। गुरू की शिक्षा का सम्बन्ध शास्त्र-ज्ञान से भी था। नगर - निवासी वैदिक आचार्य का उल्लेख कृपि ने किया है। ये तैत्तिरीय शाखा के शिक्षणालय के आचार्य हैं।।

*आचार्यस्तैत्तिरीयाणाम भिरूपश्च वेदविता।*

*तस्ययानं च दासीश्च सौमित्रे संप्रदाणय।।*

*कौशेयानि च वस्त्राणि यावत्तुष्यति स द्विजः।।*[317]

---

312. बा० रा०–1-18-26
313. बा० रा०–2-100-14
314. बा० रा०–1-27-8, 9
315. बा० रा०–3-12-32, 36,
316. बा० रा०–2-31-31
317. बा० रा०– 2-32-15; 16

अयोधया के छात्रावाश का उल्लेख हुआ है। वे छात्र कठ-कालाप शाखा के वैदिक छात्र थे। सुस्वादु भोजन के आकॉक्षी रहते हुए समयाभाव के कारण वैसा भोजन प्राप्त करने में असमर्थ रह जाते थे।। उस अभाव को दूर करने के लिए राम ने अजस्त्र सम्पत्ति का दान दिया था। उस समय शिक्षणकार्य का महत्त्व सर्वोत्तम था। जनमानस में इस कार्य के करने वालों के प्रति असीम श्रद्धा थी। शिक्षण संस्थाओं असंख्य थी। एक छोटे से नगर में भी ये संस्थाएँ जाल की तरह फैली हुई थी। नागरिकों की रूचि इन संस्थाओं के प्रति थी। इसके कार्य - कलाप देखने तथा सुनने के लिए तथा शिक्षण संस्थान में होने वाले वाद - विवाद में भाग लेने के लिए नागरिको की उपस्थिति का उल्लेख हुआ है – 319 शिक्षण कार्य में लगे हुए शिक्षक अपनी योग्यता तथा शिक्षण कार्य के आधर पर भिन्न भिन्न नामों से जाने जाते थे। गुरू, आचार्य, उपाघ्याय तथा कुलपति का सम्बन्ध शिक्षण कार्य से प्रत्यक्ष तथा लगातार रहता था। इनके अतिरिक्त ब्रह्मवादी, तापसगण, श्रेत्रिय तथा परिव्राजक भी शिक्षण का कार्य करते थे। ज़िस तरह की शिक्षा रामायणकालीन समाज द्वारा लागू की गयी थी उसमें वेदाघ्ययन का स्थान सर्वाधिक था। ऐसा प्रतीत होता है कि वह युग वेदाघ्ययन काही युग था। ऋष्यमूक पर्वत पर राम वर्षाकाल व्यतीत करते हैं। आकाश में वर्षा की प्रतिघ्वनि वेद पढ़ने वाले ब्रह्मचारियों की घ्वनि की याद दिलाती है।

*मासि प्रोष्ठपदे ब्रह्म ब्रह्मणानामधीयताम्।*

*अयमघ्यायसमय: सामगानामुपस्थित:।।* [320]

ब्रह्मबटुक जैसे शब्दों से वेदाघ्ययन की परम्परा का परिचय प्राप्त होता है तथा, शिक्षालय का भी संकेत मिलता है। छात्र आचार्य को पित्वत तथा आचार्य की पत्नी को मातृवत समझते थे। आचार्य को माता-पिता से श्रेश्ठ-स्थान देने का कारण भी स्पष्ट किया गया है।

*पुरूषस्येह जातस्य भवन्ति गुरूवस्त्रय:।*

---

319. वा॰ रा॰– 2-67-26

320. वा॰ रा॰–4-28-54

*आचार्यच्श्रैव काकुत्स्थ पिता माता च राघव।।*

*पिता हयेन जानयति पुरूषं पुरूषर्षभ।*

*प्रज्ञां ददाति चाचार्यस्तस्तस्मात्स गुरूरूच्यते।।*

*सोऽहं ते पितुराचार्यस्त्व चैव परंतप।* [321]

जिन विशेष ऋृषियों के कुल तथा आश्रम थे उनके वर्णन हुए है। भारद्वाज, वाल्मीकि, अगस्त्य, वशिष्ठ, विश्वामित्र आदि ऋृषि अपनी परम्परा के अनुसार शिक्षा प्रदान करने का कार्य करते थे। शिक्षा की यह परम्परा रामायण के अतिरिक्त अन्य साहित्य ग्रन्थें से भी सिद्ध होता है; दुर्वासा ऋृषि से कुरू नरेश से जब मिलते हैं तो उनके साथ दश हजार शिष्य थे।। कच शुक्राचार्याकुल में शिक्षाग्रहण करने पहुँचा था जहाँ कि शिक्षा देवकुल से विशेष कोटि की थी। [322] कृष्ण एवं बलराम संदीपिनी मुमि के आश्रम पर शिक्षा प्राप्त करते थे।। [323]

सत्यकाम जावाल के आश्रम पर या कुल में रहकर उपकोसल कमलायण का शिक्षा ग्रहण करना [324] स्पष्ट है स्वयं सत्यकाम जावाल गौतम के कुल में रहकर शिक्षा ग्रहण कर चुके थे। आचार्य शिष्यों के चरित्र एवं आचरण के उत्कर्ष हेतु यज्ञयाजन तथा उपनिषदों के रहस्य का ज्ञान दिया करते थे। राम ने आचार्यो को माता पिता के सम्मान ही आराध्यदेव की संज्ञा दी है। ऐसे आचार्य 'आचार्यदेवोभव' [326] की तरह सर्वमान्य थे। आचार्य तथा गुरू में अन्तर स्पष्ट किया गया है। [327] परिवार का भरण पोषण करते हुए विद्या प्रदान करना ही कार्य था। उपाध्याय मंत्र तथा ब्राह्मण भाग पढ़ाने का कार्य करते थे। [328] वे वेदागों की शिक्षा जीविकोपार्जन के लिए देते थे। स्मृतिकार के शब्दों में:–

---

321. वा॰ रा॰–2–111–3
322. मत्स्य पुराण–26–1
323. विष्णु पुराण–3–10–12
324. छान्दोग्य उपनिषद्–4–10–15
325. छान्दोग्य उपनिषद–4–4–9
326. तै॰ उ॰–1–11
327. वा॰ रा॰–2–111–40
328. वा॰ रा॰–2–111–3

*एकदेश तु वेदस्य वेदांगान्यपिबाः पुनः।*

*योऽघ्यापयति वृत्यर्थमुपाध्यायः स उच्यते।।*[329]

शिक्षण कार्य करने वालों के अधिपति के रूप में कुलपति थे

*तंषामौत्सुक्यमालक्ष्य रामस्त्वात्मनि शंकिताः।*

*कृताञ्जलिरूवाचेदमृषिं कुलपतिंतत:।।*[330]

छात्रावास में पढ़ने वाले विद्यार्थियों के सम्बन्ध में उल्लेख है कि वंश परम्परा से इस शिक्षण संस्थान में जाते थेः–

*तस्यायमाश्रमः पुण्यस्त स्येमे मुनयः पुरा।*

*शिष्या धर्मपरानित्यं तेषां पापं न विद्यते।।*[331]

शिक्षण वर्ग की आय कई तरह की थी। क्षात्रो से प्राप्त गुरूदक्षिणा शिक्षासमाप्ति के उपरान्त एक अच्छी आय थी। द्वितीय स्त्रोत राज्य की ओर से मिलने वाले उदारतापूर्ण दान[332] थे। राज्य कर्मचारी दूसरा आर्थिक वर्ग था। रामायण कालीन समाज में प्रशासन तथा सुरक्षा का उत्तरदायित्व मुख्यतः क्षत्रियों का था। राजा तथा सैनिक युद्ध के लिए अब प्रत्यक्ष उत्तरदायी थे। अप्रत्यक्ष उत्तरदायित्व परिषद एवं राजसमिति पर भी था। उस समय पूरा भारतवर्ष एक छोटे–छोटे राज्यों में विभक्त था–कोशल, मगध, विशाला, मिथिला मत्स्य मधयवर्त्ती आर्यावर्त्त अंग - वंग - कलिंग कोशल सिंधु; सौवीर;[333] सौराष्ट्र आदि। इससे स्पष्ट होता है कि प्रशासन एवं युद्ध लगे हुए क्षत्रिय वर्ग की एक विशाल जमात थी सम्राट या स्वराट्र की स्थापना हो चुकी थी क्योंकि राजा दशरथ की उक्ति है - सम्पूर्ण पृथ्वी अनके द्वारा शासित है-

*करिष्यामि तब प्रीतं सुकृतेनापि ते शये।*

---

329. मनुस्मृति–2–141

330. वा॰ रा॰–2–116–4

331. वा॰ रा॰–1–23–15

332. वा॰ रा॰–2–32–15, 16, 2–32–13,14

333. वा॰ रा॰–1–13–23 से–28 तक

*यावदावर्तते चक्रं तावती मे वसुंधरा।।*[334]

राम ने कहा था कि पूरे देश पर उनका शासन है। राजादशरथ का उल्लेख एक शक्तिशाली सम्राट के रूप में[335] हुआ है। अपने सभासदों के सर्मज्ञ राजा दशरथ की उक्ति तत्कालीन राज्य - व्यवस्था में लगे पूरे समाज का चित्र उपस्थित करती है ततः परिषदं सवामामन्त्रय वसुधाद्यिपः। हितमुदधर्षणं चैवभुवाच प्रथितः वचः।।[336]

प्रशासन कार्य में लगा हुआ बहुत बड़ समाज था क्योंकि राज नृग ने अपने उत्तराधिकारी के चुनाव में बहुत बड़े प्रशासन से सम्बन्ध समाज से मन्त्रणा ली थी।[337] उस समय चतुरांगिणी[338] सेना की व्यवस्था थी जिसके अन्तर्गत पदाति स्वादिरथी एवं गजारोही थे। सैनिकों में अश्ववंध एवं कुंजरग्रह की संख्या बहुत अधिक रहती थी।[339] सेना विभाग में कई एक श्रेणियाँ थीं जैसे - कुलपुत्र जो सैन्य विभाग का सबसे अधिक विश्वसनीय अंग था। मट या योद्घ सैनिकों का सामान्य अंग था।[340] देश की रक्षा बाह्र एवं आन्तरिक शत्रुओं से करने में लगे हुए वीरों का यह वर्ग क्षत्रिय संज्ञा से अभिहित था। राम ने चित्रकूट में भरत से भेंट होने पर बहुत तरह के प्रश्नों में एक प्रश्न यह भी किया था–

*कच्चिद्बलस्य भक्तं च वेतनं च यथोचितम्।।*
*संप्राप्तकालं दातव्यम् ददाति न विलम्व से*
*कालाति क्रमणा चैव भक्त वेतनयोर्भृताः।*
*भर्त्तु कुप्यन्तिदुष्यन्ति सोडनर्थः सुमहान स्मृत।।*[341]

---

334. वा॰ रा॰–2-10–36
335. वा॰ रा॰–1-5-14;-1-7-22
336. वा॰ रा॰–2-2-1;2-14-40, 41
337. वा॰ रा॰–7-54-5, 8
338. वा॰ रा॰–1-69-6
339. वा॰ रा॰–2-19-57
340. वा॰ रा॰–1-54-6
341. वा॰ रा॰–2-100-32,33

सैनिकों के लिए देय वेतन निर्धारित थे। भत्ता देने का समय भी निश्चित था। वेतन तथा भत्ता चुकाने में विलम्व अनर्थकारी समझा जाता था।

सैन्यवर्ग अपनी आजीविका के लिए राजाश्रित थे/सेना का दूसरा भाग समाज में फैला था जिसे रक्षा की द्वितीय पंक्तिवत के रूप में मान्यता थी तथा आवश्यकता पड़ने पर उसका उपयोग किया जाता था। यह सैन्य वर्ग पूरे देश में विखरा हुआ था जो गृहस्थ जीवन व्यतीत करते हुए राज पुटस्कार के समयानुसार पुरस्कृत होते थे।

*हिरण्यस्य सुवर्णस्य निभुतं पुरूषर्षभ।*

*आदृत्य गच्छ शत्रुघ्न पर्याप्त धनवाहन:*

*बलम् च सुमृतं वीर दृष्ट पुष्टामनुद्धतम्*

*सम्भाषा संप्रदानेन रञ्जयस्व नरोत्तम।।*[342]

ऐसे सैनिकों की प्रशंसा रामायण में हुई है। इस कोटि की सेना सदा पराक्रम प्रदर्शन करने वाला वर्ग क्षत्र शब्द से सम्बोधित किया गया था–[343]

रामायण में उल्लिखित है कि चतुर्वर्णों की संरक्षण प्रदान करना ही क्षत्रियों का कार्य था।[344] क्षत्रियों का युद्ध में जीती हुई वस्तुओं पर अधिकार समझा जाता था। युद्ध में जीती हुई वस्तुएँ इस प्रकार थी। रथ, घोड़े, क्षत्र, धन विभिन्न तरह के अन्न पशु स्त्रियाँ तथा सभी तरह के ताम्वा, पीतल आदि।[345] रामायण में उल्लेख है कि अयोध्या के समीप सुखी जीवन के अभ्यासी थे। दासियाँ सेवा के लिए नियुक्त थी। महर्षि भरद्वाज ने भरत की सेना का अतिथि सत्कार करने के लिए बहुत सी सामग्री एकत्र की थी जिनके विवरण से सैनिकों के सुखी जीवन का परिचय[349] मिलता है। युद्ध में प्रमाण करते समय सेना द्वारा नागरिक सम्पत्ति नष्ट होती थी।[347] यह सैन्य शक्ति समाज की रक्षा के लिए

342. वा॰ रा॰–7-64-4,5

345. मनुस्मृति–7-96

346. वा॰ रा॰–2-91-52 से 61

347. वा॰ रा॰–6-4-38, 39

अनिवार्य थी। प्रशासक तथा सेंना की संतुष्टि पर ही समाज विकास की ओर आगे बढ़ रहा था।

उद्योग धंधे में संलग्न वर्ग विशों का था जो वैश्य कहलाते थे। यह आश्रित वर्ग रामायण कालीन समाज में सुसंगठित था, इनके लिवास अलग - अलग न होकर सिलसिले के साथ समूह में होते थे/रामायण में मालियों की मण्डी का उल्लेख हुआ है जो पंक्तिवद्ध है तथा [348] अन्य व्यापारी वर्गों के उल्लेख भी समूह में ही हुए हैं। भरत के अनुगामी होकर चित्रकूट तक चलने वाले आर्थिक का इस प्रकार हैं।

*मणिकारश्च ये केचित्कुम्भकाराश्च शोभनाः।*

*सूत्रकर्मकृतश्चैव ये च शस्त्रोपजीविनः।।*

*मायकारः क्राकचिका रोचका वेधकास्तथा।*

*दन्तकाराः सुधकारास्त था गन्धेपजीविनः।।*

*सुवर्णकाराः प्रख्यातास्तथा कम्बलकारकाः।*

*स्नापकोच्छादका वैध धूपकाः शौण्डीकास्तथा।।*

*समाहिता वेदविदो ब्राह्मणा वृतसंभताः।*

*गोरथेभर्रतं यान्तमनुजग्मुः सहस्रसः।।* [349]

मणिकार के अन्तर्गत हिरण्यकार तथा स्वर्णकार आदि थे। वे आभूषण बनाने का कार्य करते थे। यह पृथ्वी हिरण्यमय [350]– जिस भूभाग के लिए इन शब्दों का प्रयोग हुआ था, वह भाग सिंधु प्रदेश था। रामायण कालीन समाज में इस पेशे में लगे रहने वाले वर्ग सुखी तथा सम्पन्न थे, उस समय स्वर्णमूर्ति निर्माण - एक प्रचलितं कार्य था। सीता के शरीर की सुन्दरता कंचनमूर्ति से उपमित की [351] गई है। रामायण में यह उल्लिखित है कि यज्ञे यज्ञे च पत्न्यर्थ

---

348. वा॰ रा॰–2-83-12
349. वा॰ रा॰–2-83-12 से 16 तक
350. ऋग्वेद–
351. ऋग्वेद–6-61-7

जानकी काञ्चनी भवत।।[352] जिससे स्पष्ट होता है कि स्वर्णकार की कलात्मक मूर्ति की परम्परा विकसित हो चुकी थी। राजमहलों पर तथा तोरण द्वारों पर स्वण प्रतिमाएँ सुसज्जित रहती थी।[353]

एक ओर सामन्तयुगीन समाज की सामाजिक विषमता मुखर हो रही थी तो दूसरी ओर साज - श्रृंगार की अविरलधारा प्रवाहित होने लगी थी। हेमविभूषित रथों के उपयोग होते थे जिससे प्रतीत होता है कि इस कला में स्वर्णकारो ने पूर्णसिद्धि प्राप्त कर ली थी। इस जीविका में लगा हुआ समाज का एक बहुत बड़ा भाग कार्यरत था। पुष्पक विमान का चित्र स्वर्णकार के कलात्मक चित्रों से संचलित[354] था। स्वर्ण कांजन, जातुरूप, जाम्बुनद, महाराजत, हेम आदि शब्दों के प्रयोग तत्कालीन समाज की स्वर्णप्रियता का परिचायक है।

सूत्रकार, सूत्रकर्मविशारद[355], सूत्रकर्मविशेषज्ञ[356] शब्दों के प्रयोग से विदित होता है कि वस्त्र उद्योग में लगे समाज का एक भाग सुख सम्पन्न जीवन व्यतीत कर रहा था। वस्त्र वुननेवाला "तन्तुवाय"[357] कहलाता था।

पुत्रियों के विवाहोत्सव के अवसर पर विभिन्न तरह के वस्त्रों के दान होते थे-

*कम्बलानां च मुख्यानां क्षौभकोव्यम्बराणि च।*[358]

भरत की सेना का स्वागत भरद्वाज आश्रम पर होता है जहाँ "वासासां चापि संख्यान्"[359] का उल्लेख किया जाता है- रावण के वस्त्रों का उल्लेख कई स्थलों पर हुए हैं-[360]

352. वा॰ रा॰–7-99-6
353. वा॰ रा॰–2-15-33
354. वा॰ रा॰–5-6-13, 16, 17
355. वा॰ रा॰–2-80-1
356. वा॰ रा॰–2-83-13
357. वा॰ रा॰–2-83-15
358. वा॰ रा॰–1-74-4
359. वा॰ रा॰–2-91-76
360. वा॰ रा॰– 5-18-24

मथितामृतफेनाम भर जो वस्त्रमुत्तमम। सलीलमनुकर्षन्तं विमुक्तं सत्कमंगदे।[361]

## कुम्भकार

घट-निर्माण कार्य करने वाला आर्थिक वर्ग था - यह कला भारतीयों के जन-जीवन में अतिप्राचीनकाल से ही स्थान पर चुका था-

रामायण कालीन समाज में यह वर्ग सम्मान प्राप्त वर्ग के रूप में उल्लिखित हुआ है। यह राजकीय समारोहों में भाग लेता था।[362] यह यज्ञ-याजन क्रिया में उनकी उपस्थिति अनिवार्य थी।

चतुर्वर्ग की कल्पना:-रामायण कालीन समाज दैव या भाग्य का महत्त्व समझता था। राम ने उदृष्ट भाग की प्रधानता देते हुए कहा है कि दैव का विधन अमिट तथा अजेय है – जीवन में सुख - दुख भयक्रोध मान - अपमान लाभ हानि उत्पत्ति विनाश आदि दैवी विधान का प्रतिफलन है:-

*न लक्ष्मणास्मिन् खलु कर्मविघ्ने माता यवीय स्यति।*

*देवाभिपन्नाहि वरत्यनिष्ठं जानासि दैवं च तथाप्रभावन्।।*[363]

तारा को बाली के वियोग में सान्त्वना देते हुए राम ने कहा था कि सम्पूर्ण सृष्टि विधता द्वारा रचित है। इसमें हर प्राणी सुख-दुख में लिप्त है। इस विधान का उल्लंघन कोई नहीं कर सकता है।

*मा वीरमर्यो विमत्ति कुरूष्व लोको हि सर्वे विहितों विधात्रा।*

तं सर्वं सुखदुखयोगं लोकोऽव्रवीत्तेन कृतं विधत्रा त्रयो हि लोका विहितं विधनं भामिकृमन्ते वरूगा हितस्य। प्रीतिं परां प्राप्तयसि तां तथैव पुत्रस्तु ते प्राप्स्यतियौवराज्यं।[364]

अयोध्या निवासियों का यह कथन-

---

361. वा० रा०-2-83-12
362. वा० रा०-14-15
363. वा० रा०-2-22-30
364. वा० रा०-4-24-42, 43

*"किंमिदं किं करिष्याम् दैवो नोपहता इति"*[365]

दैवशक्ति में विश्वास का परिचायक है–

*ऐश्वर्ये या सुविस्तीर्णे व्यसने वा सुदारूणे।*

*रज्जेव पुरूषं बध्वा कृतान्तः परिकर्षति।।*

*विधिर्नुनम संहार्यः प्राणिनां प्लव गोत्रमः।*

*सौमित्रिं मां च रामं च व्यवनैः पश्चमोहितान।।*[366]

सीता ने राम की दुर्वस्था तथा अपनी दयनीय परिस्थिति का एक मात्र कारण अदृष्ट शक्ति माना है उस अदृश्यशक्तिकी मान्यता रहने पर भी इसके विरोध में संघर्ष ही पुरूषार्थ है रामायणग्रन्थ पुरूषार्थ प्रधान रख्ना है। इसमें पुरूषार्थ के सभी अंगों का सिर्फ विश्लेषण ही नहीं वल्कि तदनुरूप क्रियाएँ भी की गई है। राम के दैवी विद्धान्त का खण्डण करते हुए लक्ष्मण का तक यह है कि मानव मन जब भ्रमित हो जात है तो दैवी शक्ति के भ्रमर में जान - बूझ कर चक्कर काटने लगता है। "यथा दैवम शौण्डीर शौण्डीर क्षत्रियर्षय। किं नाम कृपर्ण दैवम शक्तम शांससि।।"[367]

इस समाज में चतुर्वर्ग की स्थापना हो चुकी थी। समाज में चार वर्ण चार आश्रम तथा जीवन के चार उद्देश्य निश्चित थे। धर्म अर्थ, काम, मोक्ष जैसे उद्देश्यों की पूर्ति हेतु चार आश्रमों से गुजरना पड़ता था। व्यक्तिव का निर्माण तथा जीवन की सर्वागीन सफलता चारो आश्रमों के पालन में निहित थी। रामायण में इन आश्रमों का विश्लेषण तथा तदनुरूप आचरणों तथा व्यवहारों का वर्णन हुआ है।[368] आश्रम धर्म के उल्लंघन से पूरा समाज चिंत्ति हो जाता था आश्रम धर्म सेच्युत होना पुरूषार्थ दोष माना जाता था।

*धर्मेन चतुरोवर्णान् पालयन के शाभाण्नुहि*

*चतुर्वर्णा माश्रममा हि गाईस्थ्यं श्रेश्ठ माश्रमम्।।*

---

365. वा॰ रा॰–5-37-3, 4
366. वा॰ रा॰–2-23-7
367. वा॰ रा॰–2-106-22
368. वा॰ रा॰–2-106-22

इस कथन से भरत ने राम को यंति बनने से रोकने का प्रयास किया था। भरत के तर्क के आधार भारतीय समाज में प्रचलित आश्रम-धर्म ही था। इस धर्म में निहित सिद्धान्त को अकारण मानते हुए भरत ने कहा था–

*चतुर्णामाश्रमाणां हि गाईस्थ्यं श्रेष्ठमाश्रमं।*

*प्रहुधर्मज्ञ धर्मा ज्ञास्तं कथं त्यक्रुमर्हसि।।*[369]

रामायण के आश्रम धर्मपुराण ग्रन्थों द्वार भी दुहराये गए हैं।।

*ब्रह्मचारी गृहस्थश्च वाण प्रस्थस्तथा श्रमी।*

*परिवाड्.वा चतुर्थोऽत्रयञ्चमोनोपद्यते।।*[370]

के अनुसार चार वर्णो की स्थापना का संकल्प सभी पुराण ग्रन्थों में दुहराया है। विष्णु पुराण; वायु पुराण मतस्य एवं ब्रह्माण्ड पुराणों के अनुसार तो जीवन की सफलता उन्हीं चारों आश्रमों में निहित है। रामायण कालीन समाज ने चारो आश्रमों की अनिवार्यता सिद्ध नहीं करने की यह छूट दी थी कि कोई ब्रह्मचारी स्वेच्छा से ब्रह्मचर्या श्रम के वाद द्वितीय सोपान पर नहीं आकर सीधे आगे बढ़ जा सकता है। "नैष्ठिको ब्रह्मचारी तु वसेदाचार्य सन्निधै अनेन विधिया देहं सांदयन्विजितेन्द्रिय:।।[371] नैष्ठिक ब्रह्मचारी गुरू-आज्ञा में रहकर पुरूषार्थ के परम तत्त्व के धर्म को मानते हुए ब्रह्मलोक की प्राप्ति कर लेते थे। द्वितीय कोटि के ब्रह्मचारी उपकुर्वाण कहलाते थे जो विद्यास्नातक,[372] व्रतस्नातक[373] विद्याग्व्रतस्नातक[374] तीन वर्गों में विभाजित होकर धर्म तथा ज्ञान में प्रौढ़ता प्राप्त करके आश्रम से विदा होते थे। वैसे स्नातक जीवन के द्वितीय सोपान यानी गृहस्था श्रम में प्रवेश करते थे।

---

369. वा० रा०–2-106-22, 23
370. विष्णु पुराण–3-18-36, वायु पुराण-8-168-69
371. यादीवल्क्य स्मृति–49-50
372. वा० रा०–2-82-11
373. वा० रा०–5-21-17
374. वा० रा०–2-1-20

विद्या – स्नातक का तात्पर्य था कि विभिन्न विद्याओं का ज्ञान उसने प्राप्त किया है।

प्राप्त कर लिया था। तथा व्रत स्नातक ब्रह्मचारी के सारे व्रत नियमादि का पालन हो चुकने पर ही व्रत स्नातक की संज्ञा दी जाती थी। राम तथा रावण दोनों ही विद्याव्रत स्नातक थे।

*हन्तुभिच्छसि वैदेही क्रोधद्धर्ममपास्यहि।*

*वेदविद्या वृतस्नातः स्वकर्मलिरतः सदा।।*[376]

राम तथा रावण की तरह पूरा समाज इस चतुर्वर्ग का पालन करता था। जीवन के द्वितीय सोपान यानि गृहस्थाश्रम में प्रवेश कर मनुष्य अर्थ तथा काम का महत्त्व कम नहीं था, इसी आधार पर रामायण कालीन समाज ने गृहस्थाश्रम को अन्य आश्रमों की अपेक्षा श्रेष्ठ[377] माना था। अर्थोपार्जन एवं कामोपयोग इस आश्रम की मूल भित्ति है। स्मृतिकारों ने तो गृहस्थाश्रम को एक सागर की संज्ञादी है। जिसमें विभिन्न आश्रम रूपी नदियाँ आकर विश्राम पाती हैं

*यथानदीनदाः सर्वे सागरेयान्ति संस्थितिम्।।*

*तथेवा श्रमिनः सर्वे गृहस्ते यान्ति संस्थितिम्।।*[378]

रामायण का सिद्धान्त इससे भिन्न नहीं है, विभिन्न पुराणों ने अपनी सहमति इसी रूप में प्रकट की है जिससे गृहस्थाश्रम का महत्व स्वतः सर्वाधिक सिद्ध हो जाता है।[379] जीवन के तीन ऋणों से मुक्त होना आवश्यक कहा गया है, पितृ ऋण; देव ऋण[380] तथा मनुष्य ऋण से मुक्त होने के लिए श्रद्धा यज्ञ एवं अतिथि सत्कार करना जीवन का कर्त्तव्य माना गया था।

---

375. वा० रा०–2-1-20
376. वा० रा०–6-93-63
377. वा० रा०–2-100-22
378. मनुस्मृति–6-30
379. ब्रा० पुराण–2-7-162, 173, विष्णु पुराण-3-9-11
380. वा० रा०–2-106-28

धर्म एवं काम की प्राप्ति मर्यादा पालन में होती थी।[381] वाल्यावस्था जीवन की पहली सीढ़ी होने के कारण यह जीवन निर्माण के आधर को सुव्यवस्थित करने का समय कहा गया है। रामायण कालीन समाज बड़ी मुस्तैदी से इन अवस्था पर ध्यान रखता था। द्वितीय सोपान गृहस्थाश्रम था जिसमें निर्वाध यौनवृत्रियों पर अंबुश रखने के लिए जीवन को अर्थ से जोड़ने की चेष्टा की गई थी। युवावस्था इस आश्रम में सामाजिक की गई तथा लोक-परलोक दोनों के लिए संघर्ष करने का उत्तरदायित्व इस आश्रम पर छोड़ा गया प्रत्येक गृहस्थ से समाज की अपेक्षा रहती थी कि त्रिवर्ग धर्म, अर्थ, काम की उपलब्धि इससे हो गृहस्था श्रम के उपरान्त, वाणप्रस्थ तदुपरान्त सन्यासाश्रम था। दोनों आश्रम मोक्ष प्राप्ति का समय था। रामायणकालीन समाज में यह प्रथा थी कि राजा अपने वयस्थ पुत्रों को राज्य एवं प्रजा का उत्तरदायित्व सौंपकर तपस्वी जीवन विताने के लिए वाणप्रस्थ आश्रम ग्रहण कर लेते थे। राजा दशरथ अपनी अवस्था देखते हुए राज सभासदों से कहते है कि बृद्ध एवं अशक्त होने के कारण यह राज्यभार राम के ऊपर छोड़ना चाहते हैं–

*सोऽहं विश्राममिच्छामि रामं कृत्वा प्रजाहिते।*

*संनिकृष्टानिमान् सर्वाननुमान्य द्विजर्षमान्।।*[382]

*वानप्रस्थ ग्रहण का संकेत यहाँ स्पष्ट तो नहीं पर*

*अप्रत्यक्ष रूप में मिलता*[383] *है। अर्थ एवं काम की सम्यक्*

प्राप्ति में शरीर का जर्जर हो जाना जीवन का स्वभाविक विकास है। वृत तथा अंशुमान् जैसे राजाओ के आख्यान से वान प्रस्थी होकर पुरूषार्थ के अन्तिम सोपान पर आरूढ़ होने का प्रयास स्पष्ट दीख पड़ता है–

*निक्षिण्यं सुतं ज्येष्ठं पौरेषु मधुरेश्वरम्।*

*तप उग्रं सभातिष्ठतापयन् सर्वदेवता।।*[384]

---

381. विष्णु पुराण–3-9-8- ब्रह्मा॰-2-32-34
382. वा॰ रा॰–2-2-9,10 मत्स्य-2-53-1
383. वा॰ रा॰–2-23, 26
384. वा॰ रा॰–7-84-10

वहाँ रहकर संममित जीवन व्यतीत करना त्याग के साथ सभी प्राणियों के लिए हित में कार्य करते रहना वेदों का स्वाध्याय करना आदि कार्य उल्लिखित हुए हैं जो जीवन के निःस्वार्थ क्रिया - कलाप है, वनवासियों के लिए संभमित जीवन की अनिवार्यत वतलयी गई है।

*कार्यस्त्रिरभिषेकश्च काले काले च नित्यशः।*

*चरता नियमेनैव तस्माद्दुःखतरं वनम्।।*

*उपद्वारच्श्र कर्त्तव्यः कुसुमैः स्वयमाहृतै।*

*आर्षेण विधिना वेद्यां बाले दुःखतरं वनम्।।* [385]

पर्णकुटी में रहते हुए फलमूलों पर ही जीवन विताना पड़ता था। सीता के समीप पहुचने वाले सन्यासी के रूप का वर्णन हुआ है–

*श्लक्ष्णकाषायसंवीतः शिखी छत्वी उपानही।*

*वामे चांसेऽवसज्याथ शुभे यष्टि कमण्डलू।।*

*परिव्राजक रूपेण वैदेही मन्व पद्यत।*

*तामाससादातिबलो भातृभ्यां रहितं वने।।* [386]

रावण ने सन्यासी के प्रचलित रूप यानि वेष भूषे धारण किया था। जिससे कि सीता के मन में किसी तरह की शंका उत्पन्न न हो। जितेन्द्रिय सन्यासी मोक्ष प्राप्ति के अधिकारी [387] होते थे।। अरण्य काण्ड में मोक्ष-प्राप्ति में लगे हुए विलक्षण ऋषियों का वर्णन हुआ है जो इस प्रकार है–

*वैखानसा बालखिल्या संप्रक्षाला मारीचिपः।*

*अश्म कुट्टाश्च वहवः पत्राहाराश्च तापसाः।।*

*दन्तोलूखलिनश्चैव तथैवोन्मज्जकाः परे।*

*गात्रश्य्या अशय्याश्चत थैवान वका शिकाः।।*

*मुनयः सलिलाहास वायुभक्षास्तथापरे।*

---

385. वा॰ रा॰–2–28–15,16, 17

386. वा॰ रा॰–3–16–3, 4

387. विष्णु पुराण–3–9–33, वायु पुराण–1–7–7

*आकाश निलयाश्चैव तथा स्थण्डिलशाचिनः।।*[388]

इतने तरह के तपस्वियों ने राम से भेंट की थी। मोक्षप्राप्ति में लगे हुए वर्ग की कतार रामायण कालीन समाज में बहुत लम्बी थी। यह जीवन के अन्तिम उद्देश्य था जिसकी प्राप्ति में जीवन के अन्तिम काल में लगना पड़ता था।

धर्म जिसे जीवन का प्रथम सोपान कहा गया है उसे मोक्ष से अलग रक्खा गया था। जीवन के प्रथम काल में धर्म के बन्धन से ही मानव जीवन वैधारहे वैसा प्रयास किया गया था। प्रारम्भ धर्म से होता था और जीवन का अवसान मोक्ष में समझा जाता था। मोक्ष अन्तिम पुरूषार्थ था। इसलिए समाज त्रिवर्ग तक ही साधारण तथा सीमित था। नैतिक वौद्धिक तथा शारीरिक उत्कर्ष द्वारा जीवन सुखमय बनाने का प्रसास ही त्रिवर्ग था। वेद मन्त्रों के अनुसार कार्य करने वाली बुद्धि यानि कर्त्तव्यनिष्ठ बुद्धि अर्थ तथा काम की प्राप्ति होती[389] थी। शास्त्रानुसारिणी बुद्धि का ही महत्त्व था जैसा कि भरत ने कौशल्या के समक्ष उसे स्वीकार किया है रामायणकालीन समाज[390] ने धर्म का उपयोग बाह्यडम्वर के रूप में नही लिया था वल्कि उसे कर्त्तव्य का एक आवश्यक अंग माना था। राम का यौवराज्याभिषेक होने का अवसर आता है तो राम सीता के साथ संयमपूर्वक विष्णुमन्दिर में एक शतशयन करते हैं।

*वाग्यतः सह वैदेह भूत्वा नियतमानसः।*

*श्रीमत्यायतने विष्णोः शिश्ये नखरात्मजः।।*[391]

यद्यपि इसे धर्म कहा गया है पर यह कर्त्तव्य का एक अंग था ठीक इसी तरह इक्ष्वाकुवंशियों की नववधुएँ पहले मन्दिर में देवार्चना करती हैं तब ही राजमहल में प्रवेश करती हैं।

*देवतायतनान्याशु सर्वास्ताः प्रत्यपूजयन।*

*अभिवाद्यार्मि वाद्यच्श्र सर्वाराजसुतास्तदा।*[392]

388. वा॰ रा॰–3-6-2, 6

389. वा॰ रा॰–2-75-21

390. वा॰ रा॰–2-75-21

391. वा॰ रा॰–2-6-4

392. वा॰ रा॰–1-77-13

इस प्रकार धर्म ही सारे कार्यों को सुरक्षित रखने की चेष्टा उस समाज ने की थी–

*त्रियोदृद्धास्तरूपणच्श्र सायं प्रातः समाहिताः।।*

*सर्वान् देवान्नमश्सन्ति रामस्यार्थेमनस्विनः।।*[393]

राम के युवराज पद पर पहुँचने की शुभकामना स्त्रियों वृद्धों तरूणों द्वारा की जाती थी तथा सबों ने सभी देवताओं की अर्चना भी की थी। इस तरह की देवाराधना धार्मिक क्रिया थी जो अदृश्यशक्ति की अपनी ओर आकृष्ट करने के लिए की जाती थी पर उस क्रिया के अतिरिक्त अनेक ऐसे कार्ये थे जिन्हें धर्मिक क्रिया नहीं कहकर आवश्यक कर्त्तव्य या नियम पालन आदि कार्य ही कहा जा सकता है–आश्रमधर्म – वर्णधर्म, कुलधर्म, युगधर्म एवं राजधर्म ये विभिन्न कर्त्तव्या कर्त्तव्य के ही परिचायक हैं।

*ब्राह्मण, क्षत्रिय विशानां शुद्राणां च परंतपः।।*

*कर्माणि प्रविभक्तानि स्वभावप्रभावेः गुणैः।।*[394]

इसके अनुसार स्वभाव एवं गुण के आधार पर प्रत्येक वर्ण के धर्म या कर्त्तव्य निश्चित किये गए थे।। अध्यापन के कार्य में या सेवा करने के कार्य में किसे लगाया जाय यह स्वभाव या गुण के आधार पर निश्चित हुई थी।

*भावं न चास्याहमनु प्रदातुमलं द्विजो. मन्त्रभिवाद्विजाय।।*

*ऊपात्र को यज्ञ अधिकारी बनाना अधर्म समझा गया था।*[395]

*प्रत्याख्यातो हि दुवुदे गुरुणा सत्यवादिना।।*

*तं कथं समतिक्रभ्य शाखान्तर मुषेधिवान्।।*[396]

आपातकाल में राजपुरोहितों द्वारा मार्ग-दर्शन किया जाना उनका कर्त्तव्य या धर्म कहा गया था।[397]

---

393. वा० रा०–2-2-51,52

394. महा० भीष्म पर्व–42-41

395. वा० रा०–5-28-5

396. वा० रा०–1-59-2

397. वा० रा०–2-67-4

*स्वधर्मनिरतानित्यं ब्राह्मणा विनोन्द्रियाः।*

*दानाध्ययन शिलाच्श्रसंजयता चपरिग्रहे।।* [398]

दानशीलता अध्ययनशीलता संयमित्ता तथा परिग्रह आदि को धर्म के रूप में ब्राह्मणवर्ग ने अंगीकार किया था। समाज आडम्वरपूर्ण धर्म की कल्पना करने में भी समर्थ नहीं हो सकता था यह स्थिति सभी वर्णों के साथ थी। क्षत्रिय वर्ण के धर्म ठीक इसी तरह उल्लिखित हुए थे जो कठिन कर्त्तव्य के अतिरिक्त और कुछ नहीं है।

*दानंदीक्षा च यज्ञेषु तनु त्यागो मृधेषुहि।।* [399]

क्षत्रियों के लिए वर्ण धर्म के प्रति पूर्ण निष्ठा थी जिसका परिणाम इस प्रकार उल्लिखित हुआ है–

*क्षत्रियैधर्यते चापोनार्त्र शब्दो भदेदिति।।* [400]

इस वर्ण के चाप धारण करने पर अर्त्रि वाणी कही सुनाई नहीं पड़ती थी। यानि 'मत्स्यन्याय' [401] की कल्पना भी दूर हो जाती थी। इसका परिणम यह होता था कि क्षत्रियवर्ण विना आयास ही अपने सॉचे में ढ़लता जाता था:–

समाज द्वारा अभिमत सारे दानयज्ञ के प्रति समर्पित रहते थे इस दान धर्म में समाज

*कुलीनः शीलसम्पन्नों धनुवेर्दि विशारदः।*

*हस्तिशिक्षाश्वशिक्षासु कुशलः श्लक्षणभाषितः।।* [402]

क्षत्रियों के स्वभाविक गुण समझे जाते थे। अकारण युद्ध क्षत्रिय धर्म-विरूद्ध समझा जाता था। जैसा कि बाली ने युद्ध की परिस्थिति पर अपने विचार पर विचार प्रकट किया है। [403]

---

398. वा० रा०–27-1-6-13

399 वा० रा०-2-40-7

400 वा० रा०-3-10-3

401 वा० रा०-2-67-31

402 मत्स्य पु०-4-17-16

403 वा० रा०-4-17-16

विना उत्तेजित किये युद्ध पूर्ण वर्जित था।[404]

सूचना देने के उपरान्त ही सेना पर आक्रमण किया जा सकता था।[405] युद्ध से भागना अपकीर्ति तथा अधर्म का भागी होना समझा जाता था।[406] युद्ध स्थल में प्राण त्याग पुण्योदक होने के कारण परम धर्म था।[407] युद्ध सिद्धिहिं चंचला[408] की मान्यता होने के कारण साम, दाम, दंड और भेद की राजनीति को राजधर्म कहा गया था दण्ड अन्तिम अस्त्र था जिसका प्रयोगराजधर्म समझ कर किया जाता था

*अप्युपायैस्त्रिभिस्तात योर्ज्थ: प्राप्तुं न शक्यते।*

*तस्य विक्रमकालांस्तान् युक्तानाहुर्मनीषिण:।।*[409]

सेना को प्रसन्न रखना राजधर्म था। क्योंकि समय पर "वेतन" एवं मत्ते का भुगतान करना आवश्यक था।[410] इस प्रकार धर्म का वंधन कर्त्तव्य की दिशा निर्धरित करने के लिए था; जिसका अनुपालन समाज में अनिवार्य कर दिया जाता था। वैश्य वर्ण के धर्म इसी तरह स्पष्ट थे। कृषिगोरक्ष वाणिज्यं वैश्यकर्म स्वभावजम्[411] वर्णगत कर्त्तव्य का उल्लेख करते हुए यह कथन था पशुपाल्यं स्ववाणिज्यम् कृषि च मनुजेश्वर:। इन कामों को वैश्यों ने धर्म के रूप में अंगाकार किया था शुद्धों के कर्त्तव्य रामायण में विशेष वर्णित नहीं हुए हैं क्योंकि इन्हें सेवाकार्य तक ही सीमित रक्खा था।

*शुद्रा: स्वधर्मनिरता: स्त्री न्वर्णानि प्रचारिण:।।*[412]

---

404 वा० रा०-7-23-6

405 वा० रा०-7-23-27

406 वा० रा०-6-82-3

407 वा० रा०-7-23-12, 15

408 वा० रा०-5-16-17

409 वा० रा०-6-9-8

410 वा० रा०-2-100-32, 33

411 महा० भीष्म पर्व-42-44-वा० रा०-2-100-47

412 महा० भीष्म पर्व-42-44-वा० रा०-1-6-19 तथा -6-128-103

इसी तरह प्रत्येक आश्रम के धर्म भी स्पष्ट किये गए थे।

*वर्णा नामा श्रमानां च धर्मान्धिर्मभृतांवर।।*

*लोकाश्च सर्ववर्णानां सम्यक् धर्मानुषालिनाम्।।*[413]

महर्षि वाल्मीकि ने इसका उल्लेख इस प्रकार किया है

*पूर्वं राजर्षिवृत्तया हि वनवासो विधीयते।*

*प्रजा निक्षिप्य पुत्रेषु पुत्रवत्यरिपालने।।*[414]

लक्ष्मण के मुख से आश्रमधर्म का विश्लेषण करते हुए कहा गया है कि राजर्षि वृत्ति से ही जीवन के अन्तिम काल में वानप्रस्थी होकर जीवन व्यतीत किया तथा प्रजा का भार पुत्र पर देकर प्रजा का पालन पुत्र के समान करते रहे मानव मन निश्चित होने का प्रयास करता था। यह क्रम चलता रहता था। जब इस धर्म में च्युति होती थी तो राजविप्लव की परिस्थिति तैयार समझी जाती थी–

*धर्मदोषप्रसंगेन लोकास्यानतिशंकया।*

*कथं हयेतदसंभ्रान्त स्वद्विधे वक्तुमर्हति।।*[415]

इस क्रम में व्यवधन होने पर राम को धर्म सम्बन्धी भ्रम उत्पन्न नही होना चाहिए था यह लक्ष्मण का कथन था क्योंकि लक्ष्मण अपनी शक्ति के उपयोग से इस विधन तथा क्रम में बाध डालने बालों का संहार करने पर उद्यत[416] किसी भी परिस्थिति में धर्म के उल्लंघन से सामाजिक विप्लव के संकेत प्राप्त होते हैं। जीवन का प्रथम सोपान धर्म था इसलिए उसकी नीव बड़ी सावधनी से दी गई थी जिसके वाद के तीनों लक्ष्यों की प्राप्ति में सहयता सरलता तथा असंदिग्धता बनी रहती थी यदि धर्म पूजा - पाठ देवाराधना तक ही सीमित रहता तो वाल्मीकि का यह कथन ''देशधर्मस्तु पूज्यताम्''[417] निरर्थक हो जाता

---

413 विष्णु पु०-1-6-23

414 वा० रा०-2-23-27

415 वा० रा०-2-23-6

416 वा० रा०-2-23-सम्पूर्ण सर्ग

417 वा० रा०-3-9-27

क्योंकि यहाँ स्थन तथा काल के प्रचलित नियमों के अनुपालन में धर्म का पालन समझा गया है; रामायण ग्रन्थ में अनेक धर्मों की चर्चा होती है जैसे वर्णधर्म आश्रमधर्म पुरूषार्थ धर्म, युगधर्म, कुलधर्म आदि जो जीवन के विभिन्न कर्त्तव्य ही हैं। इन धर्मों का संक्षिप्त विश्लेषण इस प्रकार किया जा सकता है। युगधर्म की चर्चा वार-वार होती रही है क्योंकि अनेक स्थलों पर यह कथन है कि युग के बदलते ही धर्म भी बदल जाता है–

*तपः परं कृतं युगे त्रेता यां ज्ञानाभुच्यते।*

*द्वापरे यज्ञ में वाहर्दानमेक कलौयुगे।।*[418]

इसी तरह के प्रसंग रामायण में भी हैं

*पुराकृत युगे राजन् ब्राह्मण वै तपस्विनः।*

*अब्राह्मणस्तदा राजन्न तपस्वी कथंचन।।*[419]

तत्कालीन समाज धर्म के विस्तार तथा सही मूल्यांकन समझता था। जिससे कि देश तथा युगधर्म से वह कभी पीछे नही करता था। कुलधर्म का महत्त्व कम नही थ; स्वयं राम ने कुलधर्म का उल्लेख करते हुए उसके पालन की अनिवार्यता व्रत लायी है[420]– जनकपुर में धनुर्भंग करने पर राम ने सीता-प्राप्त का अधिकार प्राप्त कर लिया था लेकिन कुलधर्म के पालन हेतु पिता की आज्ञा लेकर ही विवाह करना सम्भव था यह इनकेलका नियम था।[421] पूर्वजों के मार्ग के अनुसार कुलधर्म माना जाता था।[422] राजा दशरथ ने पूर्वजों के मार्ग का अनुशरण कर कुलधर्म का पालन किया था

*मयाप्यचरितं पूर्वः पन्थानमनुगच्छता।*[423]

---

418 मनुस्मृति-1-88

419 वा० रा०-7-74-9

420 वा० रा०-2-21-59

421 वा० रा०-2-118-51

422 वा० रा०-2-101-2

423 वा० रा०-2-2-6

राम ने अपने कर्त्तव्य का उल्लेख इस प्रकार किया था जिसका धर्म समझकर पालन भी किया था।[424]

*पूवैस्यमभिप्रेतोगतोभ्रार्गोऽनुगम्यते*

इस धर्म का उल्लंघन आने वाली विपत्ति का संकेत माना गया था[425] कुल धर्म तोड़ने वाले के लिए निन्दायुक्त शब्दों के प्रयोग होते थे जैसा कि केकेयी के लिए स्वकुलोपघतिनी; कुलंघ्नी कुलपासंनी आदि शब्दों के उपयोग किये गए हैं देश की अराजकात की स्थिति में सारे धर्मवन्धन छिन्न-भिन्न हो जाते थे।

*"नाराज के पितुः पुत्रो भार्यां वा वर्तते वशं।*

*राजकधनं नास्ति नास्ति भार्याप्यराजते।*[426]

सामान्य स्थिति पर सामाजिक नियमों का उल्लंघन महान-पाप समझा गया है इस तरह के सारे तथ्यों को धर्मसूत्र से बाँधने का सफल प्रयास रामायणकालीन समाज में हुआ था जिससे लोगों का जीवन सुखमय था। पिता की आज्ञा का उल्लंघन किसी भी स्थिति में जो जाय यह आशा नहीं की जाती[427] थी। पिता की आज्ञा से विष खा लेना; आग में कूद जाना कोई कठिन कार्य नहीं[428] था। बड़े भाई का छोटा भाई पूर्ण रूप से अनुवर्ती हुआ करता[429] था। इस नियम का उल्लंघन किसी भी स्थिति में नही होता था। वह कर्त्तव्य या धर्म वाद के दो आवश्यक पुरूषार्थ यानि अर्थ तथा काम की रक्षा ही सिर्फ नहीं करता था बल्कि उसका यह जनक भी था। लोकोक्ति "धनातधर्मः का सार समाजिक पारिवारिक धर्मों के पालन में ही अर्थ निहित था। इस तरह पुरूषार्थ के द्वितीय सोपान अर्थ का महत्व रामायण कालीन समाज में मान्य था।

---

424 वा० रा०-2-21-36

425 वा० रा०-2-35-9

426 वा० रा०-2-67-10, 11

427 वा० रा०-2-31-2

428 वा० रा०-2-18-29

429 वा० रा०-2-40-6, 7

## अर्थ का महत्व

पुरूषार्थ में अर्थ प्राप्ति महत्वपूर्ण था। जीवन का इसे द्वितीय सोपान इसलिए कहा गया था कि धर्म के विना धन अर्जन सम्भव नहीं था। ''पात्रत्वात् धनमान्पोति''[430] में यह स्पष्ट संकेत है कि कर्त्तव्यनिष्ठ या धर्मनिष्ठ ही धन प्राप्त कर सकता है। रामायण में धन की उत्पत्ति का श्रेय धर्म को ही दिया जाता है–''धर्मादर्थ प्रभवते'' ''धर्मात्प्रभवते ''सुखम्''[431] लेकिन महाभारत काल तक में इस धन के कारण बहुत सारी विकृतियॉ आ गई जो रामायणकालीन समाज में नहीं दीख पड़ती है क्योंकि पुरूष धन के दास होने लगे तथा धन किसी का दास नहीं रहा। ''अर्थस्य पुरूषोदास: दासस्त्वर्थो न कश्चित्''[432] आर्यों ने जीवन का आदर्श धन नही रक्खा था वल्कि उनका कथन था–''न वित्तेन तर्पनीयो मनुष्य:''[433] इतना ही नहीं समाज की मान्यता थी कि धन उसका नहीं है यद्यपि कि इसकी शक्ति अनन्त हैं–

*''अनन्तं बलं में वित्रं यस्य मे नास्ति किञ्चन''*[434]

अत: सिर्फ भौतिक सम्पदा को ही महत्त्व नहीं देकर ''शील हि विदुषाधनम्'' कहा गया था।

क्योंकि समाज ने धन को स्थान दिया था फिर भी "वृत्तेन हि भव्रत्यार्थो न धनेन न विषया"[435] का सिद्धान्त प्रचलित था।

वेद तथा उपनिषदकाल में आर्यों की मन: स्थिति ''धन'' के जैसी थी वाद में आकर वह नहीं रही धन की वृद्धि ने धन के प्रति तृष्णा की भी वृद्धि की थी। महर्षि व्यास की दृष्टि से समाज की मान्यता थी:–

*धनमाहूपरोधर्म: धने सर्वप्रतिष्ठितम्।*

---

430 पंचतन्त्रम हितोप देव

431 महा० उद्योग पर्व-72-23-24

432 महा०-भीष्म पर्व-1-1-27

433 कठोपनिषद-1-1-27

434 महा० शान्ति पर्व-7-1

435 महा० उद्योग पर्व-90-52-53

जैसा कि पहले भी पुरूषों को धन का दास उन्होंने कहा है। रामायण में जाबालि ऋषि भौतिक सम्पदा के महत्व का प्रतिपादन करते हैं उनका भौतिकवादी तर्क या वार्क की तरह था।[436] रामायणकालीन समाज में अर्थ को विवृत नहीं किया था। इसका दुरूपयोग वाद में शुरू हुआ। धन के महत्व पर रामायण में विस्तार से प्रकाश डाला गया है जिससे स्पष्ट होता है कि तत्कालीन समाज में धनार्जन के लिए एक मात्र परिश्रम को साधन समझा था।

*भूमिः कीर्तियशों लक्ष्मीः पुरूषं प्राथन्ति हि।*

*सत्यं समनुवर्तन्ते सत्यमेव भजेत्तत:।।*[437]

राम ने जाबाली से कहा था कि पुरूषार्थी व्यक्ति से भूमि क्रीति यश एवं लक्ष्मी प्रार्थना करती है कि मुझे स्वीकार करो। लक्ष्मण का कथन था कि धन कात्याग नही होना चाहिए क्योंकि धन के एकत्र होने पर वह धन यदि सुरक्षित स्थिति में रहे तो सारे कार्य स्वतः सिद्ध होने लगते हैं। धनहीन मनुष्य समाज में गर्हित होता है उससे सारे कार्य उसी तरह नष्ट हो जाते हैं जिस तरह से गर्मी के दिनों में छोटी छोटी नदियों के जल स्वतः सूख जाते हैं:–

*अर्थेन्यो हि विवृद्धभ्यः संवृत्रेभ्यस्तस्त:।*

*क्रिया सर्वां प्रवर्त्तन्ते पर्वतेभ्य हवापगा:।।*

*अर्थेनि हि वियुत्तस्य पुरूषास्याल्पतेजसः।*

*व्युच्छियन्ते क्रियाः सर्वा ग्रीष्मे कुसरितो यथा।।*[438]

धनवान की सामाजिक प्रतिष्ठा का उल्लेख हुआ है। धन से मनुष्य के सामाजिक स्तर का उन्नयन हो जाता था। सामन्तों का वह समाज था जिसके पास धन रहता था वहाँ भीड़ लगती थी, धन के स्त्रोतों पर व्यक्तिगत स्वामित्व का प्रभाव बढ़ गया था–

*यस्यार्थास्तस्य मित्राणिं यस्यार्थास्तस्य वान्धवा:।*

---

436 वा० रा०-2-108-3

437 वा० रा०-2-109-22

438 वा० रा०-6-83-32, 33

*यस्यार्था: स पुमांत्लोके यस्यार्थी: स च पण्डित:।।*

*यास्यार्था: स च विक्रान्तो यस्यार्था: स च बुद्धिमानं।*

*यस्यार्था: स महाभागो यस्यार्था: स गुणाधिक:।।* [439]

यहाँ पर महर्षि वाल्मीकि ने अर्थ में पूरे समाज को निमग्न पाया है शक्ति धन में थी न विद्या या किसी अन्यगुण में क्योंकि भगवान को ही विक्रान्त की संज्ञा दी गई है। धर्मिक कार्य सभी के पूरो नहीं होते थे। जिनके पास धन का अभाव रहता था उनके धर्मिक कार्य अधूरे रह जाते थे। अर्थ से युक्त काम की प्राप्ति धनहीनों को नहीं हो पाती थी।

*यस्यार्था धर्मकामार्थास्तस्य सर्वप्रदक्षिणम्।*

*अधनेनार्थकामेनार्थ: शक्यों विचिन्वता।।* [440]

इस प्रकार लक्ष्मण के अनुसार सृष्टि के सारे कार्य अर्थ में ही संनिविष्ट हैं, तत्कालीन समाज में यह मान्यता थी कि सारे कार्यो की उत्पत्ति एक मात्र धन के लिए तथा धन से होती है धर्म, काम, प्रसन्नता दया क्रोध सम, दम, आदि क्रियाएँ धन से ही उत्पन्न हैं।

*हर्ष: कामश्च दर्पश्च धर्म: क्रोध: शमो दम:।*

*अर्थादेतानि सर्वाणि प्रवर्तन्ते नराधिप:।।* [441]

धन-कीर्ति-प्राप्ति का सबसे बड़ा स्त्रोत था। धन दान से कीर्ति का उल्लेख इस प्रकार हुआ है–

"एष वघ्वा च वित्रानि प्राप्त चानुत्तम यश:। [442] अर्थ की प्रशंसा में लक्ष्मण की उक्ति है कि अर्थ स्थूल है। यह दीख पड़ता है। इसके लिए की गई क्रिया वोधगभ्य है। पर धर्म तो सूक्ष्म है। यह दिखाई नहीं पड़ता है तथा इसके लिए की गई क्रियाएँ-"तर्क-वितर्क" का विषय है। सारे कल्याणों का जड़ धर्म नहीं

---

439 वा० रा०-6-83-35, 36

440 वा० रा०-6-83-39

441 वा० रा०-6-83-39

442 वा० रा०-वा० रा०-4-4-18

है। यह तो स्पष्ट दीखता है क्योंकि सृष्टि के सारे प्राणी किसी - न किसी रूप में आर्थिक क्रियाएँ करते ही रहते हैं।।

*यथैव स्थावराणां व्यक्तं जंगभं च तथा विधम्।*

*नायमर्थस्तथा युक्तस्त्वद्विधे न विपद्यते।।* [443]

धनाभाव में तपस्वियों के लोभ नष्ट हो जाते हैं–महान ऋषियों ने अर्थाभाव में लौकिक सुख की चिन्ता ही छोड़ दी थी।

*येषां नश्यत्ययं लोकश्चरतां धर्मचारिणाम्।।* [444]

अर्थ मनुष्य के व्यक्तिव विकास में सहायक कहा गया है। जीवन के साध्य ने होते हुए भी अर्थ को धर्म तथा काम के बीच ही रक्खा गया। यह त्रिवर्ग के मध्य में होने के कारण दोनो छोड़ को प्रभावित ही नहीं करता वल्कि उत्पन्न होकर मघ्य में अवस्थित है।। दोनों छोरों का "संचालन" अर्थ से होता है। धर्म एवं काम का त्याग कर दिया जाय तो जीवन-यात्रा चल सकती है। पर, अर्थ का त्याग प्राण त्याग ही है। यह तत्कालीन समाज की मान्यता थी:-

*प्राणयात्रापि लोकस्य विनाहयर्थ न सिघ्यति।।* [445]

काम का सेवन अर्थचिन्तन की दिशा से विमुख करने वाला कहा गया है।

---

443 वा० रा०-वा० रा०-6-83-16

444 वा० रा०-वा० रा०-6-83-40

445 महा शान्ति-8-17

# 4

# सम्पत्ति के प्रकार

## भेद

*धनानि रत्नानि विभूषणानि वासांसि दिव्याणि मणींश्चचित्रान्।।* [1]

जैसे अनेक प्रसंग विभिन्न कोटि की सम्पत्ति स्पष्ट करने के लिए पर्याप्त है। राष्ट्र - समाज; एवं व्यक्ति की रीढ़ सम्पत्ति मानी गई थी। इसके विना जीवन की कल्पना नही की जा सकती थी। जैसा कि लक्ष्मण ने राम से कहा है कि हमारी भौतिक शक्ति ही हमारे विकास के लिए उत्तरदायी है।

*बलस्य यदि चेद्धर्मो गुणंभूतः पराक्रमे!*

*धर्ममुत्सृज्य वर्तस्व यथा धर्मे तथा बले।।*

*अथ चेत् सत्यवचनं धर्म किल परंतप।*

*अनृतस्त्वय्यकरूणः किं न वद्धस्त्वाया पिता।।*

*यदि धर्मो भवेदक्तः व अधर्मो व परंतयः।* [2]

*न स्म हत्वा मुनि वज्री कुर्यादिज्यां शतक्रतुः।।*

नैतिकता की अवमानना करते हुए इन्द्र ने अपनी शक्ति का परिचय तपोनिष्ट मुनि की हत्या करके दिया था जिससे कि उनकी श्रीवृद्धि एवं विकास

---

1 वा० रा०-6-15-14

2 वा० रा०-6-83-24, 27 से 29

में संदेह उत्पन्न न हो। भौतिक शक्ति एवं सम्पदाओं का त्याग अधर्म था। इसकी समाप्ति से मानव के सारे तेज अल्प हो जाते थे।। और सारी क्रियाएँ ग्रीष्मकाल की लघु सरिता की तरह समाप्त हो जाती[3] थी। इस सम्पत्ति की रक्षा के लिए मानव को सदा प्रयत्नशील रहना पड़ता था - भौतिक विकास की गति अवरूद्ध करने वारल परिस्थिति कभी-कभी उत्पन्न हो जाया करती थी समाज इसके लिए सजग रहता था। मत्स्य न्याय के कारण आर्थिक विकास जब अवरूद्ध होने लगता था तो राज्य शक्ति का उत्तरदायित्व बढ़ जाता था। राजा सभी तरह के अर्थ एवं आर्थिक वर्गों की रक्षा करता था। अराजकता की परिस्थिति में यह कार्य कठिन हो जाता था।

*नाराज के जनपदे भवति कस्यचित्।*

*मत्स्या इव नरा नित्यं भक्षयन्ति परस्परम्।।*[4]

राज्य में अनुशासन तथा समाज में संतोष की अवस्था रहने पर आर्थिक अभिवृद्धि निश्चित थी। इस स्थिति को कामना से समाज सदा अनुप्राणित रहंता था। रामायण में वर्णित स्वस्थ आर्थिक परिस्थिति इस प्रकार वर्णित हुई है।।

*नरास्तुष्टा धनैः स्वैः स्वेरलुब्धाः सत्यवादिनः।*

*काभा वा न कदर्यो या नृशंस पुरूषः क्वचित।।*[5]

राजतन्त्र में अनुकूल परिस्थितियों के कारण आर्थिक चेतना पूर्ण विकसित हो चुकी थी।। यद्यपि प्रत्येक प्राणी में यह स्वाभाविक गति होती है कि वह ऊपर उठे और आगे बढ़े।।

*आरोहणमाक्रमणं जीव तो जीवतोऽयम्।।*[6]

लेकिन तात्कालीन राजतन्त्र विशेष अनुकूल था।

ऋग्वेद का यह मन्त्र की सबों के संकल्प, हृदय एवं मन समान हो सभी मिलकर एक दिशा की ओर बढ़ें और कार्य करे; पूर्ण विस्मृत नहीं हो पाया था।

3 वा० रा०-6-83-32, 33

4 वा० रा०-2-67-81

5 वा० रा०-1-6-6, 8

6 अर्थवेद-5-30-7

राज्याभिषेक के अवसर पर वही मन्त्र पठित होता था जिससे राज्य की शक्ति – सम्पत्ति एवं शालीनता की वृद्धि हो सके। प्रजा में इस मन्त्र को राष्ट्रमन्त्र मान लिया था जिसका पठन प्रत्येक शुभ कार्य में होने लगा था–

*"आ ब्राह्मन् ब्राह्मणों ब्रह्मवर्चसी जायताम्/आराष्ट्रे राजन्यः सुरइषव्योति व्याधि महारथी जायताम।*

*दोग्ध्री धेनुवोढ़ानड.वांनाशुः सप्तिः पुरून्धिभोषा विष्णु रथेष्ठाः सभायो युवास्य थजमानस्य वीरो जायताम्।*

*निकामे – निकामे नः पर्जन्यो वर्षतु; फलवत्य नः ओषध्यः पच्यन्ताम् योग दोमो नः कल्पताम्।*[7]

प्रजा की दूसरी दिशा का चिन्तन था "किं सर्वोधर्माराजधर्मप्रधानाः" [8] सारी सम्पत्ति भावना तथा कल्पना उस राजतन्त्र में पूर्ण सुरक्षित दीरवती थी।।

*राजनं प्रथमं विन्देत् त्तो भार्या त्तो धनम्।।*

*राजन्यसति लोकस्य कुो भार्या कुतो धनम्।*[9]

इस प्रकार राजतन्त्र से प्रजा के सारे धन – जन – माल आदि पूर्ण सुरक्षित रहते थे।। जिससे कि रामायणकालीन चल – अचल सम्पत्ति पूर्ण विकसित होती रहती थी।

सम्पत्ति के अन्तर्गत चल तथा अचल दोनों मान्य थे चल सम्पत्ति तथा अचल सम्पत्ति के विवरण काव्य ग्रन्थ से उपलब्ध होते हैं। नागरिकों की व्यक्तिगत सम्पत्ति के साथ-साथ सामाजिक सम्पत्ति के महत्व कम नहीं थे। राज सम्प्रत्ति से राष्ट्रकल्याण के कार्य किये जाते थे। जिस कारण राजसम्पत्ति राष्ट्रसम्पत्ति की दृष्टि से देखी जाती थी। नागरिक सम्पत्ति की तरह ही राष्ट्र या राज की सम्पत्ति के दो प्रकार चल एवं अचल निश्चित हुए हैं लेकिन समाजिक सम्पत्ति तत्कालीन समाज में सिर्फ अचल ही थी। क्योंकि चल सम्पत्ति का सामाजिककरण इस व्यवस्था में सम्भव नहीं था, नागरिकों ने व्यक्तिगत सम्पत्ति

---

7 यजुर्वेद-22-22

8 महा शान्तिपर्व-36-30

9 महा शान्तिपर्व-57-41

का उल्लेख किया है। राम के वनगमन पर नागरिक कुद्ध होकर अपनी सारी व्यक्तिमत सम्पत्तियों का त्यागकर वन की ओर प्रस्थान करना चाहते हैं।।

*उद्यानानि परित्यज्य क्षेत्राणि च गृहाणि च।*

*एकं दुःखसुखा राममनुगच्छाम् धर्मिकाम्।।*

*समुद्धृतनिधनानि परिध्वस्ताजिराणि च।*

*उपात्त धन धन्यानि हृतसाराणि सर्वशः।।* [10]

उनकी सम्पत्ति वाग - बगीचें; घर द्वारा; जगह - जमीन एवं अन्य धन - धन्य तथा खजाने के रूप में थे जिन्हें छोड़कर वन जाने की प्रतिज्ञानागरिक करते हैं। उपहार में दी जाने वाली वस्तुए धन के रूप में मान्य थी। राजा दशरथ की मृत्यु के उपरान्त ननिहाल से विदा होते समय भरत को जो सामग्री दी वह गई वह चल सम्पत्तियाँ इस प्रकार थीः–

*तस्मै हस्त्युत्तमांश्चित्रान् कम्वलानजिनानि च।*

*अभिसत्कृत्य केकेयो भरताय धनं ददौ।।*

*रूक्मनिष्क सहस्रे द्वे षोडशाश्वशतानि च।*

*सत्कृत्य केकेयी पुत्रं केकेयो धनमादिशत्।।* [11]

इस तरह की सम्पत्ति चल - अचल के रूप में पूरे काव्य ग्रन्थों में वर्णित हुई है। व्यक्तिगत तथा सामाजिक सम्पत्ति में अन्तर स्पष्ट था। दोनों ही सम्पत्ति राष्ट्र की थी जिसकी सुरक्षा का उत्तरदायित्व राजा पर था। राष्ट्र संकट या राज संकट की स्थिति आ जाने पर प्रजा अपने को असुरक्षित समझती थी और सम्पत्ति के विनाश की पूरी संभावना उपस्थित हो जाती थीः–

*अराजके धनं नास्ति नास्ति भार्याव्यराजके।*

*हवमत्याहितं चान्यत्कुतः सत्यमाराजके।।* [12]

राजतंत्र के कमजोर हो जाने पर प्रजा के लिए कोई सत्य सुरक्षित नहीं रह

---

10 वा० रा०-2-33-17, 18

11 वा० रा०-2-69-19, 20

12 वा० रा०-2-67-11

जाता था। पूरे राष्ट्र पर शक्तिशाली राजतंत्र के शासन से तत्कालीन समाज में अचलसम्पत्ति की अभिवृद्धि होती थी जिससे कि विभिन्न जनपदों की सम्पन्नता स्पष्ट परिलक्षित होती है।।

## कौशल राज्य की सम्पन्नता

इस राज्य का विस्तार बहुत अधिक नहीं था। राजा दशरथ का उल्लेख सम्राट के रूप में हुआ है; उनके अधीन कई छोटे - छोटे राज्य थे। जिनसे अपार धनराशि की प्राप्ति होती थी। कोशल की आर्थिक स्थिति अन्य राज्यों की तुलना में काफी सुदृढ़ एवं सम्पन्न थी। महर्षि वाल्मीकि ने राजा दशरथ की अर्थनीति एवं अर्थनीति की सफलता के वर्णन से उस क्षेत्र की सम्पन्नता का परिचय मिलता है - राजधर्म तथा प्रजावर्ग के सुखतन्त्र के उल्लेख इस प्रकार किया गया है।

"अर्थधर्मो च संगृह सुखतन्त्रों न चालसः।"[13] राज्य में सुखतन्त्र की स्थापना हेतु किसी तरह का आलस नहीं किया जाता था, अर्थ, तथा धर्म के संग्रह द्वारा सुखतन्त्र का विकास करना उसका मुख्य उत्तरदायित्व था– तत्कालीन समाज ने अर्थ का अर्जन धर्म के माध्यम से किया था– आर्थिक क्रियाएँ अनैतिक नही होती थी; समाजिक बन्धन इन शब्दों में उल्लिखित हुआ है–

*धरणात् धर्ममित्याहुः धर्मनविधृताः प्रजाः*

*यः स्याद् धरणसंयुक्तः स धर्म इतिनिश्चयः।।*[14]

प्रजा के आर्थिक विकास पर राजा का घ्यान था। राज्य की समृद्धि इसी में निहित थी कि प्रजा कर्त्तव्यपालन से च्युत न हो जाय तथा कर्त्तव्यहीन समाज का वातावरण व्याप्त न हो सके। इस पर राज्य की बड़ी दृष्टि रहती थी। सामाजिक विकृतियों के कारण प्रारम्भिक परिस्थिति बदल चुकी थी, जब समाज में न दण्ड था और न दण्ड भोगने वाला।।[15] राजतन्त्र ने उत्पादन से तथा

---

13 वा० रा०-2-1-27

14 महाशान्तिपर्व-19-11

15 महा शान्ति-59-14

आर्थिक विकास में वृद्धि लायी थी। राजा दशरथ को "धर्मार्थ विदुषः" कहा गया है।। "तस्य धर्मार्थ विदुषो भावमाज्ञाय [16] सर्वशः" राज्य की सम्पन्नता तथा प्रजावर्ग की सुखशान्ति के फलस्वरूप ही राष्ट्र की निष्ठा उस सम्राट के प्रति अभिव्यक्त हुई थी।

*सत्संग्रहप्रग्रहणे स्थान विन्नग्रहस्य च।*

*आय कर्मण्युपायज्ञः संदृष्ढ व्यय कर्मवित्।।* [17]

राज्य में धन वृद्धि तथा धन संग्रह के फलस्वरूप राजा का व्यक्तिव प्रभावशाली कहा गया है। अर्थशास्त्रियों की सलाह राज्य की अर्थव्यवस्था संचालित करने के लिए लिया जाना राज्य की स्वास्थ्य अर्थनीति का परिचायक है। [18]

राजन्य संस्कृति से आपन्न राजकुमारों की अर्थशास्त्रज्ञ द्वारा शिक्षा दिलाई जाती थी।

"श्रेष्ठैधर्मा थे नैपुणैः [19] राज्य की सम्पन्नता एवं आर्थिक विकास हेतु राजा रात्रि के अन्तिम प्रहर में देश की अर्थनीति पर चिन्तन - मनन करते [20] थे।। इन्द्र तथा कुबेर से राजा का उपमित होना राज्य की विपुल धनराशि का परिचायक है–

*''धनैश्च संचयेश्चान्यैः शक्रवेश्रवणोपमः"।* [21]

राजतन्त्र अपनी सफलता का मापदण्ड प्रजा की धन-धन्य की सम्पन्नता मानता था। महर्षि वाल्मीकि समाज की सम्पन्नता का उल्लेख इस सन्दर्भ में इस प्रकार करते हैं जिससे कि नगर तथा राष्ट्र दोनों ही पूर्ण सुखी - सम्पन्न दीख पड़ते हैं। "कौशल प्रदेश का वर्णन करते हुए कहा गया है कि वहाँ कोई

16 वा० रा०-2-2-19

17 वा० रा०-2-1-26

18 वा० रा०-2-100-22

19 वा० रा०-2-100-17

20 वा० रा०-2-100-17

21 वा० रा०-1-6-3

निर्धनहींन था। सवों की सम्पन्नता एक जैसी होगी यह तो प्रश्न नहीं उठता है लेकिन किसी का धनहीन होना कम महत्व पूर्ण नहीं था।

*नाल्पसंनिधन: कश्चिदासीत्तस्मिन्पुरोत्तम।*

*कुटुम्वी यो ह्यसिद्धार्थोऽभवाश्वधनधान्यवान्।।*[22]

उस देश के नागरिकों की सम्पत्ति का उल्लेख इस प्रकार हुआ है कि वहाँ पर कोई विना गोधन, अश्वधन या अन्य धन - धन्य से रक्षित था ही नहीं। प्रत्येक युग में अलग - अलग आधर पर सम्पत्ति मत्त्वपूर्ण कही जा चुकी है। रामायणकालीन समाज ने पशुधन का महत्त्व सर्वाधिक दिया था। कौसल देश के नागरिक अपनी विपुल धनराशि का परिचय राज दरबार में देते है। जिससे कि प्रतीत होता है कि वे अपने विभिन्न कोटि के धनों की गरिमा से राज दरबार को अभिभूत किए रहते थे– तत्तः पुरस्तात्सहसा विनिर्गतो महीपतीन् द्वारगतान् विलोकयन् ददर्श पौरान् विविधन् महाधनानु पस्थितान्[24] द्वारमुपेत्य। संदेह नहीं कि यह उपस्थिति सामन्त वर्गो की थी जो राजतंत्र की आधशिला थी–

*उपतस्थुरूपस्थातु सभां राजपुरोहिता:।*

*अमत्या बलमुख्याश्च मुख्या ये निगमस्य च।।*[25]

रामायण में वर्णित ऐसे जनपद अपनी आर्थिक सम्पन्नता के फलस्वरूप आकर्षण के केन्द्र विन्दु हो चुके थे। अयोध्यानगरी की आर्थिक सम्पन्नता के प्रसंग में कहा गया है कि यहाँ अनेक तरह की सम्पदाएँ चारो और फैली हुई थीं जिससे कि नगरी अमरावती की तुलना में आती थी–

*प्रासादै रत्नविभुतैः पर्वतरूपशोभिताम्।*

*कूटाग्रैश्च संपूर्णामिन्द्रस्येवमंरावतीम।।*[26]

---

22 वा० रा०-1-6-92, 93

23 वा० रा०-1-6-7

24 वा० रा०-2-14-69

25 वा० रा०-2-15-1, 2

26 वा० रा०-1-5-15, 18

सरयूतीर पर अवस्थित कोशल देश की सम्पन्नता का उल्लेख कवि ने इस प्रकार किया है–

*कौशल नाम मुदिमः स्फीतो जन पदो महान्।*

*निविषृः सरयूतीरे प्रभूत धन - धन्यवान्।*[27]

कौशलदेश लंका नगरी तथा किष्किन्धा से विशेष सम्पन्न दीख पड़ता है। आर्थिक विकास में आर्यों ने विशिष्ट स्थान प्राप्त कर लिया था। इनके आर्थिक विकास की पराकाष्ठा का यह परिचायक है कि आर्य दक्षिण दिशा की ओर बढ़ जाने की एक सुनियोजित योजना के कार्यान्वियन में लगे हुए थे। वाल्मीकि ने इस आर्थिक विकास का विवरण इस प्रकार प्रस्तुत किया है।।

*कपाटतोरणवती सुविभत्कान्तरापणाम्।*
*सर्वयन्त्रायुधवतीमुषितां सर्वशिल्पिभिः।।*
*सूतमागधसंवाधं श्रीमती मतुल प्रभाम्।*
*उच्चाटटालध्वजवती। शतन्धीशतसंकुलाम्।*[28]

आर्य की शक्ति विस्तार का प्रयास उसकी आर्थिक सम्पन्नता में निहित था।[29] इस प्रकार कौशल देश का विकास आर्थिक सम्पन्नता के कारण साम्राज्य वृद्धि की और था।

## लंका की आर्थिक सम्पन्नता

विभिन्न जनपदों में लंका की आर्थिक स्थिति का "विश्लेषण - कोशल देश की तरह महर्षि वाल्मीकि ने किया है" इस नगरी की अजेय शक्ति की आर्थिक सम्पन्नता में निहित थी। हनुमान की दृष्टि जब उस लंका पुरी पर पड़ती है तो इसकी सुन्दरता उन्हें आकृष्ट कर लेती है। वह नगरी बाग - वगीचों से भरी दीखती[30] है। नगर के चारों ओर कृत्रिम खाई तैयार[31] की गई थी। इस

27 वा० रा०-1-5-5

28 वा० रा०-1-5-10, 11

29 वा० रा०-7-101-14, 15

30 वा० रा०-5-2-14

31 वा० रा०-5-2-14

व्यवस्था से नगर की सुरक्षा काफी सुदृढ़ थी। सम्पूर्ण नगरी नहारदिकासि से धिरी हुई थी। नगर के भीतर स्वच्छ महलों के कारण शरद कालीन मेघ जैसा दृश्य दीख पड़ता था।। अटारियों पर पताकाएँ पहराती थी। जिससे उसकी सुन्दरता और भी बढ़ जाती थी। सड़कों की सुन्दरता कम आकर्षक नहीं थी।

*काञ्चनेनावृतांरभ्यां प्रकारेण महापुरीम्।।*

*गृहैच्श्रग्रहसंकाशैः शारदाम्बुदर्शनिमैः।।*[32]

लंका के उत्तरीय द्वार पर से उसकी सुन्दरता और निखर उठती थी। वह नगर इतना विशाल एवं भव्य था कि प्रतीत होता था कि यह आकाश ही छू रहा है। "डीय मानामिवाकाशभुच्छ्रितै"[33]

उसे देखने से उस क्षेत्र की विपुल धन सम्पत्ति का भान होना। स्वाभाविक था। रावण के उस क्षेत्र में स्वर्णिम आभा विद्यमान थी। सम्पत्तियों के विभिन्न रूप वहाँ एक साथ विद्यमान थे। नगर की सुरक्षा के लिए नगर की चहारदिवारी पर यन्त्र लगे हुए थे–

*यन्त्रागारस्तनीमुद्वां प्रमदाभिवभूषिताम।*[34]

नागरिकों की सम्पत्ति के विवरण इस प्रकार दिये गऐ है कि राज्य की सम्पन्नता के चित्र बड़े ही स्पष्ट दीख पड़ते हैं प्रजा की सुख सुविधओं के लिए किसी वस्तु की कमी नहीं थी। प्रजा वर्ग की सहज सम्पन्नता एक राष्ट्रीय भावना उत्पन्न कर रही थी जिससे वहाँ की सैन्य - शक्ति अजेय हो गई थी। लंका में प्राप्त सामग्रियों के उल्लेख इस प्रकार हुए हैं–

मत्तप्रमत्तानि समाकुलानि रथाश्वभद्रासन संकुलानि। वीरश्रिया चापि समाकुलानि ददर्श धीमान् स[35] कपिः कुलानि। लंका का प्रशासन अयोध्या तथा किष्किन्धा से भिन्न नहीं था। यहाँ भी राजकोषं को भरा पूरा रखने का प्रयत्न वैसा ही था:–

---

32 वा० रा०-5-5-5

33 वा० रा०-5-2-23

34 वा० रा०-5-3-18

35 वा० रा०-5-5-10

*सहेमजाम्बूनद चक्रवालं महार्हमुक्तामणि भूषितान्तम्।*

*परार्ध्यकाला गरू चन्दनाक्तं स रावणान्तः पुरमा विवेश।।*[36]

सोने तथा कीमती मुक्तामणि मानियों से भरा हुआ राजमहल जो चन्दन तथा अगरू से सुवासित हो रहा था; अपनी अतुल धनराशियों से हमेशा सुशोभित होता रहता था। महल के भीतर अन्य तरह के धन कम दर्शनीय नहीं थे।:–

*वाजिहेषित संघुष्टं नादितं भूषणैस्तथा।*

*रथैर्यानैर्विमानैश्च तथा गजहयैः शुभै।।*

*वारणैश्च चतुर्दन्तैः श्वेताभ्रनिश्योपमैः।*

*भूषितं रूचिर द्वारं मत्तैश्व मृगपक्षिभिः।।*[37]

लंका की सम्पत्ति की कोई माप ही उस काल में नहीं थी मद की वर्षा करने वाले हाथी वहाँ असंख्य थे। ये घोड़े तथा हाथी युद्ध की दृष्टि से पूर्ण शिक्षित किये गए[38] थे।। विभिन्न प्रकार की सामग्रियों के विवरण से कवि को संतोष नहीं होता है तो रावण को कुबेर की संज्ञा देकर संतोष[39] करते हैं।। चल एवं अचल सम्पत्तियों का पुंज वहाँ दीख पड़ता था–

*महीतले स्वर्गमिव प्रवीणं क्रियाज्वलन्तं वहुरत्नकीर्णम्।*[40]

रावण के कमरे का वर्णन करते हुए महर्षि वाल्मीकि ने तत्कालीन उद्योग धंधें के विकास की ओर भी घ्यान दिया है। कमरे की फर्श स्फटिक मणि से बनी हुई थी। हाथी दॉत की पच्चीकारी उसकी शोभा बढ़ा रही थी। यहाँ हाथी दॉत के वन ने वालो सामानों की ओर भी संकेत है। फर्श पर विभिन्न रत्नों तथा मणियों के उपयोग होते थे जो तत्कालीन विपुलधनराशि के परिचायक[41] हैं।

---

36 वा० रा०-5-4-30

37 वा० रा०-4-4-27, 28

38 वा० रा०-5-6-33, 34

39 वा० रा०-5-6-11, 43

40 वा० रा०-5-7-6

41 वा० रा०-5-9-23, 24

इन अपार धनराशियों से नागरिकों के चरित्र बल में काफी वृद्धि हुई थी जिससे उनके उपर साम, दाम, भेद आदि नीति कार्य नहीं कर रही[42] थी। राक्षस नागरिकों के शरीर पर तरह – तरह के आभूषण रहते थे। उनका जीवन सुखमय था। पुरूष भी आभूषणों से अपने को सजाते थे।

*वज्र संयोग संयुक्तैर्महार्हमणिविग्र है:।*

*हैमैराभरणैश्चित्रैर्मनसेव प्रकल्पितै:।।*[43]

रावण के शरीर पर अनेक तरह के आभूषण थे। हीरे, मोती एवं मणियों के आभूषण जड़े हुए थे। लंका नगरी के मध्य बड़े – बड़े मैदान थे तथा समीप में ही राक्षसों की वस्तियाँ थी। वे बस्तियाँ काफी सम्पन्न दीख पड़ती थीं।

## किष्किन्धा की सम्पन्नता

सम्पत्ति की वृद्धि तथा उस पर स्वामित्त्व प्राप्ति की चेष्टा आर्य समाज की तरह अन्य समाज में भी थी। रामायण में वर्णित विभिन्न जनपदों में किष्किन्धा कम महत्त्वपूर्ण नहीं थी जिसकी सम्पन्नता विभिन्न प्रसंगों से स्पष्ट होती है – वानर समाज यति को धनवांच्छा या अन्य भौतिक सुखों के आकांक्षी के घेरे के बाहर समझता था। यति पर संदेह की दृष्टि भी नहीं रहती थी। सुग्रीव मंत्री हनुमान निरापद होने के लिए यति वेष में रहने लगा था। जैसा कि स्वयं उन्होंने स्वीकार किया है:–"भिक्षुरूपं परित्यज्य वानरं रूपमास्थित:" राम एवं लक्ष्मण से पूर्ण परिचय प्राप्त करने के उपरान्त ही वह अपना सही वेश[44] ग्रहण करता है। इसके पूर्व अपने प्रयोजन की सिद्ध तथा आर्थिक कामना गुप्त रखने के लिए अपने रूप का वर्णन इस प्रकार करता है।

*भिक्षुरूपप्रतिच्छन्नं सुग्रीव प्रियकाम्यया।*

*ऋष्यमूकदिह प्राप्तं कामगं काम रूपिणम्।।*[45]

---

42 वा० रा०–5–4–1, 3

43 वा० रा०–5–49–3, 4

44 वा० रा०–4–4–34

45 वा० रा०–4–3–23

किष्किन्धा के नागरिकों के साधारण वेष जैसे थे उस वेष में रहकर वह अपने को छिपा नहीं रख सकता था। अपनी अर्थ लिप्सा तथा जीवन के आर्थिक उद्देश्य से अपने को छिपाना यति वेष से ही सम्भव था जिसे उन्होंने धारण कर लिया था। राजपद के लिए द्वन्द्व प्रारम्भ हो चुका था। सामाजिक प्रतिष्ठा के सारे भाव आर्थिक सुखों में निहित हो चुके थे। राजाओं को वे सारे भोग प्राप्त होते थे जो इन्द्र तथा कुवेर को प्राप्त थे। इन मान्यता से राजपद की कामना क़ी जाती थी जिसके लिए हर तरह के संघर्ष एवं युद्ध होते थे। राजपद से च्युत होने पर उसकी विपन्नता कम दयनीय नहीं होती थी–

*सहि राज्यात्परिभ्रष्ठः कृतवैरश्च वालिना।*
*हृतदारो वने त्यक्तो भ्रात्रा विनिकृतो भृशम्।।*[46]

राजसत्रा की प्राप्ति से सारे भोग - विलास के अधिकार प्राप्त होते थे। सुग्रीव से हाथ जो राजसत्ता थी उसे हस्तान्तरित करते समय सुग्रीव ने राजमुकुट एवं चमर लौटाया था।

*इदं बहुसलांक ते पूर्ण चन्द्रभिवोदितम्।*
*क्षत्रं सवाल व्यजनंप्रतीच्छस्व भयौद्यतम्।।*[47]

पर प्रतिशोध एवं घृणा के वातावरण में बाली ने उसे देश - निकाल की आज्ञा देदी थी वाली को अपनी सेना तथा खजाने की प्राप्ति हो चुकी थी फिर भी अपने प्रतिद्वन्द्वो को सामने देखना सम्भव नहीं था। भौतिक लाभ देने के लिए निर्वासन के समय उसके शरीर पर सिर्फ एक वस्त्र - मात्र छोड़ा गया था। उसकी विपन्नता ही उसका सवसे बड़ा दण्ड था। सुख - समृद्धि का उपभोग करने वाला सुग्रीव अपनी आर्थिक विपन्नता की अभिव्यक्ति करते हुए स्वयं करूणा का वातावरण तैयार करता है जिस कारण राम के समक्ष उनकी उक्ति है–

*एवमुक्तवा तु मां तत्र वस्त्रेणैकेन वानरः।*
*तदानिवास या मास वाली विगत साघ्वरनः।।*[48]

---

46 वा० रा०-4-4-27

47 वा० रा०-4-10-3

48 वा० रा०-4-10-26

अर्थदण्ड सबसे बड़ा दण्ड था। असंतुलित एवम मानसिक विक्षिप्ता की स्थिति हमेशा प्राण घातक होता था। जिस ओर सुग्रीव का घ्यान था। सुग्रीव ने अर्थसंकट का सहन जीवन की सूक्ष्म नीति के आधार पर किया था।

*व्यसने वार्थ कृच्छे भये वा जीवितान्तके।*

*विमृशन् वै स्वया बुद्धया धृतिमान्नवसीदति।।* [49]

अर्थनीति के आधर सम्पूर्णता के स्थान पर उदारता समन्वित होते थे, जीवन को सुखमय बनाने के लिए अर्थ को साधन समझा गया था। प्राचीन नगर योजना के अनुसार किष्किन्धा नगरी को चारो ओर दिवालया चहारदिवारी रही होगी। लंका नगरी की स्थिति भी ऐसी ही थी नगर में प्रवेश के लिए नगर द्वार का ही सहारा लेना पड़ता था। लक्ष्मण का नगर द्वार [50] पर पहुँचना वानर राक्षसों के लिए आतंक का कारण हो जाता है। दुन्दुभी ने नगर द्वार पर से ही वाली को युद्ध के लिए उत्प्रेरित किया [51] था। वाली द्वारा पालिते किष्किन्धा नगरी दूर से ही दीख पड़ता था।–

*ददृशुस्तां दुराधर्षा किष्किन्धां वालिपालिताम।* [52]

नगर की प्रशंसा करते हुए सुग्रीव ने इस नगरी को जेल की संज्ञा दी है। इसमें वानरों को फँसा लेना कठिन नहीं था। नगर की रूपरेखा का वर्णन करते हुए सुग्रीव का कथन है कि इससे निकाल भागना असम्भव है। नगर की समृद्धि से सम्बन्धित अनेक प्रसंग हैं जिनसे तत्कालीन अर्थ प्रचुरता का परिचय मिलता है–

"तप्तकाञ्चन तोरणम्" [53] से अनेक भवन सजे थे। नगर द्वार पर लगी हुई शतधूनी तत्कालीन ज्ञान - विज्ञान के विकास का परिचायक है। किष्किन्धा नगरी के नगर द्वारा पर वाह्य आक्रमण से सुरक्षा। हेतु पूरी व्यवस्था थी।

---

49 वा० रा०-4-7-9

50 वा० रा०-4-31-27

51 वा० रा०-1-9-4, 5

52 वा० रा०-4-13-29

53 वा० रा०-4-14-5

*प्राप्ता: स्म ध्वजयन्त्राटया किष्किन्धांबालिन: कुरीम्।* [54]

नगर के चारो द्वार पर यन्त्र लगे थे जिससे प्राचीन किलो की झाँकी आती है। उस नगरी की सुरक्षा की व्यवस्था सुदृढ़ होने के कारण उसकी आर्थिक सम्पन्नता ही थी। गायों की संख्या उस नगरी में कम नहीं थी, सुग्रीव ने जब भयंकर गर्जन किया था तो गाएँ धबड़ा उठी थी। "भयाक्रान्तगाएँ" श्री विहीन [55] दीख रही थी। नगर के वाहर भी सम्पत्ति के श्रोत स्पष्ट दीख रहे थे जिसका उल्लेख हुआ है।

*मृदुशष्पाड.कुराहरान्निर्भयान् वनगोचरान्।*

*चरत: सर्वतोऽपश्यन् स्थलीषु हरिणान् स्थितान्।।*

*तटाकवैरिणश्चापि शुक्लदन्तविभूषितान्।*

*धेरानेकचरान् बन्यान् द्विरदान कूलघातिन:।।* [56]

आर्थिक विकास से किष्किन्धा के रहन - सहन में काफी परिवर्तन हो चुके थे। रत्नों का लुटाया जाना राजकोष की अजस्त्र सम्पत्ति का परिचायक है।

नागरिकों की अपार भीड़ से उनके प्रति श्रद्धासम्मान की भावना अभिव्यक्ति होती है। किष्किन्धा नगरी सम्पत्ति की सेज पर लेटी नायिका थी जिस ओर राजाओं की लोलुप दृष्टि बड़ी आसानी से आकृष्ट होती थी। राम उस आकर्षण से अलग रहने की इच्छा व्यक्त करते हैं।

*चतुर्दश सभा: सौभ्य ग्रामं वा यदि वा पुरम्।*

*न प्रवेष्यामि हनुमन् पितुर्निर्देशपालक:।।* [57]

सुग्रीव के राज्याभिषेक के अवसर पर अयोध्यानगरी जैसी सजावट किष्किन्धा में भी दीख पड़ती है।

---

54 वा० रा०-4-14-6

55 वा० रा०-4-14-30

56 वा० रा०-4-13-9, 10

57 वा० रा०-4-26-9

*दृष्टपुष्ट जनाकीर्णा पताकाधवजशोभिता*

*वभ्व नगरी रम्या किष्किन्धागिरिगहवरे।।* [58]

वहाँ के राजसिंहासन कम सुन्दर नहीं थे; महर्षि वाल्मीकि ने इसे स्वर्णमय सिंहासन की संज्ञा दी है।।

*तत्तो हेमप्रतिष्ठाने वरास्तरणसंकृते।* [59]

इसे प्रसादशिखर तुल्य भी कहा गया है जिस पर उच्चकोटि के विछावन विछाए गए थे। राज्याभिषेक के अवसर पर जिन सामानों के किये जाते हैं उनसे उस देश की सभ्यता के अतिरिक्त आर्थिक विकास के भी परिचय प्राप्त होते हैं। स्वर्णजटित धवल छत्र का उपयोग किया जाता है जो राजा की परम्परागत विशेषता का परिचायक है स्वर्णिम दण्डयुक्त चमर विभिन्न प्रकार की मणियाँ; सभी प्रकार के बीज, औषधियाँ श्वेत वस्त्र, विभिन्न प्रकार की सुगन्धित वस्तुएँ अदात, सुवर्ण, मधुधृत, दही, मृगचर्म तथा बराहचर्म के जूते इस अवसर के लिए आवश्यक समझे गए थे - विभिन्न कोटि के अंगराग भी रक्खे गए थे। ब्राह्मणों के बीच वस्त्र तथा रत्नों के दान से स्पष्ट होता है कि उस समाज में वर्ग उत्पन्न हो चुके थे तथा राज्य की सम्पन्नता में विभिन्न वस्तुएँ उल्लिखित होती हैं।

*"रत्नैर्षस्त्रैश्च मक्ष्यैश्च तोषयित्वा द्विजर्पभान्।"* [60]

प्रशासन की सुविध एवं आवश्यकता के अनुसार उस नगरी के लिए धर्म तथा अर्थ के लिए अलग - अलग मन्त्री नियुक्त किये गए [61] थे। धर्ममन्त्री का तात्पर्य न्याय से रहा होगा। अर्थमन्त्री राज्यविकास के कार्य सम्पादित करते होंगे। राज्य के मुख्य कर्मचारी यानि मंन्त्रियों के भवन राजपथ के किनारे सुशोभित होते थे। [62]

---

58 वा० रा०-4-20-40

59 वा० रा०-4-26-30

60 वा० रा०-4-26-23, 29

61 वा० रा०-4-32-43

62 वा० रा०-4-33-12

*प्राण्डराभ्र प्रकाशानि दिव्यमाल्ययुतानि च।*

*प्रभूतधनधन्यानि स्त्रीरत्नैः शोभितानि च।।*[63]

ये महल सम्पत्ति के प्रतीकस्वरूप थे। उस समाज तथा राज्य की मान्यता थी युद्ध का कारण भूमि सोना एवं चॉदी[64] है। राजा का भोग-विलास पराकाष्ठा पर था। उसके महल अद्वितीय होते थे। अन्तःपुर असंख्य स्त्रियों से भरा रहता था। लक्ष्मण ने सुग्रीव के अन्तःपुर का वर्णन करते हुए वहाँ की सम्पन्नता का चित्र स्पष्ट किया है।[65] अन्तःपुर में नृत्य तथा गान का वातावरण हमेशा रहता था। अनेक कीमती सामानों से सजे हुए अन्तःपुर का दृश्य अत्यन्त आकर्षक था।

*महार्हास्तरणोपेतैः स्तत्र तत्रोपशोभित म्।*[66]

इस प्रकार सोने चॉदी की शोभा से युक्त पलंग तथा उत्तम आसन बड़े आकर्षक दीख पड़ते थे। वह नगरी आर्य सभ्यता की दृष्टि से अर्धविकसित भले ही रही हो लेकिन सम्पत्ति के अजस्रस्रोत राज्य में विद्यमान थे जिनके उपभोग होते थे। नागरिकों की सुख-सुविध के उल्लेख हुए हैं–[67]

इनके भवन आदि की चर्चा भी प्रसंगवश महर्षि वाल्मीकि ने यथास्थान अवश्य की है लेकिन सामन्तसाही समाज के सुखभोग विशाल अट्टालिकाएँ जहाँ है वहाँ उनके साधारण घर उस ओर में ओझल ही होते रहे हैं आर्य - समाज ने जैसा विकास किया उससे कम आर्थिक विकास वानर समाज का यदि था तो उसके कारण राज्य की स्थिति एवं परिवेश है।

## वन सम्पत्ति

रामायण में वर्णित भारत आज के भारत से काफी भिन्न था। उस काल में सम्पत्ति का बड़ा स्त्रोत वन था। वन सम्पदा आज भी कम महत्वपूर्ण नहीं

---

63 वा० रा०-4-33-13

64 वा० रा०-4-17-29

65 वा० रा०-4-33-29

66 वा० रा०-4-33-20

67 वा० रा०-4-26-10

है लेकिन उस काल में तो उसका एकाधिकार अकाव्य था। राम ने सीता तथा लक्ष्मण के समक्ष वन का आर्थिक महत्त्व इस प्रकार प्रतिपादित किया है–

*धनानि व्यवसायेण विचीयन्ते महावने।*

*धतवो विविधश्चापि मणिरत्न सुवर्णिनः।*

*त् सारमखिलं नृणां धनं निश्यवर्धनम्।।*

*मनसा चिन्तिं एर्व यथा शुक्रस्य लक्ष्मणा*

*अर्थी ये नार्थ कृत्येणसं ब्रजत्य विचारयण्।।*

*तमर्थमथं शास्त्रज्ञा: प्राहु रर्थ्याश्च लक्ष्मण।।* [68]

व्यवसायियों का वन में धन के लिए भटकना तथा विविध रत्नों की प्राप्ति करना जंगल से आर्थिक लाभ की ओर संकेत करता है।

वाल्मीकि का कथन इस सन्दर्भ में स्पष्ट है कि अर्थशास्त्रज्ञ जिस वस्तु को अर्थ कहते हैं उस ओर साधारणजन की दृष्टि स्वभावत: दौड़ पड़ती है क्योंकि उसकी उपयोगिता का व्यावहारिक ज्ञान उन्हें प्राप्त है यद्यपि आर्थिक गुत्थियों से वे अपरिचित हैं। अर्थ शास्त्र द्वारा धन की दी गई परिभाषा का ज्ञान उन्हें नहीं है। रामायण के अनुसार वन राष्ट्रीय सम्पत्ति थी जिसका उपयोग आवश्यकतानुसार सभी करते थे। वन के साथ उपवन का उल्लेख हुआ है जिसे व्यक्तिगत स्वामित्व के अन्तर्गत रक्खा गया है। वन से प्राप्त होने वाली वस्तुएँ वनसम्पदा कही जाती थी। "नृणा" धनं निश्चवर्धनम्"[69] के अनुसार यह वन्य धन मनुष्य की भौतिक सम्पदा की अभिवृद्धि करता था।

रामायण के अनुसार स्वर्णभृग आर्थिक वस्तु है तथा इसे मारने या पकड़ने की क्रिया आर्थिक क्रिया कही गई है। राम आरवेट को मनोरंजन मात्र नहीं वल्कि उनका कथन है कि उसका अजिन हमारे लिए काफी उपयोगी है। इस प्रकार के अनेक तर्कों के द्वारा यह सिद्ध किया गया है कि शिकार करना एक आर्थिक क्रिया है "अजिनं नरशार्दू लरूचिरं[70] में भविष्यति" में स्पष्ट संकेत

68 वा० रा०-3-43-31, 33

69 वा० रा०-3-43-32

70 वा० रा०-3-43-18

है कि इसकी उपयोगिता ही इस मृग को धन बना रही है। राम उसका औचित्य सिद्ध करते हुए कहते हैं–

*मांसहेतोरपि मृगाभ विहारार्थ च धन्विनः।*

*ध्रान्ति लक्ष्मण राजानोमृगयायां महाबने।।*[71]

इस प्रकार जंगल से मांस की प्राप्ति करना तथा जनावरों के चमड़े का उपयोग बड़े पैमाने पर होता था। जंगल से प्राप्त होने वाले अन्य मुख्य सामान लकड़ी है। इतने अधिक वृक्षो के नाम अन्य किसी रचना में दुर्लभ ही है। जंगली वृक्षों के उपयोग कई तरह के थे जिनमें लकड़ी का व्यापार सबसे अधिक मुख्य था इस उद्योग में लगे लोगों का प्रसंग इस प्रकार है – जब राम भरद्वाज आश्रम पहुँचने के मार्ग में थे तो समीप में कटे हुए वृक्षों की ढेर देखते हैं तथा कुछ लोगों के हाथो में सूखी लकड़ियाँ भी हैं–

*दारूणीपरि भिन्नानि बनजैरूपजीविभिः।*

*भरद्वाजाश्रमे चैते दृश्यन्ते विविधद्रुमाः।।*[72]

रामयण में जंगल एक लहराता सागर है जिनके विभिन्न वृक्षों के उल्लेख सागर से उठने वाली असंख्य तरंग की तरह[73] हुए हैं। धब; अश्वर्वण, बेल, किन्दुल पाटल के वर्णन एक स्थल पर हैं तो दूसरे स्थल पर शाल, तालमनाल खजूर, कटहल, नीवार, सुपाड़ी; आम; अशोक; तिलक, चम्पक नीम बड़हड़ सभी तथा पालाश वृक्षों के उल्लेख[74] हुए हैं। समुद्र पर पूल बाँधने के लिए जिन वृक्षों को लाया जा रहा था। वे इस प्रकार थे–

*ते सलैच्श्राश्वकणैश्चिधवैर्वशैन वानराः।*

*कुटजैरर्जुनैस्तालैस्तिलकेस्तिनिशैरपि।।*

71 वा० रा०-3-43-30

72 वा० रा०-2-54-7

73 वा० रा०-1-24-15

74 वा० रा०-3-15-16, 18

*विल्वैश्च सप्तपर्णैश्च कर्णिकारैश्च पुष्पितैः।*

*चूतैश्चाशोक वृक्षैश्च सागरं समपूरयन्।।*[75]

सालू, धव, वास, अर्जुन, तिनिश, सप्तपर्ण, आम तथा अशोक के एक स्थल पर उल्लिखित है तो अन्य स्थल पर ताड.; अनार; नारियल; कत्था मौलशरी तथा नीम हैं।[76] जामुनवृक्ष की प्रशंसा में कहा गया है कि इस वृक्ष के नीचे कुबेर बैठते हैं। गंगा[77] तटवर्ती वृक्ष तथा हिमालय स्थित सालवृक्ष - अपनी विशालता के लिए प्रसिद्ध थे।[78] बहुत ऐसे वृक्षों के नाम उल्लिखित हुए है जो वन, एवं उपवन दोनों की जगहों में उपलब्ध होते थे।। जैसे चम्पा; अशोक; बबूल; मौलसरी, ताड़, सालू आदि[79] चम्पा, तिलक, आम, अशोक, सिन्धुवार करवीर तिनिश; वट; जामुन; आँवला तथा नागेशर, वृक्षों के कतार के वर्णन से विदित होता है कि वे वृक्ष असंख्य थे।[80]

वृक्ष से पटकते हुए आम तथा जामुन जैसे फलों के उल्लेख हुए[81] हैं। उपवन की शोभा बढ़ाने के लिए अर्जुन, कदम्व; सप्तवर्ण तिलक; कार्णिकार तथा पाटल के वृक्ष लगाये जाते[82] थे। लाह के वृक्ष एवं उससे निकलने वाले रस का ज्ञान उस काल में प्राप्त हो चुका[83] था। अश्ववर्ण वृक्ष पर्वत की तरह विशाल होते थे।[84] सेमड़ और ढाक जब पुष्पित होते थे तो खून की तरह लाल दीख पड़ते थे, चन्दन अगरू, लाल चंदन, पुन्नरोग, चम्पक, कटहल तथा

---

75 वा० रा०-6-22-56-57

76 वा० रा०-6-22-59

77 वा० रा०-6-27-24

78 वा० रा०-6-28-2

79 वा० रा०-6-4-74

80 वा० रा०-6-4-74

81 वा० रा०-4-28-19

82 वा० रा०-6-39-4

83 वा० रा०-6-70-16

84 वा० रा०-6-56-20

सलवृक्षों के उल्लेख अनेक स्थलों पर हुए हैं। वाग-वगीचे[85] तथा वन, उपवन[86] के उल्लेख से विदित होता है कि वे वृक्ष दोनों ही स्थानों पर अर्थ की दृष्टि से देखे जाते थे। उन वृक्षों की श्रेणियाँ इस प्रकार निर्धारित की जा सकती है–

1. फल की दृष्टि से उपयोगी वृक्ष
2. जलावन के लिए उपयुक्त वृक्ष
3. उच्च कोटि की लकड़ियों के लिए वृक्ष
4. इन सारे वृक्षों के आर्थिक महत्त्व थे। वन्य धन में उनकी गिनती थी तथा इससे लोगों की सुख सुविधा - सम्बन्धी आवश्यकताएँ पूरी होती थी। वहीं फलों की बहुतायत के फलस्वरूप कृषिभूमि वन में फलों पर आश्रित रहकर जीवन व्यतीत करते थे। राम की सेना लंका विजय के समय ऐसी जगहों में टिकी थी जहाँ शीतल जल एवं फल वाले वृक्षों की बहुत अधिकता थी।

*परिगृह्योदकं शीतं बनानि फलवन्ती च।*
*बलौधं संविज्ये मं व्यूह तिष्ठेम लक्ष्मण।।*[87]

ऐसे वनों के उल्लेख हुए है जो पशुओं के लिए हितकारी फलमूलों से युक्त शहद सम्पन्न कहे गए हैं वन से प्राप्त फल के विवरण इस प्रकार उलिलखित किये जा सकते हैं।–

फल वाले वृक्षों के नामः–

1 आम-7-42-3;6-4-74; 4-23-74; 4-23-19; 2-8-30

2 कटहल-3-15-16; 7-42-3; 2-9-30

3 जामुन-4-23-10; 6-4-74; 6-27-24; 3-15-16

4 नारियल-6-22-58

5 अनार-6-22-58; 7-42-5

---

85 वा० रा०-6-39-2

86 वा० रा०-6-39-2

87 वा० रा०-6-23-2

6 खजूर-3-16-17

7 वेल-6-22-58; 1-24-15,16

8 वड़हड़-3-15-16,17

9 ऑवला-6-4-74; 3-15-16,17

10 केला-7-42-4

11 वैर-5-55-9; 1-24-15

12 नींबू-2-91-30

इसके अतिरिक्त वे सारे वृक्ष भी इस कोटि में आ सकते हैं जिनसे फलों की प्राप्ति भी होती थी तथा उनकी लकड़ी के उपयोग विभिन्न कार्यों में भी होते थे।

समुद्र तटवर्ती वन प्रदेश से काली मिर्च एवं पीपल तथा खजूर जैसे मेवे प्राप्त होते थे, अंगराग एवं प्रसाधन की समग्री जंगली वृक्षों से ही तैयारी होती थी। चंदन तथा केशर के वृक्षों से सुगन्धित पदार्थ तैयार किये जाते थे। उल्लेख है कि

*निर्यासरसमूलनां चन्दनानां सहस्त्रसः।*
*बनानि पश्यन् सौभ्यानिध्रानतृप्तिकरानि च।।* [88]

आरण्यकमधु के लिए उल्लेख रामायण में हुए हैं। सुग्रीव के मधुवन में शहद की अधिकता थी लंका से लौटेहुस्हनुमन ने अपने सभी वानर साथियों के साथ उस मधुवन में छक कर मधुपान किया [89] था। इस तरह के उद्यान राजसंघरक्षण के अन्तर्गत थे जिसकी देखभाल राजकर्मचारी करते थे। [90] उन वानरों ने उस उद्यान के विभिन्न कोटि के फलौं का स्वाद लेना चाहा तो उद्यान रक्षकों ने काफी संघर्ष किया था। [91] जंगल से शहद की प्राप्ति होती थी जिससे विलाशपूर्ण सामग्रियों की प्राप्ति निर्माण होता था।

---

88 वा० रा०-3-35-21

89 वा० रा०-5-62-1-7

90 वा० रा०-5-62-19

91 वा० रा०-5-62-8

सुग्रीव ने अपने उस उद्यान में वाहरी जनों के प्रवेश का निषेध कर दिया था। शहद के छत्ते का वर्णन कवि ने विस्तार से किया है।

"मधूनि द्रोण मात्राणि वाहुभिः परीगृहयते" वन[92] सम्पदा मानव का आर्थिक स्थति सुदृढ़ करती थी। रामायण में प्रयुक्त शब्द ''वन जीविना:''[93] तथा ''वनोपजीविन:''[94] से विदित होता है कि समाज का बहुत बड़ा वर्ग अपनी आजीविका का साधन वन रक्खे हुए[95] था। काष्ठ फलमूल आरण्यक मधु या शहद जीवन की आवश्यकताएँ पूर्ण करने के लिए पर्याप्त थे। विलास सम्बन्धी आवश्यकताएँ पूर्ण करने के लिए पर्याप्त थे। विलास सम्बन्धी आवश्यकताएँ भी जंगल से पूर्ण होती थी।

*''धातवो विविधश्चापि मणिरत्न सुवर्णिन:''*[96]

जंगल से आनेकानेकमणि, रत्न का निर्माण होता था। उन धातुओं के विवरण प्रस्तुत किये जा सकते हैं-जंगल से धातुओं की प्राप्ति में लगे व्यवसाइयों के उल्लेख हुए हैं।[97] खनिज द्रव्य के वहुतायत के फलस्वरूप पृथ्वी के लिए 'नैकरूपा'[98] शब्द का प्रयोग हुआ है क्योंकि पृथ्वी से अनेक धातुएँ प्राप्त की जाती थी। रत्नगर्भा शब्द के प्रयोग इसी आशय के परिचायक है।

विन्धयपर्वत की खनिज सम्पदा से पूर्ण अवगत था। काव्यग्रन्थ में उल्लेख है कि विन्ध्यपर्वत प्रदेश खनिज सम्पदा से सुशोभित हो रहा था। हाथियों के शरीर पर चित्रकारी तरह थे ये खनिज द्रव्य दीख पड़ते थे। यत्र - तत्र गवाक्ष की शोभा की तरह ये द्रव्य प्रतीत होते थे:-

---

92 वा० रा०-5-62-9

93 वा० रा०-2-8-30

94 वा० रा०-2-54-60

95 वा० रा०-3-43-31

96 वा० रा०-3-43-1

97 वा० रा०-3-43-31, 33

98 वा० रा०-1-36-25

*सौवैर्ण राज तैस्ताम्रैदेशै च धातुभिः।*

*गवाक्षिताका इवाभान्ति गजाः परमभक्तिभिः।*[99]

कौशल प्रदेश का परिचय देते हुए कहा गया है कि - खनिमिभ्श्चोपशोभितः।[100] अन्य पर्वत प्रदेशों को धातु विभाण्डित कहा जाना तत्कालीन खनिज पदार्थों के ज्ञान का परिचायक है स्वभाव विहितैच्श्रि त्रैः र्धतुभिः सभलंकृतम्।[101] से स्पष्ट संकेत मिलता है कि पर्वत श्रेणियाँ विभिन्न धातुआकें से सभलंकृत थी। हनुमान ने जिस पर्वत की कोटि पर से समुद्र पार करने की छलांग लगाई थी वह पर्वत धातु विभण्डित था। पर्वत श्रेणियों का विभिन्न धातुओं से युक्त रहना उनके स्थलों पर उल्लिखित हुआ है।

*धराधरमिवा कम्यं पर्वत धातुभिश्चितम्;।*[102]

स्पष्ट होता कि पर्वत श्रेणियों पर सुन्दर पत्थर विखड़े रहते थे भवनों की सुन्दरता के लिए पारदर्शक शिलाएँ उपभोग में लायी जाती थी जिन्हें स्फटिक पत्थर कहा गया है।

*नानाद्रुम विकीर्णेषु धातु निष्पनशोभितम्।*[103]

नदी के तटवर्ती भागों से जो खनिज पदार्थ प्राप्त होते थे। उनके वर्णन हुए हैं। जम्बूनद शब्द का प्रयोग इसी सन्दर्भ में हुआ[104] है खनिज द्रव्यों की शुद्धि के उल्लेख रामायण से उपलब्ध होते हैं। खसुवर्ण प्रतिरूपेण तप्ते नैव कुशग्निना[105] समुद्र के किनारे पर बहुमूल्य मूंगे मोती सूखते हुए रावण ने देखा था। मुक्ता नां च समूहानिशुष्यमानानि[106] तीरतः। समुद्र के तटवर्ती प्रदेशों में रावण की

99 वा० रा०-3-15-15
100 वा० रा०-2-100-47
101 वा० रा०-5-1-7
102 वा० रा०-3-29-2
103 वा० रा०-3-67-39
104 वा० रा०-1-14-54
105 वा० रा०-4-33-13
106 वा० रा०-3-35-23

दृष्टि विभिन्न खनिज द्रव्यों पर पड़ती है। खनिज द्रव्य विभिन्न पर्वती भागों पर बिखड़े दीख पड़ते है; वे द्रव्य विभिन्न पर्वती भागों पर बिखरे दीख पड़ते है; वे द्रव्य अपनी अधिकता के कारण पर्वत श्रेणी की तरह मालूम पड़ते हैं:–

*शङ्खानां प्रस्तरं चैवप्रवालनिचयं तथा–।*

*कञ्चनानि च शैलानि रजतानिच सर्वशः।* [107]

इससे विदित होता है कि समुद्र से भी बहुमुल्यरत्नों की प्राप्ति होती थी। सम्पत्ति के अन्तर्गत खनिज द्रव्यों का स्थान महत्वपूर्ण था। रजत तथा स्वर्ण की मुहरें धनियों के परिचायक थीं। यज्ञ देखने वाले ब्राह्मणों के बीच मुहरें वॉटने का उल्लेख हुए [108] हैं। इससे स्पष्ट होता है कि उस काल में सम्पत्ति के अजस्रस्रोत इन रत्नों, मुहरों में आकर सिमट जाते थे। इन रत्नों का तथा मुहरों की रखने में सुविध होती थी। उसके न तो अधिक जगह की आवश्यकता थी और उसकी वजन ही बहुत अधिक होती थी। अयोध्या की गलियों में नट-नर्त्तकों दिये जाने वाले इनाम इतने अधिक थी कि वहाँ रत्नों के देर लगाई थी।

*विरेजुविपुलास्तत्रसर्वरत्नसमन्विताः।* [109]

राजा दशरथ को जनक से मिलने वाले उपहार में सोने-चॉदी एवं मूंगे का स्थान अधिक [110] था। रामायण में अनेक स्थलों पर उल्लेख है कि रत्न खानों तथा पर्वतीय पठारों से प्राप्त होते थे:–

"यदा कि रामः पृथिवीभवाप्स्यति प्रभूतरत्नाकर शैलपत्तनाम्" [111] चित्रकूट पर्वत के शिखर चाँदी के समान सुशोभित होते थे। इन्द्रनीलमणि की शोभा भी विद्यमान थी रामायण में जिस कुजंर पर्वत का उल्लेख हुआ है वह दस योजन की ऊँचाई से युक्त है जिसमें विविध तरह की धातुएँ हैं। [112]

---

107 वा० रा०-3-35-24

108 वा० रा०-1-14-53

109 वा० रा०-1-18-17

110 वा० रा०-1-74-13

111 वा० रा०-2-8-33

112 वा० रा०-4-41-28

इस पर्वत में विभिन्न खनिज द्रव्य इस प्रकार उल्लिखित हैं–

*''शरणं काञ्चनं दिव्यं नानारत्नविभूषितम्''*[113]

*इस क्षेत्र के अन्य पर्वत वैदूर्यमणि आदि से जटिल दीख पड़ते हैं।।*

"मुक्ता वैदूर्य चित्राणिभूषणानि तथैव [114] च" खनिज द्रव्यों की अधिकता के कारण ही अशोक वाटिका के स्थलों को मणिभूमि, रजतभूमि एवं स्वर्णमयी भूमि की तरह सजाया गया था।–

*स तत्र मणि भूमिश्च राजतीश्च मनोरमाः।*
*तथा काञ्चनभूभिश्च ददर्श विचरण कपिः।।* [115]

तत्कालीन खनिज द्रव्यं एवं बहुमूल्यरत्न सम्पदा के वर्णन स्वर्णमयी लंका के प्रसंग में विशेष रूप से हुए हैं, वहाँ अनेकानेक ग्रह मणियों भूगों, भोतियों पन्नों आदि से सजे - धजे दीख पड़ते हैं। काव्यग्रन्थ में अनेक स्थल ऐसे हैं जहाँ लंका की सम्पन्नता के चित्र विभिन्न रत्नों के उल्लेख द्वारा स्पष्ट किये गए हैं। जिससे विदित होता है कि तत्कालीन समाज में सम्पत्ति एवं सम्पन्नता के मापदण्ड वहुमूल्य रत्न तथा कीमती खनिज द्रव्य थे। इस सम्पत्ति के विकास के बीज प्राचीन समाज में ही पड़ चुके थे; आर्यो ने पृथिवी से प्रार्थना की है, उनकी प्रार्थना धन की प्राप्ति के लिए थी।

## भूसम्पत्ति

अचल सम्पत्तियों में भूमि का स्थान सर्वोपरिथा। सम्पूर्ण पृथ्वी के स्वामी राजा समझे जाते थे। स्वयं दशरथ ने केकेयी के समक्ष कहा था - ''यावदा वर्त्तते चक्रं तावती मे वसुन्धरा'' [117] सूर्य के उदय से लेकर अस्त तक की पृथ्वी उनके अधीन है। अधीनस्त देशों के नामोल्लेख हुए हैं।

---

113 वा० रा०-4-41-37

114 वा० रा०-4-43-47

115 वा० रा०-5-14-21

116 वा० रा०-6-3-15

117 वा० रा०-2-10-36

*द्राविडाः सिन्धु सौवीराः सौराष्ट्रा दक्षिणापथाः*

*बंड.मगधा भत्स्याः समृद्धः काशीकोशलाः।।*

*तत्रजातं बहुद्रव्यम् धन-धान्य मजाविकम्।*

*तत्तो वृणीष्व केकेयी यद्धत्वंमनसेच्दासि।* [118]

इन देशों में उत्पन्न अनगिनत वस्तुएँ धनधान्य से लेकर प्रजा तक उनके अधिकार में थे।। राम ने वाली से ईक्ष्वाकुवंशी राजाओं की प्रभुसत्ता का उल्लेख करते हुए कहा था इक्ष्वाकुणामिर्व भूमिः सशैल वन [119] का नना'' भूमि पर्वत प्रदेश एवं जंगलों पर एक मात्र अधिकार इस वंश के राजाओं का था। अश्वमेध यज्ञ के अवसर पर अधिनस्था सामन्तों के उल्लेख हुए है–

*सामन्तराज सद्धैश्च बलिकर्म भिरावृताम्।*

*नानादेशनिवासैश्च वणिग्भिरूपशोभिताम्।।* [120]

इनसे सम्राट दशरथ को बलिकर्म की प्राप्ति होती थी। इस प्रकार पृथिवी पर सम्राट; राजाओं तथा सामन्तों के अधिकार थे। नागरिकों के अधिकार अपनी सीभा के अन्तर्गत अक्षुणण रक्खे जाते थे; नागरिक भूमि की सुरक्षा करते थे। तथा उसकी ऊपज से आजीविका चलाते थे। नागरिक भूमि के स्वाभित्व के अधिकारी थे उसका त्याग विशेष परिस्थिति में ही हुआ करता था। स्थायी तथा अचल सम्पत्ति नागरिकों का सबसे बड़ा बन्धन हुआ करता था। धुमन्तू जीवन का त्याग इसी परिस्थिति में हुआ था। अयोध्या के नागरिक अपनी भावना इस सम्बन्ध में इस प्रकार अभिव्यक्त करते हैं–"उद्यानानि परित्यज्य क्षेत्राणि च गृहाणि च।

*एक दुख सुख राममनुगच्छामि धार्भिकम्*

*समुद्धतनि धनानि परिध्वस्ताजिराणि च।।*

*उपात्तधन धन्यानि हृतसाराणिसर्वशः।* [121]

---

118 वा० रा०-2-10-37, 38

119 वा० रा०-4-18-6

120 वा० रा०-1-5-14

121 वा० रा०-2-33-17, 18

नागरिकों के अधिकार वाग - वगीचा पर कृषि योग्य भूमि अक्षुण्ण थे। सम्पत्ति की प्राप्ति के प्रति उनके हृदय में ममत्व था। घर उनके अपने होते थे जिसका त्याग करना कठिन होता था; उनके घरों में धन एवं धान्य भरे हुए रहते थे। इस प्रकार सम्पत्ति की रक्षा तथा अभिवृद्धि करना नागरिक अपना पुण्य कर्त्तव्य मानते थे भूमि तथा अन्य सम्पत्तियों का त्याग नागरिकों द्वारा हो जाने पर नगर ही जंगल सा हो जाता था। राम के वन - जाने पर नागरिकों ने इस तरह के आयोजन से नगर को जंगल तथा जंगल को नगर बना देने की योजना तैयार की थी। भूमि पर सामन्तीय अधिकार के प्रसंग भी आए हैं। राजा दशरथ ने कौशल्या के विशेष खर्च हेतु एक हजार ग्राम प्रदान किया था। यह कौशल्या की व्यक्तिगत सम्पत्ति थी - उन ग्रामों से प्राप्त आय कौशल्या के व्यक्तिगत कोष में जमा की जाती होगी।

*कौशल्या विमृयादार्यां सहस्त्रभवि मद्विधन।*

*यस्याः सहस्त्रं ग्रामाणां संप्राप्तभुप जीविनाम्।।* [122]

कौशल्या इस व्यक्तिगत कोष द्वारा बहुतों का लालन-पालन करने की क्षमता रखती थी। सम्भव है कि उस क्षेत्र की भूमि पर भी उसका अधिकार रहा होगा जिसकी उपज कौशल्या के खजाने में जमा होती थी। लक्ष्मण का कथन इस प्रकार है-

*तदात्मभरणेचैव मम भातु तथैव च।*

*पर्याप्ता मद्विधनां च भरणाय मनस्विनी।* [123]

## पशुसम्पत्ति

रामायणकालीन समाज में पशुपालन का आर्थिक दृष्टिकोण से सर्वाधिक महत्व था। खेती के सहयोगी कार्यों मे पशुपालन एक ऐसा कार्य था जो कृषकों के लिए आसान एवं आवश्यक समझा जाता था। ''कृषि गोरक्ष [124] जीविनः'' के प्रयोग से स्पष्ट है कि पशु सम्पत्ति जीविका के साधनों में कम महत्वपूर्ण

122 वा० रा०-2-31-22

123 वा० रा०-2-31-23

124 वा० रा०-2-31-23

नहीं थी। तत्कालीन समाज जंगली पशुओं को पालतु बनाने के कार्य में व्यस्त दीख पड़ता है - जंगल की शोभा उसमें मिलने वाले भयंकर पशुओं में बढ़ जाती थी।

*अहो वनभिदंदुर्ग झिल्लिकागणनादितम्।*

*भैखेंश्वापदैः कीर्ण शकुन्तैर्दारूणखै।।* [125]

इस तरह के वनों में कुछ जानवरों के उल्लेख इस प्रकार हुए हैं जो बन की शोभा के प्रतीक है:-

*सिंह व्याध्र बराहैश्च वाणरेश्चोशोभितम्।।* [126]

विशालकाय हाथी जिनके दॉत सफेद थे तथा तालाब के किनारों को अपने दॉतों से छिन्न - भिन्न कर रहे थे वर्णित हुए हैं। जंगल में कोमल घासों पर विचरण करने वाले हरिण अत्यन्त आकर्षक दीख पड़ते हैं।

जंगली जानवर मनुष्य की आजीविका के साधन थे जिस पर उनकी दृष्टि लगी रहती थी।-

*मृदुशष्पाकुराहारान्निर्भयान् वनगोचरान्।*

*चरतः सर्वतोऽपश्यन् स्थलीषु हरिणान् स्थितान्।।*

*तटाकवैरिणश्चापि शुक्लदन्त विभूषितान्।*

*घोरानेक चरान् वन्यान् द्विरदान कूलघातिनः।।* [127]

जंगल में हाथियों तथा मृगों के झुण्ड असंख्य दीख पड़ते हैं। [128] हाथी सबसे बड़े जानवर होने के कारण जंगल की शोभा बढ़ाने में सबसे अधिक योगदान देते [129] हैं। चित्रकूट के समीप के जंगलों में हाथियों के झुण्ड आसानी से दृष्टिगोचर होते थे

---

125 वा० रा०-1-24-13

126 वा० रा०-1-24-14

127 वा० रा०-1-13-9, 10

128 वा० रा०-3-73-36

129 वा० रा०-2-56-10

*मयूरनादाभिरूतौगजराज निषेवितः।* [130]

दिग्गज; वनैले; पालतू; देवताओं तथा राजाओं के हाथियों के प्रसंग एक ही स्थल पर उपस्थित किये गए है जिससे स्पष्ट होता है कि हाथियों का महत्व उस समाज भी विभिन्न दृश्टिकोणों से बहुत अधिक था। त्रिपथगा के जंगल में हाथियों के अवगाहन तथा उसके किनारों पर विचरणा इस प्रकार उल्लिखित हुए हैं।

*दिशागजैर्वनगजैर्मतैश्च वर वारणैः।*

*देवराजो पवाहैश्च संनादितवनान्तरम्।।* [131]

हाथियों की ये श्रेणियाँ प्रचलित थी। ऐसे हाथियों के उल्लेख हुए हैं जो अतिशय उद्दत होते थे जिनके मस्तक से मदचूते रहता था ऐसे गजराज जंगल में पकड़े जाने के उपरान्त अंकुश से वश में नहीं आ पाता था। कई स्थलों पर जंगली जानवरो के वर्णन विस्तार से किये गए है; वन से प्राप्त यह पशुधन बहुत अधिक महत्वपूर्ण था जिसे मनुष्य अपने जीवन को खतरे में डालकर पकड़ने की चेष्टा करते थे क्योंकि तत्कालीन अर्थव्यवस्था में उन पशुओं के काफी उपयोग थे; हाथियों को फॅसाने का कार्य बड़े पैमाने पर किया जाता था,। उस समय गजसेना राजा की बड़ी शक्ति मानी जाती थी। दशरथ की संतरंगिणी सेना में गजसेना का स्थान महत्वपूर्ण था। युद्ध कार्य के अतिरिक्त अन्य प्रसंग में सैकड़ों सजे हुए हाथी राजसवारी के रूप में प्रयुक्त होते थे।

तस्य निष्क्रममाणस्य जनौधस्य समन्तः। तत्तो हयवरा मुख्या नागाश्च गिरिसंनिभाः। [132] रावण की सम्पन्नता तथा व्यक्तिगत धन की विपुलता के परिचायक स्वरूप ही गजधन माने जाते थे। वैश्य नरेश द्वारा उच्चकोटि के हाथी भरत को दिये गए थे जो सुन्दर उपहार के प्रतीक [133] थे। उल्लास तथा आनन्द के प्रतीक के रूप में उसकी सवारी की जाती थी। उस काल में यातायात की जैसी व्यवस्था थी उसमें हाथी एक अनिवार्य सवारी समझी जाती

---

130 वा० रा०-2-54-40

131 वा० रा०-2-50-22, 23

132 वा० रा०-2-16-34

133 वा० रा०-2-70-19

थी। उस जानवर को जंगल में फँसाकर लाने में समाज का एक बहुत बड़ा वर्ग कार्यरत था। राजा द्वारा हाथी सम्पन्न जंगलों की सुरक्षा का प्रबन्ध होता था। राम ने भरत से चित्रकूट पर इस प्रकार का प्रश्न किया था जिससे राजा का प्रबन्ध उस दिशा में स्पष्ट होता है।

*कश्चिन्नागवनं गुप्तं कश्चित्ते सन्ति धेनुका:।*
*कश्चिन्न गणिकाश्वानां कुञ्जराणां च तृप्यसि।।* [134]

इन सारे जानवरों पर घ्यान रखना राजव्यवसथा का अनिवार्य अंग था विषयुक्त वागों के प्रयोग द्वारा इन जंगली हाथियों का वश में किया जाता था। अन्य तरीके जैसे पालतू हथिनियों तथा खाई के सहारे भी हाथी पकड़ कर वश [135] में किये जाते थे। व्याध्रचर्म की प्राप्ति हेतु शिकार किया [136] जाता था। इस आर्थिक वस्तु के प्रति तत्कालीन समाज में काफी आकर्षण था। हरिण जंगलो से फँसा कर लाये जाते थे। जो राजभवनों की शोभा वढ़ाते थे दशरथ के फ्रसाद के भीतर अलंकृत मृग विचरण करते थे। "कुकृतेहामृगाकीर्णं सुकीर्णं भीत्तिभिस्त था।" [137] मृग के आर्थिक महत्त्व का विश्लेषण स्वयं राम ने किया था कि उससे मॉस की प्राप्ति होती है उसके अजिन काफी मुलायम एवं उपयोगी होते हैं–पालतू पशुओं से भी यह समाज काफी सम्पन्न था। पशुप्रधान ग्रामों की संज्ञा घोष थी इसलिए काव्यग्रन्थ में ग्रामघोष के उल्लेख हुए है–

"कुटुम्वी यो ह्य सिद्धर्थोड् गवाश्व धनधन्यवान्।" [138] के उल्लेख से स्पष्ट है कि ऐसे नागरिक नगण्य ही थे जिसके पास काफी संख्या में गाय - घोड़े आदि न हो। इन पालतुओं के कारण इनके धन - धान्य में वृद्धि होती थी। तथा धनिकों के मापदण्ड पशु भी थे। राजाओं की जिसे विपुल धनराशि में गो - धन; गजधन, अश्वधन आदि के उल्लेख कई स्थलों पर हुए है; अयोध्यानगरी में उच्चकोटि के घौड़े बाहर से मँगाए जाते थे। काम्वोज; वाल्हीक, सिंधुनद प्रदेश के घोड़े विशेष प्रशंसनीय थे।

134 वा० रा०-2-100-50
135 वा० रा०-2-30-23
136 वा० रा०-2-15-5
137 वा० रा०-2-15-35
138 वा० रा०-1-6-7

ये घोड़े इन्द्र[139] के अश्वों से तुलना करने योग्य थे। वोझा ढोने वाली घोड़ी के उल्लेख हुए हैं[140] – उत्तम नस्ल के हाथी एवं घोड़े की प्रशंसा रामायण में कई स्थलों पर हुए हैं–

"अस्यां हव्यं च कव्यं च प्राणयात्रा तथैव च।"[141] के उल्लेख से स्पष्ट होता है कि गायें हव्य, कव्य तथा जीवन यात्रा सम्पन्न करने वाली होती थी। गोधन के सम्बन्ध में कहा जाता है कि सम्पूर्ण रामायण में अनेक स्थलों उल्लेख इसके महत्त्व स्पष्ट करते हैं। दान के समय इसकी संख्या करोड़ों में बतायी जाती है। ऐसे भी अवसर आते हैं जब गिनती की नगण्यता सिद्ध करने के लिए गाय के झुंड में लाठी फेकने की बात कही जाती है।। तथा लाठी फेंकने से जहाँ तक लाठी पहुँचती है उस स्थल पर की गाएँ दान में दी जाती हैं।

"परिक्षिपसि दण्डेन यावत्ता वढ़वाप्स्यसि।"[142] यद्वपि उस कथन मे परिहास का पुट है किन्तु गायों के असंख्य होने की ध्वनि अवश्य है। राम ने भरत से पशु धन के सम्बन्ध में इस प्रकार प्रश्न किया था।

*"कञ्चिनां गवणं गुप्तं कश्चिेत सन्तिधेनुका"*

कच्चिना गणिकास्वानां कुञ्जाराणां च तृप्यसि।"[143] यानि तुम्हारे पर्याप्त पशुधन तो है पशुधन से अरूचितों नहीं यह जानने की इच्छा अभिव्यक्त की गई है।

*वाजिवारणसम्पूर्ण गोभिः रूष्ट्रैः खैस्तथा।।*[144]

वैसी पंक्तियों से महर्षि वाल्मीकि ने यह स्पष्ट किया है कित्त्कालीन समाज पशुधन से पूर्ण प्रभावित रहता था, यह धन उस युग के लिए आकर्षण

---

139 वा० रा०-1-6-22

140 वा० रा०-2-20-34

141 वा० रा०-1-53-13

142 वा० रा०-2-32-37

143 वा० रा०-2-100-50

144 वा० रा०-1-5-13

का केन्द्रविन्दु समझा जाता था। अयोध्या नगरी पशुधन से पूर्ण सम्पन्न दीख पड़ती है गोधन के याचकों की संख्या - रामायण में यदि सध्म्र हो तो दान में दी गई करोड़ो में नहीं गिनाई जा सकती है। गोधन उत्तम नस्ल में वृद्धि कर सके इसके लिए राज्य की ओर से कुछ व्यवस्था अवश्य की जाती थी। उत्तम नस्ल के सॉड़ का वर्णन कई स्थलों पर दिये गए हैं।

*मदोत्वलटा सम्पति युदलुब्ध वृणा मध्यगतानदन्ति।* [145]

*यानि उच्चकोटि के साँढ़ गायों के बीच रक्खे जाते थे।।*

गायों के भटकने की स्थिति के उल्लेख से उसको पालन - पोषण एवं गोष्ढ की जानकारी मिलती है।

*गोष्ढमध्यस्थितामाताम चरन्तीं तृणं नवम्*

*गोवृषेणपरिव्यक्तागलां पत्नी भिवत्सुकाम्।* [146]

गोधन का महत्व उसके दूध के कारण था। राम ने व्रत एवं उपवास में सदा ही रत रहने वाले ब्रह्मचारियों के स्वादिष्ट भोजन हेतु एक हजार गायें दान दी थी जिससे भोजन का अभाव उन्होंने नहीं मालूम पड़े।

*पशुकाभिश्च सर्वाभिगवां दश्शते न च*

*ये चेमे कठ कालापा वह बोदण्डमालवाः।*

*ज्जानार्थ च सौमित्रे गोसहस्रमुपाकुरू।।* [147]

गायों के थन देखते ही उसकी उत्कृष्टता या निकृष्टता का अभाश मिलता था। उत्कृष्ट कोटि के गायों के थन बड़े आकर्षक कह गए है; दूध दूहने में नैतिकता का निर्वाह किया जाता था। बाल - वत्सा गो से सारे दूध दुह लेना जघन्य पाप समझा जाता था। [148] इससे स्पष्ट होता है कि वछड़े का समुचित विकास हेतु पर्याप्त दूध छोड़ना अनिवार्य समझा जाता था। रामायण में गोधन की रक्षा वृद्धि तथा उसके पालन - पोषण की व्यवस्था के उल्लेख अनेक

---

145 वा० रा०-4-30-38

146 वा० रा०-2-114-9

147 वा० रा०-2-32-18, 21

148 वा० रा०-2-75-56

स्थलों पर हुए हैं। गाएँ चरवाहे या गोपाल के बिना छोड़ी नहीं जाती थी। अगोशाला यथा गावस्त था "राष्ट्रभराजकम्"[149] स्पष्ट है कि अरक्षितया चरवाहा से रहित गायों के जीवन संकटापन्न रहते थे, जंगली जानवरो द्वारा उनके बछड़े पकड़ लिये जाने पर उस गो की स्थिति दयनीय हो जाती[150] थी। बछड़े उम्र में कुछ बडे हो जाने पर तथा उस गाय के दूध रूक जाने पर ही चारा गाह तक जाते होंगे अन्यथा वछड़े का गो के साथ जाना या साथ रहना उल्लिखित नहीं हुआ है। वत्सोत्सुका गाएँ इस प्रकार चित्रित हुई हैं–

*प्रत्यगार मिवायान्ती वत्सला वत्सकारणात्।*

*वद्धवत्सा यथा धेनू रामभातस्यधावत्।*[151]

दुग्धाधिक्य के फलस्वरूप अपने वछड़े के लिए वे चैन गाएँ अन्यत्र भी उल्लिखित[152] हुई हैं। गायों के चारागाहो के उल्लेख हुए हैं जिनमें असंख्य गाएँ चरती थी।

"गोकुलाकुलतीरायास्तभसाया विदूरत:"[153] तथा गोव्रजे बहुसाहस्रे[154] "आदि स्थलों के उल्लेख से स्पष्ट है कि जमीन के बहुत बड़े भूभाग चारागाह के निमित्त निश्चित थे। गोमती[155] नदी के तटपर भी गायों के झुंड दीख पड़ते हैं। सरयूनदी के उस पार असंख्य गायों के प्रसंग अत्यन्त रोचक हैं। "आनयामास तां गोपै स्त्रि जटाया श्रमंप्रति उवाच त्तो समस्तं गार्ग्यं ममिशान्तजयत्"

*मन्युर्न खलु कर्त्तव्य: परिहासो हययं मम।*[156]

ये गाएँ राम की व्यक्तिगत सम्पत्ति थी। इस विपुल गोधन के कारण ही

---

149 वा० रा०-2-67-29

150 वा० रा०-2-41-13

151 वा० रा०-2-40-43

152 वा० रा०-2-20-54, 2-20-6

153 वा० रा०-2-6-17

154 वा० रा०-2-32-39

155 वा० रा०-2-46-17

156 वा० रा०-2-32-40, 41

कोशल प्रदेश की सम्पन्नता सर्वमान्य [157] थी। नदियों के तटप्रदेश गोधोष के रूप में उल्लिखित हुए हैं। प्रचुर चारो की उपलब्धि तथा जलप्राप्ति की सहजता ही उसके कारण थे। इन तट प्रदेशों से ग्राम - घोष की सभ्यता दीख पड़ती है। गाएँ दान क्रिया के लिए सर्वश्रेष्ठ थी। सीता गंगा पार करने के समय प्रतीक्षा करती है कि सबों के सकुशल लौटने पर वह एक लाख गाएँ दान करेगी। गवा शत सहस्रानि वस्त्रघ्यन्नं च पेशलम्।

बाल - वत्सागाएँ का दान पुण्य कर्म समझा जाता था जिसे विशेष अवसरों पर ऐसी असंख्य गाएँ दान में दी जाती थी।

*सहस्र शत श्रवानांधेनूनांच गवाँ ''तथा''*

*ददौ शतं वृषान पूर्व द्विजोभ्यो मनुजर्षभः।।* [158]

इससे स्पष्ट होता है कि विभिन्न आर्थिक वस्तुओं में गाय के प्रति विशेष श्रद्धा निहित थी। महर्षि वाल्मीकि ने पशु सम्पन्न क्षेत्रों को सर्वाधिक महत्व दिया है-

*पशव्यश्चाल्परोगश्च फलमूलरसायुतः।*

*बहुस्नेहों बहुक्षीरः सुगन्धिर्विविधैषधः।।* [159]

इससे स्पष्ट होता है कि किसी भूभाग की सम्पन्नता के लिए पशु क्षेत्र का होना अनिवार्य था। पशुओं की बहुलता से उस स्थान का दुग्ध - बहुल क्षेत्र हो जाना स्वाभाविक था। पशुओं में गाय की तरह ही बैलों का महत्व कृषिप्रधान देश होने के कारण अधिक था। कमजोर बैलों से खेतों का जोतों जाना दुखपूर्ण घटना समझी जाती [160] थी। इसलिए बलशाली वल वर्द कृषि प्रधान देश के लिए आवश्यक साधन था जिससे कृषि प्रधान देश के लिए आवश्यक साधन था जिससे कृषि के कार्य सम्पन्न होते थे। ऐसे अनेक प्रसंग हैं जिनसे विदित होता है कि शक्तिशाली वैलों द्वारा बोझा ढ़ोने के काम किये

157 वा० रा०-2-50-9

158 वा० रा०-6-31-73, 74

159 वा० रा०-6-12-41, 42

160 वा० रा०-2-74-15

जाते थे। सोने से मढ़े सिंहयुक्त बैलों का यज्ञभूमि में लाया जाना उसकी श्रेष्ठता, पवित्रता एवं उसमें निहित शिवतत्व के परिचायक है रामायण में मुख्य पशुओं के वर्णन वहाँ विस्तार से हुए हैं–

वहाँ कुछ पशुओं के नाम प्रसंगवश उल्लिखित हुए हैं–

1 अजा-2-10-37, 5-11-13

2 अवि-2-12-38

3 मृग-2-11-21, 2-15-3, 5-2-27-2

4 वृष-2-15-21

5 यज्ञपशु-2-32-16

6 ऊँट-2-32-16

7 भैंस-2-10-9, 5-11-13

8 खच्चर-2-70-21, 1-10-17

9 गधे-2-32-39, 6-10-17

10 वराह-5-11-13, 5-11-1, 6-10-17

11 महिष-5-11-13, 6-39-17

12 कुत्ता-2-70-23

**भवन स्थापत्य** - विज्ञान एवं आर्थिक सम्पन्नता के परिचायक स्वरूप रामायणकालीन - भवनों की विशालता आकर्षण के केन्द्र विन्दु थे। किष्कन्धा - काण्ड में मय तथा विश्वकर्मा का उल्लेख एक कथा के साथ है जो तत्कालीन वास्तु विद्या के विकास का इतिहास प्रस्तुत करता है।

*पिता महादूरं लेभे सर्वभौसनरूंधनम्।*

*वनं विधाय वलवान सर्वकामे श्वरस्तदा।* [163]

---

161 वा० रा०-6-131-3

162 वा० रा०-1-50-3

163 वा० रा०-4-51-13

इससे स्पष्ट होता है कि मय को ब्रह्मा की कृपा से शुक्राचार्य की शिल्पविद्या का ज्ञान प्राप्त हुआ था। तथा शुक्र के सारे उपकरण एवं औजार भी प्राप्त हुए थे; वास्तुकला के मर्मज्ञ विश्वकर्मा का उल्लेख कई स्थलों पर हुआ है। शुक्राचार्य को शिल्पविद्या का ज्ञान प्राप्त था। शुक्र के सारे उपकरण एवं औजार भी प्राप्त हुए थे। भवन - निर्माण में स्थापित, वर्धकी, तदाक्ष, तथा क्राकचित आदि के कार्य अलग - अलग थे; तत्कालीन राजभवनों को प्रसाद, विमान; हर्म्य या सोध कहा जाता था जो भवन के पर्यायवाची शब्द न होकर भिन्न - भिन्न श्रेणी के भवन के लिए प्रस्तुत होते थे। दशरथ के अश्वमेध समारोह के अवसर पर बनाए जाने वाले भवनों के उल्लेख हुए हैं।

*इष्ट का बहुसाम्री शीघ्रमानीयतमिति*

*औकार्याः क्रियन्तां च राज्ञां बहुगुणान्विताः।* [164]

उच्च श्रेणी के विवरण से तत्कालीन भषन सम्बन्धी सम्पत्ति का परिचय प्राप्त होता है—

संदेह नहीं कि भोजन - वस्त्र के उपरान्त आवास की समस्या का समाधन तत्कालीन समाज ने अच्छी तरह कर लिया था।

त्रिकूट पर्वत पर लंका के नागरिक स्थानाभाव के कारण भवनों को माला की तरह गुथे हुए से तैयार करते थे। धनाधिक्य के फलस्वरूप उसके स्तम्भों को स्वर्णिम आभा से युक्त कर देते थे। उससे ऐसी सुन्दरता बढ़ जाती थी कि गन्धर्व नगर से इसकी उपमा दी जाती है।

*प्रासादमालावित्तां स्तम्भैः काञ्चनराजतैः।*

*शातकुम्भयैर्जालैर्गन्धर्व नगरोपमाम्।*

*सप्तभौभा भौमैश्च स ददर्श महापुरीम्।* [165]

नगर में ऐसे भी भवन थे जिसमें सोने की आभा से युक्त जालियाँ लगी [166] हुई थी। ये भवन कहीं सात या आठ तल्ले तक ऊँचे बने हुए थे भवन के आंगन स्फटिक मणि से बने रहने के कारण अत्यन्त सुन्दर दीख पड़ते थे। उस

---

164 वा० रा०-1-13-9

165 वा० रा०-5-2-51 से 54 तक

पर कई तरह के मणियों के उपयोग हुए थे जिससे उसकी कान्ति और भी छिटकती हुई दीख पड़ती थी। नगर की सुन्दरता के उल्लेख में यहाँ के असंख्य भवनों के विवरण प्राप्त होते हैं। सामुद्रिक किनारो विभिन्न रत्नों की खान थी जिसके फलस्वरूप अधिक रत्नों के उपयोग गृह निर्माण में होते थे स्फटिक पर्वतों से प्राप्त होते होंगे। शायद ही ऐसे घर उल्लिखित हुए हैं जिनमें स्फटिक के फर्श न हों। उद्योग धंधे के विकास में उस नगरी को यह रूप प्रदान किया था जिससे प्रतीत होता था कि साक्षात विश्वकर्मा द्वारा यह नगरी निर्पित की गई है। नगर के राजपथ काफी चौड़े होते थे जिससे नगरवासियों के आवागमन की सुविध का संकेत मिलता है ये राजपथ सुविभक्त कियो गए हैं जिससे प्राचीन नगर योजना का रूप स्पष्ट होता है – "प्रविवेशपुरी रम्यां सुविभक्त महापशान।" [167] नगरी को आकर्षक बनाने के लिए प्रचुर धन के उपयोग होते थे। भवनों से उस राज्य की अपार धनराशि का भान होता है। भवन सम्बन्धी कला कौशल का विकास सुखी सम्पन्न समाज का परिचायक है। तत्कालीन समाज में भवनो के ऊपरी छज्जो को स्वर्णजटित करने का कार्य आश्चर्य जनक घटना थी। भवन द्वार पर स्वर्णिम आभा विद्यमान रहती थी। विभिन्न कोटि के रत्नों के तोरण सजे - सजाये दीखते थे। वैसे भवनों को देख कर किष्किन्धा नगरवासी हनुमान का आश्चर्य चकित होना स्वाभाविक था क्योंकि वहाँ पर गृह - निर्माणकला का विकास उस सीमा तक नहीं हो पाया था। महर्षि वाल्मीकि ने लंका के भवन - निर्माण कार्य को सर्वश्रेष्ठ सिद्ध किया है।–

*वज्र स्पटिक मुक्ताभिर्मणि कुट्टिमभूषितैः।*

*तप्तहारकनिर्य है राजतामल पागण्डरैः*

*वैटूर्यतलसोपानैः स्पटिक कान्तरपांसुभिः।।*

*चारूसं जवनोपेतैः खमिवोत्पत्तिः शुभैः–* [168]

लंका में विभिन्न कोष्टागार गृह के भी उल्लेख हुए हैं। [169]

166 वा० रा०-5-2-56

167 वा० रा०-5-2-50

168 वा० रा०-5-3-9

169 वा० रा०-5-3-10

जिससे वहाँ की विपुल पशुसम्पत्ति का परिचय प्राप्त होता है। विभिन्न महलों तथा भवनों की खिड़कियाँ हीरे आदि से जड़े रहने के फलस्वरूप वहाँ आकाश के बादल जैसा दृश्य उपस्थित रहता [170] था। रावण का घर राजमहल के रूप में चित्रित हुआ है। अयोध्यापित दशरथ के भवन से उसकी सुन्दरता विशालता बहुत अधिक बढ़ गई थी। रावण का राजमहल अलौकिक भव्यता से युक्त था। राजमहल के चारो ओर खाई थी जो सुरक्षा की दृष्टि से तैयार की गई थी। यह भवन भव्य एवं काफी ऊँचा था उसके उपर हिमपाण्ड़ुर वर्ण की अटारी थी जिस पर चढ़कर देखने से दूर तक की सारी वस्तुएँ आसानी से देखी जा सकती थी। घर पर घ्वजा फहराती रहती थी। सुनहरी चहारदिवार के कारण घर की सुन्दरता और भी बढ़ जाती [171] थी। विशिष्टता हेतु उसे रत्नजटित किया गया था। [172] उस विशाल भवन में घुसकर हनुमान ने सीता की खोज [173] की थी। अशोक वाटिका स्थित रावण का चैत्यप्रासाद अत्यन्त ही सुन्दरता था – वह गोलेकार था जिसमें सहस्र खम्भे लगे हुए थे। यह कैलाश पर्वत सदृश सफेद दीख पड़ता था। उसमें सोने की बेदियाँ तथा मूँगे के रंग की सीढ़ियाॅ बनी थी। अपनी ऊँचाई से आकाश को स्पर्श करने की चेष्टा करता हुआ यह भव्यमंन्दिर सुशोभित होता था। [174] इस भवन के खम्भे का उपयोग हनुमान ने रावण को डराने के लिए किया था। [175] किष्किन्धा में सुग्रीव का भवन भी कम सुन्दर नही था – जिसका निरीक्षण स्वयं लक्ष्मण ने किया था। सुग्रीव से मिलने के लिए जब लक्ष्मण पहुँचे तो उन्हें सात कक्षाओं को पार करने पर अन्तःपुर का दर्शन हुआ था।

*ससपकदाधिर्मात्मा नाना जन समाकुला।*

*प्रविश्य सुमहदगुप्तंददर्शान्तः पुरं महत।।* [176]

---

170 वा० रा०-5-4-6

171 वा० रा०-5-4-24 से 30 तक

172 वा० रा०-5-18-17

173 वा० रा०-5-6-1

174 वा० रा०-5-15-15 से 18

175 वा० रा०-5-43-17, 18

176 वा० रा०-4-33-19

वह महल विन्धय तथा सुमेरू पर्वत सदृश [177] ऊँचा था। जिन राज्य कर्मचारियों के भवन सड़क के किनारे थे वे भवन उल्लिखित हुए हैं।

*अंगदस्य गृहं रम्यंमैन्यस्य द्विदस्य च,*

*गवस्य गवाक्षस्य गजस्य शरमस्य च।*

*विद्युन्मालेश्च सम्पातैः सूर्याक्षस्य हनूमतः।।* [178]

अन्तःपुर पहुँचने के पहले मार्ग में भीड़ [179] थी। महल के भीतर की सजावट विलासितापूर्ण थी–लक्ष्मण ने देखा कि वहाँ सोने चाँदी के पलंग थे अनेक कीमती आसन और बहुमूल्य विछावन विछे हुए थे-वहाँ रूप-योवन सम्पन्न बहुत सी मूर्तियाँ थीं, वे, सुन्दर आभूषणों में सुसज्जित थी जो भवनों की शोभा बढ़ा रही थी– [180]

**भोग** - विलास पूर्ण वातावरण वैभव की विपुलता से सुरभित हो रहा था जिससे कि भवन की सुन्दरता अपनी पराकाष्ठा पर पहुँच चुकी थी।

अयोध्या के राज भवन की सुन्दरता तथा विशालता कम आकर्षक नहीं है। – राजमहल काफी विस्तृत भूखण्ड पर फैला हुआ था; कई कक्ष के भीतर अन्तःपुर होते थे। राम तीन कक्षाओं तक रथ पर सवार होकर गए थे; उसके वाद दो कक्षाओं तक पैदल जाने के उपरान्त, राजा दशरथ से भेंट हुई थी–

*स कक्षया धन्विर्भिप्रास्तिस्त्रेअक्रिम्यवाजिभिः*

*पदातिपरे कक्ष्ये द्वे जगाम नरोतमः।* [181]

अयोध्या नगरी की सड़क के दोनों किनारे पर अच्छे - अच्छे भवन बने थे।

---

177 वा० रा०-4-33-6

178 वा० रा०-3-33-9 से 12 तक

179 वा० रा०-4-33-19

180 वा० रा०-4-33-20 से 24

181 वा० रा०-2-17-20, 21

*अपश्यन्नगरं श्रीमान्ना नाजमसमाकुलम्।।*

*स गृहैभ्रंसंकाशैः पाण्डरै रूप शोभितम्।।*[182]

सिर्फ राजभवनों के कारण ही भवन समाज की सम्पत्ति नहीं कही जा सकती है तत्कालीन समाज में जन साधारण वर्ग भी घरों के शौकीन थे तथा वे अपने घरों को इस तरह से तैयार करते थे कि उनकी बहुत बड़ी सम्पत्ति इस कार्य में लगी रहती थी। जिस कारण घरो से उनका प्रेम सर्वत्र वर्णित हुआ है। राम के बन जाने पर नागरिकों के धैर्य टूट जाते हैं वे नागरिक सर्वस्व त्याग की प्रतिक्षा करते है - उनकी योजना है कि सभी नागरिक नगर छोड़ देंगे तो नगर जंगल में परिवर्तित हो जायगा तथा राम जहाँ वनवास की अवधी व्यतीत करेंगे वही सभी नागरिक वस जॉयगें तो जंगल भी नगर में बदल जायगा; वे अपनी प्रिय वस्तु के त्याग करने का उल्लेख इस प्रकार करते हैं–

*उद्यानानि परित्यज्य क्षेत्राणि च गृहाणि च।*[183]

राम के वनगमन के अवसर पर नागरिक अपने - अपने भवनों की छत पर चढ़कर उदासीन भाव से राम को देखते हैं– विमान सदृश भवन के शिखरों पर अटारियों पर चढ़कर उस दुखपूर्ण दृश्य को नागरिक देखते हैं–

*तत्तः प्रासाद हर्म्याणि विमान शिखराणि च।*

*अधिरूह्जनः श्रीमानुदासीनोव्य लोकयत्।।*[184]

अयोध्या नगरी अपने विशिष्ट भवनों के कारण और भी सुन्दर लगती थी। नगर के भवन आकर्षक थे "प्रासादैरत्नाविदृतैः पर्वतैरूपशोभिताम्"[185] – भवन प्रसंग में नागरिकों के घरों के उल्लेख कई स्थलों पर हुए नागरिकों को अपने घर के प्रति वैसा ही आकर्षण है जैसा कि राजप्रासाद के प्रति राजाओं[186] की।

---

182 वा० रा०-2-17-2

183 वा० रा०-2-33-17

184 वा० रा०-2-33-3

185 वा० रा०-1-5, 15, 16

186 वा० रा०-2-33-17, 5-5-4, 42

लंका में लगायी आग से नागरिकों के घर जब जलने लगते हैं तो उनकी पीड़ा इस प्रकार प्रकट होती है।

*हा तात हा - पुत्रक – कान्त मित्र हा जीवितं भोगयुतं सुपुण्यम्।*

*रक्षोभिरेवं बहुधब्रुवदिभः शब्दः कृतोधेरतरो सुभीमः।।*[187]

आग से घर बचाने का प्रयास राक्षसों ने किया था। उनके भवन शायद प्राण से अधिक प्रिय थे। अपने प्राण की परवाह किये विना राक्षसों द्वारा उन घरों की रक्षा का प्रयास होता है। घर के जलने से उनके सारे सुखों का अन्त हो जाता है इसलिए राक्षस समाज अपने भवनों के प्रति प्रेम का उदाहरण इस प्रकार प्रस्तुत करते हैं–

*स्वग्रहस्य परित्राणे भग्नोत्साहार्जितश्रियाम्।*

*नूनमेषोऽग्निरायातः कपिरूपेण हा इति।*[188]

किष्किन्धा के मुख्य नागरिक जो राजकर्मचारी थे वे अपने भवनों का निर्माण सड़क के किनारे किये हुए थे।[189] सड़क के समीप भवनों की सुन्दरता और भी निखर उठती थी। वहाँ के धनी नागरिक भव्य भवन के बड़े ही शौकिन थे तथा वे अपने भवनों को सजाने की पूरी चेष्टा करते थे। उपवन से युक्त ऐसे प्रासाद जो धनी व्यक्ति के होते थे बड़े ही आकर्षक थे। जिनका वर्णन हुआ है–

राजपथ का मधु मदिरा से सुवासित होना विलासितापूर्ण वातावरण का उन भवनों में विद्यमान रहना स्पष्ट करता है–

*हर्म्यप्रासादसंबाधं नानापण्यो शोभिताम्।*[190]

गृह निर्माण में ऐसी कला का उपयोग होता था जिससे वह परिचित व्यक्ति मुख्य गृह तक पहुँच नहीं सके– यह भूल भूलैया युक्त भवन तत्कालीन समाज

---

187 वा० रा०-5-54-42, 43

188 वा० रा०-5-54-25

189 वा० रा०-4-33-9 से 12

190 वा० रा०-4-33-5 से 7 तक

की रूचिका [191] परिचायक है। नगर वसाने की योजना वानर समाज में भी थी। आसानी से नगर के भीतर प्रवेशन हो सके उसकी पूरी व्यवस्था होती थी।

*तामपश्यद्बलाकीर्णा हरिराज महापुरीम्।*

*दूर्गाभिक्ष्वाकुशार्दूल किष्किन्धां गिरिसंकटे।।* [192]

नगर चारों ओर सुरक्षा की दृष्टि से खाई तैयार की जाती थी:–

*अपश्यत्लक्ष्मणः क्रुद्धः किष्किन्धां दुरासदम्।*

*तत्तस्ते हरयः सर्वे प्रकार परिधन्तरात।।* [193]

अयोध्या नगरी के चारो और तैयार की गई खाई कम महत्वपूर्ण नहीं थे। उस खाई में उतर पाना कठिन था इस तरह की राजकीय व्यवस्था राष्ट्र की सुरक्षा के लिए आवश्यक थी। विशेष अवसर पर नागरिको द्वारा अपने घरों को सजाया जाता था। राष्ट्रीय उत्सव के अवसर पर नगर की शोभा अधिक बढ़ जाती थी। सार्वजनिक स्थलों तथा देव मंदिरों की सजावट की व्यवस्था पहले से की जाती थी।

*सिक्त राजपथां कृत्स्नां प्रकीर्ण कमलोत्पलाम्।* [194]

इस प्रकार रामायण में वर्णित भवन बहुत बड़ी सम्पत्ति का प्रतीक था जिस पर राष्ट्र - समाज तथा व्यक्ति को पूर्ण गर्व था।

**धान्यकोष**

सम्पत्ति के अन्तर्गत धान्य कोष का उल्लेख हुआ है। अयोध्या की सम्पन्नता का चित्र स्पष्ट करते हुए कहा गया है - "निविष्टः सरयूतीरेप्रभूत धनधान्यवान्" [195] इसी तरह मलय एवं करूषा देश के बारे में कहा गया है "मलवाश्च करूषाश्च मूदितो धनधान्यतः" [196] धान्यकोष के अन्तर्गत विभिन्न

---

191 वा० रा०-4-33-18 से 19

192 वा० रा०-4-31-16

193 वा० रा०-4-31-27

194 वा० रा०-2-7-2 से 4 तक

195 वा० रा०-1-5-5

196 वा० रा०-1-24-24

प्रकार के अन्नों के उल्लेख हुए हैं– राजा दशरथ ने स्नेह वश कहा थ कि राम के साथ उनके सारे धान्यकोष एवं धन्यकोष लगा दिये जॉय जिससे कि यज्ञादि करते हुए जंगल के समय सुखपूर्वक व्यतीत हो सके।

*धान्यकोषश्च य: कश्चिद्धनकोषश्च मामक:।*

*तौ राममनुगच्छैतां वसन्तं निर्जनेवने।।*[197]

धान्यकोष एवं धनकोष किसी राज्य का निकाल लेने पर वह राज्य सारहीन सुरा के समान ही माना जाता था। जिसकी कोई पूछ नहीं होती थी: केकेयी ने दशरथ से कहा था कि वैसी स्थिति में "भरत" इस राज्य को स्वीकार नहीं करेंगे - अयोध्या की सारी प्रजा इस नगर को वीरान करने के लिए अपने साथ धन-धान्य लेकर चल देना चाहती है:–

*समुद्धृतनिधनानि; परिधवस्ताजिरागि च।*

*उपात्तधनधन्यानि हृतसाराणि सर्वश:।।*[198]

अन्नों की ढ़ेर लगी हुई दीख पड़ती है। दशरथ के यज्ञ समारोह में ऐसी ढ़ेर प्रतिदिन लगायी जाती है और दिनभर में ही सभी वितरित कर दी जाती है।

*"अन्नकूटाश्च बहवो दृश्यन्ते पर्वतोपमा:"*[199]

इतने अधिक अन्नों की ढ़ेर सुखी - सम्पन्न-समाज की परिचायक है। अयोध्या की भूमि की विशेषता का उल्लेख इस - प्रकार हुआ है–

*"शालितण्डुल सम्पूर्णा भिदुकाण्डरसोदकाम्"।।*[200]

राजा वसु की वसुमतीपूरी में सुमागधी नदी बहती थी - जिसके किनारे की भूमि अन्नागार की तरह दीख रही थी - "पूर्वाभि चरितारामसुक्षेत्रा सस्थमालिन" राजा - जनक के यज्ञ समारोह के अवसर पर असंख्य बैलगाड़ियाँ सामानों से लदी देखी जाती है - "ऋषिवाटाश्चदृश्यन्तेशक्टीशतसंतुला:"[201] राम ने

197 वा० रा०-2-36-7

198 वा० रा०-2-33-18

199 वा० रा०-1-14-15

200 वा० रा०-1-5-17

201 वा० रा०-1-32-10

अध्ययनशील ब्रह्मचारियों के लिए काफी अन्नदान दिया था। यह राम का व्यक्तिगत धन्यकोष था जिसे बनवास काल में खाली कर देना उचित था। "तेषामशीतियानानि रत्नपूर्णानि दापय शालि वाहसहस्रं चद्वेशते भद्रकांस्त था।"[202]

रामायण में विभिन्न प्रकार के अन्नों की चर्चा की गई है जो अन्न दानादि कार्य में खर्च किये जाते थे। तत्कालीन समाज में अन्नों की अधिकता दीख पड़ती है। नागरिक इन अन्नों से अपनी सम्पन्नता में अभिवृद्धि करने की चेष्टा करते थे राम का अश्वमेध यज्ञ विपुल अन्नराशि का प्रदर्शन है।

*शतंबाहसहस्त्रामां तण्डुलानां वपुष्मताम्।*

*अयुतं तिलमुद्‌गानां प्रयात्वग्रे महाबल।।*[203]

## वस्त्राभूषण

सामन्तयुगीन समाज अपनी विलासिता के साधनों, प्रसाधनों में उलझा रहता है। रामायण में वस्त्राभूषणों का महत्त्व स्पष्ट दीख पड़ता है वस्त्र के जीवन की आवश्यकता होने पर भी इसमे विलासिता की झलक शीघ्र ही आने लगती है; जब मानव की सामान्य आवश्यकताऐं पूर्ण हो जाती है तो वह रूकता नहीं वल्कि आगे बढ़ने की चेष्टा करता है। रामायण कालीन समाज की यह प्रवृत्ति सर्वत्र दीख पड़ती है। वस्त्राभूषण उपयोग की वस्तु होकर भी सम्पत्ति की श्रेणी में मान्य था। आवश्यकता एवं परिस्थिति विशेष से इनके उपयोग सम्पत्ति के रूप में होते थे–बन जाती हुई सीता दशरथ के कोषाध्यक्ष से प्रभूत वस्त्राभूषण की प्राप्ति करती है:–

*वनवासं हि संख्यायवा सांस्था भरणानि च*

*भर्तारमृनुगच्छन्त्यै सीतायै श्वशुरोददौ।।*[204]

ये सारे सामान चमड़े की पेटी में बन्द करके दिये गए थे। रथोपस्थे प्रतिन्यस्य सचर्मकठिनं चतत्"[205] वारह वर्षो की अवधी पर घ्यान देते हुए

202 वा० रा०-2-32-20

203 वा० रा०-7-91-19

204 वा० रा०-2-40-14

205 वा० रा०-2-40-15

तथा अज्ञात अर्थसंकट के निवारणार्थ दशरथ ने अपने कोशाध्यक्ष से कहा था कि:–

*वासांसि महार्हाणिभूषनानि वराणि च।*

*वर्षाण्येतानि संख्याय वैदेह्या: क्षिप्रमाणय।।*[206]

अयोध्या के राजमार्ग पर कीमती वस्त्रों की ढेर दीख पड़ती है। ये कीमती वस्त्र तसर एवं रेशमी धगों से निर्मित थे "उत्मानां च गन्धनां क्षौमको शाम्बरस्य च"[207] के उल्लेख से विदित होता है कि ऐसे कीमती वस्त्रों से निर्माण सम्पत्ति के परिचायक स्वरूप ही थे। लंका में आग लगने के कारण उनकी आस्र सम्पत्ति विनष्ट होती है जिनमें – "क्षौमं च दहयते तत्र कौशेयं चापि शोभनम्"[208] उल्लेख से स्पष्ट होता है कि वहाँ जलने वाले वस्त्र क्षौभ, कौशोय उर्णादि थे यह उस समाज की सम्पन्नता का परिचायक है। ऐसे अनके स्थरम उल्लिखित हुए हैं जहाँ कीमती वस्त्रों के महत्त्व प्रतिपादित हुए हैं – जैसे – 1.

1. महार्ह वस्त्रसम्बद्धः– 2-12-99
2. महार्ह क्षौमसंयीतः– 5-49-4
3. महारजतवाससम्ः– 5-10-7
4. स्वर्णतन्तुनिर्मित वासोधरिणम्– 5-10-7
5. कोट्याम्वराणि ददौ– 1-75-5
6. वाससांचापिसंचयान्– 2-91-76
7. रूक्मपटोत्तरच्छादाम्– 6-11-14
8. पीतकनकपटांनस्त्रस्तं तद्वसनशुभम्– 5-15-45

रावण के अन्त:पुर में सहस्रों नारी अपने साज श्रृंगार के साथ सुशोभित होती थी

---

206 वा० रा०-2-39-15

207 वा० रा०-2-17-4

208 वा० रा०-6-75-9

*तत्तोऽपश्यत् कुयासीनं नाना वर्णाम्विठस्त्रजम्।*

*सहस्त्रवर नारीणां नानाविषविभूषित्म्।।*[209]

तत्कालीन समाज में अनेकानेक आभूषणों के प्रचलन थे जो साजश्रृंगार के साथ ही आर्थिक सम्पन्नंता के परिचायक हैं जो आभूषण तत्कालीन समाज के उपयोग में आते थे उनके विवरण – इस प्रकार प्रस्तुत किये जा सकते हैं–

1. चुड़ावलय 5–54–33
2. कुण्डल 5–22–28
3. हार 5–9–18
4. मुक्ताहार 6–131–71
5. आड्.गुलीयम् 5–36–2
6. त्रोणीसूत्र 5–22–26
7. नुपुर 3–52–29
8. ग्रैवेयक निष्क 3–60–31
9. तिलक 2–9–49
10. किरीट 6–131–67
11. मुकुट 1–6–10
12. स्वर्णमाला 3–38–14

आभूषणों के अन्तर्गत बहुमूल्यरत्नों के उल्लेख हुए है; ये रत्न आभूषण में पीरोये जाते थे यदि आभूषणों की सुन्दरता इन रत्नों से बढ़ती थी तो साथ ही आर्थिक सम्पन्नता के प्रतीक भी ये रत्न थे। इन रत्नों के प्रचलन उस समाज में बहुत अधिक थे। उनके उल्लेख अनेक स्थलों पर हुए हैं मणियों के व्यवहार सबसे अधिक होते थे। सीता के पयोधर पर लटकती हुई मणिमाला रावण ने देखी थी – "मणिप्रवेका भरणोरूचिरौ ते पयोधरौ"[213] राक्षस की सभ में बहुत से राक्षस मणियों से विभूषित थे–

---

209 वा० रा०–5–9–33, 34

213 वा० रा०–3–46–20

*सुवर्ण नानामणिभूषणानां सुवास सांससं विराक्षसानाम।*[214]

लंका के समुद्र रत्नों की खान कही गई हैं– रत्नाधवल सनादम्।[215] राम के जन्मोत्सव के अवसर पर अयोध्या की सड़कें रत्नों से उस समय भर गई जब नट् - नर्त्तकों कें नृत्य इस अवसर पर हो रहे थे।

*विरेयुर्विचुलास्तत्र, सर्वरत्न समन्विता:।*

*प्रदेयां श्रददौराजासूतभागधवन्दिनाम्।।*[216]

वैसे हार जिसके मध्य में मणि रहती थी–''मणिकृतान्तराम्''[217] कहा जाता था, कुम्भ कर्ण के गले में लाल मणियों की माला सुशोभित होती रहती थी[218] विभिन्न रत्नों के विवरण इस प्रकार प्रस्तुत किये जा सकते हैं

1. नीलम 2-91-29
2. वैदूर्य 2-91-29; 5-9-49
3. वैदूर्यमणि 6-131-76; 5-54-23
4. इन्द्रनील 5-9-16, 3-43-28
5. महानील 5-9-16
6. विद्रुममणि 2-15-33, 5-9-17

इन रत्नों के वेशुमार व्यवहार, राजाओं के अन्त:पुर में होते थे। सुमंत्र जब राम के यौवराज्याभिषेक के अवसर पर अन्त:पुर प्रवेश करते हैं तो कविका वर्णन इस स्थल पर इस प्रकार है–

*''प्रभूतरत्नमकरौयथार्णवम्''*[218]

इससे स्पष्ट होता है कि रत्नों की अपार राशि तत्कालीन समाज ने प्राप्त कर ली थी उपहार के अवसर पर रत्नों के अदान-प्रदान खुलकर होते थे। एक

---

214 वा० रा०-6-11-31

215 वा० रा०-6-4-124

216 वा० रा०-1-18-18

217 वा० रा०-6-65-24

218 वा० रा०-2-16-19

ओर नट - नर्तकों को रत्न उपहार में दिये जाते थे तो दूसरी ओर राजकीय उपहार में इन रत्नों के उपयोग कम नहीं थे; भरत के ननिहाल से भेजे गए रत्न वर्णित हुए है - रत्न केकेय नरेश तथा केकेय राजकुमार के लिए भेजे गए थे।

*इयानिच वस्त्राण्याभरणानि चं।*

*प्रतिगृह विषा लाक्ष मातुलस्य च दापयः।।*

*अत्र विशति काव्यस्तु नृपते मातुलस्य च।*

*दशकौट्यस्तु सम्पूर्णा स्तथैय च नृपात्मज।।*[219]

इस तरह वस्त्राभूषण सम्पत्ति के अंग थे जिसकी उपलब्धि से सुख-सुविधा एवं भोग-विलाश में वृद्धि होती थी।

219 वा० रा०-2-70-4, 5

5

# कृषि व्यवस्था

## कृषि एवं इसका महत्व

रामायणकालीन समाज कृषि प्रधान समाज था। कृषक ग्राम एवं नगर दोनों के निवासी होते थे; उस काल में ग्राम तथा शहर के बीच दुराव की खाई तैयार नहीं हुई थी।

अयोध्या नगरी के जनसमूह नगर निवासी होते हुए भी अपनी सम्पत्ति के दायरे कृषि तक सीमित रक्खे हुए थे। राम के वनगमन के कारण वे अपने नगर छोड़कर राम के साथ वन तक जाना चाहे थे- उन्हें जिस सम्पत्ति का त्याग करना है उसका वे उल्लेख करते हैं उनके चले जाने पर घर; भूमि तथा उद्यान सव छूट जॉयगे।[1] भूमि से उनका तात्पर्य कृषि योग्य क्षेत्र है जिसकी उपज से व्यक्ति परिवार, समाज तथा राष्ट्र लाभन्वित होता था; यह कृषि समाज की रीढ़ थी। राजपद की प्राप्ति के लिए तिस्त्रः विद्या का ज्ञान अनिवार्य था। राजा से यह अपेक्षा रहती थी कि वे अन्य विज्ञानों के साथ - साथ कृषि ज्ञान के विशेषज्ञ हों। विभिन्न विद्याओं का महत्त्व अपनी अलग - अलग विशेषतओं के कारण निर्विषाद रूप से मान्य था पर राजाओं के लिए सिर्फ तीन विधएँ अनिवार्य कर दी गई थी।-

1 वा० रा०-2-33-17

*दश पंच चतुवर्गान सत्व वर्ग च त्तवत:*

*अष्टवर्ग त्रिवर्ग च विद्यास्तिस्त्रश्च राघव:।*[2]

तीन विद्याओं के अन्तर्गत त्रयी वार्ताशास्त्र तथा दण्डनीति के उल्लेख किये जाते हैं, राजाओं के लिए दश वर्ग पंचवर्ग चतुर्वर्ग सप्तवर्ग, अष्टवर्ग, त्रिवर्ग आदि पर उन विज्ञान के अतिरिक्त भी घ्यान देना आवश्यक था, इनमें से अष्टवर्ग कृषि के सहायक कार्य कहे गए है। अष्टवर्ग के अन्तर्गत निम्नलिखित कार्य थे जिस पर राजा का घ्यान देना आवश्यक कहा गया है। वे चारो कार्य इस प्रकार उल्लिखित हुए हैं– (1) खेती की उन्नति करना (2) व्यापार वढ़ाना (3) दुर्ग बनाना (4) फूल निर्माण करना (5) जंगल से हाथी पकड़कर मॅगवाना (6) खानों पर अधिकार प्राप्त करना (7) अधीन राजाओं से कर लेना (8) और निर्जन प्रदेश को खेती योग्य भूमि बनाना। भरत से राम ने प्रश्न किया था कि उन सभी वर्गों पर घ्यान तो दे तो हो जिससे कि तुम्हारी राजनीति सफल हो सके संदेह नहीं कि राम के शासनकाल में कृषि व्यवस्था पर राजा का पूरा घ्यान रहता था। राम के अनुसार ''वार्ताशास्त्र''; पर आश्रित रहने कला वर्ग विशेष रूप से घ्यान देने योग्य था।–

*कच्चिते दयिता सर्वे कृषि–गोरक्ष जीविन:।*

*वार्तायां संश्रितस्तात् लोको हि सुख मेधते।।*

*तेषां गुप्तिपरीहारै: कच्चिते भरणंकृतम्।*

*रक्ष्याहि राज्ञाधर्मेण सर्वे विषयवासिन:।।*[3]

वार्ताशास्त्र पर आधरित जीवन व्यतीत करने वाले नागरिक विशेष रूप से राजा के समीप होते थे। इस तरह की प्रजा से राजा को सर्वाधिक ''कर'' की प्राप्ति होती होगी। कौटिल्य ने अपने अर्थशास्त्र में उल्लिखित किया है–

*कृषि; पशु पालन वाणिज्या च वार्त्ता।*

*धन्य: पशु, हिरण्य कुप्यविष्टि प्रदानादीप।।*[4]

---

2 वा० रा०-2-100-68

3 वा० रा०-2-100-47, 48

4 अर्थशास्त्र कौटिल्य, 1-4

कौटिल्य के अनुसार वार्ता यानी – कृषि पशुपालन तथा वाणिज्य; राजा एवं राज्य के लिए अनिवार्यतत्व कहे गए[5] हैं–महर्षि वाल्मीकि के अनुसार वार्त्ता से ही लौकिक सुख की उपलब्धि सम्भव थी। "वार्ताया सश्रितात् लोकोऽहि सुखमेधते"[6] जैसे कथन में घ्वनि है कि सारे सुखों की जड़ अर्थ है जिससे पूरे समाज का "कल्याण" होता है – यह वर्ग राजा के द्वारा रक्षित एवं पालित होने पर ही "विकाशमान" रह सकता था अतः भरत को आदेश के रूप में राम ने कहा था कि "राजा का परम कर्त्तव्य है उस वर्ग की भलाई; उस वर्ग का "भरण पोषण" करना राजा का प्रत्यक्ष उत्तरदायित्व है। कृषि; पशुपालन ऐसे कार्य थे जिसकी परिणति सदा अनिश्चित रहती थी। यदि राजवर्ग का "घ्यान इस दिशा में न रहे तो यह वर्ग जीवित नही रह सकता था वाल्मीकि ने राम के द्वारा स्पष्ट संकेत दिया है कि उसका भरण – पोषण एवं रक्षा का कार्य राजा पर आश्रित था। "तेषां गुप्ती परिहारैः कच्चिते भरणं "कृतम्"[7]

अतः भरत से प्रश्न किया जाता है कि "उस वर्ग की रक्षा सही ढ़ंग से हो रही है – अथवा नहीं? कृषि गोरक्ष "जीविनः" यदि राजा पर आश्रित थे तो राजा की सत्ता उस वर्ग के विरोध से "हिल" जाती थी। अतः उसे दायित्व वर्ग यानि प्रिया की संज्ञा दी जाती है उस "वर्ग" की मनोदशा के विपरीत हो जाने पर राजा के लिए उचित होता था कि वह राजचंद का त्याग कर दे या जिस वस्तु के प्रति वह वर्ग अपना विरोध प्रकट करता था उसे राजा के लिए मान लेना अनिवार्य था।[8] उत्तरकाण्ड में सीता का "निर्वासन" इस तथ्य को प्रमाणित करने के लिए पर्याप्त है–

*की त्थर्थं तु समारम्भः सर्वेषाम सुमहात्मानाम*
*अप्यहं जीवितं जहयां युष्मान वा पुरूषर्षभाः।*
*अपवादभ्याद्भीतः किं पुनर्जनकात्मजाम्।*[9]

---

5 अर्थशास्त्र कौटिल्य, 1-11
6 वा॰ रा॰-2-100-47
7 वा॰ रा॰-2-100-48
8 वा॰ रा॰-2-100-4, 7
9 वा॰ रा॰-7-45-14, 15

रामायण में पंचवर्ग [10] का उल्लेख हुआ है। भरत से राम ने प्रश्न किया था कि इस वर्ग कि इस वर्ग की ओर तुम्हारा ध्यान तो रहता है - इस वर्ग को पंचवर्ग भी कह गया है जिससे राजा को सावधन रहना अनिवार्य है। वे दुर्ग (1) जलदुर्ग (2) पर्वत दुर्ग (3) वृक्ष दुर्ग (4) हरिण दुर्ग (5) तथा धन्यदुर्ग थे।

हरिणदुर्ग वैसे दुर्ग कहे जाते थे जहाँ किसी प्रकार की खेती नहीं की जा सकती थी। अतः यह दुर्ग राजा के लिए अमेद्य एवं अजेय हो जाने पर राज्य की स्थिति अच्छी नहीं रहती थी। यत्नपूर्वक ऐसे दूर्ग से वचना राज कर्त्तव्य माना जाता था। धन्वदुर्ग वालुका राशि से भरी मरूभूमि थी जब राज्य में ऐसा भूभाग आ जाता था तो प्रजा पालन एक समस्या हो जाती थी। अतः वैसे भूभाग से अपनी रक्षा या अलग रखना राजधर्म समझा जाता [11] था। हरिण तथा धन्यदुर्ग के अतिरिक्त और दुर्गों का सम्बन्ध भी प्रत्यक्ष या अप्रत्यक्ष ढ़ंग से कृषि से है क्योंकि जलदुर्ग पर्वत दुर्ग वृक्ष दुर्ग भी खेती से वाधक कहे जा सकते हैं। राजा द्वारा इन सारे दुर्गों से रक्षा की जाती थी जिससे प्रजा के विकास का मार्ग अवरूद्धन हो सके। राम की जिज्ञासा प्रजा की सुख - सुविध से सम्वन्धित थी। इनका संकेत स्पष्ट था की राजा अपने तन्त्र से प्रजा की रक्षा इन सारे दुर्गों से कर सकते हैं। इस प्रकार तत्कालीन समाज कृषि के प्रति पूर्ण सजग था तथा राजा का संरक्षण कृषकों को प्राप्त था। रामायण के उत्तरकाण्ड में कृषि का इतिहास दिया गया है। कृषि का प्रारम्भ काल किस परिस्थिति में हुआ इसका उल्लेख स्पष्ट रूप से किया जाता है। रामायण त्रेता युग के समाज का इतिहास है।

इस युग के किसी को अनृत की संज्ञा [12] दी जाती है। खेती की परिस्थिति जब उत्पन्न हुई तो लोगों ने मांस खाना छोड़ा ही नहीं वल्कि से मलवत समझ लिया। कृषि प्रारम्भ होने के पूर्व मांस मुख्य भोजन था। खेती मानव [18] सभ्यता

---

10 वा० रा०-2-100-68

11 रामायण कालीन समाज-पृ० 262

12 वा० रा०-7-74-18

के विकास का इतिहास ही है। फिर भी रामायण में इसे अनृत कहा जाना कम आश्चर्य जनक नही है। सम्भव है कि कृषि के साथ ही पृथिवी पर ''पाप'' का प्रादुर्भाव हुआ, इसलिए कि यह एक व्यवस्थित जीवन का प्रारम्भ था। नियमवन्धन के युग में जीवन को एक निश्चित दिशा की ओर ले जाने की चेष्टा की सामाजिक स्वतन्त्रता की एक सीमा निश्चित होने लगी।

*आमिषं यच्च पूर्वेषां राजसं च मलं भृशभ्।*

*अन्तं नाम यदभूतं पादेन पृथिवी तले।*

*अनृतं पातयित्वा तु पादमेकम धर्मतः।*

*तत्तः प्रादुष्कृतं पूर्वमायुषः परिनिष्ठतम्।।* [13]

## भूमि की जुताई

रामायण में भूमि की जोत करने वाले कृषक उल्लिखित हुए हैं–

*एतौ दृष्ट्वा कृशौ दीनौ सूर्य रश्मि प्रताचितौ।*

*अर्द्य मानौ वलीवर्दी कर्षकेण सुराधिपौ।।* [14]

उस परिस्थिति से तत्कालीन समाज के दुर्व्यव्यवस्था क्रान्त एक कृषक का परिचय प्राप्त होता है। कमजोर बैलों के सहारे खेत की जुताई निश्चय ही कृषि की हीन अवस्था का परिचायक है। किसान कड़ी धूप में बैलो से काम लेते हैं बैलों की दयनीय अवस्था, दुखदाई दृश्य प्रस्तुत करता है। कृषक एवं कृषिका यह दृश्य सर्वकालिक तथा सर्वत्र नही था। एक मात्र यह उदाहरण पूरे समाज की कृषि व्यवस्था का चित्र नही दे सकता है। शक्तिशाली बैलों के उल्लेख प्राप्त होते हैं। इन बैलों से गाड़ियाँ खीची जाती थी। गाड़ी पर लदे अन्नों के उल्लेख कई स्थलों पर हुए हैं। बैलों द्वारा एक स्थान से दूसरे स्थान पहुँचाये जाते हैं गाड़ियों की संख्या कभी-कभी हजारों कोषों तक हो जाती थी। जिससे कि अन्न की अधिकता तथा मालों को ढ़ोने की व्यवस्था तथा परिपुष्ट बैलों के परिचय मिलते हैं।

---

13 वा० रा०-7-74-17, 18

14 वा० रा०-2-74-24

*शतं वाह सहस्त्राणां ताण्डुलाणां वपुष्मताम्।*

*अयुतं तिलमुद्राणां प्रियात्वग्रे महाबल।।* [15]

*जमीन जो जोती हुई रहती उसके लिए "कृष्ट"* [16]

तथा बिना जोती हुई जमीन के लिए "अकृष्ट" शब्दों के प्रयोग होते थे।

*अकृष्टपच्या पृथिवी सुसम्पन्ना महात्मनः।*

*स राज्यं तादृशं मुक्त स्फीतमद्‌भुतदर्शनम्।।* [17]

हल के द्वारा जमीन जोती जाती थी सुहल तथा दुर्हल दो तरह के शब्दों के प्रयोग हल के सन्दर्भ में होते थे जिनसे स्पष्ट होता है कि कृषक जोत करते समय हल के अच्छे या बुरे होने मापदण्ड रखते थे। भूमि जोतना द्विजवर्गो के लिए आज की तरह निषिद्ध नही था वल्कि राजाओं द्वारा सामुहिक समारोह में हल चलाया जाता था। [18] देश पर अन्न संकट के बादल जब हो गए थे तो राजा जनक ने अपने हाथों हल पकड़ा था।

*तस्य लाङ्.गलहस्तस्थ कृषतः क्षेत्रमण्डलम्।*

*अहं किलोस्थिताभिक्ष्वा जगतीं नृपतेः सुता।।* [18]

सीता ने अनुसूया के समझ यह तथ्य उपस्थ्ति किया थ जबकि स्वयं तनक ने विश्वामित्र से भी इन शब्दों में खेत जोतने का प्रसंग स्पष्ट किया है।

*अथ में कृषतः क्षेत्रं लांगलादुत्थिता मम्।*

*क्षेत्रं शोध्यता लब्धनाम्नासीतेति विश्रुता।* [19]

यज्ञभूमि के परिशोधन कार्य में यज्ञ कर्त्ता द्वारा हल चलाना अनिवार्य था।

इस धर्मिक क्रिया में हल के उपयोग से कृषि व्यवस्था की दृढ़ता की ओर उन्मुख हुई होगी।

---

15 वा० रा०-7-91-18

16 वा० रा०-2-49-3, 2-100-44

17 वा० रा०-7-84-8

18 वा० रा०-2-118-28

19 वा० रा०-1-66-12, 13

"अर्थोभ्योहिविवृधेभ्यः संवृतेभ्यस्त्तस्त:"[20] की भावना को बल मिलता था, भूमि की श्रेणी निर्धारित थी। सभी तरह की जमीन खेती योग्य नहीं समझी जाती थी। समाज के लिए कृषि योग भूमि के अतिरिक्त निवास तथा गोचर भूमि की आवश्यकता थी। रामायण में वर्णित शैलवनकानन भूमि विशेष आकर्षण युक्त दीख पड़ती है। यह भूमि की अलग श्रेणी थी। इन चारो कोटियों की भूमि के आर्थिक महत्त्व थे। कृषि व्यवस्था से उनका सम्बन्ध जुटा हुआ था। अयोध्या निवासियों की जोतवाली भूमि नगर के समीप थी। अयोध्या निवासियों की जोतवाली भूमि नगर के समीप थी। नगरवासियों का यह कथन– "उद्यानानि परित्यज्य क्षेत्राणि च गृहाणि[21] च" इस तथ्य का परिचायक है। जोत वाली भूमि क्षेत्र कहलाती थी राम जोती हुई भूमि नगरों तथा गावों को देखते हुए बन जा रहे थे।

*"ग्रामान् विकृष्ट सीमान्तान् पुष्पिताणि वनानि च"*[22]

ये गॉव की इतनी समीपता से गुजर रहे थे कि ग्रामवासियों की बोली स्पष्ट सुनाई पड़ती थी।

*श्रृण्वन् वाचो मनुष्याणां ग्रामसेवारूबासिनाम।*[23]

तात्पर्य यह है कि खेती योग्य भूमि से गाँव की दूरी अधिक नहीं रहती थी गॉव का क्षेत्र के आसपास बस जाना स्वाभाविक था। रोजी रोटी की सुगमता के फलस्वरूप ऐसे गावों की आवादी घनी थी तथा ग्राम वासियों का स्थिर निवास हो जाना स्वााभाविक था। कृषि मजदूरों एवं कृषकों के लिए स्थान परिवर्तन कठिन हो जाता है राम के अनुसार ये स्थल

*प्रहृष्टनरनारीकः समाजोत्सवशोभितः।*

*सुकृष्टसीमा पशुमान हिंसाभिरभिवर्जितः।।*[24]

के रूप में उल्लिखित हुए हैं।

---

20 वा० रा०-6-83-32

21 वा० रा०-2-33-17

22 वा० रा०-2-49-3

23 वा० रा०-2-49-4

24 वा० रा०-2-100-44

भूमि की जोत जो प्राचीन काल से आ रही थी उसमें परिवर्तन रामायणकालीन समाज में आकर किस हद तक हुआ उसका उल्लेख स्पष्ट नहीं हुआ है। प्रारम्भिक अवस्था में हल [25] में जुते हुए वैलों की संख्या छ; आठ या बारह तक होती थी जो मिलकर हल खीचते थे। रामायण काल में दो बैलों द्वारा खीचे जाने वाले हल का उल्लेख [26] हुआ है। प्राचीन हल में परिवर्तन न होने के कारण यह सुविध कृषकों को प्राप्त हुई होगी। शतपथ ब्राह्मण के अनुसार कृषि में सिर्फ बैल ही नहीं वल्कि गो एवं अन्य पशुओं के [27] उपयोग होते थे। प्रारम्भिक अवस्था में हलों की वोझिलता अधिक रहती थी। हल की मूढ लकड़ी की होती थी [28]–

हल में मोटे लम्बे वॉस इषा के लिए होता था जिस पर जुआ रक्खा रहता था। उसके भारीपन के [24] कारण बैल तक खीचने के लिए लगाए जाते [29] थे। रामायण में जोती गई भूमि कृष्टत था विना जोती हुई अकृष्ट थी लेकिन वाद के साहित्य में हत्य या सीत्य का प्रयोग जोती गई भूमि के लिए होने [30] लगा था। कौटिल्य ने 'हल' से जोतकर उत्पन्न किये गए पदार्थ के लिए सीता तथा उसके मुख्य अधिकारी के लिए सीताध्यक्ष का [31] प्रयोग किया है। पतंजलि ने हल खीचनें वाले बैल के लिए वलीवर्द, अनंगवान तथा गो शब्दों का प्रयोग किया है। हल तथा गाड़ी दोनो में काम आने वाले वैल सिर्फ एक काम की अपेक्षा कहे गए है–

*गोरथं शकटं वहति गोतराज्यंय: शकटं वहति सीरं च।।* [32]

---

25 ऋग्वेद-8-6-48, 10-101-4

26 वा० रा०-2-74-24

27 शतपथ ब्रा०-2-4-3-13, 3-1-2-13; 4-5-6-10

28 अथर्ववेद-3-17-3

29 का० स०-15-2

30 अष्टाध्यायी-4-4-97, 4-4-9

31 कौटिल्य अर्थशास्त्र

32 महाभाष्य-5-3-35

हल के लिए 'सीर' शब्द का प्रयोग हुआ है। जोती हुई जमीन के लिए सीत्य तथा जोती जाने वाली भूमि हत्या कहलाती थी। 'कर्ष' का प्रयोग जोतने योग्य भूमि के लिए हुआ है। रामायण से यह स्पष्ट है कि कृषि का बहुत हद तक विकास हो चुका था सुव्यवस्थित कृषि का परिचायक यह भी है कि हल में सिर्फ दो बैल लगाये जाते थे भूमि का हल्का होना तथा हल की वनावट में सुधर किया जाना दोनों ही स्पष्ट है–रामायण में वर्णित हल तथा भूमि की जोत का समर्थन ज्यों का त्यों हुआ है।

*भूमिं भूमिशयांश्चैव हन्ति काष्ठमयोमुखम्।*

*तथैवानुहुहो युक्तान् समवेदास्व जाजले।।*[33]

## जुताई

बीज बोने के तौर- तरीके रामायण में यथा स्थान उल्लिखित हुए हैं जिससे विदित होता है कि ''कृषक'' खेती के महत्त्व से पूर्ण अवगत थे। ऊसर भूमि में पड़े बीजों से फसल की कोई आशा नहीं रहती थी। उर्वर भूमि में डाले गए बीज सुवर्षां होने पर लहलहा उठते थे।–

"वर्षास्विव च सुक्षेत्रे सर्वसंपद्यते मयि।"[34] – मुट्ठी से छीटते हुए बीज खेत में बोये जाते थे। राजाजनक द्वारा वोये गए बीज का उल्लेख इस प्रकार हुआ है – समां दृष्टवा नरपतिमुष्ठिाविक्षेपा तत्परः[35]

अराजकता की स्थिति में कृषक अपने खेतों में बीज डालना नहीं चाहते थे। खेती पर राजसत्ता का नियन्त्रण उस हद तक हो सकता है कि अनावश्यक ढ़ंग से उपजाऊ भूमि परती न छोड़ दी जाय। इसका दूसरा कारण यह भी सम्भव है कि कृषक इस दिशा में सशंकित रहते होंगे कि अराजकता रहने पर खेत में डाले गए बीज से प्राप्त फसल उन्हें प्राप्त होगी या नहीं – "नाराज के जनपदे बीजभुष्टिः प्रकीर्णते।"[36] इस धारण से कृषि कार्य बाधित होता था।

---

33 महा०–12–26–2–47

34 वा०रा०–4–7–20

35 वा०रा०–2–118–29

36 वा०रा०–2–67–10

उर्वर तथा उसर भूमि के प्रति कृषकों का आकर्षण एक जैसा नहीं था। भूमि की परख के आधार ही कृषक अपनी फसल के प्रति आश्वस्त होते थे। उनके द्वारा ऊसर भूमि में बीज डाल दिये जाते थे। लेकिन उस भूमि से प्राप्त फसल के प्रति उनकी भावना इस प्रकार अभिव्यक्त हुई है।–

*तपश्चतप्रं यदपत्य कारणातलुनिष्फलं वीजमिवप्रभूपरे।*[37]

खेत की हल्की मिट्टी की रेखा या पंक्ति का वर्णन कवि बड़ी सरलता के साथ किया है। जोती गई भूमि जोवीज डालने के योग्य हो चुकी है उसकी सुन्दर पंक्ति से कवि की दृष्टि से आकृष्ट होती है। वर्षा के उपरान्त हेमन्तकाल में भूमि की सुन्दरता कृषकों के परिश्रम से निखर उठती है। जो कवि की दृष्टि में इस प्रकार है।

*ज्योत्स्ना तुषारमालिना पौर्णमास्यां न राजते।*
*सीते व चातपश्यामालक्षते न च शोभते।।*[38]

बीज बात एवं आतप क्लान्त होने पर प्रारम्भ होने पर प्रारम्भ में नष्ट प्राय दीखते हुए भी वर्षा से पुनः जीवित हो उठते थे। कृषकों की खेती बहुत हद तक वर्षा पर निर्भर करती थी। वीज बो देने के उपरान्त उसका उगना एवं पौधें का लहलहाना निश्चित नहीं रहता था। वर्षा के बाद नष्ट प्राय वीज से उगे पौधे इस प्रकार वर्णित हुए हैं।

*वातातपक्लान्तभिवप्रनष्टं वर्षेण वीजं प्रतिसंजहर्ष।*[39]

गेहूँ तथा 'जौ' के नवोदित पौधे ओस कण से युक्त प्रातःकालीन रश्मियों के मध्य सुशोभित होते हैं जिनका वर्णन कवि ने इस प्रकार किया है।

*वाष्पच्छन्नान्यरमयानियवगोधूमवन्ति च।*
*शोभन्तेऽभ्युदिते सूर्ये नदक्भि: क्रौञ्जसारसैः।।*[40]

---

37 वा०रा०-2-20-52

38 वा०रा०-3-16-14

39 वा०रा०-5-29-6

40 वा०रा०-3-16-16

शतपथब्राह्मण में बीज बोने की क्रिया का उल्लेख किया है। कृषि कार्य में कर्षण वपन कर्त्तन तथा मर्दन के क्रम का उल्लेख कर विभिन्न क्रिया गिनाने की चेष्टा हुई।[41] कृषि कार्य के प्रति इस युग में पूरी निष्ठा दीख पड़ती है क्योंकि उपनिषद् का बहुवृतं उद्योग प्रारम्भ में हो चुका था, अन्न ही ब्रह्म है यह सिद्धान्त मान्य हो चुका था। तैत्तिरीय उपनिषद के अनुसार अन्न से सभी प्राणियों का उत्पन्न होना; अन्न से सबों की आजीविका तथा नष्ट होने पर सबों का अन्न में ही विलय एवं एक रूप हो जाना उल्लिखित हुआ है।[42] इस प्रकार अन्न का महत्त्व स्थापित करते हुए कृषि के विभिन्न कार्यों की ओर अभिरूचि उत्पन्न की गई थी। महर्षि वाल्मीकि की तरह पाणिनि के अष्टाघ्यायी में कृष्टपच्च्य तथा अकृष्ट पच्य दो तरह की फसल उल्लिखित हुई है अकृष्टपच्य फसल स्वतः उत्पन्न होती थी जमीन की जुतायी तथा बुआई के कार्य से इस फसल का सम्बन्ध नही था। कृषि कार्य पाणिनि के अनुसार कई एक थे।

जिनका उल्लेख उन्होंने किया है - कर्ष (जोतना) वाप (वोना) मूलावर्हण (निराई) लवन (काटना) तथा निव्याय (भूसी से अन्न अलग करना)[43]

## सिंचाई

कृषि के लिए जल के महत्त्व का वर्णन अनेक स्थलों पर हुआ है जिससे स्पष्ट होता है कि तत्कालीन कृषक वर्ग अपनी फसल की सिंचाई के लिए पूर्ण सतर्क थे। अलंकारयुक्त भाषा के द्वारा वर्षा के महत्त्व प्रतिपादित हुए है। राजा दशरथ के यहाँ विश्वामित्र की उपस्थिति का आनन्द वैसा ही है जैसा जलरहित भूभाग में वर्षा होने से होता है–

"यथा मृतस्य सम्प्राप्तिर्यथावर्षामनृद"[44] के वर्षा की अनिश्चित्ता तथा फसल के लिए इसकी अनिवार्यता दोनों ही इस वर्णन से स्पष्ट होते हैं। कृषक के लिए फसल ही जीवन था। अपनी फसल में वर्षा की बूदें उनके जीवन में

---

41 शतपथ व्रा०-1-6-2-3

42 शतपथ व्रा०-3-3

43 अष्टाध्यायी-3-2-183, 3-1-21, 3-1-117

44 वा०रा०-1-18-49

अमृत की प्राप्ति सदृश थी। वर्षा की प्रतीक्षा करते हुए कृषकों की मनोदशा का वर्णन वाल्मीकि ने इस प्रकार किया है–[45]

"त्वमेव प्रति काक्षन्ते पर्जन्यमिव कर्ष का:" मेध ही आनन्द की उत्सभूमि है। राम ने लक्ष्मण का आदेश दिया था कि महर्षि अगस्त एवं विश्वामित्र की इस प्रकार पूजा की जाय जिस प्रकार मेध जल के द्वारा अन्न देकर सब मनुष्यों की पूजा करता है।

*अर्चयाहूय सौमित्रे रत्नै: सस्यभिवाम्बुभि:।*[46]

फसल के लिए जल वैसा ही माना जाता था जैसा कि सूर्य पूरे संसार के लिए दोनों के विना दोनों की स्थिति एवं जीवन की कल्पना नहीं की जा सकती थी। "तिष्ठे लोके विना सूर्य शस्यं वा[47] सलिलं विना।" जैसी उक्ति से राजा दशरथ ने एक ओर अपने जीवन में राम के महत्व का वर्णन किया है तो दूसरी ओर संसार के अटूट सत्य का प्रतिपादनं ही किया है। राम के आकर्षक व्यक्तिव का महत्त्व वैसा ही है जैसा सूर्य का महत्व संसार के लिए तथा वर्षा का महत्व फसल के लिए। कृषि की ओर स्वाभाविक ढ़ंग से वाल्मीकि ने समाज का ध्यान आकृष्ट किया था। फसल का महत्त्व उस युग में वैसा ही था जैसा कि दशरथ के जीवन हेतु राम का महत्व था। कृषि एवं कृषक तत्कालीन समाज में आकर्षण के केन्द्र थे जिस ओर कवि ने कहा है कि–

धर्माभितप्ता पर्जन्य हलादयन्तमिव[48] प्रजा: इससे स्पष्ट है कि प्रजा पर्जन्य जिस प्रकार अहलादित हो उठती थी उसी प्रकार राम का व्यक्तिव था। पर्जन्य का महत्व कृषि प्रधान समाज के लिए स्वाभाविक था। रामायण कालीन समाज कृषि का तथा फसल की सिंचाई का सर्वाधिक महत्व प्रदान करने वाला था। वर्षा से सृष्टि की स्थिति समझी जाती थी। उसके विना पृथिवी पर जीवन - धारण की कल्पना सम्भव नही थी। दशरथ ने राम के प्रति अपना अपार स्नेह

---

45 वा०रा०-2-112-12

46 वा०रा०-2-32-13

47 वा०रा०-2-12-13

48 वा०रा०-2-3-30

प्रकट करते हुए कहा था कि सूर्य तथा वर्षा के बिना सृष्टि की कल्पना निरर्थक है।

विनाऽपि सूर्येण भवेत प्रवृति वृत्तिरवर्षता वज्रधरेण वापि रामं तु गच्छन्तमित: सभीक्ष्य जीवेन्न कश्चितिणति [49] चेतना मे यहाँ वाल्मीकि ने वर्षा के महत्त्व का स्पष्ट वर्णन किया है जिससे उनकी समाजिक तथा आर्थिक दृष्टि का परिचय प्राप्त होता है। अनावृष्टि का वर्णन वाल्मीकि ने यथास्थान अनेक स्थलों पर किया है। इस सन्दर्भ में इन्होंने उल्लेख किया है कि वित्रसुर की हत्या इन्द्र द्वारा हो जाने पर ब्रह्महत्या की ग्लानि से उनके अन्तर्घ्यान हो जाने से उसका परिणाम अनिष्ट हुआ है।

*अथ नष्टे सहस्राक्ष उद्विग्नमभवज्जगत्।*

*भूमिश्च ध्वस्तसंकाशा नि:स्नेश शुष्क कानना।।*

*नि: स्रोतच्श्र। ते सर्वे हृदाश्च सरिस्तथा।*

*संक्षोभश्चैव सत्वानाम वृष्टि कृतो अभवत्।।* [50]

वर्षा नहीं होने के फलस्वरूप भूमि का वंजर हो जाना तथा जंगलों का सूख जाना इसकी भयंकरता का स्पष्ट संकेत है। तालाब एवं नदियों में जल नहीं है। सभी प्राणियों में हाहाकार मच जाना स्वाभाविक था। कृषक की स्थिति कितनी दयनीय हो जाती थी यह भी स्पष्ट है। ऐसे ही अन्यत्र अनावृष्टि का वर्णन हुआ है।–

*अनावृष्टि: सुधीरा वै सर्वभूतभ्याबहा।*

*अनावृष्टय्यां तु वृक्षायाम राजा दुख समन्वित:।।* [51]

तत्कालीन समाज ऊनावृष्टि से जूझने के लिए सामूहिक प्रयास होते थे। राजा एवं प्रजा की सम्मलित बैठक होती थी। देश के महान दार्शनिक विचारों की संगोष्ठी में इस संकट के निवारणार्थ विचार होते थे। आपतकालीन स्थिति

---

49 वा०रा०-2-12-105

50 वा०रा०-7-86-4, 5

51 वा०रा०-1-9-9

में राजा का उत्तरदायित्व वढ़ जाता था। राजरोभपाद द्वारा अनावृष्टि से जुझने के उपक्रम इस प्रकारवर्णित हुए हैं।

*ब्राह्मणाञ्श्रु वृद्धांश्च समानी प्रवक्षति।*

*भवन्तः श्रुत कर्माणो लोक चारित्र के दिनः।*

कथानक का महत्त्व आर्थिक दृष्टि से बहुत अधिक है; राजा ने उस अनावृष्टि से प्रजा की रक्षा के लिए राज्य में विचार-विमर्श किया तथा ऋषियों का आह्वाण उसके निदान हेतु किया गया। अत्रि ऋषि की पत्नी अनुसूया ने अपने देश की रक्षा के लिए अनावृष्टि के समय जो कार्य किया था वह प्रशंसनीय है।

*दश वर्षण्य नावृष्ष्या दग्धे लोके निरन्तरम्।।*

*यथा भूल फले सृष्टे जहाण्वी य प्रवर्तिता।।* [52]

नदियों की धारा मोड़कर सूखे भू भागों की रक्षा करना एक महत्त्वपूर्ण कार्य था। तपःसाधना का फल आर्थिक विकास में भी लगाया जाना था। यह उससे स्पष्ट है। अनुसूया द्वारा अपनी तपः साधना से नदी की धारा मोड़ने का उल्लेख स्पष्ट संकेत देता है कि अनावृष्टि के काल में ऋषियों महर्षियों के सहयोग राजा तथा प्रजा को प्राप्त होते थे। कृत्रिम तरीके से सिंचाई करके फसल उगाने की विधि ज्ञात थी। कृषि का विकास उस हद तक हो चुका था कि भूमि के विभाजन सिंचाई के साधनों के आधार पर होते थे। कृत्रिम साधनों द्वारा सिंचित भूमि "अदेवभातुलया" नदी मातुल कहलाती थी। "अदेवभ्रात्को रभ्यः स्वापदैः" [54] परिवर्जितः के उल्लेख से स्पष्ट है कि कौशल देश की फसल निश्चित रहती थी। कृत्रिम साधनों द्वारा सिंचाई करके इस भूभाग को स्थायी रूप से रभ्य बना लिया गया था। कृत्रिम तरीके से फसल की सिंचाई के संकेत इस उल्लेख से भी स्पष्ट होते हैं। "केदारस्येव केदारसादेकस्य निठदकः। [55]

---

52 वा०रा०-1-9-10

53 वा०रा०-2-117-9, 10

54 वा०रा०-2-100-45

55 वा०रा०-6-5-11

सूखे खेत अपने समीप की जलयुक्त भूमि से जल ग्रहण कर लेता है। कोशल देश के वर्णन में कहा गया है "देवस्थानेः प्रयाभिश्च तटाकेश्चोषभितः।"[56]

इन तडागों से सिंचाई के काम होते होंगे जिससे कि अगल - बगल के भूभाग रमणीय दीख पड़ते थे। वर्षाकाल में नदी के समीपवर्त्ती क्षेत्र प्रचुर जलराशि से सिंचित होते रहते थे। "प्रावृषीवं महानद्याः स्पृष्टं कूलंनवाम्मसा।"[57] नदी के तटवर्त्ती भाग में सेतु की जरूरत पड़ती थी जिससे बाढ़ के जल को रोका जाता था। बाढ़ से फसल की फसल की रक्षा हेतु यदि वाँध की आवश्यकता थी तो वाँध के फलस्वरूप रोके गए जल से सिंचाई के भी कार्य होते थे; वर्षा के समय जलादेश से वाँध-टूटने के उल्लेख हुए हैं।

"महतेवाम्वुवेगेन भिन्नः सेतुर्जलागमे।"[58] वाँध द्वारा जल की दिशा मोड़ने के प्रयास होते थे। जाह्नवी की धरा मोड़कर की गई सिंचाई के उल्लेख से स्पष्ट है कि अनावृष्टि काल में कृत्रिम साधन द्वारा सिंचाई करके फसल उगाइ जाती[59] थी। कभी बॉध के टूट जाने पर जलराशि के वहाव रोकने का प्रयास होता था–

*"स निरर्थगत जलेसेतु बन्धिातुभिच्छति।"*[60]

इस तरह के वाँध जलराशि रोकने के लिए होते थे। वाढ़ से सुरक्षा के काम तथा रोके गए जल से सिंचाई के काम होते थे। ऐसे यन्त्रकों के उल्लेख रामायण में हुए है जो जलधरा के विशेषज्ञ कहे गए हैं। वे भूमि की परख रखने वाले जमीन की खुदाई करने में अतिचतुर तथा यन्त्र को विद थे। यहाँ अभी प्राचीन अभियंत्रणा - ज्ञान का परिचय मिलता है तथा उनके कार्य - कलासों से विदित होता है कि कृषि के तत्कालीन समाज वर्षा पर निर्भर नहीं रहकर आवश्यकतानुसार भूमि की सिंचाई कर लेते थे–

---

56 वा०रा०-2-20-49

57 वा०रा०-2-20-49

58 वा०रा०-2-105-5

59 वा०रा०-2-117-9, 10

60 वा०रा०-2-18-23

*अथ भूमि प्रदेशज्ञा सूत्रकर्म विशारदा:।*[61]

स्वकर्माभिरता: शूरा: खन का यन्त्र कास्तथा। ऐसे यंत्रको द्वारा शीघ्र ही अपार जलराशि जो पर्वत प्रदेश से वहकर नीचे जाती थी उसे रोककर समुद्र जैसा दृश्य उत्पन्न कर लिया जाता था।[62] यहाँ विज्ञान के विकास तथा उपयुक्त यन्त्रें के प्रयोग का आभार होता है। सिर्फ मनुष्य की शक्ति यह कार्य सम्भव नहीं होता यन्त्र को के कार्य उस यन्त्रकों के कार्य इस दिशा में जनहित के लिए होते थे - रामायण कालीन राजतन्त्र एक सीमा तक जनहित के कार्य में लगा रहता था। "अचिरेणैव कालेन परिवाहान बहूदकान।"[63]

चक्रुर्बहु विधकारान् सागरप्रतिमान बहून। पहाड़ी झरने की अपार जलराशि रोककर सिंचाई के कार्य किये जाते होंगे। भूमि के भीतर से भी जल निकाले जाते थे कुॅए खोदकर जलप्राप्त करना आसान कार्य था।

"निर्जलेषुध देशेषु खान या मासुरूत्रमान उदपानान्-बहुविधान वेदिका परिमण्डितान्।"[64]

स्पष्ट है कि आवश्यकतानुसार कुएँ खोदे जाते थे, ऐसे कुएॅ जो पुराने पड़ जाने पर जलरहित हो जाते थे या - अनावश्यक हो जाते थे वन्द कर देने के उल्लेख हुए हैं ऊपरेऽपूरूयण कूपान पांसुभि रवभ्रमायतम्। इस प्रकार कृत्रिम साधनों द्वारा जलापूर्ति होती थी। "कार्तवीर्य भुजासक्तं तज्जलप्राप्य निर्मलं।"

कूलोपहारं कुर्वाणं प्रतिस्त्रोत: प्रधावति।[66]

इस उल्लेख से कार्तवीर्य सम्बन्धी कथा कहाँ तक सत्य है, यह अलग प्रश्न है लेकिन जलधारा उलटी दिशा में वहाने के प्रसंग से स्पष्ट है कि उस काल में यह विज्ञान विकसित हो चुका था।

---

61 वा०रा०-2-80-1

62 वा०रा०-2-80-11

63 वा०रा०-2-60-12

64 वा०रा०-2-60-12

65 वा०रा०-2-80-9

66 वा०रा०-2-82-5

सहस्रवाहू कार्त्तवीर्य ने नर्मदा नदी की जलधारा रोक दी थी जिससे अपार जलराशि किनारे के ऊपर उलटी दिशा में प्रवाहित होने लगी थी। नदी के तटवर्त्ती भाग काफी उपजाऊ होते थे। इस शस्य श्यामलाभूमि की सुन्दरता अत्यन्त रमणीय थी। प्रलम्भ देश के उत्तर की ओर वहने वाली मालिनी नदी का उल्लेख हुआ है। जिसके किनारे के भूभाग काफी सुन्दर [67] थे यह सुन्दरता फसल की श्यामलता के फलस्वरूप थी। उस क्षेत्र में नदीर्वापिस्तटाकानि पल्लवाणि सरांशि च। [68] के उल्लेख से इस भूभाग की सरता तथा जल की बहुलता स्पष्ट है। ऐसे भूभागों में खेती निश्चित थी। न सूखे का भय था न वाढ़ का प्रकोप ही चिन्तित करने वाला था। कुरू पांचाल क्षेत्र में जलापूर्ति के विभिन्न साधनों का उल्लेख करते हुए उसकी रमणीयता का वर्णन भी हुआ है।

सारांसि च सम्पूर्णानि नदीश्च मिलोदकाः।

निरीक्षमा वास्ते जग्मुर्दूताः कार्यवशाद्द्रुतम्।। [69]

राजावसु द्वारा वसायी गई वसुमती नगरी सुभागधी नदी की जल धारा से सिचिंत होती थी। सुव्यवस्था के कारण वहाँ की शस्यश्याम लाभूमि इस प्रकार वर्णित हुई है।

सेषा हि मागद्यी राम वसोस्तस्य मद्यत्मनः

पूर्वाभिरचिताराम सुंक्षेत्रा सस्यमालिनी।। [70]

इस प्रकार सिंचाई के विभिन्न प्रसंगो से स्पष्ट है कि कृषकों को निम्नलिखित सिंचाई के साधनों की जानकारी प्राप्त थी जिनका उल्लेख तत्कालीन कृषि व्यवस्था में करते थे।

1 तालाब-2-8-11, 2-68-69

2 कुएँ-2-80-12, 2-80-3

---

67 वा०रा०-2-68-62

68 वा०रा०-2-68-19

69 वा०रा०-2-68-14

70 वा०रा०-1-32-10

3 नदी-132-10, 2-68-19

4 नहर-1-24-9

रामायण में सिंचाई व्यवस्था का उल्लेख प्राचीन व्यवस्था से भिन्न नहीं है। अनावृष्टि रोकने के लिए [71] अथर्ववेद की तरह यहाँ भी आध्यात्मिक [72] शक्ति का सहारा लिया जाता था जो कृत्रिम साधन रामायण में उपलब्ध होते है वे सभी वेद कालीन तथा उत्तरवेदकालीन कृषि व्यवस्था में अपनाये जा चुके थे। वाद के साहित्य में कृषि व्यवस्था का विकास स्पष्ट [73] चित्रितं हुआ है। कौटिल्य ने कृषि पर इतना अधिक बल दिया है कि परती भूमि तथा बन को कृषि योग्य भूमि बनाने के लिए बहुत आ सुझाव दिया। [74]

## कृषि के औजार

कृषि कार्य के लिए निम्नलिखित औजारों के उपयोग होते थे।

1 लांगल-1-40-27

2 हल-1-39-19

3 फाल-2-32-29

4 कुदाल-2-32-29

5 खनित्र-2-31-25

रामायण में फसलों से उत्पन्न अन्न के वर्णन हुए हैं। तत्कालीन कृषि व्यवस्था से प्राप्त अन्नों की विवरणी इस प्रकार प्रस्तुत की जा सकती है।

1 कलम-64-95, -5-14-16

2 शालि-3-16-17, -1-5-17

3 तण्डुल-7-91-19, 1-5-17

---

71 अथर्ववेद-7-18-39

72 वा०रा०-1-9-9 से 18

73 ऋग्वेद-10-101-5-6, 8-69-12, 3-45-3, 10-99-4

74 कौटिल्य अर्थशास्त्र-2-1

4 गोधूम-3-16-17

5 चणक-1-91-20

6 मुदग-7-81-19

7 यव-3-16-17

8 नीवार-2-61-5

9 कुल्थी-7-91-20

10 माष-7-9-20

11 ईख-7-92-12, 1-5-17

12 तिल-7-91-19

धान की खेती के प्रसंग अनेक स्थलों पर रामायण में उपलब्ध है जिनसे स्पष्ट है कि इसकी खेती प्रचुरता से होती थी। इसकी दो फसलें होती थी प्रथम वर्षा के प्रारम्भ में तो दूसरी शरत ऋतु भेंतैयार होती थी।

सुग्रीव कोसान्त्वना देते हुए रम का यह कथन "प्रसूतं कमलं क्षेत्रे वर्षेणैव शतकृतु" [75]

यानि जिस तरह इन्द्र वर्षा के द्वारा ध्यान के फसल को सम्पन्न करते है उसी तरह वे भी उनकी कामना पूर्ण करेंगे।

राम पुनः शरदकाल में सुग्रीव से कहते हैं–

विपक्वशाली प्रसवानि भुक्त्वा प्रसहिर्सि सारस चारू पंक्तिः [76] अन्यत्र भी

लोकं सुवृष्टया परितोशयित्वानदीस्तटाकानिच पूरयित्वा।

निषपन्नसस्यांवसुधांच कृत्वात्कत्वा नमस्तोयधराः प्रनष्टा।। [77]

सारस पक्षिप के हुए धान के दाने खाकर प्रसन्नता के साथ आकाश में उड़ते हुए दीख पड़ते हैं। शरद ऋतु के आगमन होते वादल आकाश का त्याग

---

75 वा०रा०-4-14-16

76 वा०रा०-4-30-48

77 वा०रा०-4-30-58

कर रहे हैं वादल ने जलवर्षा कर संसार को तृप्त किया; नदी तथा तालाब को जल से आपूर्ण किया तथा पृथिवी पर धन आदि फसलों को उपजा कर अपना काम सम्पन्न कर दिया है यह फसल धान की सरद ऋतु में तैयार हो चुकी है। यथा कलम के दौरः पक्वैरिव [78] वसुन्धरा। इस उक्ति में भी धन की फसल से युक्त क्षेत्र की सुन्दरता का चित्रण है।

धन के कलम अब पक कर झुक गए हैं अन्यत्र भी पके हुए धान के कलम है:–

शाली वनं विपक्वंम् [79]. – का उल्लेख हुआ है, धान की फसल खेत में शीध्र ही पकती थी ऐसी वात नहीं है। महर्षि वाल्मीकि ने इसे बड़े ही सुरूचिपूर्ण शब्दों में कहा है कि धान के पकने में समय लगता है मनुष्य को भी दुष्कर्म के फल शीघ्र ही प्राप्त नही होते। कालोऽप्यंगी भवत्यत्रसस्यानामभिव पंक्तये। [80]

धान के झुके हुए पौधे खेत में दीख पड़ते हैं। वे चावल के भार से झुक चुके हैं। इसकी स्वर्णिम प्रभा इस प्रकार प्रसंदित हुई है।

सर्जुरपुष्पा कृतिभिः शिरोभिः पूर्ण तण्डुलैः।

शोभन्ते किञ्चिदा नम्राः शलयः कनक प्रभा।। [81]

इस तरह के सविस्तार वर्णन अन्य किसी फसल के नहीं हैं धान की फसल ही शस्य थी। यही इसके विस्तार एवं प्रचुरता का परिचायक है। अन्य अन्नों के उल्लेख रचना में सिर्फ प्रसंग वश हुए हैं।

## कृषि पर तत्कालीन संकट

रामायण में कृषि पर आने वाले संकट हिंसा के नाम से सम्वोधित किये जाते थे।

---

78 वा०रा०-6-4-95

79 वा०रा०-4-30-54

80 वा०रा०-4-49-27

81 वा०रा०-2-100-44

सुकृष्टसीमा पशुमान् हिंसाभिरभि वर्जितः।

अदेवभातृकोरभ्यः श्वपादैः परिवर्जितः।।[81]

ये हिंसाएँ छः प्रकार की होती होंगी जिन्हे ईतभः के रूप में मान्यता दी गई है, इनसे प्रजा की रक्षा करना राज - कर्त्तव्य समझा जाता था।

राम ने भरत से चित्रकूट में प्रश्न करते हुए जिज्ञासा की थी कि उनसे प्रजा रक्षित तो है? सम्भवतः अराजकाता की स्थिति में राजसंरक्षण का आभाव हो जाने पर कृषकों को इन हिंसाओं से आक्रान्त होना पड़ता होगा, अतः उल्लेख है कि विना राजा के राज में कृषक अपने खेतों में बीज डालना नहीं[82] चाहते। परिश्रम का फल कृषकों को प्राप्त होगा यह ऐसी स्थिति में अनिश्चित हो जाता था। इसीलिए राजविप्लव भी कृषि के छः हंतयो में से एक ''हन्ति' समझी जाती थी।

न राज के जनपदे धनवन्तः सुरक्षिताः

शेरते विवृत द्वारा कृषिगोरक्ष जीविनः।।[83]

कृषकों एवं गोरक्षा जीवियों की सारी सम्पत्ति वाहर खुले क्षेत्रों में रहती थी वहाँ ''मतस्यन्याय'' होने पर वह वर्ग पूर्ण असुरक्षित हो जाता था। अतः कृषक वर्ग अराजकता या राज विप्लव होने पर बड़े संकट में पड़ जाता था। इसके प्रति उस समाज की मान्यता इस प्रकार प्रकट हुई है–

न राज के जनपदे स्वयं भवति कश्चित

मत्स्या इव नरा नित्यं भक्षयन्ति परस्परम्।।[84]

यद्यपि मत्स्य न्याय पूँजीवाद की जड़ है जिस पर की पूँजीवाद की विशाल इमारत खड़ी है। फिर भी अराजकता की घड़ी बड़ी दर्दनाक होती होगी जिसका उल्लेख महर्षि वाल्मीकि ने किया है। चैत्र तथा मार्ग महीने में जब कभी शत्रुओं का देश का आक्रमण होता था तो कृषकों की स्थिति विगड़ जाती थी। जिसका

---

82 वा०रा०-2-67-10

83 वा०रा०-2-67-19

84 वा०रा०-2-6-31

वर्णन महाभारत में हुआ है चैत्रे वा मार्गशीर्षे वा सेनायोग: प्रशस्यते। पक्वशस्या हि पृथिवी भवत्यम्युवतीतदा।[85]

राजा की ओर से प्रजा को प्राप्त संरक्षण का उल्लेख वाल्मीकि ने "कच्चितसर्ग"[86] में किया है जिससे स्पष्ट होता है कि कृषि तथा गोरक्ष जीवियों के ऊपर राजा का ध्यान हमेशा रहता था; इतनाही नही उस वर्ग के लिए "दयित" शब्द का भी प्रयोग हुआ है - महाभारत में भी ऐसी भावना अभिव्यक्त हुई है; यहाँ तक कि रामायण के शब्द भी ज्यों के त्यों रख दिये गए हैं

कश्चिन्न भक्तं वीजं च कृषिदेवीमातृका।
प्रत्येकं च शतं वृद्धया ददास्थृणमनुग्रहम्।।
कच्चित स्वनिष्ठता तात वार्ता ते साधुभिर्जते।
वार्तायां संश्रितस्तात लोको हि सुखमेधते।।[87]

राजा की ओर से प्रजावर्ग के संरक्षण हेतु सारे प्रयत्न कभी - कभी निष्फल हो जाते थे जिसके उल्लेख रामायण में हुए हैं। मलद तथा करूष देश धन - धान्य सम्पन्न हि नही वल्कि सभी देशों में ख्यातिलव्ध देश था।[88] पर ताड़का के आक्रमण तथा इसके स्थायी निवाश के फलस्परूप इसकी दयनीय स्थिति भी वर्णित हुई है जिसके लिए विश्वामित्र ने राम को उत्प्रेरित किया कि एक बार पुन: इस देश को निष्कंटक कर दिया जाय।

"मन्नियोगादिमंदेशं कुरूनिष्कटकं पुन:"[89]

कृषि पर दूसरा भयंकर संकट अतिवृष्टि तथा अनावृष्टि के कारण उत्पन्न होता था।

---

85 महा०-12-100-10, 11

86 वा०रा०-2-100-(किंचत्सर्ग)

87 महा०शातिंपर्व-5-77-80

88 वा०रा०-1-24-21, 22

89 वा०रा०-1-24-30

इस तरह का संकट का उल्लेख रामायण में अनेक स्थलों पर है जिससे प्रतीत होता है कि इस संकट का सामना प्रत्येक वर्ष का सामना करना होता होगा। कृषि की रक्षा के लिए अतिवृष्टि तथा अनावृष्टि दोनो से जुझना पूरो समाज का उत्तरदायित्व था।

अतिवृष्टि-2-10-5, 2-20-49

अनावृष्टि-2-117-9, 10-1-99, 7-87-45

फसल के विनाश की परिस्थिति अनावृष्टि के कारण भी उपस्थित हो जाती थी। इन्द्रद्वारा ओले की वर्षा कर कृषि के नष्ट होने के उल्लेख इस प्रकार हुए हैं-

हन्यमानं तुत्तसैनयं पश्यामि शखृष्टिभिः।

इन्द्रेणेवोत्मं सस्यमाहतं त्वस्य वृष्टिभिः।। [90]

अग्नि से भी फसलों की क्षति होती थी; कृषकों के अन्न इससे नष्ट हो जाते थे।

स कदामिव विस्तीर्ण शुष्केन्धनमिवाकुलम्। [91]

सैन्य आक्रमण उस युग की साधारण बात थी। राज्यसीमा का विस्तार राजा का मुख्य उत्तरदायित्व उस काल में था, जिस कारण देश के भीतर की सेना तथा शत्रु देश की सेना दोनों ही फसल के शत्रु समझे जाते थे। कृषि भूभाग पर आक्रमण होते ही उसकी श्री नष्ट हो जाती थी ऐसी परिस्थिति में वहाँ की सिर्फ कृषि ही नही वल्कि वह प्रान्त निर्जन हो जाता था। मनुष्य के वहाँ से हट जाने पर फिर उस क्षेत्र की कृषि की अवस्थ वैसी हो जाती होगी यह स्पष्ट है। "इमौ जन पदौ नित्यं विनासयति [92] राघव" जनरहित स्थिति भी कृषि की हंतयों में से एक हंति है, इससे होने वाले विनाश के प्रसंग रामायण में उलिलखित हुए तथा उसके निवारणार्थ राजा के के सत्प्रयासों की भी चर्चा हुई

---

90 वा०रा०-

91 वा०रा०-7-14-15

92 वा०रा०-1-24-28

है। चित्रकूट पर राम ने भरत से राजकर्त्तव्य की चर्चा इस सन्दर्भ में इस प्रकार की थी इन्द्रियाणां जयं बुद्धवा षाडगुण्यं देवमानुषम् कृत्यं विशतिवर्गं च तथा प्रकृति मण्डलं। [93]

प्रजा की कृषि नष्ट होने पर भरण पोषण का उत्तरदायित्व राजवर्गपर आ जाता था। जिसका उल्लेख इस प्रकार हुआ है–

तेषां गुप्ति परिहारैः कच्चिते भरणं कृतम्।

रक्ष्या हि राज्ञा धर्मेण सर्वे विषय वासिनः।। [94]

ऐसे ही अवसर पर राज के अन्न – गोदाम यानी धान्य कोष का उपयोग प्रजा के लिए विशेष रूप से होते होंगे।

---

93 वा०रा०-2-100-69

94 वा०रा०-2-100-48

95 वा०रा०-2-36-7

# 6

# विभिन्न प्रकार के उद्योग शिल्फ एवं कला

## उद्योग के प्रकार एवं भेद

रामायण कालीन समाज परम्परा से लाभान्वित हो रहा था। समाज के क्रमिक विकास का प्रभाव उद्योग धंधे पर पूर्णरूपेण व्याप्त था। आज की तरह उद्योग बड़े पैमाने पर नहीं होते हुए भी कुटीर उद्योगों के जाल पूरे देश में फैले हुए थे। उन उद्योगों के जाल पूरे देश में फैले हुए थे। इन उद्योग धंधें के नियमों का उल्लेख वाल्मीकि ने किया है

नैगमा बलवृद्धश्च द्विजाश्च सुसमाहिताः।

कर्मान्तिकान वर्धकिनः कोषाध्यक्षांश्च नैगमान्।।[1]

आर्थिक श्रमिक वर्गों में संकटात्मक प्रवृत्ति स्वाभाविक[2] है। सहयोग एवं सहकारिता के बल पर वैश्यवर्ग अर्थाजन करते थे इसलिए इन्हें ''गणेशः'' भी कहा गया है। वाल्मीकि ने जिसे निगम कहा है बाद के ग्रन्थों में उसे श्रेणी" भी कहा गया है। कौटिल्य ने शिल्पकारों के समूह की श्रेणी के रूप में

---

1 वा०रा०-7-91-22, 23

2 कारपोरेट लाइफइन एनसियंट इण्डिया–डा०आर०सी०मजुमदार अनुवादक–प्रो०के०डी० वाजपेयी-पृ०-15

सम्बोधित किया है। "एकेन शिल्पेण वा ये जीवन्ति तेषा समूहः[3] श्रेणी" पाणिनि ने भी ऐसी व्याख्या दी है – त्रैणयः वृतादिभिः।।

निगमों के सृजन वाल्मीकि से पूर्व हो चुके थे। रामायण में निगमों का विकसित रूप दीख पड़ता है। उपनिषद में इस श्रेणी की सृष्टि का संकेत दिया गया है। ''स नैव व्यमवत्स विशमसृजतं मान्येतानि देवजातानि गणशः आख्यायन्ते वसवो रूद्रा आदित्या विश्वदेवा मरूत[4] इति। वाल्मीकि ने नैगमों का उल्लेख दो स्थलों पर किया है – प्रथम भरत के साथ चित्रकूट तक जाने वाले शिल्पियों के प्रसंग में तथा द्वितीय राम के अश्वमेद्य यज्ञ के अवसर पर कार्य करने वाले शिल्पियों के सन्दर्भ में। ये दोनों ही स्थल शिल्पियों के विराट मेला से सम्बद्ध है। वाल्मीकि के अनुसार शिल्पियों के ये वर्ग विशेष उल्लेखनीय हैं – दशरथ के अश्वमेध यज्ञ में निगमों के नाम इस प्रकार हैं–

त्तो अव्रवीद् द्विजान् वृद्धान् यज्ञ कर्मसु निष्ठितान्

स्थापत्य निष्ठितांच्श्रैव वृद्धान् परम्धर्मिकान्।।

कर्मान्तिकाशिल्पकरान वर्धकीन् खनकानपि।

गणकाञ्शिल्पनच्श्रैव तथैव नटनर्तकान्।।[5]

भरत के चित्रकूट यात्रा में साथ देने वाले शिल्पियों के नैगम इस प्रकार थे।

ये च तत्रापरे सर्वे समन्ता ये च नैगमा

रामं प्रत्ति ययुर्हष्टाः सर्वाः प्रकृत यस्तथा

मणिकाराच्श्र ये केचित्कुम्भकाराश्च शोभनाः

सूत्रकर्मकृतश्चैव ये च शस्त्रोंपजीविनः।

मयूरक्राकचिकारोचका वेधकास्तथा।।

दन्तकाराः सुधकारास्तथागन्धोपजीविनः।

---

3 अर्थशास्त्र को०–5–2

4 वृहदारण्यकोपनिष–1–4–12

5 वा०रा०–1–13–6, 7

सुवर्णकारा: प्रख्यातास्तथाकम्वलकारका:।

स्नापको छाद का वैधधूपका: शौण्डिका तथा।।[6]

इसी तरह राम के अश्वमेध यज्ञ में भी शिल्पियों की उपस्थिति दीख[7] पड़ती है।। वाल्मीकि ने उन शिल्पियों के जन्म का इतिहास प्रस्तुत किया है।

पितामहाद्वारं लेभे सर्वभोशनसंधनम्।

वनं विधय बलवान सर्व कामेश्वरस्तदा।।[8]

विश्व कर्मा ने ब्रह्मा से ''वर'' प्राप्त करके शुक्राचार्य का सब धन तथा विद्या प्राप्त कर ली थी।

शिल्प विद्या का विस्तार उनकी कामना का फल है।

The Patroness Viswakarma "The architect-divine, apologised master builder like Maya, Tvaster and Manu, the mythological the generogies attributed to them, the position of the master builder as high prist or sacrificial-expert, all confirm the supposition, these and the position of the Expanders of the science also prove that the Social "Status" of the civic a architect[9] as not low.

इन शिल्पियों के वर्ग वेदकालीन समाज में तैयार हो चुके थे। पर इनकी संख्या बहुत अधिक नहीं थी। उस समय शिल्प क्रिया का विभाजन बहुत अधिक नहीं हो सका था। तैत्तिरीय संहिता में ऐसे शिल्पियों के वर्ग उल्लिखित हुए हैं।

तक्षभ्यो रथकारेभ्यश्च वो नमो नम:।

कुलालेभ्य: कर्मकारेभ्यश्च वो नमो नम:।।

---

6 वा०रा०-2-83-11 से 16

7 वा०रा०-7-11-22 से 24

8 वा०रा०-7-51-13

9 Social and rural Economy of Northern India-600 B.C. to 200 AD by A.N. Bose 168 page

पुञ्जिष्ठेभ्यो निषादेभ्यश्च वो नमो नमः।

इष्ट्र इषकृदभ्यो धन्वकृद्भ्यश्च नमो नमः।।[10]

रामायणकालीन समाज में इन वर्गों का विकास हुआ है जैसा कि प्रस्तुत विवरणी से स्पष्ट है; समाज की आवश्यकताओं के अनुरूप बड़े तथा लघुं उद्योग स्थापित हुए। उनमें लगे हुए श्रमिक समाज की विकासधारा थे तो समाज ने उनकी प्रतिष्ठ तथा सुरक्षा का पूरा घ्यान रखता था जैसा कि वृहस्पति स्मृति से स्पष्ट है:–

विवेषिणो व्यसंनिनः शाली नाल समीखः।

लब्धगतिवृद्धबालाश्च न कार्या कार्यचिन्तकाः।।

याज्ञवलक्यस्मृति में निगमों की आचार संहिता भी वर्णित हुए हैं।

सर्वस्व हरणंकृत्वा तं राष्ट्राद्विप्रवासयेत्।।

कर्त्तव्यं वचनं सर्व्वः समहहित वा विनाम्।।

यस्तत्र विपरीतः स्यात् स दाप्यः प्रथमं वयम्।।

समूहकार्य आया तान् कृतकार्यान् विसर्ययेत्।।[12]

वाल्मीकि ने श्रमिक वर्गो का विकसित रूप प्रस्तुत किया है।

| शिल्पियों के नाम | प्रसंग |
|---|---|
| 1 भूमिप्रदेशज्ञ | 2-60-1 |
| 2 यन्त्रक | 2-80-1 |
| 3 खनक | 2-80-1 |
| 4 तन्तुवाय | 2-83-15 |
| 5 कम्बलकारक | 2-83-13 |

---

10 तेते०सं०-4-5-4-2

11 वृहस्पति स्मृति-17-8

12 याज्ञवल्क्य स्मृति-2-187-190

## वस्त्र उद्योग

रामायण में न्यूनाधिक सभी उद्योंगो के संकेत - प्राप्त होते हैं कुछ उद्योगों से निर्मित सामानों के विशेष विवरण से उसके विकास तथा विस्तार का परिचय मिलता है-

भोजन की समस्या के समुचित समाधनोंपरान्त वस्त्र उद्योग पर पूरे समाज का ध्यान था। रामायणकालीन समाज ने इस क्षेत्र में पूरी सिद्धहस्त्ता प्राप्त कर ली थी। प्राचीन अजिन वाल्कल का विकास इस श्लोक से परिलक्षित होता है। लंका में हनुमान द्वारा आग लगा दी जाती है तो जलते हुए वस्त्रों में सूती वस्त्रों के जलने का उल्लेख करना भी निरर्थक समझा जाता है:–

क्षौभं च दह्यते तत्र कौशेयं चापिशोभनम्।

अधिकं, विविधं चौर्ण काञ्चनं माण्डमायुधम्।।[13]

इसके अनुसार क्षौम कौशेय, उनी वस्त्रों के विकास के साथ ही उसकी विविधता तथा बहुलता का परिचय मिलता है। सफल वस्त्रोद्योग के फलस्वरूप ही राजा जनक ने अपनी पुत्रियों के विवाहेपरान्त उपहार में देने के लिए उच्चकोटि के वस्त्रों की ढेर लगा दी थी।

कम्बलानां च मूख्यानां क्षौमकट्यम्वराणि च।[14]

भरद्वाज ऋषि ने भरत की सेना के स्वागतार्थ वस्त्रों की तैयारी इस प्रकार की थी।

दर्पणान् परिभृष्टांश्च वाससां चापिसंचयान्।[15]

उसी स्थल पर यह उक्ति और भी महत्वपूर्ण हो जाती है–

''नाशुक्लवाससास्तत्र''[16] तथा सर्वे चाहतवासस:।[17]

---

13 वा०रा०-6-75-9

14 वा०रा०-1-74-5

15 वा०रा०-1-91-64

16 वा०रा०-2-91-66

17 वा०रा०-2-91-64

यानि कोई मलिन वस्त्रों में नहीं थे, सभी नये परिधानों से सुसज्जित थे। स्पष्ट है कि उस काल में वस्त्रोध्योग पूरे देश में फैले हुए थे तथा प्रचुर मात्रा में वस्त्रों की प्राप्ति बड़ी आसानी से हो जाती थी।

भरत को अपने मामा से उच्च कोटि के ऊनी वस्त्र जो काफी मुलायम थे प्राप्त हुए थे। कैकेय देश से उस समय उत्तम ऊनी वस्त्र भेजे जाते थे। ''चित्रान् कम्बलान जिनानि[18] च'' चित्र विचित्र रंगों से युक्त कम्बल तथा उत्कृष्ट कोटि के उनी से बने वस्त्र भेजे गए थे। भरत की स्लिवा लाने के लिए जो दूत केकेय देश गए थे, वे अपने साथ प्रचुर मात्रा में उपहार भी ले गए थे।

इमानि च महार्हाणि वस्त्रन्याभरणानि च।
प्रतिगृह्य विशालाक्षमातुलस्य च दापय।।
अत्रविंशति कोट्यास्तु नृपतेर्मातुलस्य च।
दशकोट्यस्तु सम्पूर्णास्तथेव च नृपात्मजः।।[19]

राजसी ठाट-वाट के अनुकूल वस्त्रों के निर्माण होते थे जिससे कि वस्त्रोद्योग की सफलता का परिय मिलता है। वस्त्रों में जड़ीदार काम होते थे जिससे इसकी चमक - दमक बहुत बढ़ जाती थी। राम ने जो वस्त्र - धारण किया था, वे वस्त्र अत्यन्त आकर्षक थे। जिससे दण्डकारण्य के ऋषियों की दृष्टि अनायास आकृष्ट हो जाती थी–

रूपसंह्ननर्नलक्ष्मीं सौकुमार्य सुवेषताम्।
सदृशुविस्मिताकारा रामस्य बनवासिनः।।[20]

इन प्रसंगो से विदित होता है कि रामायण काल इस उद्योग के विकास का काल था। वस्त्र के अभाव या रूखड़ेपन का चित्र कहीं नहीं प्राप्त होते हैं। बड़े पैमाने पर यह उद्योग विकासमान था। इसी कारण ऐसी उक्तियाँ ''वस्त्रा पुत्राय मातरः[21] वयन्ति''; अथवा पुनः स अव्यत् वित्तं बयन्ति''[22] यानि मां अपने पुत्र

---

18 वा०रा०-2-70-19

19 वा०रा०-2-70-4, 5

20 वा०रा०-3-1-13

21 ऋग्वेद-5-47-6; अथर्ववेद-10-7-42, 14-25

22 ऋग्वेद-2-38-4

के लिए वस्त्र बुनती है तथा दूसरे प्रसंग में अधूरे बीने गए वस्त्र को बिनने का कार्य पुनः प्रारम्भ करती है। ऐसे प्रसंग नहीं मिलते हैं। वेद में वस्त्र उद्योग में काम करने के लिए शिक्षा देने का प्रसंग इस प्रकार है। "यो यज्ञो विश्वतस्यन्तुभिस्त्त एक शत देव कर्मेभिरायतः। इमे वयन्ति पितरोय आययुः प्रवयापवयेत्यासते त्ते।।[23]

वेद मे ताना 'औत'' बाना ''तन्तु'' के नहीं जानने वाले की कितनी स्पष्ट है। ''न अहं तंतु न विज्ञानानि ओतुं[24] बयन्ति'' वस्त्रोद्योग के प्रारम्भ करने में आर्यों ने अनेकानेक कठिनाइयों का सामना किया था। अनुभव हीनता के साथ परिस्थितिजन्य संकट कम नहीं थे उत्पादन के लिए जो पॉच आवश्यक कारण हैं भूमि; श्रम, पूंजी, संगठन तथा साहस उस युग में सम्भव नहीं थे, फिर भी इस उद्योग की स्थापना की आवश्यकता अनिवार्य थी जिससे इसका विकास बड़ी तेजी से हुआ था। वेद में ही सुन्दर वस्त्रों के निर्माण के उल्लेख हुए हैं।

वस्त्रों की श्रेणियों का अलग महत्व था। वस्त्रोद्योग ऊनी वस्त्रों से ही प्रारम्भ हुआ जिसका चरमोत्कर्ष सूती वस्त्रों में आकर हुआ था। रामायण कालीन समाज सामन्तीय आचार - विचार एवं आहार - व्यवहार से आपन्न था। अतः तत्कालीन रहन - सहन में साज श्रृंगार एवं विलासिता का आधिक्य होने के कारण वस्त्रों के निर्माण में चकाचौंध उत्पन्न करने की भावना अधिक थी। वस्त्र लज्जा निवारण के साधन मात्र नहीं थे बल्कि आकर्षण उत्पन्न करने के अनेक साधनों में से एक प्रमुख साधन हो चुके थे वस्त्रोद्योग का ऐतिहासिक आधार समाप्त हो चुका था। लोकमंगल की कामना की अपेक्षा लोकरंजन के उद्धाम उत्साह अधिक दीख पड़ते हैं।

## जरीदार वस्त्र

इस तरह के वस्त्र न केवल सूती वल्कि क्षौभ कौशेय तथा ऊनी थे। स्वर्ण एवं रजत तन्तुओं से बेलबूटे अंकित किये जाते थे। ऐसा होने पर वस्त्रों की

---

23 ऋग्वेद-10-130-1

24 ऋग्वेद-6-9-2

25 वा०रा०-2-12-98

कीमत बहुत बढ़ जाती थी। वस्त्रों की कीमत सुरूचिपूर्ण कलात्मक चित्र के कारण तथा उसकी लागत की अधिकता के फलस्वरूप बढ़ती थी। ऐसे वस्त्रों की खपते राजन्य एवं सामन्त वर्गों में थी। साधारण लोग इस कोटि के वस्त्र उपयोग में नहीं ला सकते थें क्योंकि उनके द्वारा उपयोग किये गए वस्त्रों के लिए अलग शब्द प्रयुक्त हुए हैं। राम सघ्यः बहुमूल्य वस्त्रधारण करते थे। ''महार्हवस्त्र सम्बद्ध'' उनके लिए प्रयुक्त हुआ है।

रावण द्वारा धारण किये गए वस्त्र अत्यन्त चमकीले तथा उत्तम कोटि के थे- "लोहिताक्षं महाबाहु महारजत वाससम्"[26] महारजकतन्तुओं से जरीदार वस्त्र धारण किया जाना रावण के लिए स्वाभाविक ही था। ऐसे वस्त्रों की छटा अनुपम होती थी। अशोक वाटिका की ओर जाते हुए रावण इस प्रकार उल्लिखित हुआ है।

मथितामृतफेनाम भरजो वस्त्रमुत्तमम्।

सलीलमनु कर्षन्तं विभुक्तं शक्तभङ्गदे।।[27]

वस्त्र की स्वच्छता की तुलना मथे हुए मट्ठे से की गई है। वैसे वस्त्रों पर बड़ी कसीदे का काम होने पर उसकी सुन्दरता द्विगुणित हो जाती थी। धवल वस्त्र कवि के लिए विशेष आकर्षक था।; जिनके उल्लेख वे अनेक स्थलों पर करते हैं। चॉदनी रात धवल - वस्त्र में लिप्टी नारी की तरह है। लंका में हनुमान ने सीता को जिन वस्त्रों में देखा था उसका वर्णन हुआ है।

पीतं कनक पट्टाभं स्रस्तं तद्वसनंशुभम्।।

उत्तरीयं नगारूक्तंतदादृष्टं प्लवडगमैः।।[28]

लगातार कई महीनों से धारण किया हुआ वस्त्र अभी तक मलित नही हुआ था। वस्त्र की वह स्थिति तत्कालीन वस्त्रोंद्योग के साथ वस्त्र की रंगाई की कला भी स्पष्ट करती है।

---

26 वा०रा०-5-10-7

27 वा०रा०-5-18-24

28 वा०रा०-5-15-45

इदं चिरगृहित्वाद्वसनं क्लिष्ट वत्तरम्।।

तथापि नूनं तद्वर्ण तथा श्रीभ्ययेतरत्।।[29]

उत्तम कोटि के वस्त्रों की यह विशेषता थी कि लगातार धारण करते रहने पर भी उसकी चमक ज्यों की त्यों बनी रह जाती थी।

जड़ीदार तन्तुओं की विशेषता के साथ ही उस वस्त्रों में लायी गई चमक के अतिरिक्त कारीगर की अनूठी शिल्प क्रिया के परिचय प्राप्त होते हैं। नारियों के साज श्रृंगार में उच्चकोटि के बहुमूल्य वस्त्र प्रयुक्त होते थे। कनकपट्टामं''[30] के उपयोग विशेष रूप से युवतियों के लिए ही था। राजादशरथ के अन्तः पुर की प्रमदाएँ उत्तमवस्त्रों में सुसज्जित रहती थी।

तदग्रयवेषप्रमदा जनाकुलं महेन्द्र वेश्म प्रतिमं निवेशनम्।।[31]

रावण के अन्त:पुर की स्त्रियाँ जिन वस्त्रों में सुसज्जित रहती थी उनके वर्णन में वाल्मीकि ने वस्त्रोद्योग की विविधता का परिचय दिया है

1 तत्तो पश्यत्ष्कुथासीनं नानावर्णाम्वरस्रजम्।।[32]

2 सहस्र वर नारीणां नानावेशविभूषितम्।[33]

अभिशरण के लिए प्रकृति के रंग से साम्य रखते हुए वस्त्रों के निर्माण होते थे, क्योंकि समरूपता या एकरूपयता के कारण वह अभिशारिका आसानी से दृष्टिगोचर नहीं होती थी। रम्भ ने अभिशरण काल में ऐसे वस्त्रों को धारण किया था जो नीले आकाश की समता से युक्त था।

''नीलंशतोमैघाभवस्त्रंसमगुंण्ठिता''[34]

गलीचे तथा चादर रत्न जटित होते थे। रावण जिस गलीचे पर आसीन था उसका उल्लेख इस प्रकार हुआ है:-

---

29 वा०रा०-5-15-47

30 वा०रा०-5-15-45

31 वा०रा०-2-5-26

32 वा०रा०-5-9-33

33 वा०रा०-5-9-34

34 वा०रा०-7-26-18

1. विराजमानोषपुषारूक्मपद्धोत्तरच्छद्म्।[35]

2 "महत्सोपाश्रयमेजे रावणः परमासनम्"[36]

3 उत्तमास्तरणास्तीर्णसूपविष्टं वरासने"[37]

## कौशेय, क्षौभवस्त्रं

कौशेय तथा क्षौभ दोनों के धागे भिन्न भिन्न होने के कारण ही वाल्मीकि ने इनके उललेख में भिन्नता लाने की कोशिश[38] की है। इन वस्त्रों के प्रचलन तत्कालीन समाज में बहुत अधिक थे। ऐसे वस्त्रों को जड़ीदार बना देने से इसकी कीमत और भीबढ़ जाती थी। महर्ह क्षौमसंवीतम्।[39] शब्द का प्रयोग रावण के लिए हुआ है। क्षौभ कौशेय वस्त्र का स्वाभाविक रंग पीत था। "पीतंकनकपट्टाभं"[40] प्रचलितशब्द था जो क्षौभ कौशेय वस्त्रों का परिचायक था। आकाशमार्ग से सीता को जब रावण ले जा रहा था तो सीता का उत्तरीय इस प्रकार वर्णित हुआ है।

तस्याः कौशेयमुद्धत्माकाशेकनक प्रभाम्।।

जंभौ चादित्यरागेण्ताभ्रनभ्रभिवातपे।।[41]

उत्तरीय कौशेय-तथा उसका रंग स्वर्ण सदृश था। कौशल्या का क्षौम वस्त्र में देवोपासना करना उल्लिखित हुआ है। "तत्र तां प्रवणामेव मातरं क्षौम वासिनीम्" राज्याभिषेक के अवसर पर ब्राह्मणों द्वारा पुण्याहवाचन होता था। ये ब्राह्मण गण कौशेय वस्त्र-धारण कर राम के राज्याभिषेक का पुण्याहवाचन कर

---

35 वा०रा०-6-11-15

36 वा०रा०-6-11-17

37 वा०रा०-5-50-9

38 वा०रा०-2-17-4

39 वा०रा०-5-49-4

40 वा०रा०-5-15-45

41 वा०रा०-3-12-9

42 वा०रा०-2-4-30

रहे थे – "विमलक्षौम संवीतोवाचयामास यद्विजान्"[43] उस अवसर पर कुब्जामन्थ्रा का भी कौशेय वस्त्र[44] में होना कौशेय वस्त्र की प्रचुरता का यदि परिचायक है तो नारी समाज में इस वस्त्र की लोकप्रियता भी स्पष्ट है। अयोध्यानगरी के राजमार्ग पर तसर वस्त्रों की ढेर लगी थी। "अत्तमानां च गन्धनां क्षौमकोषाम्वर सच[45] कौशल्या को आशीर्वाद देने वाले ब्राह्मणों के लिए दिया गया उपहार इस प्रकार था। "कौशयानि च वस्माणि यावतुष्यति[46] साद्विज:" वृद्ध आर्यो में राज्याभिषेक के अवसर पर ऐसे ही उच्चकोटि के वस्त्र वितरित किये गए थे। वन के लिए विदा होने वाली सीता को दशरथ से प्रचुर मात्रा में आभूषण एवं वस्त्र प्राप्त हुए थे। वे वस्त्र काफी उत्तम थे। जिसका उल्लेख इस प्रकार हुआ है। ''वासांसि च महार्हानि भूषनानि वराणि च''।[47]

सुग्रीव ने वानरी सेना को आदेश दिया था कि सीता की खोज वैसे प्रदेशों में भी करना है जहाँ रेशम के उत्पादन बहुत अधिक मात्रा में होते हैं इससे विदित होता है कि रेशम उत्पादन वैसे प्रान्तों में अधिक होता था जहाँ कि आबोहवा उसके लिए अनुकूल थी। आर्योत्तर स्त्रियॉ भी रेशमी वस्त्र पहनती थी। अंजना जो वानर केसरी की पत्नी थी स्वेच्छारूपधरिणी होने के कारण मानवीरूप धारण करने पररेशमी वस्त्र पहनती थी। महहिक्षौभषासिनी[49] शब्द का उल्लेख उसके लिए हुआ हैं। उसका वस्त्र पीले रंग का था जिसका किनारा लाल था।[50]

## ऊनी वस्त्र

ऊनी वस्त्रों का उल्लेख वाल्मीकि मे किया है। ऐसे वस्त्र के लिए

---

43 वा०रा०-2-6-7

44 वा०रा०-2-7-7

45 वा०रा०-2-17-4

46 वा०रा०-2-32-16

47 वा०रा०-2-39-15

48 वा०रा०-4-40-23

49 वा०रा०-4-66-11

50 वा०रा०-4-55-12

"आविक्व वस्त्र''[51] शब्द प्रस्तुत हुआ है। आज की तरह इसमें वारीकी नही होती होगी इसलिए इस उनी वस्त्र का उपयोग अधिकतर उच्चकोटि के कम्बल बनाने में होता होगा।

**कम्बल**

कम्बल की विशेषता उसके मुलायमपन तथा सुन्दर रंग में थी। केकय देश के कम्बल उच्चकोटि के होते थे जो उपहार में भी दिये जाते थे।

"तस्मै हस्तयुत्त्मांशित्राण कम्बलानजिनतानि[52] च" उच्च कोटि के कम्बल चित्र - विचित्र रंग के होते थे–

दिव्यानामम्बराणां च महार्हाणां च संचयान्।

कम्बलानां च चित्राणाम् जिनानां च संचयान।।[53]

सीता ने मुलायम कम्वल के सूत का वर्णन किया है–

"कुथास्तरणतल्पेषु किंस्यात्सुतरं तत्तः"[54]

सूती वस्त्रः–रामायणकालीन समाज में यह अत्यन्त साधारण वस्त्र समझा जाता था। जन समाज के उपयोग में अपने वाला वस्त्र सूती ही था। जिसका उल्लेख बहुत अधिक नहीं हुआ है। कवि का उद्देश्य रचना में राजपरिवार का चित्रण करना है।

तदनुकूल ही वस्त्रों का उल्लेख हुआ है हनुमान की पूछ में लपेटा जाने वाला वस्त्र सूती ही थाः–

तस्य तद्वचनं श्रुत्वा राक्षसाः कोपकर्कशाः।

वेष्ट्यन्तेस्म लांगूलं जीर्णैः कापांसमैः पटैः।।[55]

---

51 वा०रा०-6-75-9

52 वा०रा०-2-70-19

53 वा०रा०-4-50-36, 37

54 वा०रा०-2-30-4

55 वा०रा०-5-53-6

गरीब वर्ग के लिए ''शाटी''[56] था जो साधारण कोटि का होता था। त्रिजरी नामक ब्राह्मण ने शाटी को उत्तरीय के रूप में धारण किया था। त्रिजटी जब राम से कुछ याचना करने पहुँचती है तो उसे दंड फेक कर गायों की संख्या निर्धारित करते हुए उन्हें हाँक कर ले जाने के लिए कहा जाता है वह अपने वस्त्र यानी शाटी को कमर में बाँध लेता है "साटीं त्वरितः कय्यांसंप्रान्तः परिवेष्ट्यताम्"[57] ऋषि आश्रम पर साधारण कोटि के वस्त्र उपयोग में लाये जाते थे। ऐसे वस्त्रों को वृक्ष की शाखा पर सूखते हुए उल्लिखित किया गया है।

"ददर्शा श्रमे कान्ते चीरमाला परिस्कृतम्"[58]

यज्ञ कर्म में नवीन वस्त्रों की आवश्यकता होती थी। "अहतानि[59] च वासांसि" कहकर ऐसे वस्त्रों को जुटाने का संकेत दिया गया है। राजकर्मचारी के वस्त्रों में सादगी रहती थी "सुषाससः सुवेषाश्च ते च सर्वे सुचिव्रताः"[60] चटकीले तथा तड़क - भड़क बाले वस्त्रों में राजकर्मचारियों की पवित्रता प्रकटित नहीं होती थी।

वस्त्र उद्योग द्वारा निर्मित वस्त्रों के विवरण इस प्रकार उपस्थित किये जा सकते है:–

1. शाटी - गरीबों का तन ढ़कने वाला मोटा वस्त्र-2-32-37
2. उत्तरीय - चादर-3-54-2, 3
3. कार्पासिक; पट सूती वस्त्र-5-53-6
4. और्णवस्त्र - ऊनी कपड़े-6-75-9
5. तल्प - रंगीन मुलायम - कम्बल-2-30-14

---

56 वा०रा०-2-32-37

57 वा०रा०-2-32-37

58 वा०रा०-3-7-4

59 वा०रा०-2-3-9

60 वा०रा०-1-7-16

6. क्षौभ - अलसी के रेशे से निर्मित वस्त्र-6-75-9

7. कौशेय - रेशमी वस्त्र-6-75-9

## रंगीन वस्त्र

वस्त्रों का रंगीन होना कम महत्वपूर्ण नहीं था। वस्त्रों की रंगाई करने वाला वर्ग अलग था। राक्षस समाज के लिए - "रक्तवाससः"[61] तथा रक्ताम्बर[62] धरा शब्दों के प्रयोग हुए हैं जिससे विदित होता है कि राक्षसों को इस तरह के वस्त्र विशेष प्रिय थे। देवविशेष के लिए भी रक्तवस्त्र की उपयोगिता स्पष्ट थी। जिससे कि उनके लिए रक्तमाल्याम्वर धरः कहा गया है। तारा ने "कृभिराग परिस्तोम"[63] शब्द का उल्लेख किया है। सुग्रीव के राज्याभिषेक के अवसर पर शुक्ल वस्त्र के ही उपयोग हुए थे"[64] शुल्कानिचैव वस्त्राणि श श्लोहितरागेन संवीत रक्तवाससा"[65] के रूप में रावण के वस्त्र थे। "दिव्यानामम्वराणां च महार्हाणां च संचयान्"[66] से स्पष्ट है कि रावण के वस्त्र चमकीले थे। रंगो के मैल से या दो तरह के रंगों के उपयोग द्वारा वस्त्रों को आकर्षक बनाया जाता था। अंजना की साड़ी पीतंरक्तवशम्।"[67] कही गई है। यह पीतरक्तसाड़ी आकर्षण के लिए प्रयुक्त होती थी, क्योंकि इससे सुन्दरता और निखर उठती थी काषाय वस्त्र प्रायः वाणप्रस्थी; भिक्षुक या सन्यासी के लिए था। रावण की उपस्थिति पंचवटी में होती है तो वह ब्राह्मण भिक्षुक की तरह "श्लक्ष्णकाषाय[68] संवीतः" था अन्तःपुर के "चर" काषाय वस्त्रधरी[69] थे। राक्षसों की परिचारिकाएँ

---

61 वा०रा०-5-27-23

62 वा०रा०-5-27-26

63 वा०रा०-4-23-14

64 वा०रा०-4-26-25

65 वा०रा०-6-40-6

66 वा०रा०-4-50, 36, 37

67 वा०रा०-4-66-12

68 वा०रा०-4-66-12

69 वा०रा०-2-16-3

"रक्तोष्णीय धरा स्त्रियः।"[70] कहकर वर्णित हुई हैं। सीता के वेश की चर्चा अशोकं वाटिका के सन्दर्भ में हुई है। वह पीले वस्त्र में थी।

पीते नैकेन संवीतांक्लिष्टेनोत्तम वाससा।

सपङ्कामनलं कारां विपदमाभिव पद्मिनीम्।। [71]

सुनहले रंग का उत्तरीय सीता ने ऋष्यमूक पर्वत पर गिरा दिया था। उसका उत्तरीय पीतं कनक पट्टाम''[72] के रूप में उल्लिखित हुआ है जिसे हवा में लहराते हुए देखा गया था क्योंकि सीता को आकाश मार्ग से रावण ले जा रहा था।

रंगीन वस्त्रों के व्यवहार की सीमा लगभग निश्चित थी। उत्सव एवं भोग - विलास के परिप्रेक्ष्य में लाल तथा पीतवस्त्र पहने जाते थे। काल वस्त्र शोक तथा दुख के प्रतीक स्वरूप थे।

विभानात्पुष्पकादय रावणः पत्तिोभुवि।

कृष्णमानः स्त्रिया वृष्टो मुण्डः कृष्णाम्वरः पुनः

रथेन खरयुक्तेन रक्तमाल्यानुलेपनः।।

पिवंस्तैलं हसन्नृत्यन् भ्रान्तचित्ता कुलेन्द्रियः।। [73]

धवल वस्त्र पवित्रता एवं शुभ के प्रतीक स्वरूप व्यवहार किये जाते थे - "शुक्लमाल्याम्वरघरः[74] शुक्लगन्धनुलेपनः" के प्रसंग से यह स्पष्ट है।

वस्त्र उद्योग का विकास रामायणकालीन समाज के वाद इतना अधिक हुआ कि खास स्थान खास सामानों के निर्माण का विशेषज्ञ माना गया। महाभाष्य में माघ्यमिक चित्तौड़ का बना हुआ शाटक मथुरा का बना हुआ विशेष प्रिय एवं प्रचलित मान्य हुआ था।[75]

---

70 वा०रा०-6-80-6

71 वा०रा०-5-15-21

72 वा०रा०-5-15-45

73 वा०रा०-5-27-24, 25

74 वा०रा०-5-27-33

75 वा०रा०-5-3-55

## चर्म उद्योग

चर्म उद्योग पूर्व वैदिक काल से सम्बद्ध है। वैदिक काल में यह उद्योग पूर्ण विकास को प्राप्त हो चुका था। "चर्मम्ना[76] अभितोजना:" में यह ध्वनि व्युञ्चित होती है। रामायण कालीन समाज में यह उद्योग जिस स्थिति में था उसका वर्णन रामायण में बहुत हद तक हुआ है। यह उद्योग इस काल में आदर की दृष्टि से देखा जाता था। भरत के साथ चित्रकूट तक जाने वाले अनेक व्यवसायियों में "चर्मकृत"[77] भी था। उसके प्रति किसी तरह की अवमानना की भावना नहीं थी। वस्त्र उद्योग की तरह चर्म उद्योग द्वारा ओढ़ने तथा विछाने के सामान तैयार होते थे। हनुमान ने एक तापसी के शरीर पर कृष्णा जिन देखा था जो एक सुन्दर वस्त्र था ''इत्युक्त्वा हनुमांस्तत्रपुन: कृष्णाजिनाम्बराम्''[78]

व्याध्रचर्म एवं मृग चर्म आदि से निर्मित अजिन ओढ़ने तथा विछाने के काम भी आते थे। ''तुलाजिन समस्पर्शा''[79] का सुख मानस पटल पर अंकित रहता था। स्वर्ण तन्तुओं से मृगचर्म पर कशीदे के काम होने से यह और भी सुन्दर हो जाता था।

स्वर्णतन्तुओं से उसे जड़ीदार बनाने का काम होता था।

तेषु काञ्चन चित्रेषुस्वास्तीर्षेणु सुखेषु च।

कुशान्तर्धन दत्तेषु मृगचर्मयुतेषु च।।[80]

मृग शरीर के विभिन्न रंगों के आधर पर उसे कई श्रेणियों में विभाजित किया गया था। पंचवटी में स्वर्णमृग देखकर कहा गया था कि इसकी तुलना– "न कादली न प्रियकी न प्रवेणी[81] न चा विकी" से ही हो सकती है स्पष्ट है कि स्वर्णभृग कादली प्रियकी प्रवेणी मृगों से भिन्न एवं सुन्दर दीख रहा था।

---

76 ऋग्वेद-8-5-38

77 वा०रा०-2-80-3

78 वा०रा०-4-51-1

79 वा०रा०-2-30-12

80 वा०रा०-7-1-14

81 वा०रा०-3-43-35

प्रियकं मृग के बाल कोमल एवं लम्बे होते थे। कावली मृग अपनी चमड़ी की चिकनाहट के कारण प्रसिद्ध थे। केले के खंभे जैसे ही उसके शरीर चिकने होते थे। प्रवेणीमृग का चर्म अत्यन्त सुन्दर तथा मुलायम होता था। मृग के शरीर पर विभिन्न भेदों एवं उपभेदों के साथ दृष्टि रखना उसके चमड़े के प्रति समाज का आकर्षण ही था।

जीवन्न यदि तेऽभ्येति ग्रहणं मृग सप्तमः।

अजिनं नर शार्दूल रूचिर में भविष्यति।।

निहत स्यास्य सत्त्वस्य जाम्वूनदमय त्वयि।

शष्प वृत्यां विनीता या मिच्छाभ्यहमुपासितुम्।। [82]

आविकी की खाल अपनी कोमलता तथा सुन्दरता के कारण राज प्रसादों में सिंहासन [83] की शोभा बढ़ाती थी। यह उद्योग इतना विकसित हो चुका था कि रावण के "मणिकञ्चनयुक्त पर्यंक" पर भेंड की खाल से निर्मित विछावन विछा हुआ था। "परमास्तरणास्तीर्णभाविकाजिन [84] संवृतम् "चमड़े से जूते तैयार करने का काम पड़े पैमाने पर होते थे। भरद्वाज ऋषि के आश्रम पर भरत की सेना के स्वागतार्थ बहुत अधिक जूते तैयार करने के काम बड़े पैमाने पर होते थे।

भरद्वाज ऋषि के आश्रम पर भरत की सेना के स्वागतार्थ बहुत अधिक जूते रक्खे गए थे - "पादु को पानाहा चैव युग्माभ्यत्र [85] सहस्रशः" जूते निर्माण में चमड़े के उपयोग वैदिक काल के बाद होने लगे थे। पहले चमड़े के उपयोग जिनकार्यों में विशेष रूप से होते थे। उसके प्रसंग वेद में इस प्रकार है–

1. गोभि संनद्धपततिप्रसूता - ऋग्वेद - 6-75-11, 10-27-22

अथर्ववेद-1-2-3

---

82 वा०रा०-3-13-18, 19

83 वा०रा०-4-50-37

84 वा०रा०-2-91-76

85 ऋग्वेद-1-85-5

2. अश्मानमुपनीतमृम्जा - ऋग्वेद-1-21-9

3. गोभिः सन्नद्धो असिवीलयस्व - ऋग्वेद-6-47-26

4. गृभीता वाहवोर्गवि-6-46-14

5. गो ओ पसा धृणे पशुसाधनी-6-53-9

चमड़े को पानी में भिंगोकर काम में लाया जाता था - "चर्मेवोद भिर्व्युन्दन्तिमूम शथपथब्राह्वण"[86] में उल्लेख है कि कील से बॉधकर सोने आदि के काम होते थे - "शंकुभिश्चर्म विहन्यात्"[87] - इस तरह के चमड़े बनाने की कला का विकास अति प्राचीन काल में हो चुका था यह स्पष्ट है। इस शुद्ध चमड़े से अनेक तरह के सामान तैयार होने लगे थे। अनेक तरह के घरेलू सामान तैयार करने वाले चर्मकार आदर के पात्र थे-"शतं घृतं चर्माणि, शंत मधु चर्माणि शतं तण्डुल चर्माणि, शंत लाजा चर्माणि, शंत करम्भ चर्माणि, शतं धना चर्माणि,[87] के उल्लेख से चमड़े के बने पात्रों का विवरण प्राप्त होता है। राजसूय यज्ञ के अवसर पर जूते पहने जाने के प्रसंग बड़े स्पष्ट रूप से उल्लिखित हुए थे:-

1. अथ वाराही उपानाहा उपमुञ्जते।[88]

2. बाराहो पानहा उपमुञ्जते।[89]

आर्षभ चर्म से तरह तरह के सामान तैयार होते थे जैसे-जग्राह चार्षमम् चर्मखंड विपुलं शुभम्"[90] से स्पष्ट है। इससे निर्मित ढाल उत्तम कोटि की मानी जाती थी जो वज्रदंष्ट्र" के पास[91] थी। राक्षस की तरह विधधर भी आर्षम चर्म से निर्मित ढाल धारण करता था-

---

86 शतपथ ब्राह्मण-2-1-1-10

87 वौधायण श्रौत सू०-15-6

88 वौधायण श्रौत सू०-12-12

89 काठक श्रौत सू०-15-6-23

90 वा०रा०-6-54-30

91 वा०रा०-6-54-30

"जग्राह चार्षमम् चर्मखण्ड च विपुलंशुभम्।"[92] से स्पष्ट है। इससे निर्मित ढाल उत्तम कोटि की मानी जाती थी। जो वज्रदण्ड के पास थी। राजस की तरह विद्याधर भी आर्षम चर्म से निमित ढ़ाल धारण करता था।

आर्षमाणि च चर्माणि सड.गाश्च ननत्कसहन्।[92]

"गोऽजिन" एक भिन्न कोटि का चर्म था जिसे कि बैल चर्म कहा जाता था। हनुमान ने लंका में गोजिन धारण किये हुए राक्षसों को देखा था।

दद‌र्श मध्यमे गुल्ले राक्षसस्य चरान् बहून

दीदिक्षिता जटिलान मुण्डान् गोविनाम्वर वासस:।।[93]

गोऽजिन धारण करने वाले राक्षस रावण के गुप्त चरों में से थे। उनके अनुचर भी असि चर्मधरायोध कहा गया है।

असि चर्म धरायोध: सर्वायुध धरास्तथा।।

राक्षसा राक्षसेन्द्रस्थ पुरस्तात्सप्रतस्थिे।।[94]

अनुचर प्राय: चमड़े की ढ़ाले धारण करते थे। राक्षस समाज में चर्म उद्योग के विकास का यह परिचायक है। दशरथ के महलों की रक्षा करने वाले योद्धा गो: की खाल धारण किये हुए थे:–

"दीर्घा सिबद्धा योद्याश्चसंनद्धा दृष्टमानसा:"[95] सिंह एवं व्याध्रचर्म पवित्र तथा शुभ माने जाते थे। विशेष शुभावसरों पर इसके उपयोग के उल्लेख अनेक स्थलों पर हुए हैं।। इस उद्योग के पूरे विकास के फलस्वरूप ही चार दाँतो वाला महावलवान सिंह के चमड़े सिंहासन पर विछाने के लिए तैयार दीख पड़ते है:। सुन्दर व्याध्र चर्म भी इस स्थल पर रक्खे गए हैं।

केशरी चतुर्दष्ट्रो हरिश्रेष्ठों "महाबल"

सिंहासनं व्याध्रतनु: समिद्धश्च हुताशन:।।[96]

---

92 वा०रा०-5-1-24

93 वा०रा०-5-4-15

94 वा०रा०-6-11-5

95 वा०रा०-2-3-19

96 वा०रा०-2-24-39

चमड़े की पेटी तैयार होती थी जिसका उल्लेख हुआ है। इस पेटी में सुन्दर वस्त्र तथा आभूषण रखने के उल्लेख हुए [97] हैं सीता को बन जाते समय प्रचुर मात्रा में आभूषण एवं वस्त्र दिये गए थे। जिन्हें चमड़े की पेटी में रक्खे गए।

वनवासं हि संख्याय वासांस्याभरणानि च।

भर्तार मनुगच्छत्यै सीतायै श्वशुरो ददौ।।

तथै वायुघ जालानि भ्रातृभ्यां कवयानि च।।

रथोपस्थे प्रतिन्यस्य स चर्म कठिनं च त्तः। [98]

चमड़े के थैले का उपयोग कुएँ से जल सींचने के लिए होता था "कठिन काज" [99] - ऐसे थैले के लिए प्रयुक्त शब्द है। आर्षभ चर्म को इतना बड़ा बनाया जाता कि यह कवच का कार्य करता था। युद्ध में शरीर की रक्षा के लिए इसका प्रयोग होता था

## काष्ठ उद्योग

इस उद्योग के अन्तर्गत कई श्रेणियॉ थी। काम के अनुसार श्रेणी का गठन अलग - अलग था। यह उद्योग में श्रम विभाजन का परिचायक है। एक ही आदमी द्वारा सभी तरह के काम करने से कार्य में निपुणता नहीं आ सकती थी। वर्ध की तथा रथकार अलग - अलग थे रथकार सिर्फ रथ ही तैयार करते थे।। जबकि वर्धकी का कार्यक्षेत्र विस्तृत था।

लकड़ी उद्योग का पहला कार्य वृक्ष तक्षक करता था। दूसरा कार्य क्राकचिक [100] का था जो लकड़ी चीरने का कार्य करता था। उस युग में मशीन का उपयोग नहीं के बराबर होते हुए भी लकड़ी चीरने में आरे का उपयोग होने लगा था। वाँस का कार्य करने वाला वर्ग "अलग" था जो वॉस से तरह-तरह के सामान तैयार करता था। वह वर्ग वंशकृत कहा जाता था। [101]

---

97 वा०रा०-2-40-14, 15

98 वा०रा०-2-40-14, 15

99 वा०रा०-2-55-17

100 वा०रा०-2-83-13

101 वा०रा०-2-80-3

इस उद्योग के अन्तर्गत तरह-तरह के सामान तैयार होते थे। ''लोहे'' की मदद से ही लकड़ी के सामान काफी मजबूत बनाये जाते होंगे - ''लोहे'' जहाँ एक ओर औजार का काम करता तो दूसरी ओर कील कॉटे के रूप में प्रयुक्त होता था। इस उद्योग का मूल स्त्रोत वन था - वनों से लकड़ी काटने के उल्लेख हुए हैं। बन जीविना:[102] या बनोपजीविन:[103]

शब्दों के प्रयोग से स्पष्ट है कि लकड़ी काटने वालों का जीवन वन से ही चलता था। लकडियों की देर जंगल के उपान्त में पड़ी दीख पड़ती है।[104] कुल्हाड़ी से लकड़ी काटने के उल्लेख अनेक स्थलों पर हुए है–[105]

1. सालस्य; यष्टि: परसुना बने।[106]

2. निकृष्टमिव सालस्य स्कन्धां परशुना बने।।[107]

जंगल में काठी गई लकड़ियाँ एकत्र की जाती थी।

दारूणि परिभिन्ना निवनजैरूपजीविभि:।।

भारद्वाजा श्रमे चैते दृश्यन्ते विविधद्रुमा:।।[108]

## शिविका

इसका निर्माण कर्त्ता उच्चकोटि का कारीगर होता था। शिल्पज्ञान का सुन्दर नमूना इस कलाकृति से प्राप्त होता है। इसका उपयोग साधारण वर्गो में नहीं था बल्कि राजन्य वर्गो में इसका प्रचलन बहुत अधिक था। राज परिवार की महिलाओं द्वारा इसका उपयोग निश्चित रूप से किया जाता था जिसका उल्लेख अनेक स्थलों पर हुआ है।

---

102 वा०रा०-2-8-3

103 वा०रा०-2-54-7

104 वा०रा०-2-54-7

105 वा०रा०-2-8-30, 2-20-32, 2-72-22

106 वा०रा०-2-20-32

107 वा०रा०-2-20-32

108 वा०रा०-2-54-7

त्तः सीतां शिरः स्नातं युवतीभिरलंकृताम्।

"महार्हा भरणोषेतां महाहाम्बर धरिणीम्"

आरोप्य शिविकां दीप्तां परार्घ्याम्वर संवृताम्।।[109]

से स्पष्ट है कि सीता लंका में राम के समक्ष जब लायी जाती है तो शिविका का ही सहारा लिया जाता था। राजा दशरथ की मृत्यु के उपरान्त जब स्त्रियाँ नगर से निकलती हैं तो वे सभी शिविका पर थी–

शिविकाभिश्च यानैश्च यर्थाह तस्ययोषितः।।[110]

दशरथ 111 तथा रावण 112 के शव शिविका द्वारा ही श्मशानभूमि तक लाए गए थे। वानरराज बाली के शब ले जाने हेतु जिस तरह की शिविका लायी गई थी उसकी बनावट तथा उस पर अंकित चित्रकला उच्च कोटि की थी–

दि व्यांग भद्रासनूयुतां शिवि कास्यन्द नो पमाम्।

पक्षि चर्मभिरा चित्रांग द्रुम कर्म विभूषिताम्।।

आचितांत्रितपभिः सुनि विष्टां समन्तः।

विमानमिव सिद्धानां जाल वातायनान्विताम्।।

सुनियुक्तां विशालां च सुवृतां विश्वकर्मणा।

दारूपर्वतकोपेतां चारू कर्म परिष्बृतां।[113]

**मञ्जूषा**

काष्ठनिर्मितमञ्जुषा के नीचे पहिए के उपयोग होते थे। जिससे उसे एक जगह से दूसरी जगह ले जाने में सुविध होती थी इस तरह के मञ्जूषा का उल्लेख सीता स्वयंम्वर के सन्दर्भ में हुआ है। सम्भव है कि वह मञ्जूषा लोहे

---

109 वा०रा०-6-117-13, 14

110 वा०रा०-2-76-19

111 वा०रा०-2-96-14

112 वा०रा०-6-114-109

113 वा०रा०-4-25-22, 23, 24

का भी हो क्योंकि उसे एक स्थान से दूसरे स्थान पर ले जाने में काफी बल की आवश्यकता होती थी।

पाँच हजार वीरों द्वारा यह एक स्थान से दूसरे स्थान पर लाया गया था।

नृणां शतानि पञ्चाशद व्यायतानां महात्मनाम्।

मञ्जूषामष्ट चक्रां तांसमूहस्ते कथंचन।। [114]

## यज्ञीय वस्तु, निर्माण कार्य

इस तरह के सामान निर्माण करने में वर्धकी का स्थान सर्वोपरि था। राजा दशरथ के अनुसार यज्ञ - स्थल पर उसकी उपस्थिति आवश्यक समझी जाती है अत: कार्यारम्भ के साथ ही उसे उपस्थित आवश्यक समझी जाती है अत: कार्यारम्भ के साथ ही उसे उपस्थिति रहना पड़ता है:–कर्मान्तिका शिल्पकरान वर्धकीन खनकानपि" यज्ञ काय्र से सम्बद्ध वर्ध की द्वारा तरह-तरह के सामान निर्मित होते थे; इसलिए राजा का आदेश रहता था कि–

न चावज्ञा प्रयोक्तव्या - कामक्रोध वशादपि। [116]

यज्ञ स्थल पर यज्ञयूप का निर्माण होता था जिसमें कलात्मक प्रदर्शन अधिक था। शास्त्रविहित विधान के अनुसार विल्व के छ: खदिर के छ: पलाश के छ: बहेड़े के एक तथा देवदारू के दो यूप तैयार किये जाते थे। यूप की मोटाई दोनों हाथ मोड़कर फैलाने के बराबर होती थी। यज्ञनिपुण शिल्पशास्त्रियों की देख - रेख में ही तैयार किए जाते थे।

इसमे नक्काशी के काम अधिक होते थे।'' विन्यस्ता विधि–वत्सर्वेशिल्पिभि: सुकृता [117] दृढ़ा:" के उल्लेख से यह स्पष्ट है। यज्ञ कार्य से सम्बद्ध लकड़ी के अन्य ऐसे ही सामान वर्ध की द्वारा ही निर्मित होते थे जिनका उल्लेख अनेक स्थलों पर हुआ है

114 वा०रा०-1-67-4

115 वा०रा०-1-13-7

116 वा०रा०-1-13-15

117 वा०रा०-1-14-26

### लांगल

कृषिप्रधान देश के लिए इसकी आवश्यकता सबसे अधिक होती है। इसके नीचे लोहे का फाल लगा रहता था जिससे जमीन जोतने के काम होते थे। रामायण में उसके उल्लेख अनेक "स्थलों पर हुए हैं।"[118]

### भद्रपीठ

विशेष महोत्सव के अवसर पर इस तरह के पीढ़े की आवश्यकता होती थी। राम के यौवराज्याविषेक के अवसर पर इस तरह के पीढ़े का उल्लेख हुआ जो उटुम्वर की लकड़ी से बनाया जाता था। "औदुम्वर भद्री ढ़ीमभिषेकार्थमाहूतम्"[119] इसे स्वर्ण अलंकृत करने का उल्लेख है।[120] यज्ञ कार्य से सम्बद्ध लकड़ी के अन्य ऐसे ही सामान वर्धकी द्वारा ही निर्मित होते थे; जिसका उल्लेख अनेक स्थलों पर हुआ है। सुयज्ञ को दान में दिया गया पर्यड.क उत्तम विछावन से युक्त तथा नाना प्रकार के रत्नों से विभूषित था।[122]

"कर्णग्राह नौका:" रामायणकालीन समाज में नौकाएँ जलमार्ग के सबसे उपयुक्त साधन थे। कई तरह की नौकाएँ तैयार की जाती थी। साधारण नौका छोटी - छोटी नदियों में चलती थी। विना पतवार की नौका जलपर चक्कर काटने[123] लगती थी। इस तरह की नौकाएँ अधिक वोझ के कारण डूब जाती थी "भाराक्रान्ते वेनौजल"[124] के उल्लेख से स्पष्ट है। निषादराजगुह अपनी पाँच नौकाएँ लेकर भरत की सेना को गंगापार कराने हेतु उपस्थित होता है। उसके राज की सुरक्षा हेतु वह "नौसेना" थी जिसका उपयोग इस अवसर पर किया जाता था उसकी नौकाएँ कई श्रेणियों में विभजित थी।[125] पतत्रिभि:

118 वा०रा०-1-39-19, 1-40-27

119 वा०रा०-2-14-35

120 वा०रा०-2-15-4

121 वा०रा०-2-16-8

122 वा०रा०-2-32-9

123 वा०रा०-2-81-6

124 वा०रा०-4-7-10

125 वा०रा०-2-89-9 से 18

नासत्यासातये [126] कृत" से स्पष्ट है कि सौ परिवारों को ढ़ोने की क्षमता युक्त नौकाएँ रामायण काल में उल्लिखित हुई है।

## रथ एवं रथकार

यह वर्ग काष्ठ उद्योग में लगे रहने पर भी अपनी श्रेणी से अलग-थलग दीख पड़ता है। वेदकालीन समाज में ही यह अपनी विशिष्टता के कारण पूर्ण प्रसिद्धि प्राप्त कर चुका था। रथकर का ''वर्ग'' अलग ही था जो वंशानुगत ढंग से इस शिल्प का विशेषज्ञ समझा जाता था। रथ तत्कालीन समाज के लिए उपयुक्त साधन था। यज्ञभूमि में रथों के उपयोग सबसे अधिक होते थे। रामायण में तीन तरह के रथ उल्लिखित हुए है:-

1. "औपवाह्य" [127] सवारी ढोने वाला रथ।
2. "सांग्रामिक" [128] युद्ध भूमि के योग्य रथ।
3. "पुष्परथ" [129] सजावट युक्त रथ

''गजस्कन्धो अश्वपृष्ठे च रथचर्य्यां सु संमतः [130] "से स्पष्ट है कि राजकुमारों को रथसंचालन की शिक्षा दी जाती थी। रथनिर्माण में कला के साथ-साथ विज्ञान का समुचित उपयोग होता था। सांग्रामिक रथ के निर्माण में आर्यों ने पूरे विवेक से कार्य लिया था। योद्धा तथा सारथि के बैठने का स्थान [131] निर्धारित थे। घायल की स्थिति में पड़े रहने का स्थान निश्चित था। [132] युद्ध भूमि में पड़े रहने पर भी उस रथ पर जानबूझकर आक्रमण नहीं किया जाता था। [133] इस नियम के उल्लंघन का उदाहरण रामायण में उपलब्ध

126 ऋग्वेद-10-143-5

127 वा०रा०-2-39-10

128 वा०रा०-3-65-6

129 वा०रा०-2-26-15

130 वा०रा०-1-18-27

131 वा०रा०-6-86-27, 6-90-43

132 वा०रा०-6-99-10

133 वा०रा०-6-10-21, 27

नहीं है। रथ की बनावट ही ऐसी होती थी कि शत्रु योद्धा को इसका आभास मिल जाता था। रथकार योद्धा तथा सारथि की सुरक्षा का ध्यान रखते हुए रथ का निर्माण करता था।[134] गोरथ में वैल जोते जाते थे। गदहे तथा ऊँट भी रथ में जोते जाते थे।

**शंकट**

शंकट के निर्माण में तक्षा तथा वर्धकी दोनों थे उसकी उपयोगिता तत्कालीन समाज के लिए बहुत अधिक होने के फलस्वरूप बड़े पैमाने पर इसके निर्माण होते थे। कभी-कभी लाखों करोड़ों के शटकों के उल्लेख एक साथ हुए हैं। अश्वमेध यज्ञ के अवसर पर सामानों के आवागमन शकटों के द्वारा ही होते थे। जिनके उल्लेख बड़ी स्पष्टता के साथ हुए हैं। शटक बैलों द्वारा खींचे जाते थे।

1 तं प्रयान्तं मुनिश्वरमन्वयादनुसारिणाम्।

शक्टी शतमात्रं च प्रयाणे ब्रह्मवादिनाम्।।[136]

इसका दूसरा प्रसंग इस प्रकार है–

2 घुरमेकाकिना न्यस्तां वृषमेण वलीयसा।

विशोरवद् गुरूभारं न वोढुमहमुत्सहे।।[137]

विश्वामित्र जब आश्रम स्थल का परिवर्तन करते है तो इस स्थल के मुनियों ने भी उसका साथ दिया था। सारे सामान गाड़ियों पर लद कर स्थान्तर किये गए थे। वैलगाड़ियों की अधिकता थी तथा तत्कालीन परिस्थिति में यह एक उत्तम साधन था। शकट निर्माण की अनिवार्यता ने इस उद्योग के प्रति समाज को आकृष्ट किया था।

---

134 वा०रा०-6-89-6

135 वा०रा०-2-83-32

136 वा०रा०-1-31-17

137 वा०रा०-6-128-3

## वॉस निर्मित सामान

इस उद्योग में लगे वर्ग "वंशकृत"[138] कहलाते थे। भरत के साथ चित्रकूट तक आने वाले नैगमों में यह भी एक था। इस उद्योग के अन्तर्गत कई तरह के सामान तैयार होते थे वॉस की पिटारी तथा टोकरी के उल्लेख कई स्थलों पर हुए हैं।[139] सूप आदि के निर्माण बॉस के होते थे।

## लौह उद्योग

भारतीयों ने लोहे की खोज बहुत पहले कर ली थी। रामायण कालीन समाज में यह उद्योग पूर्ण विकसित प्रतीत होता है। इस उद्योग द्वारा निर्मित सामान ही इसके विकास का परिचायक है।

### घरेलू उपयोग के सामान

1 कुठार - कुल्हाड़ी-2-80-7

2 कुदाल - कुदालं-2-32-29

3 क्षुर - छुरा-2-12-10

4 हंक - टांकी-2-80-7

5 खनित्र - फावड़ा-2-31-25, 3-4-23

6 परशु - फरसा-2-32-32

7 फाल - फाल-2-32-29, 1-39-19

8 शूल --1-29-19

9 आयसी - लोहे की संदूक1-67-5

10 लौही - लोहे के वर्त्तन, कड़ाही-2-91-68

11 पिठर - कड़ाही-2-91-70

12 दात्र - दरांती-2-80-7

---

138 वा०रा०-2-80-3

139 वा०रा०-2-31-25

लोहे की श्रेणी गुण दोष के आधार पर निश्चित हो चुकी थी। साधारण लोहे उत्कृष्ट बनाए जाते थे उसमें मिलाये जाने वाले अन्य पदार्थ का ज्ञान हो चुका था। लोहे के लिए निम्नलिखित शब्दों के प्रयोग हुए हैं–

1 लौह-3-47-46

2 अयस्क-2-40-23

3 कालायस-5-41-12

4 काष्णयिश-1-37-17

कालायस का उपयोग युद्ध के लिए वाण तैयार करने में होता था। तलवार एवं पटिश भी ऐसे लोहे से बने होंगे। कवच जिसके लिए उच्च कोटि के लोहे की आवश्यकता थी। कालायस ही से तैयार होता था। युद्ध में हाथियों तथा घोड़ों को भी कवच पहनाया जाता था। यन्त्रायुध एवं हषुपलयन्त्र के उल्लेख से संकेत प्राप्त होता है कि युद्ध में यन्त्रों के प्रयोग होते थे। सूई के उल्लेख से ज्ञात होता कि इस्पात गलाने तथा डालने की प्रक्रया ज्ञात हो चुकी थी। शान पर चढ़े हुए छुर तथा असि के उल्लेख कई स्थलों पर [140] हुए हैं। लोहे के बड़े-बड़े फाटक महलों में लगे हुए रहते [141] थे। महलों की खिड़कियों का वर्णन हुआ है। ये खिड़कियॉ लोहे की होती होगी – महलों के फाटक में लगे किवाड़ तथा जंजीर की मजबूती का उल्लेख हुआ है। [142]

## अस्त्र-शास्त्र निर्माण उद्योग

अस्त्र-शस्त्र निर्माण की प्रक्रिया का वर्णन कवि वाल्मीकि ने नहीं किया है। रामायण से अस्त्र-शस्त्रों के विवरण दिये जा सकते है क्योंकि युद्ध में प्रयुक्त अस्त्रों के नाम तथा उसके गुण की चर्चा कवि ने की है। ये सभी आयुध लौह निर्मित होते थे तथा सुन्दरता के लिए सोने का काम भी इस पर किया जाता था। राम की तलवार सोने की मूँढ से युक्त थी। असि, खड्.ग तथा

---

140 वा०रा०-3-47-41

141 वा०रा०-2-71-45

142 वा०रा०-2-71-45

ऋष्टि तीन तरह की तलवारें उल्लिखित हुई हैं। धनुष काफी चिकने होते थे तथा स्वर्ण आदि धातुओं से चित्रित रहते थे।

**हाथी दॉत से निर्मित सामान**

यह उद्योग दो भागों में विभाजित था। - हाथी दॉत की प्राप्ति क्योंकि इस प्रयत्न में लगे लोगों की संख्या कम नही थी। हाथी दॉत से सामान तैयार करने वाले शिल्पियों की अलग लम्बी कतार थी; जिनके द्वारा अनेकानेक कलात्मक सामान तैयार किये [143] जाते थे। ऐसे शिल्पियों के लिए दन्तकार [144] शब्द था। हाथी दॉत से जिन सामानों में पच्चीकाी की जाती थी उसकी सुन्दरता स्वाभावित तथा निखर उठती थी। पच्ची कारी की हुई निम्नलिखित वस्तुएँ उल्लिखित हुई हैं।

1 रथ-5-6-6

2 सिंहासन-2-10-15

3 शयनासन-5-10-1

4 राजमहल-2-10-14, 3-55-8

5 वरासन-2-10-15, 5-10-2

6 गवाक्ष-3-55-10

7 भवनस्तमम-3-55-8

केकेयी के महल की सुन्दरता का वर्णन करते हुए वाल्मीकि ने कहा है - दवान्तरा जतसौ वर्णो वेविकाभिः समायुतम [145] इसके अतिरिक्त परमासन को आकर्षक बनाने के प्रयास होते थे-

दान्तराजतसौवर्णैः संवृतं परमासनैः [146] - आसन की सुन्दरता बढ़ाने के लिए हाथी दॉत के उपयोग आवश्यक थे - रावण के सभा भवन का चित्रण

143 वा०रा०-2-10-14, 15

144 वा०रा०-2-83-13

145 वा०रा०-2-10-14

146 वा०रा०-2-10-15

अत्यन्त सुन्दर हुआ है - जिसमें हाथी दॉत के खम्भे तथा झरोखे लगे हुए थे। झरोखे में पर सोने की जालियाँ भी लगी हुई थी - खम्भे का चित्रण करते हुए - कहा गया है:-

दान्त केस्ता पनीयैश्च स्फाटिके राजतैस्तथा।

वज्र वैदूर्यचिंत्रैश्च स्तम्भै दृष्टि मनोरमैः।। [147]

पुनः झरोखे को सुन्दरता के चित्रण में कवि की उक्ति है-

दान्त का राजताश्चैव गवाक्षाः प्रियदर्शनाः।

हेमजाल वृत्ताश्चासंस्तत्र प्रासादपंकत्यः।। [148]

रावण के कक्ष में स्फटिक का फर्श था। इसके जोड़ो पर हाथी दॉत जड़े हुए थे। "स्फाटिकेए वृत तलां दान्तान्तरितरूपिकाम्।

मुक्वाभिश्च प्रवालैश्च रूप्यचामी करैरवि।। [148]

कुम्भकरण के महल का तोरण "दान्तोरण" कहकर उल्लिखित किया गया है। बरासन की सुन्दरता के लिए हाथी दॉत के उपयोग का उल्लेख इस प्रकार हुआ है-

दान्तकाञ्चन चित्रांगै वैदूर्यश्च वरासनैः।

महार्हास्तरणोपेतैरूपन्नं महाधनैः।। [150] इस प्रकार हाथी दॉत का उद्योग पूर्ण विकास पर पहुँच चुका था, जिसके माध्यम से विलास की अनेक वस्तुएँ तैयार की जाती थी। हाथी दॉत से निर्मित प्रतिमाएँ रावण के रथ में जड़ी हुई थी। उनके रथ की प्रशंसा में उक्ति है-

सिंह व्याध्रतनुत्राणैर्दान्तकाञ्चनरा जतैः।

प्रोषविमविचित्रैश्च सदा विचारितु रथैः। [151]

---

147 वा०रा०-3-55-8

148 वा०रा०-3-55-10

149 वा०रा०-5-9-23

150 वा०रा०-5-10-2

151 वा०रा०-5-6-6

## खनिज उद्योग

रामायण में खनिज द्रव्यों के उल्लेख हुए हैं। खनिज द्रव्यों का संग्रह करने वाला वर्ग–

धनानि व्यसायेन विचीयन्ते महावने।

धातवो विविधश्चापि मणिरत्नसु वर्णितः।।[152]

जंगलो पहाड़ो में द्रव्यों की खोज करने में वह व्यवसायी वर्ग लगा[153] रहता था। खनिज द्रव्यों की प्राप्ति जिन भूभागों में होती थी उसके विवरण इस प्रकार दिये जा सकते हैं:–

कोसल प्रदेश खनिज द्रव्यों से भरा हुआ कहा गया है–खनिभिश्चोप्शोभितः[154] उदयपर्वत धातुविभण्डित था क्योंकि ''धातु शते श्चितम्'' कहकर उल्लिखित हुआ है। लंका की ओर उड़ान भते समय जिस पर्वत पर हनुमान अन्य वानरों के साथ था वह पर्वतमालाः–

नीललोहितमाञ्जिष्ठपन्नवर्णैः सितासितैः।

स्वभावविहितैश्चित्रैर्धातुभिः सभलंकृतम्।।[155]

के रूप में वर्णित है। सीता की खोज में जाने वाले सैनिकों को आदेश था कि पत्तनं कोशकाराणांभूमि च रजता कराम्"[156] में जाकर खोज की जाय। हिमालय के निकटवर्ती भागों में खनिज द्रव्यों की प्राप्ति के उल्लेख हुए हैं।

"शैलेन्द्रो हिमवानमधातुनामाकरोमहान्"[157]

कैलाश पर्वत धातु विभण्डित के रूप में उल्लिखित हुआ है। गंगा के निकटवर्त्ती भूभाग में विभिन्न तरह के खनिज द्रव्यों की प्राप्ति इस प्रकार हैं–

---

152 वा०रा०-3-43-31

153 वा०रा०-3-43-33

154 वा०रा०-2-100-15

155 वा०रा०-4-1-5

156 वा०रा०-4-40-23

157 वा०रा०-1-37-

काञ्चनं धारणीं प्राप्तं हिरण्यमतुलप्रभम।

ताम्र कर्ष्णायसचैव तै दण्यादेवाभ्यजायत्।।

मलं तस्या भवतत्रपुसीसमेव च

तदेत्द्धरणीं प्राप्यनानाधातुरवर्धत।। [158]

विभिन्न धातुओं के उल्लेख करते हुए उसके साथ पौराणिक कथा जोड़कर कवि ने अपनी कल्पना शक्ति का परिचय दिया है। गंगा के तटवर्त्ती भागों में विभिन्न खनिज पदार्थे के होने के संकेत इससे अवश्य प्राप्त होते हैं। रामायण में विभिन्न स्थलों पर उल्लिखित खनिज द्रव्य इस प्रकार हैं:-

1 रजत-2-34-14, 4-40-23

2 हिरण्य-1-53-21

3 सुवर्ण-2-32-4

4 काञ्चन-1-37-19, 4-5-33

5 जातुरूप-1-37-22

6 जाम्बूनद-1-14-53, 5-6-4

7 महारजत्-5-10-7

8 हेम-4-5-34, 41

9 ताम्र-4-23-20

10 त्रपु-1-37-20

11 शीश-1-37-20

12 वैदूर्यमणि-4-30-31

## आभूषण निर्माण उद्योग

इस उद्योग के विस्तार का परिचय प्रारम्भ से अन्त तक देने का प्रयास सम्पूर्ण ग्रन्थ में हुआ है। पुरूष भी आभूषण धारण करते थे स्त्रियाँ आभूषण के

---

158 वा०रा०-1-37-18, 19

भार से लदी रहती थी। सामाजिक संरचना ही ऐसी थी कि आभूषणों की खपत सर्वाधिक थी। वैभव एवं भोग विलास सम्पन्न समाज अपने - अपने साज श्रृंगार के लिए विभिन्न प्रकार के आभूषण धारण करता था। आभूषण तैयार करने वाला वर्ग स्वर्णकार [159] तथा मणिकार [160] था। सीता को वन में भी सर्वाभरणभूषिता होकर रहने के लिए पर्याप्त आभूषण दिये गए थे–

"बनवासं हि संख्याय वासांस्या भरणानि च" [161]

रावण के अन्तःपुर की स्त्रियाँ कमर में करधनी एवं पैर में नुपुर पहनती थी जिसकी झंकार मनोमुग्धकारी थी। वानर [162] राज सुग्रीव की पत्नी तारा लक्ष्मण से मिलती है तो उसकी करधनी जॉघ तक तटकती हुई दीख पड़ती है।

"प्रलम्बकाञ्ची [163] गुणहेमसूत्रा" रावण के अन्तःपुर की स्त्रियों के शरीर पर आभूषण विजली की तरह चमकते थे।

विभूषणानां च ददर्शमाला शतहृदानांभिवचारूमाला। [164]

जूड़ावलय पहनने का उल्लेख [165] हुआ है। तिलक का उपयोग आज की तरह टीके के रूप में होता था। कान में पहनने वाला आभूषण कुण्डल था। [166] तप्त काञ्जनभूषणम" [167] कह कर उल्लिखित होना स्पष्ट संकेत देता है कि सोन गलाया जाता था। उसके वाद उससे आभूषण तैयार किये जाते थे। वे कर्णवेष्ट [168] एवं स्वदंष्ट्र [169] दो भिन्नरूपों में तैयार किये जाते थे। गले में

159 वा०रा०-2-83-14
160 वा०रा०-2-83-12
161 वा०रा०-2-40-14
162 वा०रा०-5-9-45
163 वा०रा०-4-33-38
164 वा०रा०-5-5-22
165 वा०रा०-5-54-31
166 वा०रा०-5-22-28, 29
167 वा०रा०-6-65-18
168 वा०रा०-5-5-42
169 वा०रा०-5-5-42

पहनने वाले आभूषण कई तरह के होते थे। गले के हार के उल्लेख कई स्थलों पर हुए [170] हैं। केयूर वाजूवंद की तरह पहना जाने वाला आभूषण था। राम की सेवकाएँ केयूर पहनती थी और केयूर स्वर्णाभूषण [171] था। उस केयूर पर जड़े गए मणियों के उल्लेख [172] हुए हैं उसके ऊपरी भाग नुकीले होते थे। चूड़ी, [174] बलय [175] तथा [175] हस्ताभरण [176] जो हाथ में पहनने के लिए आभूषण थे। उनके उल्लेख अनेक स्थलों पर हुए हैं। कमर में पहनने के लिए करघनी [177] कांची [178] रसनादाम [179] हेमदाम [180] और मेखला [181] नामक आभूषण प्रचलित थे। कॉची घुधरूदार एवं सुनहली लड़ो से युक्त रहती थी जिसके लिए हेमसूत्र का प्रयोग हुआ है। प्रलम्बकाञ्चीगुण हेमसूत्रा इसी सन्दर्भ में उल्लिखित हुआ है। रावण की कमर में श्रोणीसूत्र का उल्लेख इस प्रकार हुआ है–

"श्रोणी सूत्रेण महता में चकेन [182] सुसंवृतः" नुपुर में घूंघरू रहने के कारण उससे सुन्दर आवाज निकलती थी सीता द्वारा पहने गए नुपुर की चर्चा इस प्रकार है - स्वनवनि महान्ति [183] च। इस आभूषण को खोलने में देर नहीं लगती थी। "चरणान्नूपुरंभ्रष्टं वैदेहया" [184] रत्नभूषितम्। स्वर्णविभण्डित चरण

---

170 वा०रा०-5-9-48, 5-1-28
171. वा॰ रा॰–6-21-3
172. वा॰ रा॰–6-21-3
173. वा॰ रा॰–5-18-24
174. वा॰ रा॰–5-1-20, 26
175. वा॰ रा॰–2-32-5
176. वा॰ रा॰–5-15-42
177. वा॰ रा॰–5-22-26
178. वा॰ रा॰–5-6-13, 4-33-38
179. वा॰ रा॰–5-9-16
180. वा॰ रा॰–5-37-6
181. वा॰ रा॰–2-23-7,5-9-50
182. वा॰ रा॰–5-22-26
183. वा॰ रा॰–5-15-46

पादुका उल्लेख हुआ है – पादुके हेमभूषिते [185] कुम्भकरण युद्ध के लिए प्रयाण करते समय स्वर्णाभूषणों से सुसज्जित [186] था। सैनिकों द्वारा भी आभूषण पहने जाते थे। रावण के अस्त्र-शस्त्र स्वणविभूषित थे। रावण के धनुष मुक्तामणि विभूषित कहे गए हैं। इस प्रकार स्वर्णकार तथा मणिकार के कार्य काफी विस्तृत थे। वे युद्ध सामग्रियों को भी सजाते थे – तो स्त्रियों के साज श्रृंगार के लिए आभूषण भी तैयार करते थे। स्वर्ण अगूँठी से लेकर हाथी की कमर से पहनाई जाने वाली स्वर्ण जंजीर तक तैयार की जाती थी। विपुल वैभव एवं अपार स्वर्णराशि के मध्य स्वर्णकार तथा मणिकार खुलकर विचरण करते थे। स्वर्णघट [187] तथा स्वर्णरत्नमयी [188] स्थाली बनाने का कामस्वर्णकार द्वारा होता था। स्वर्ण विमण्डित पर्यन्क एवं रथ के उल्लेख अनेक स्थलों पर [189] हुए हैं। आभूषण दान करने की परम्परा थी जिसमें स्वर्णाभूषणों का महत्व विशेष था। सुयज्ञ की पत्नी के लिए सीता ने स्वर्णहार, करधनी विजयाढ और केयूर दान में दिया था। चॉदी के फूल तैयार करके शव पर लुटाए गए [190] थे। इस प्रकार के आभूषण उद्योग विभिन्न रूपों में तत्कालीन समाज को प्रभावित करने में पूर्ण समर्थ था।

## मूँगे मोती एवं विविध रत्न उद्योग

समुद्र के किनारे सूखते हुए मोतियों की ठेर रावण ने देखी थी। "मूक्तानां च समूहानि [191] सुष्यमानानि तीरतः समुद्र से मोती निकालने का काम तत्कालीन समाज में प्रचलित हो चुका था। मणि रत्नों की खोज के लिए पहाड़ी इलाकों तथा वनों में घूमना पड़ता था। उन क्षेत्रों में ऐसे रत्नों की प्राप्ति काफी होती होगी, जिसका उल्लेख राम ने किया है–

---

187. वा॰ रा॰–2-4-34,2-15-3,2-3-5,2-65-6
188. वा॰ रा॰–5-18-13
189. वा॰ रा॰–2-32-4, 2-16-7
190. वा॰ रा॰–2-76-14
191. वा॰ रा॰–3-35-23

धनानि व्यवसायेण विपीयन्ते महावने।

धतवो विविधश्चापि मणिरत्नसुवर्णिनः।[192]

रामजन्म के अवसर पर अयोध्या में नट - नर्त्तकों की भीड़ लग गई थी। उनके नृत्य पर नागरिकों ने इस शुभावसर में काफी उपहार दिया था। विरोजुविर्पुलास्तत्रसर्वरत्न[193] "समन्विताः" राजा जनक ने अपनी पुत्रियों के लिए बहुत से मूँगे मोती भी दान - दहेज के रूप[194] में दिये थे। राम के यौवराज्याभिषेक के अवसर पर बहुत सारे रत्न जमा किये गए थे साज श्रृंगार के लिए रत्न काफी आवश्यक हो चुके थे। मूँगे मोतियों[195] की सुन्दरता से स्त्रियाँ प्रलोभित हो जाती थी। केकेयी को मन्थरा ने सलाह दी थी कि वह इस प्रलोभन में नही पड़े क्योंकि राजा दशरथ ऐसा प्रयत्न[196] करेंगे। मणिकार द्वारा इन रत्नों से तरह-तरह के आभूषण तैयार किये जाते थे। वैधक द्वारा उन रत्नों में छेद किया जाता था तथा मणिकार अपने कलात्मक चातुर्य का प्रदर्शन कर उसे आकर्षण पूर्ण बना देता था सुवर्ण मणिमुक्ताभिः प्रवालेन च शोभिताः[197] जैसे उल्लेख से स्पष्ट है कि तत्कालीन समाज इन रत्नों के प्रति पूर्ण आकृष्ट था स्त्रियाँ दिव्याभरणभूषिता[198] होती थी।

## पेय पदार्थ निर्माण उद्योग

पेय पदार्थ इक्षुरस, पुष्पासव, फलासव सर्करासव आदि थे। विश्वामित्र का स्वागत इन पेय पदार्थों से किया गया था।

इक्षुन्मधुस्त्थलावान्मैरेयांश्च वरससवान।

पानानि च महामिक्ष्यांश्चोच्चावचांस्तथा।।[199]

---

193. वा॰ रा॰–1-18-18
194. वा॰ रा॰–1-74-4
195. वा॰ रा॰–2-3-8
196. वा॰ रा॰–2-9-27
197. वा॰ रा॰–2-15-44
198. वा॰ रा॰–2-51-43
199. वा॰ रा॰–1-53-2

आसव के अतिरिक्त दूसरे पेय पदार्थों में मधु तथा मदिरा का स्थान प्रमुख था। आसव तैयार किया जाता था वह वर्त्तन "भाजन"[200] कहा गया है। भरद्वाज ऋषि ने भरत की सेना के स्वागत में मैरेय सुरा तथा "इक्षुकाण्डरस"[201] दिया था वहॉ "सुरापा:पिवत"[202] का कोलाहल मचा हुआ था फलसाव से विविध व्यञ्जुन तैयार होते थे।

आजश्चापि च बाराहै निष्ठा नवर सं चयै:।

फलनिर्वयूह संसिद्धैः सूपैगन्धरसान्वितै:।।[203]

रावण की पेय सामग्रियों में पुष्पासव, फलासव, संकरासव थे। शर्करासवमाध्वी, पुष्पासव, फलसवा: इनके अतिरिक्त पेय पदार्थ में मधु का स्थान महत्त्वपूर्ण था मधु बनों से प्राप्त होते थे।. निषादों एवं वानरों का यह सामान्य पेय पदार्थ था–

पिबन्तो मधुमैरेयं भीमबेगाः प्लवड्.गमा।

बनेषु च सुरभ्येषु सुगन्धिषु महत्सु च।।

इस तरह का उल्लेख दूसरे स्थल पर भी हुआ है–

"भक्षयन्तः सुगन्धीनि मधूनि च फलानि च"[2205]

## सुरा

इसका निर्माण बड़े पैमाने पर होता था। समाज में इसका उपयोग खुलकर होता था। गुड़ से तैयार की गई सुरा शीधु[206] कहलाती थी। "पीतमंड"[207] ऐसी सुरा थी जिसे कोई पीना नहीं चाहता था। यह ऐसी सूरा थी जिसे खुली

200. वा॰ रा॰–2-51-35
201. वा॰ रा॰–2-51-52
202. वा॰ रा॰–2-51-67
203. वा॰ रा॰–5-11-22
204. वा॰ रा॰–4-37-7, 8
205. वा॰ रा॰–6-4-24
206. वा॰ रा॰–5-11-32
207. वा॰ रा॰–2-36-12

छोड़ देने के कारण इसकी नशीली वस्तु नष्ट[208] मानी जाती थी। सौ धीरक सुरा भी सुरा की एक श्रेणी समझी जाती थी। जो स्थान विशेष पर निर्मित होने के कारण इस नाम से प्रसिद्धि प्राप्त कर चुकी थी। बारूणी सुरा सर्वोत्कृष्ट समझी जाती थी।

स हि मायाबलः क्रुद्धो रावणः शत्रुरावणः।

मयं मोहयति दुष्टात्मा पीतमात्रेव वारूणी।।[209]

इसके दो भेद अग्रय वारूणी एवं मधुवारूणी के नाम से प्रसिद्ध थे।

मधु के मादक द्रव्य उत्पन्न किया जाता था। मधु के सड़ने पर बनी सुरा मधुरस,[210] माध्वीक[211] तथा मैरेय[212] नाम से प्रसिद्ध रामायणकालीन समाज इस पेय पदार्थ को खुलकर स्वीकार करता था।

## सुगन्धित चूर्ण या उबटन निर्माण उद्योग

इस वस्तु के निर्माण में समाज की रूचि कम नहीं थी। इसकी खपत तथा इसके उद्योग बड़े पैमाने पर होते थे। "चन्दन मिश्रित"[213] उबटन से सुन्दरता की वृद्धि होती थी। एवं शरीर की सुगंधि निकलती रहती थी। आँख की सुन्दरता के लिए सुरमा का प्रयोग महिलाओं में ही नहीं वल्कि[214] पुरूषों में भी यह प्रचलित हो चुका था। सौन्दर्यप्रशाधन के निम्नलिखित सामान बड़े पैमाने पर तैयार होते थे।

1 चूर्ण काषाय - ऑवले का सुगन्धित उबटन-2-91-74

2 चन्दन चूर्ण-2-114-26

3 हरिचन्दन चूर्णम्-2-65-8, 2-55-8

---

208. वा॰ रा॰–3-42-75

209. वा॰ रा॰–6-34-8

210. वा॰ रा॰–5-11-23

211. वा॰ रा॰–11-33-7

212. वा॰ रा॰–2-91-74

213. वा॰ रा॰–2-91-74

214. वा॰ रा॰–2-91-77

4 रक्त चन्दन–2–91–58

5 चन्दन का चूर्ण तैयार कर शरीर सुवासित किये जाने के उल्लेख हुए हैं।

1 पद्मानिः श्वास मुत्म वदमन्।[215]

2 पद्मगन्धीनि वदनामि।[216]

जैसे उल्लेख से स्पष्ट है कि कमल पुष्प से भी उबटन तैयार किये जाते थे।

## कलाकौशल

रामाभयण में शिल्प एवं शिल्पियों के उल्लेख अनेक स्थलों पर हुए हैं। शिल्पज्ञान ही कला के अर्थ में प्रयुक्त हुआ है। कला के अन्तर्गत चित्रकर्म, नृत्य संगीत आदि थे। कला द्वारा जीवन - निर्वाह करना या व्यवसाय के रूप में कलाकृति के ज्ञान का उपयोग करने वाला शिल्पकार कहलाता था। हाथ से कार्य करने वाला शिल्पि कारि कहलाने लगा था। कारिका अर्थकारू[217] शिल्पि भी किया गया। कारि शब्दः कारूणां तन्तुवायादीनां वाचकः व्याख्या का शिका कार की थी। कात्यायण की भी मान्यता[218] यही है। अर्थशास्त्र कौटिल्य की व्याख्या कारशिल्पिनः[219] के रूप में है। पाणि, निकाल में ललितकला शिल्प के रूप में प्रसिद्ध थी। संगीत, नृत्य गायन, वादन आदि कलाएँ शिल्प के अन्तर्गत मान्य हो चुकी थी पाणिनि ने इन कलाकारों की अलग - अलग श्रेणियाँ उल्लेख किया है। ये श्रेणियाँ इस प्रकार थी - गायक, गायण मुड्डुकिक पणिध ताथ्य नर्त्तक आदि।[220]

रामायण में नृत्य एवं संगीत के मर्मज्ञ कलाकारों का परिचय प्राप्त होता है - उनकी कृतयों के सुन्दर नमूने भी रचना में उपलब्ध है। नट - नर्त्तकों की

215. वा० रा०–2–61–8

216. वा० रा०–2–9–36

217. वा० रा०–4–1–15

218. वा० रा०–4–1–159

219. अर्थशास्त्र–2–36

220. पाणिनि–3–1–148, 3–1–147, 4–4–57, 3–355

श्रेणियाॅ अलग दीख पड़ता है। दशरथ के अश्वमेघ यज्ञ के अवसर पर विभिन्न कोटि के शिल्पियों का परिचय - प्राप्त होता है।।

स्थापत्यै निष्ठितांश्चैव वृद्धान परमधर्मिकान।

गण का ञ्शिल्मिनश्चैव तथैव नट नर्त्तकान।।[221]

शिल्पि के प्रति समाज में पूरा सम्मान था उसकी अवज्ञा नहीं होनी चाहिए। इसके लिए पूरी सर्तकता का निर्वाह होता था।[222] विभिन्न कला - कौशल में चतुर होना राजकुमार के लिए आवश्यक था। यह शिक्षा का अंग का समझा जाता था। राम के शिल्पज्ञान की चर्चा इस प्रकार हुई है। "बहारिकानां शिल्पाणां विज्ञातार्थ विभागवित"[223] राम द्वारा किया गया अश्वमेधयज्ञ शिल्पकारों का महत्व ही था। चित्र ज्ञान वृत्तसूत्र ज्ञानगीत नृत्य विशारदान[224] - शिल्पियों द्वारा पुष्पोद्यान की सजावट इस प्रकार वर्णित है।।

तथैवतरूभिदिव्यैः शिल्पिभिः परिकाल्पितैः।

चारूपल्लवपुष्पाढ्यैर्मत्तभ्रमर संकुलैः।।[225]

## चित्रकला

चित्रकारी के सर्वोत्कृष्ट नमूने रावण के पुष्पक विमान से प्राप्त होते हैं पुष्पक विमान की तरह पर्वत माला से चित्रित थी। पर्वतों पर वृक्ष पुष्पों के भार से लदे तथा पुष्पकेशर से समन्वित दिखाए गए हैं।

महीवृता पर्वतराजिपूर्णा शैलाः कृतावृक्षवितानपूर्णाः।

वृक्षा वृताः पुष्पवितानपूर्णाः पुष्पंकृतं केसर पत्र पूर्णम्।।[226]

केकेई के राज प्रासाद में चित्रगृह का वर्णन अतिसुन्दर हुआ है।

---

221. वा॰ रा॰–1–13–6–7
222. वा॰ रा॰–1–13–15
223. वा॰ रा॰– 2–1–38
224. वा॰ रा॰–7–90–7
225. वा॰ रा॰–7–42–9
226. वा॰ रा॰–5–7–9

लतागृहैश्चित्रगृ है चम्पकाशोक शोभितैः।[227]

तत्कालीन समाज में हाथियों के मस्तक पर चित्रकारी करने की परम्परा थी। "गवाक्षिता इव भान्ति गजाः परम भक्तिभिः"[228] काष्टनिर्मित रथों पर चित्रकारी के सुन्दर नमूने उपलब्ध[229] होते हैं। भित्ति चित्रकला का विकास हो चुका था। उत्कीर्ण किये गए चित्रों के प्रसंग अनेक स्थलों पर उपलब्ध हैं।[230]

## वास्तुकला

इस कला का विकास स्पष्ट रूप से उल्लिखित किया गया है। महर्षि वाल्मीकि ने वर्णन किया है कि अश्वमेध यज्ञ के लिए मूर्ति तैयार की गई थी- "यज्ञे - यज्ञे च पत्यर्थ जानकी[231] काञ्चनी भवत्।" यह कला इतनी विकशित हो चुकी कि कञ्चनमूर्ति साक्षत सीता जैसी प्रतीत होती थी। रावण के शयनागार में विभिन्न मूर्तियाँ रक्खी हुई थी।

स्फाटिकेरावृत तलां दन्तान्तरित रूपकिाम्।

मुक्ताभिश्च प्रवालैश्च रूपयचामीकरैरपि।।[232]

राम के भवन का अग्रभाग स्वर्ण मूर्तियों से सुसज्जित था। जिसका उल्लेख हुआ है।

"काञ्चन प्रति मै काग्रंमणि विद्रुमतोरणम"[233] पुष्पक विमान में लक्ष्मी की मूर्ति का वर्णन हुआ है। नियुज्यमानास्तुगजाः सुहस्ताशकशराश्चोत्पलपत्रहस्ता बमूवेदेवी चकृता सहस्ता लक्ष्मीस्तथा पदम निपक्षहस्ता"[234] रामायण कालीन समाज में तक्षणकला का विकास पूर्ण रूप से हो चुका था। पाषाण शिल्प एवं

---

227. वा॰ रा॰–
228. वा॰ रा॰–3-15-15
229. वा॰ रा॰–6-51-28
230. वा॰ रा॰–2-15-35, 5-2-18
231. वा॰ रा॰–7-99-7
232. वा॰ रा॰–5-9-23
233. वा॰ रा॰–2-15-33
234. वा॰ रा॰–5-7-14

तक्षण कला में लगे शिल्पियों ने अनेक सुन्दर चित्र समाज को प्रदान किया था भित्तिचित्र के सुन्दर उदाहरण राम के भवन में उपलब्ध [235] होते हैं। पुष्पक विमान पर यह चित्र – नारीप्रवैकेरिव दीप्यमान तत्कालीन कला के विकास का परिचायक है स्थापत्य कला

## स्थापत्यकला

इस कला से सम्बन्धित अनेक उदाहरण रामायण में उपलब्ध है। नगर, दुर्ग तथा प्रासाद के सुन्दर निर्माण कार्य में लगे – स्थपित – तक्षक के उल्लेख हुए है – इस कला की कड़ी विश्वकर्मा से जोड़ने की चेष्टा [237] हुइ है। ओशनशंधनम [238] जैसी उक्ति से स्पष्ट है कि – इस उद्योग हेतु उच्च कोटि के औजार भी प्राप्त हो चुके थे – प्रासाद की कई एक श्रेणियाँ थी जैसे – प्रसादेषु – विमा भवनों एवं महलों की श्रेणियाँ – इस कला के विकास की विशेषताएँ स्पष्ट करती है महलों में मंजिल होते थे जिसके उल्लेख [240] हुए हैं महलों के कक्षों के उल्लेख अनेक स्थलों पर हुए हैं। [241]

नागरों के फाटकों के उल्लेख से स्पष्ट होता है कि "नगर वसाने की कला अलग थी। फाटक काफी विशाल होता था। नगर द्वार पर एक बड़ा बुर्ज बना रहता था वहाँ से नगर रक्षा के फार्ज होते थे। दशरथ की मृत्यु के उपरान्त अयोध्या के पूरद्वार का उल्लेख इसके महत्व को स्पष्ट करता है। – अपाकृतपुरद्वारां राजधनीमर्रादाताम्।। [242]

## नृत्यसंगीत एवं वाद्या

इस कला में लोगों की संख्या बहुत अधिक भी। इसके विकास में लगे हुए लोग तत्कालीन समाज के अंग हो चुके थे–

1 गायक–2–75–2

2 गणिका–1–10–5

---

235. वा॰ रा॰–2–15–36

236. वा॰ रा॰–5–7–7

237. वा॰ रा॰–5–51

3 मागध-2-75-2

4 नट-2-6-15

5 नर्त्तक-1-13-7

6 वापाणिवादक-2-65-4

7 शैलूण-2-83-15

8 तालषचार-2-3-17

9 वादिक-2-17-47

10 वादी-2-36-3

नट्-नर्त्तक आर्थिक संकट के कारण या सामन्तो के भयवश अपनी स्त्री दूसरे के लिए भोग - विलास हेतु छोड़ जाते थे।

राजाओं तथा बड़े सामन्तों से युक्त समाज में नट - नर्तकों की आय की सीमा नहीं रहती थी। इस कार्य में लगे कलाकारों की संख्या बहुत अधिक थी। यौवराज्याभिषेक के अवसर पर "सर्वे च तालाचचरार्णाणकरश्च स्वलंकृता:" [244] वैसी उक्ति से उस कोटि के कलाकारों की स्थिति स्पष्ट होती है। नगर में स्त्रियों के लिए नाटयशालाएँ थी।

"वधुनाटक संगपैश्चसंयुक्तासर्वत: पुरीम"

# 7

# व्यापार और वाणिज्य

## व्यापारी वर्ग

रामायणकालीन समाज में विचौलिया वर्ग व्यापारी था। वह वैश्य समाज में उत्पन्न हुआ था जो उत्पादन कर्ता तथा उपभोक्ता के बीच कड़ी का कार्य करता था। लेकिन वैसो वश्यों की कमी नहीं थी जो "उत्पादन" के साथ-साथ व्यापार भी कर रहा था। वे वैश्यवर्ग सही अर्थ में व्यापारी नहीं था क्योंकि उसका उद्देश्य "व्यापार" करना गौचा था। उसका मुख्य उद्देश्य उत्पादन ही था। व्यापार का लघुरूप इसे अवश्य कहा जायगा।

व्यापारियों का विराट रूप आज की तरह उस समय ही तैयार हो चुका था वह वर्ग सर्वव्यापी हो चुका था। राजतन्त्र पर उसका पूरा प्रभाव था। राजनीतिक के निर्धारण में उसका सक्रिय सहयोग था। राम के यौवरा ज्याभिषेकपर व्यापारियों तथा सामन्तों की सलाह ली गई थी। दशरथ के समाभाभवन तक उस वर्ग की पहुँच हो चुकी थी।। राम के वनगमन पर व्यापारियों ने राम के प्रति सम्मान करते हुए जंगल तक साथ दिया था:-

"रूपाजीवाश्च वादिन्यो वाणजश्च महाधना:" [1]

चित्रकूट आश्रम के लिए भरत की सेना का प्रभाण जब हुआ था तो सेना

1. वा॰ रा॰–2-36-3

के अनुगामी दलो में व्यापारी वर्ग प्रधान रूपसेवी "ये तत्रा परे सर्वे समन्ता मे च नैगमा:"[2]

तत्कालीन सामाजिक संरचना में वैश्य शासक के वर्ग के समर्थक थे। "वैश्या: क्षात्रमनुव्रता:"[3]

वार्ताशास्त्र का अधिकारी रामायण कालीन समाज में वैश्य वर्ग ही था। इसके अन्तर्गत कृषि, पशुपालन एवं वाणिज्य तीनों ही कार्य थे। वैश्य-समाज ही सही अर्थ में प्रजा का मुख्य अंग था। वार्तायां संश्रितस्तात "लोकोऽहि सुखमेघते।[4] कृषि पशुपालन तथा वाणिजय के सारे कार्य वैश्य वर्ग द्वारा सम्पादित होते थे। इनकी आवश्यकता देखकर ही समाज में यह कल्पना की गई थी कि वैश्यों की उत्पत्ति के ब्रह्मा "उरूभाग"[5] से हुई है। सामाजिक या राजकीय समारोह में वैश्यों की उपस्थिति सदा वांछनीय थी।

पुत्रेष्टि यज्ञ समारोह अवसर पर "दशरथ का आदेश" था कि–

ब्राह्मणान्; क्षत्रियान् वैश्याञ्शुद्राश्चैव सहस्रराः।

समानयस्वस्त्कृत्य सर्वदेशेषु मानवान्।।[6]

वेदकालीन वाणिज्य के विकास का सही रूप "रामायण" में प्राप्त होता है। वेद में जहाँ वस्तु विनिमय के प्रसंग उपलब्ध हैं वहां रामायण में इसके लिए कोई प्रसंग नहीं है तथा क्रय-विक्रय में उसकी कीमत चुका दी जाती है–ऋग्वेद के अनुसार व्यापार में इन्द्र की मूर्ति दश गएं देकर ली जाती हैं:–

"इमं दशाीमेन्द: क्रीणाति धेनुभि:"[7]

---

2. वा० रा०–2-83-11
3. वा० रा०–1-6-19
4. वा० रा०–2-100-47
5. वायुपुराण–2-113-ब्रह्मांडपुराण-1-5-108
6. वा० रा०–1-13-20
7. ऋग्वेद–1-22-11

इसके मोल-भाव की चर्चा वेद साहित्य में उपलब्ध है:-

"यथाबला; यथाशकं यथात्रृणं सन्नयामसि"[8]

## अन्तर्देशीय व्यापार

इसके अन्तर्गत व्यापारियों का वह समाज था जो अपने स्थान पर रहकर उपभोक्ताओं की आवश्यकताओं के अनुरूप सामानों की आपूर्ति करता था। सामानों की विक्री का आधार मुनाफा था। अयोध्या के बाजारों का वर्णन करते हुए वाल्मीकि ने विभिन्न तरह की दुकानों का उल्लेख किया है।।

उनमें दो तरह के सामान दीख पड़ते हैं-प्रथम तो स्थायी रूप से बिकने वाले सामान तथा दूसरे अस्थायी जो विशेष आयोजन-प्रयोजन के अनुसार बिकते थे। चंदन तथा अगरू की देर दूकानों में दीख पड़ती है; तसर, तथा रेशमी वस्त्रों की प्रचुरता दूकानों में दीख पड़ती है। उत्तम श्रेणी के स्फटिक की मालाएं लटकती हुई वर्णित हुई है।

विभिन्न प्रकार के खाद्य पदार्थ से दूकानें सजी हुई हैं

यौवराज्याभिषेक के अवसर पर सड़कों के किनारे दही; अक्षत्; खीर, लावा, धूप; अगर चंदन आदि बिक रहे थे।

राजमार्ग मयौ रामौ मधयेनागरूधूपितम।।

चन्दनानां च मुख्यानागरूणां च संचयैः।

उसमानां च गन्धानां क्षौमकौशाम्वस्य च।

अविद्यामिश्च मुक्ताागिरूत्मै स्फटिकेरपि।'

शोभमानमसंवाधतराजपथमुक्तम्।

संवृतंविविधैपण्यैमक्षयैरूच्चावचैरपि।।

ददर्श तं राजपथं दिविदेवपथं यथा

दहयक्षातहविलापैरगढ चन्दनैः।।[9]

---

8. ऋग्वेद-4-24-9, 8-47-17
9. वा० रा०-2-17-3, 6

ऐसे बाजारों की विशेषता यह भी थी कि अलग-अलग सामानों की अलग कतारों मण्डी में होती थी। मालियों की दूकानें एक कतार में कई एक थी:-

अचेतमात्यशोभान्यप्यसंमृष्टाजिराणि चा।[10] यानि दशरथ की मृत्यु के फलस्वरूप जब राजकीय शोक में पूरा नगर डूबा था तो सभी तरह के देवोत्सवयादैनिक पूजा पाठ के कार्य ठप्प पड़ जाने के फलस्वरूप पूरी कतार जो मालियों की दूकानों की थी सूनी पड़ी हुई थी।

इसी तरह अन्य सामानों की दूकानें श्रेणीबद्ध रहती होगी जो तत्कालीन वाणिज्य व्यापार के विकास के परिचायक है-

अयोधया नगरी बड़े-बड़े महापथों से जुड़ी हुई थी।

श्रीमती त्रीणि विस्तीर्णा सुविभक्त महापथा।
राजमार्गेण महता सुविभक्तानांशोभिता।।

ये महापथ व्यापारिक मार्ग के रूप में अन्य नगरों से सम्बद्ध होंगे। केकय देश जो भारत के पश्चिमी छोड़ पर अवस्थित था-राजमार्गों या महापथों से जुड़ा था।

स्थान मण्डल चक्राश्च योजयित्वा परः सतम्।

उष्ट्रगो सकलरैमृत्या भरतंयान्तमन्वयुः।।[12]

गोल पहिये वाले सैकड़ों रथों में ऊँट घोड़े तथा खच्चर जुटे हुए थे।।

एक नगर दूसरे नगरों से महापथ द्वारा जुड़े रहने के कारण ही भरत एवं शत्रुघ्न के साथ इतनी अधिक गाड़ियां जो सामानों से लदी हुई थी। साथ में भेजी गई थी। एक नगर का दूसरे नगरों से जुड़ा रहना तत्कालीन समाज में असम्भव नहीं था क्योंकि उस दिशा में काफी विकास हो चुका था व्यापार की सुविध· के लिए सड़क से सटी हुई दूकानों के वर्णन इस प्रकार है। "कपाट तोरणवर्ती सुविभक्तान्तरापणाम"[13] दूकानों का सुविभक्त होना यह भी संकेत

---

10. वा॰ रा॰ 2-71-40
11. वा॰ रा॰-1-5-7, 8
12. वा॰ रा॰-2-70-29
13. वा॰ रा॰-1-5-10

देता है कि विभिन्न उद्योगों से तैयार माल के बाजार पहुंचने पर अलग-अलग मंडियों में इसकी खपत होगी। इससे उत्पादनकर्ता तथा व्यापारी दोनों ही सुविधाजनक स्थिति में रहते होंगे। किसी स्थान पर उद्योग धंधें के स्थापित हो जाने से उस स्थल तक मार्ग निर्माण में किसी तरह की कठिनाई नहीं होती होगी। भरत के चित्रकूट तक जाने के वर्णन से स्पष्ट है कि मार्ग निर्माण में किसी तरह की असुविधा तत्कालीन समाज को नहीं थी; अनेक देशों के व्यापारी वर्ग अयोध्या नगरी पहुंचते थे। उनका वहाँ पहुंचना अस्पष्ट संकेत देता है कि माल के आवागमन हेतु सारी सुविधएं उपलब्ध थी:–

नानादेश निवासैश्चबणिग्भरूपशोगीितामां।[14] उन व्यापारियों बनियों से वह अयोधया नगरी सुशोभित होती रहती थी। अवध से ले जाने योग्य सामान्य तथा नगर में खपत होने वाले सामानों की छानबीन करने में व्यापारी व्यस्त रहते थे। "माल" की खरीद तथा विक्री में समय लगते थे। इन सारे कार्यों की सम्पन्नता हेतु व्यापारियों को अवध नगर में डेरा डालना पड़ता था जिसका उललेख रामायण में हुआ है अन्य देश के व्यापारियों के ठहरने से उस नगर की शोभा बढ़ जाती थीं। व्यापारियों के मनोनुकल दूकानें थीं तथा तदनुकूल सामानों के उल्लेख हुए हैं

"प्रभूतरत्नं बहुपन्यसंचयं ददर्श रामो रूचिरं महापथम्।[15]

बड़े-बड़े सेठ साहूकार से भरी हुई नगरी में किसी महोत्सव के अवसर पर दूकानें सजाई जाती थीं तो उसकी सुन्दरता बढ़ जाती थी:–

सहृदमनुजो पेतांसमृद्धविपणापणाम्।

मोत्सव समीकीर्णा राघवार्थे समुत्सुकाम्।।[16]

राजकीय समारोह के अवसर पर उन दूकानों पर पताकाएं फहराते रहते थे। नानापत्यसमृद्धाषुवनिजामापणेषु[17] च। जैसी उक्ति से स्पष्ट है कि व्यापारी वर्ग पूर्ण प्रसन्न एवं सन्तुष्ट था। राम की वाणिज्यनीति से वे सभी व्यापारी वर्ग अपने

14. वा० रा०–1-5-14
15. वा० रा०–1-16-18
16. वा० रा०–2-14-28
17. वा० रा०–2-6-12

व्यापार में पूर्ण सफल थे तथा सभी नैगम पूर्ण संतुष्ट थे। कवि ने नैगम शब्द का प्रयोग वैश्य था व्यापारी वर्ग के अर्थ में कई स्थल पर किया गया है।

1-अमात्या बलमुस्थाश्च मुख्याये निगमस्च च।[18]

2-ये च तत्रापरे सर्वे समन्ता ये च नैगमाः।[19]

इन शबदों से वाणिज्य का संगठित रूप स्पष्ट होता है तथा व्यापारियों के लिए प्रयुक्त नैगम शब्द विकसित व्यापार का परिचायक है। यौवराज्यभीषेक के अवसर पर इन निगमों की उपस्थिति का वर्णन हुआ है। आमत्या बलमुख्यायेनिगमश्चं[20] इससे यह स्पष्ट संकेत मिलता है कि समारोह में निगमों के मुखिया यानि "बड़े-बड़े" साहूकार ही आमंत्रित होते थे जो ठीक समय पर उपस्थित हो जाते थे। राज्याभिषेक की सम्पन्नता हेतु विभिन्न तरह के समान एकत्रित किये गये थे। पूजा सामग्री से लेकर ढ़ोने - टोटके तक के सामान दीख पड़ते हैं जिनकी एक लम्बी सूची दी गई है।

ऐसा भी उल्लेख हुआ है कि व्यापारी भी इस कार्य के लिए थे जिसे व्यापारियों के महत्व का परिचायक कहा जा सकता है।

वैश्याश्यैवशुमा चाराः सर्वाभरणभूषितम्ः
चन्दांशु विकयप्रस्यांकाञ्चनंरत्नभूषितम्।।[21]

सजे हुए वैश्य अभिषेक के अवसर पर उपसित रक्खे गए थे। स्पष्ट है कि मांगलिक कार्य में उनकी उपस्थिति होती थी। राजकीय शोक होने पर दूकानें बन्द हो जाती थीं। बाजार के बन्द होते ही नगर विरान सा हो जाता था जिसका उल्लेख हुआ है।

शून्यचत्वर वैश्मान्तासंवृता पणदेवताम्।
कलान्तदर्वल दुखार्तानात्याकीर्ण महापथान।।[22]

---

18. वा॰ रा॰–2-6-12
19. वा॰ रा॰–2-83-13
20. वा॰ रा॰–2-15-20
21. वा॰ रा॰–2-15-9
22. वा॰ रा॰–2-42-23

राम के वनगमन हेतु प्रमाण करने पर दुकानदारों ने अपनी दूकानें नहीं खोली। सारा बाजार सूनसान पड़ा रहा तथा व्यापारियों के विरोध एवं आक्रोश के स्पष्ट चिन्ह दीख पड़े।

न चाहूष्य न चामोदनवणिजो न प्रसारयन।

न चा शोभन्तपश्यानिनायचन गृहयेधिनः।। [23]

जनमानस के विपरीत जब कोई कार्य होता था तो उसके विरोध के चिन्ह बाजारों में सर्वप्रथम परिलक्षित हो जाते थे। जनाक्रोश प्रकट करने का यह सबसे सफल तरीका था जो आज तक मौजूद है। व्यापारी वर्ग के प्रभाव का वर्णन इस प्रकार हुआ है।

तिमिरेणाभिलियतेभसान्दानगरीबमौ।

उपशान्तवणिक पण्या नष्ट हर्षानिराश्रया:।। [24]

दूकानें बन्द हो जाती थीं तो नगर पूरा उदास दीख पड़ता था। उनका बन्द होना शोक का सूचक था। व्यापारियों की श्रेणी तत्कालीन समाज में निश्चित कर दी थी। वैसे व्यापारी वर्ग निकृष्ट कोटि में गिने जाते थे, जिनके द्वारा लाख, मधु, मांस, लोहे तथा विष के व्यापार होते थे।

लक्ष्यामधुमांसेन लोहेन च विषेन चक्षम" [25] व्यापारी वर्ग जो विविध प्रकार के भोजन, पेय पदार्थ आसब आदि वस्त्र तथा आभूषण के व्यापार में थे। वे सम्मानित होते थें रामायण की तरह अन्यत्र वैष्यों की आचार संहिता इस प्रकार हैं

मयमांसोपवी व्यञ्जन विक्रयं लौहकर्मण:

अपूर्विणा न कर्तव्यं कृतपूर्वं तुत्यजन्तो महान्। [26]

मनुस्मृति करने इस प्रसंग में इस प्रकार अपनी व्याख्या दी थी।

आददीनाथ षंभागं द्रुमांसमधुसर्चिषाम्।

---

23. वा॰ रा॰–2-48-4
24. वा॰ रा॰–2-49-34, 35
25. वा॰ रा॰– 2-75-38
26. महा॰–12-295-5, 6

गन्धैषधिरसानां च पुष्पम्लफलस्य च।।

पन्नशाकतृणांनां च चर्मणां वैदलस्यच।

मृणमयानां च  माण्डानां सर्वस्याश्मयस्च च।।[26]

आज की तरह उस समय भी व्यापारियों पर अंकुश रखना आवश्यक समझा गया था। वाल्मीकि ने यह संकेत नहीं दिया है फिर भी व्यापारी पूर्ण निरंकुश नहीं थें इस प्रकार रामायण के अनुसार (1) स्थानीय वणिक् (2) साधारण व्यापारी विभिन्न उद्योगों लगे वणिक् (4) सार्यवाह,[27] (5) तथा सामुद्रिक व्यापारी समाज में फैले हुए थे!

## सामानों के आवागमन

वाल्मीकि ने प्रसंगवश विभिन्न देशों प्रान्तों तथा नगरों के नामोंल्लेख किये हैं।[28] वे सभी स्थान एक दूसरे से काफी नजदीकी समपर्क में थें। सार्थवाह द्वारा इन स्थानों का भ्रमण स्वाभाविक था। व्यापारियों द्वारा एक स्थान से दूसरे स्थान तक माल ढोने के लिए शकट[30] का उपयोग होता था:–विश्वामित्र एक सौ गाड़ियों पर सामान लादकर एक स्थान से दूसरे स्थान तक ले गये थे।

ते प्रयान्तं मुनिवरमन्वयादनुसारिणाम।

शकटी शतमात्रं च प्रयाणे व्रह्मवादिनाम्।।[31]

राजा जनक के यज्ञ सम्बन्धी सारे सामान अगणित वैलगाड़ियों पर लादकर यज्ञ स्थल तक पहुँचाए गये थे:–ऋषिवायश्च दृश्यन्ते शकटीशतशंतुला।[32]

तत्कालीन समाज ने अपनी सुविधा के लिए राजमार्गों का निर्माण किया था तथा नगर में आकर राजमार्ग के चौराहे प्रशस्त तथा सजे हुए रहते थे।

---

27. मनुस्मृति–
28. वा॰ रा॰–2-10-37, 38
29. वा॰ रा॰–3-60-34, 4-65-49
30. वा॰ रा॰–1-3-17
31. वा॰ रा॰–1-31-17
32. वा॰ रा॰–1-31-17

"रम्यचत्वरसंस्थानाम सुविभक्त महापथामं [33] "काफी चौड़े राजपथ के नाम से सम्बोधित [34] हुए हैं" दूर लम्बे राजमार्ग पर जाते हुए जनसमुदाय समुद्र का दृश्य उपस्थित करता था:-

वृन्द वृन्दैरयोधयायां राजमार्गाः समन्तः।
बभूवुरभिसंबाधः कुतुहल जनैर्वृताः।।
जनवृन्दोर्भिसंघर्षहर्षस्वन वृतस्तदा।
बभूव राजमार्गस्य सागरस्येव निस्वनः।। [35]

मन्थरा ने अटारी पर चढ़कर सड़कों का निरीक्षण किया [36] था। राजपथ पर राजय की ओर से रोशनी व्यवस्था रहती थी। उत्सव के समय सड़क से हटकर छोटी-छोटी गल्तियों तक में दीपक वृक्ष की व्यवस्था की जाती थी। दीपवृक्षास्तथा चक्रुरनुरययासु [37] सर्वशः" सड़क पर चलने के नियम निश्चित हो चुके थें राम का रथ भीड़ में हमेशा सड़क के बांये किनारे से गुजरता था प्रदक्षिणं परिहरण जंगाम नृपतेः सुतः" [38]

देश में ऐसे स्थान भी थे जहां से सड़क नहीं गुजरती थी। वैसे स्थानों पर मालका आवागमन कठिन हो जाता था। वैसी स्थिति में शकट के स्थान पर घोड़े बैल तथा ऊँट की पीठ का सहारा लिया जाता था। बोझ से लदी घोड़ी निर्दिष्ट स्थान तक माल पहुँचा देती तो थकावट मिटाने के लिए जमीन पर लोटने लगती थी। [39] घोड़ी के लोटने का उललेख अत्यन्त सुन्दर हुआ है। पथरीले तथा कटीले या जंगली भाग से समान ढोने में ऊँट का उपयोग होता था। ऋषि आश्रम पर पढ़ने वाले छात्रों के लिए ऊँट पर लादकर अन्नादि सामान पहुंचाये गये थे।

33. वा॰ रा॰–2-51-21
34. वा॰ रा॰–1-5-7
35. वा॰ रा॰–2-5-16, 17
36. वा॰रा॰–2-7-1
37. वा॰ रा॰–2-6-18
38. वा॰ रा॰–2-17-16
39. वा॰ रा॰–2-30-34

तेषामशीतियानानि रत्नपूर्णानि दापय।

शालिवासहस्रं च द्वैशतेभद्रकास्तथा।।[40]

बैलों की पीठ पर बोझा लादकर पहुंचाया जाता था।[41]

व्यापारियों का राहजनी तथा डाकेजनी के चंगुल में फंस जाना स्वाभाविक था। राजा दशरथ की मृत्यु हो जाने पर तथा राजपद खाली हो जाने की स्थिति में राजकर्त्तारः का कथन था कि अराजकता में साठ वर्ष के पुराने हाथी घंटा बांधकर सड़क पर नहीं चल[42] सकते थे। इसका कारण यद्यपि स्पष्ट है लेकिन कवि का तात्पर्य नहीं है कि वह हाथी असुरक्षित तथा उसके ऊपर सवार भी संकट की घड़ी से गुजरते थे। व्यापारी वर्ग भी अपने सामान लेकर कहीं दूर तक जाने में सुरक्षित अनुभव नहीं करते थे–

"नाराजवेः जनपदे वणिजो दूरगामिनः गच्छन्ति क्षेम महवानं बहुपण्यसमाचिता।।[43]

राजमार्ग या जंगली मार्गो से गुजरते हुए सार्थवाह को गफलत में डालने की कोशिश किसी राही द्वारा होती तो वह सार्थवाह अपने मुनाफे में ढील नहीं देते थे। कोई राही जो सार्थवाह के पीछे-पीछे आ रहा है वह भी उससे कहे कि वह राही ीी उसके व्यापार में हिस्सेदार है तो उसकी बात मान्य नहीं होती थी।

यथाहि सार्थ गच्छन्नं ब्रूयात्कश्चित्यथिस्थितः।

अहम्प्यागमिष्यामिपृष्ठतो भवतामिति।।[44]

व्यापारियों को अपनी रोजी रोटी के लिए जीवन को खतरे मे डालना पड़ता था। जंगल की राह से गुजरने में उसे अपार कष्ट होता था और कभी-कभी परिस्थितिकी प्रतिकूलता भी रहती थी। सीदन महति कान्तारे

---

40. वा॰ रा॰–2-32-20
41. वा॰ रा॰–2-32-18
42. वा॰ रा॰–2-67-20
43. वा॰ रा॰–2-67-22
44. वा॰ रा॰–2-105-29

स्वार्थहीन इवाधवगः"[45] ऐसी परिस्थिति में व्यापारी को जीवन से हाथ धेना पड़ता था। इसके अतिरिक्त जंगली पशुओं का आतंक उन सबों के जीवन पर कम नहीं था। स्थल मार्ग से गुजरते हुए जंगली पशुओं से आक्रान्त होने पर साथ का पूरा बल ही समाप्त हो जाता था।

मया विरहिता वाला रक्षसां भक्षनाथ वै।

सार्थनैव परिव्यक्ता भक्षिता बहुवान्धवा।। [46]

**जलमार्ग**

तत्कालीन समाज का समुद्र सम्बन्धी ज्ञान इस प्रकार उल्लिखित हुआ है:– त्तः समुद्रीपाश्च सुमीमान [47] द्रष्टुमधय। समुद्र से घिरे द्वीपों की जानकारी थी। ऐसा समुद्रः–उर्मिमन्तं महारौद्रं। क्रोशन्तमनिलोदत्म" [48] के रूप में नामांकित किये गए थे। लोहित सागर का परिचय इस प्रकार है:–

अभिगम्य महानादं तीर्थेनव महोदधिम।

त्तो रक्तजलंभीमं लोहितं नाम सागरम्।। [49] क्षीरोद सागर के उल्लेख में यह कथन उसकी वस्तु स्थिति का परिचायक है:-

त्तः पाण्डरमेघामं क्षीरोदं नाम सागरम।।

गता द्रक्षयथ दुर्धर्षा मुक्ताहार भिवोमिभिः।। [50]

जलोद सागर की परिचय देते हुए कवि ने कहा है–

क्षीरोदं समतिकम्य तत्तो द्रक्ष्यथ वानराः।

जलोदं सागर श्रेष्ठं सर्वभूतमयावहम्। [51]

---

45. वा॰ रा॰–4-67-19
46. वा॰ रा॰–3-60-34
47. वा॰ रा॰–4-40-35
48. वा॰ रा॰–4-40-36
49. वा॰ रा॰–4-40-38
50. वा॰ रा॰–4-40-43
51. वा॰ रा॰–4-40-47

इन समुद्रों से निश्चित स्थान तक जाने की दूरी का उल्लेख किया गया है:–स्वादुदस्योत्तरे देशे योजननानित्रयोदश।[52] जम्बूद्वीप की स्थिति का संकेत इस प्रकार हुआ है–

उत्तरेण परिक्रम्य जम्बूदीपं दिवाकर:।[53] सुदर्शन का वर्णन कवि ने बड़ी सजीवता के साथ किया है–अयं सुदर्शनो द्विय: पुरायस्य प्रकाशते।[54] पुन: इस द्वीप की चर्चा में कवि ने स्पष्ट किया है–

पूर्वमेत्तकृतं द्वारं पृथिव्या भुवनस्य च।
सूर्यस्योदनंचैवपूर्वा हयेषादिगुच्चते।।[55]

ऐसे स्थलों की जानकारी प्राप्त थी जो अगम्य थे तथा वे स्थल सूर्य की रोशनी से रहित थे। अमास्करममर्यादं न जानीमस्त: परम।[56] ऐसी जगह कवि की कल्पना की दुनिया में नहीं बल्कि उसकी दिशा का उललेख हुआ है।

तत: परमगम्या स्यादिक्पूर्वात्रिदशवृतारहिताचन
रहिता चन्द्र सूर्याम्याम दृश्यातिमिरावृता।।[57]

इस प्रकार द्वीपों के अनेक प्रसंग हैं जिनसे स्पष्ट है कि तत्कालीन समय में समुद्र की सिर्फ कपोल कल्पना नहीं की थी बल्कि उन समुद्रों पर विचरण करने का सही अनुभव प्राप्त किया था। समुद्र की सारी स्थितियों का अवलोकन किया था तथा उस पर यात्रा करने की सफल चेष्टा की थी। भारत की नदियों के वर्णन भी इस प्रकार हैं जिनसे कि उसकी समीपता का परिचय प्राप्त होता है।

नदी भागीरथरम्यां सरयुं कौभिकी तथा। कालिन्दी यमुनारम्या यामुनं च महागिरि।।

---

52. वा॰ रा॰–4-40-50
53. वा॰ रा॰– 4-40-59
54. वा॰ रा॰–4-40-61
55. वा॰ रा॰–4-40-64
56. वा॰ रा॰–4-40-68
57. वा॰ रा॰–4-40-66

सरस्वती च सिन्धु चशोणं मणिनिमोदकम्।[58]

शोणभद्र नदी का उल्लेख करते हुए कवि ने कहा है-

तत्तोरकजलं शोणंमागधं शीघ्रगाहिनम्।

गत्वा पारं समुद्रस्थ सिद्ध चरणसोर्वितम्।।[59]

गोदावरी नदी दक्षिण भारत की मुख्य नदी के रूप में उल्लिखित हुई है।

अन्वीक्ष्य दण्डकारण्यं सपर्वतनदीगुहम्।

नदी गोवरीचैव सर्वमेवानुपश्चत।।[60]

कावेरी नदी के जी की स्वच्छता से कवि विलोमित हो जाता है।

तत्तस्तामापगां दिव्यांग प्रसन्नसलिलांशिवम्।

तत्तदक्ष्य कावेरी विद्वतामप्सरो गण:।।[60]

इस प्रकार कवि ने अनेक नदियों के नाम प्रसंगवश उल्लिखित किये हैं इन नदियों की स्थिति तथा विशेषताओं का उल्लेख कर उसके प्रति समीपता का परिचय दिया है।

समुद्र नदी नदियों में चलने वाले जलपोतों तथा नौकाओं आदि के वर्णन में कवि ने कमी नहीं की है। प्रसंगवश उनके वर्णन अत्यन्त सुन्दर तथा चित्रात्मक दीख पड़ते हैं। जलयान तथा नौसेना के संकेत निषादराज गुंह के प्रसंग में बड़ी स्पष्टता से वर्णित हुए हैं जिससे स्पष्ट होता है कि जल पर अधिकार स्थल की तरह प्राप्त हो चुका था।

नवां शतानां पंचानां शर्तशतम्।

संद्धानां तथा यूनां तिष्ठन्तिषत्यभ्यचोदयत्।।[61]

---

58. वा० रा०–4-4-20, 21
59. वा० रा०–4-40-32, 33
60. वा० रा०–4-41-15
61. वा० रा०–2-84-8

पांच सौ नौकाएं हैं तथा प्रत्येक नौका पर एक सौ सैनिक सवार होकर भरत की सेना के प्रतिरोध हेतु तैयार थे। इस प्रकार की तैयारी से नौ सेना की स्थिति के संकेत प्राप्त होते हैं। गंगा के तटवर्ती भागों का शासन निषादराज गुह के अधिकार में था। उसकी व्यवस्था परिस्थिति के अनुकूल की गई थी। उसकी नौकाएं बहुत बड़ी थी। "स्वस्तिक" नौकाएं एक विशेष श्रेणी की नौका थी। उसमें बड़े-बड़े पंखे लगे थे। ऊपर पताकाएं फहरा रही थी। मल्लाह काफी चतुर थे। विशिष्ट कोटि की नौका राज परिवार हेतु लायी गई थी जिस पर सुन्दर पाण्डूर रंग का कम्बल बिछा हुआ था। इस तरह की नौका समुद्र तक जाने की क्षमता से युक्त होगी। व्यापारिक सामान ढोने में उसका उपयोग होते होंगे। भरत की सेना जब गंगा पार कर दी जाती है तो मल्लाहों ने लौटते समय अपने हस्तकौशल एवं नौका संचालन के चातुर्य का परिचय दिया था। निवृता काण्डचित्राणिक्रियन्ते दाशबन्धुभिः।[62] किसी नाव को काफी शीघ्रता से ले जाने की क्षमता मल्लाहों में थी।[63] नौकाएं बोझ ढोने की क्षमता एवं विशेषता से सम्पन्न थी।

नारीणामभिपूर्णास्तु कांचित काश्चिवाजिनाम।

काश्चिदत्र वहन्तिस्म यानयुग्मं महाधनम्।[64]

नौकाओं की उस विशेषताओं को देखते हुए इसे उच्च कोटि का जलयान कहना अधिक उपयुक्त है। "स्वस्तिक" आकार या कोटि की नौका उसकी विशालता तथा वैज्ञानिक बनावट की ओर संकेत देती है:-

अन्यास्वस्तिक विज्ञेया महाघण्टाधराधराः।

शोभमानाः पताकाभियुक्तबाहा सुसंहता।।[65]

माल से लदी हुई नौकाएं भी यथास्थान उल्लिखित हुई है। जलमार्ग द्वारा

---

62. वा॰ रा॰-2-89-18
63. वा॰ रा॰-2-89-16
64. वा॰ रा॰-2-49-17
65. वा॰ रा॰-2-89-11

सामानों का ढोया जाना उससे स्पष्ट है। कभी कभी सामुद्रिक तूफान की स्थिति में ऐसी नौका डूब जाती थी।

वायुवेगेरिवाक्रान्तामज्जन्ती नावमर्णन्वे।[66] जलयान या नौकाओं पर क्षमता से अधिक बोझ देने पर खतरे की सम्भावना बढ़ जाती थी। सामानों के भार से नाव का जल समाधिष्ठ होना उल्लिखित है–समज्जत्य वशः शोके भारा क्रान्तेवनौर्जले।[67]

इस तरह की दुर्घटना हो जाने पर सारे माल नष्ट होते ही थे। साथ ही व्यापारी तथा नाविक को जीवन से भी हाथ धोना पड़ता था। प्राण रक्षा कठिन हो जाने पर व्यापारियों की विह्वलता सहज ही स्पष्ट होती है।

सतुबाली प्रचलितः सालताडना विह्वलः
गुरूभारसमाक्रान्ता नौससार्थ सागरे।[68]

वाल्मीकि ने व्यापारी दल के लिए जो दूर देश की यात्रा कर व्यापार में संलग्न था। उसके लिए सार्थ–शब्द[69] का प्रयोग किया है। अधिक मुनाफे की प्रबल कामना से साथ अपने जलयान पर क्षमता से अधिक माल लेकर चलता था जिसका परिणाम कभी–कभी यह भी होता था कि सामानों के साथ अपनी ज्ञान की बाजी लगा देनी पड़ती थी।

प्लवमानः परिश्रान्तोः इतनौः सागरे[70] यथा। समुद्र में हवा की गति के अचानक बदलने के उल्लेख हुए हैं। ऐसी स्थिति में जलयान की दशा वर्णित हुई है–

"प्रतिलोभेन[71] वातेन महानोरिव सागरे।" नौका खाली रहने पर जल की शतह से उसका सम्बन्ध कैसा रहता है तथा बोझ के भार से नौका के दबे रहने

66. वा॰ रा॰–2-49-17
67. वा॰ रा॰–2-89-10
68. वा॰ रा॰–4-16-24
69. वा॰ रा॰–3-60-34, 4-7-49
70. वा॰ रा॰–5-35-5
71. वा॰ रा॰–5-1-184

पर जल की सतह से किस हद तक नीचे आती है इसकी भी चंर्चा कवि ने की है–

"शोकभारैरिवन्यस्तांभारै नावमिवाम्मसि।"[72] सागर से गुजरती हुई नौकाओं में विशेष गड़बड़ी पतवार के कारण होती थी। अचानक पतवान के टूट जाने पर नौका की स्थिति का वर्णन हुआ है:–

"सेनाभ्रमति संख्येषु[73] हतकर्णेव नौंजले।" बहुत अधिक भार से युक्त जलयान जब समुद्र के थपेड़ों से बुरी स्थिति में आ जाता था तो उसकी स्थिति अत्यन्त ही चिन्तनीय हो जाती थी।।

समुद्रमधये नौ: पूर्णा: वायुवेगैरिवाहता।[74]

समुद्र पर चलती हुई नौका की तुलना हनुमान द्वारा लगाई गइं छलांग की परिछाई से की गई है।

उपरिष्टाच्छरीरेण छायया चाववगाप्या

सागरे मारूताविष्य नौरिवासीदाकवि:।।[75]

वाल्मीकि ने समुद्र के ऐसे भागों का भी संकेत दिया है जहाँ नौ पथ का पूर्णाभाव है लंका के चारों ओर नौ पथ नहीं है, यह भी संकेत दिया गया है। सम्भवत: पत्तन का अभाव ही कवि की दृष्टि में रहा होगा।

स्थिता पारे समुद्रस्य दूरपारस्यराधव।

नौवथोऽपि च नास्त्यन्न निरादेशश्च सर्वत:।।[76]

इस प्रकार सारे उल्लेखों से स्पष्ट है कि सार्थका सामुद्रिक व्यापार तत्कालीन समाज में प्रचलित था। सामाजिक काल ऐसी थी कि उत्पादन कर्ता उपभोक्ता के बीच काम करने वाला वर्ग अधिक सुखी सम्पन्न था। उसके

---

72. वा॰ रा॰–5-17-3
73. वा॰ रा॰–6-48-26
74. वा॰ रा॰–5-35-14
75. वा॰ रा॰–5-1-67
76. वा॰ रा॰–6-3-21

व्यापार किसी कारणवश जब रूक जाते थे तो उसकी बेचैनी तथा उदासीनता चरमसीमा पर पहुँच जाती थी।

दृष्यन्ते वणिजोऽप्यैव न पयापूर्वमत्तवे।

धयानसंविग्न हृदयानष्ट व्यापार यंत्रिता।। [77]

77. वा० रा०–2-71-42

# 8

# मूल्य निर्धरण–क्रय–विक्रय

## वस्तु एवं उसके मूल्य

रामायणकालीन समाज का अर्थ तन्त्र अत्यन्त सरल था। उपयोगिता आपूर्ति एवं मांग के आधर पर वस्तुओं के दाम निश्चित होने मे वेद में यह उल्लेख आ चुका है कि किसी वस्तु की कीमत एक बार तय हो जाने पर पुनः बात बदली नहीं जाती थी। किसी ने अधिक दाम की वस्तु कम कीमत पर गलती से बेच दी और वह पुनः जाकर कहता है कि वस्तु बिकी हुई नहीं है तो उसकी बात मान्य नहीं होती है।[1]

बाजार में मोल भाव के उपरान्त ही क्रय-विक्रय होता था जिसका उल्लेख अथर्ववेद में हुआ है।[2] मांस शराब अस्त्र एवं दासों के क्रय-विक्रय में खुलकर दाम मोल नहीं होता था तथा इस तरह के व्यापार के लोक निन्दित होने के कारण क्रेता तथा विक्रेता लज्जास्पद स्थिति में ही रहते हुए संकेत के साथ कार्य करते थे। मिलावट वाली वस्तु या धटिया किश्म की वस्तु ऊँचे दामों पर उत्तम वस्तु के स्थान पर बेचे जाने के संकेत बाद के साहित्य से उपलब्ध होते हैं।

1. ऋग्वेद–4–24–9
2. अथर्ववेद–3–15

नान्यदन्येन संसृष्टरूपं विक्रयमर्हन्ति।

न चा सारं न च न्यूनं न दूरेण तिरोहितम्।।[3]

जो वस्तु बेचने की नहीं होती थी या वह वस्तु राजा के पास ही बेची जा सकती थी। जैसे बर्तन; हाथी; घोड़ा; रथ आदि तथा निर्यात के लिए निषेध की गई वस्तु जैसे दुर्भिदा होने पर अन्नादि पशु धन विकास के लिये आवश्यक जानवर गाय आदि को लोभवश अधिक कीमत की प्राप्ति के लिए दूसरे देश के हाथ में बेचे जाने पर राजदण्ड का सामना करना पड़ता था।

राज्ञः प्रख्यातमाण्डानि प्रतिसिद्धानियानि च।

तानि निर्हरतो लोभात सर्वहारं हरेन्मूय।[4]

रामायणकालीन समाज में यह स्थिति नहीं है क्योंकि इस तरह के प्रसंग एक भी स्थान पर उपलब्ध नहीं होते हैं। तत्कालीन समाज के विचारों में विकृतियाँ उस हद तक नहीं आयी थी जैसा कि बाद के समाज में दीख पड़ती है–अर्थशास्त्र[5] तथा अर्थ 'के महत्व का उल्लेख वाल्मीकि ने अनेक स्थलों पर किया है। अर्थशास्त्र के सिद्धान्त के अनुसार ही आपूर्ति एवं मांग के आधार पर मूल्य निर्धारित होते थे। सामानों की अदला बदली का प्रसंग दीख पड़ता है। दशरथ के पुत्रेष्ठियज्ञ समारोह में होता जो पूरब दिशा अहवर्य के पश्चिम ब्रह्मा के दक्षिण और उद्गाता को उत्तर दिशा का राज्य दान में दिया गया था। उन सबों ने राज्य के बदले उनकी कीमत मांग ली थी। "गवां शतसहस्रेण दीयतां सबलामान्।"[6] मनुष्य की कीमत गायों में आंकी जाती थी। उत्तम कोटि के हार की कीमत आदि

निष्क्रयं किंचिदेवेह प्रयच्छतु भवानितिः।

मणिरत्नं सुवर्णता गावोयद्धा समुद्यतम्।।[7]

---

3. मनुस्मृति–8–203
4. मनुस्मृति–8–399
5. वा॰ रा॰–2–2–19, 2–2–36,3–43–32
6. वा॰ रा॰–1–3–8, 1–6–5, 1–6–6
   1–18–48,1–24–24
7. वा॰ रा॰–1–14–48

जिससे स्पष्ट है कि उस कथित दान की वस्तु के बदले अन्य सम्पत्ति दी गई। एक वस्तु के बदले में दूसरी वस्तु देकर अधिकाधिक कार्य चलता था। पृथ्वी तथा अन्य राज्य के बदले में राजा ने इस प्रकार दान दिया था।

गवांशतशहसाणिदशतेभ्यो ददौनृपः।

दशकोटि सुवर्णस्य रजतस्य चतुर्गुणम–।। [8]

अच्छी नस्ल की एक गाय की कीमत दश हजार साधारण गाएं थीं।

गवां शतसदृस्रेण दीयताम् शबला [9] मम्।। मनुष्य की कीमत गायों से आकी जाती थी। त्रत्वीक मुनिका पुत्र शुनःशेष एक लाख गायों के बराबर था। "गवांशतसहस्रेण विक्रीणीषेसुतंयदि। [10]

राजा अम्बरीष उनके पुत्र खरीदने के लिए पहुँचे तो त्रत्वीक मुनि से उन्होंने कहा थाः–दातुमर्हसि मूल्येन सूतमेंकमितोमम्।। [11] उत्तम कोटि के हार की कीमत अशर्फियों में कही गई हैः–अनेक शतसहस्रं मुक्ताहारं वरांगना। [12] इन उदाहरणों तथा प्रसंगों से विदित होता है कि वस्तु की कीमत अन्य वस्तु सामने रखकर तय की जाती थी जिसे बहुत हद तक वस्तु की अदला-बदली कही जा सकती हैः–

निष्क्रय [13] द्वारा वाणिज्य व्यापार की कठिनाइयाँ ही निष्क जैसे सिक्के को अस्तिव में लाती होगी। यह अनुमान लगाया जा सकता है। क्रय-विक्रय में मुहरों के उपयोग होते थें इसके भी उल्लेख मिलते हैं।

इन मुहरों का उपयोग सिक्के की तरह होता होगा। सम्पत्ति मुहरों मणिरत्नों में सिमट रही थी। गरीबों के हाथों में ये मुहरें नहीं टिककर धनियों की तिजोरी की शोभा बढ़ाने में रहती होगी।

---

8. वा॰ रा॰–1-14-50
9. वा॰ रा॰–1-53-9
10. वा॰ रा॰–1-61-13
11. वा॰ रा॰–1-61-15
12. वा॰ रा॰–2-9-56
13. वा॰ रा॰–1-14-18

## सोने तथा चांदी की मुहरें

राजा अम्बरीष ने ऋषिपुत्र गुनःशेय की कीमत एक लाख गाएं तय की थी। लेकिन एक करोड़ सोने की मुहरें देनी पड़ी थी।

विक्रीतं मधयमं मन्ये राजनपुत्रं नयस्वमाम।

सुवर्णस्य कोटिभिः रत्नरांशिभिः।। [14]

दशरथ के पुत्रेष्टि यज्ञ में दर्शक बनकर आने वाले ब्राह्मणों [15] के बीच सोने की मुहरें बांटी गई थी। जाम्बूनदं कोटिसंख्यं ब्रह्मणेभ्योददोनृपः होता, अध्वर्युः ब्रह्म उद्‌गाता एवं ऋत्विज्ञों के लिए दिये गये दान उल्लिखित हुए हैं।। दशकोटि सुवर्णस्य रजतस्य चतुर्गुणं। [16]

ऐसे मुहरों के उपयोग सिर्फ दान के नहीं होने थे बल्कि वस्तुओं की खरीद के लिए भी होते थे। राम द्वारा सम्पन्न किया जाने वाला अश्वमेघ यज्ञ राजकीय आर्थिक सम्पन्नता के प्रतीक थे। यज्ञ स्थल पर सबसे पहले जाने का आदेश भरत के लिए था। क्योंकि उन्हें ही यज्ञ की सारी तैयारी करनी थी तैयारियों में विपुल धनराशि के खर्च की बात थी। इसलिए भरत अपने साथ काफी स्वर्ण निष्क लेकर जाते हैं।

सुवर्णकोटयोबहुला हिरण्यस्य सतोत्तरा।

अग्रतो भरतः कृत्वा गच्छ जग्रे समाधिना।

अन्तरापण्यवीभ्यश्य सर्वे च नट नर्त्तकाः।

सूदा नार्यश्यच बहनो नित्यं यौवनशलिनः।। [17]

स्वर्ण एवं हिरण्य या रजत निष्क से सारे कार्य सम्पन्न कराने हेतु साथ में व्यापारी वर्ग भी थे जो सामानों की खरीद आदि में सहयोग देने वाले थे। भरत जब ननिहाल से अयोध्या के लिए विदा होते हैं तो नाना तथा मामा की ओर से विभिन्न सामानों के अतिरिक्त दो हजार सुवर्ण निष्क भी दिये गये थे:–

---

14. वा॰ रा॰–1-61-21, 22
15. वा॰ रा॰– 1-14-50
16. वा॰ रा॰– 1-14-50
17. वा॰ रा॰– 7-91-21

अभिसतकृत्य केकेयो भरताय धनं ददो।

रूवमनिष्क सहस्रे द्वे षोडाश्च शतानि च।।

सत्कृत्य केकेयी पुत्रों केकयो धनमादशत्।।[18]

विभिन्न प्रसंगों में मुहरों का उल्लेख करते हुए वाल्मीकि ने तत्कालीन अर्थव्यवस्था की ओर संकेत किया है तथा मुहरों के प्रचलन पर प्रकारान्तर से प्रकाश डाला है। राम ने सुयज्ञ के लिए–

तं ते निष्कसहस्रेण ददामि द्विगयुंगव।[19]

का उल्लेख किया है। लव-कुश के रामायण गान से प्रसन्न होकर राम ने अपनी इच्छा इस प्रकार सुवर्ण निष्क देने हेतु की थी–

अष्टादशसहस्राणि सुवर्णस्य महात्मनोः।

प्रयच्छ शीघ्रं काकुवस्थ पदन्यदमिकांक्षितम्।।[20]

## क्रय–विक्रय

क्रय-विक्रय की गति उस समाज में तीव्र रहती है उसी की जिसकी क्रय-शक्ति सन्तुलित रहती है। रामायण ग्रन्थ में तीन राज्यों की चर्चा विशेष रूप से हुई है–

कोशल्यकिषकिन्धा तथा लंका।

गौणरूप से अनेक राजाओं तथा उनके राज्य की चर्चा हुई है तब उस राज्य तथा राजा का सांगोपांग वर्णन करना क़वि का उद्देश्य नहीं है। वाल्मीकि ने जिन राजाओं तथा राज्यों की आर्थिक स्थिति का चित्रण किया है उनसे स्पष्ट है कि वहाँ के क्रय-विक्रय में कोई असाधारण बात नहीं थी। सर्वत्र क्रय-विक्रय में नैतिकतानिर्वाह की चेष्टा होती थी।

---

18. वा॰ रा॰– 2–70–19, 20.
19. वा॰ रा॰– 2–32–10
20. वा॰ रा॰–7–94–18

"लाक्षया मधुमांसेन लोहेण च विषेण च।[21] स्पष्ट है कि इनके क्रय-विक्रय से जीवन-निर्वाह करने वाले हेय दृष्टि से देखे जाते थे जिस हेतु इससे अलग रहने का प्रयास होता था। पर यह सम्भव नहीं था। विक्रय की वस्तुएं बाजार में दूकान के आगे फैली हुई रहती थी।

करेणुमातंगरथास्व संकुलं महाजनौघप्रतिपूर्ण चितवरम्

प्रभूतरत्नं बहुपुण्य संचयं ददर्श रामौ रूचिरं महापथम्।।[22]

सामानों के क्रय-विक्रय सम्मानजनक समझे जाते थे जिनका व्यापार बहुत अधिक प्रचलित था।

---

21. वा॰ रा॰–2-75-38
22. वा॰ रा॰–2-16-48
23. वा॰ रा॰–2-17-3 से 7

# 9

# मुद्रा और विनिमय की व्यवस्था

## मुद्रा के माध्यम तथा भुकतान सम्बन्धी गुण

मुद्रा माध्यम, मापन; संचय तथा भुकतान के लिए प्रयुक्त होते थे। धातु मुद्राओं में स्वर्ण एवं रजत दो ही के उल्लेख हुए हैं। जिससे अनुमान लगाया जा सकता है कि ये ही दो कोटि की मुद्राएं प्रचलित थीं चांदी की चार मुद्राएं एक स्वर्ण मुद्रा के बराबर होती थी जैसा कि इस उल्लेख से आभास मिलता है:–

दस कोटि सुवर्णस्य रजतस्य चतुर्गणम्।[1] दस करोड़ सोने की तथा चालीस करोड़ चांदी की मुद्राएं एक साथ ब्राह्मणों में दान के लिए लायी जाती थी। किसी वस्तु की खरीद करते समय जब एक करोड़ मुद्रा दी जाती है तो वहाँ मुद्रा माध्यम की तरह प्रयुक्त होती थी।

"हिरण्यस्य सुवर्णस्य कोटिभि: रत्नराशिभि:"[2]

उपहार में दी गई मुद्रा भुगतान का ही कार्य करती थी क्योंकि उपहार देने या भेजने एक नैतिक दायित्व था।

अत्रविशंति कोट्यस्तु नृपतेर्मातुलस्य च।

---

1. वा॰ रा॰– 1-4-50
2. वा॰ रा॰– 1-69-2

दश कोट्यस्तु संपूर्णास्तथैव च नृपात्मज।। [3]

केकेय देश जाने वाले दूत इस तरह के उपहार लेकर अयोध्या से चलते हैं भरत तथा शत्रुघ्न जब अपने ननिहाल से अयोध्या के लिए यात्रा करते हैं तो उन दोनों को उपहार के विभिन्न सामानों के अतिरिक्त दो हजार स्वर्ण निष्क दिए जाते हैं केकेय देश से अयोध्या की दूरी काफी थी। इसी बीच यदि कोई विशेष आवश्यकता पड़ती तो स्वर्णनिष्क ही उस आवश्यक वस्तु के लिए माध्यम हो सकता था।

रूक्मनिष्कसहस्ते द्वेषोडसाष्वशतानिच।

सव्यकृत्य केकेयी पुत्रं केकेयोधनमातिदिशत।। [4]

राम के व्यक्तिगत खजाने का व्यक्तिगत रूप से उल्लेख हुआ है।

बन-गमन के अवसर पर ये अपने व्यक्तिगत खजाने से एक हजार स्वर्ण निष्क श्रेष्ठ ब्राह्मणों को दान देने के अर्थ को बिना समझे दान लिख देना उचित नहीं है। मधु नामक दैत्य की नगरी मधुपुर पर आक्रमण करते समय शतुघ्न अपने साथ एक बड़ी सेना लेकर गये थे। सेना के मार्ग व्यय, वेतन तथा अन्य खर्च के लिए राम ने शत्रुघ्न को एक लाख स्वर्णमुद्राएं दी थी साथ ही मुद्रा के द्वारा खरीदी जाने वाली वस्तुओं की व्यवस्था एवं कीमत के भुकतान के लिए यह आदेश था:-

अन्तरायण वीश्चाश्च नाना पण्योपशोमिताः।

अनुगच्छन्तु काकुत्स्थं तथैव नटनर्त्तकाः।।

हिरणस्य सुवर्णस्य निमुतं पुरूषर्वभ।

आदृत्य गच्छ शत्रुघ्न पर्याप्त धनवाहनः।। [5]

इस अवसर पर राम ने एक ओर राजनीति सूझ बूझ का परिचय दिया है तो दूसरी ओर अर्थतन्त्र की गुत्थियों को स्पष्ट किया है। सेना से अच्छी बातें

3. वा॰ रा॰– 2-70-5
4. वा॰ रा॰– 2-70-20
5. वा॰ रा॰– 7-64-3, 4

करना उसे विश्वास में रखना तथा उसे समय पर वेतन का भुगतान उसकी आर्थिक समस्या के समुचित समाधान की ओर संकेत था। यदि बातें मीठी हो जाय और पेट खाली रहे तो अच्छे परिणाम की सम्भावना नहीं रहती है। अतः आदेश था कि वेतन का भुगतान समय पर ही होना चाहिए। शत्रुघ्न के पास जो एक लाख मुद्राएं दी गई थी वे खर्च के लिए थीं। यहाँ मुद्रा माध्यम के रूप में प्रयुक्त हो रही थी।

वलंच स्मृति वीर–दृष्टपुष्ट।

सम्भाषासम्प्रदानेन राजस्व नरोत्तम।।

न हर्षास्तत्र तिष्ठन्ति नचदारा न च वान्घव:।

सुप्रीतोमृत्यवर्गश्च यत्र तिष्ठति राघव।।

ततो दृष्टजनाकीर्णा: प्रस्थाप्य महती चमूम।[6]

सेना के अपनी सारी सुख सुविध त्याग कर सेवा मे लगे रहते थे। अत: वेतन के द्वारा तथा मीठी बातो से प्रसन्न रखना राजा का आवश्यक कर्तव्य है।[7]

मुद्रा की गति का परिचय उस अवसर पर मिलता है जब भरत कर्मठ शिल्पियों के दल के साथ यज्ञ के सारे प्रबंध करने हेतू पहुचते हैं। भरत की शक्ति अजस्र मुद्रा की शक्ति थी।

"सुवर्ण कोटयो बहुला हिरण्यस्यशतोतरा"[8] भरत के उत्तरदायित्व निर्वाह में मुद्रा का सर्वाधिक योग था। राजतंत्र होने पर भी प्रजा से वेगार के रुप में कार्य नहीं लिये जाते थे। एक बहुत बड़ी रकम भरत के हाथ में दी जाती है। अश्वमेघ यज्ञ के सारे प्रबंध भरत के द्वारा उसी मुद्रा के बल पर या मध्यम से सम्पन्न होते है। मजदूरों के मजदूरी के साथ विभिन्न सामानों की खरीद आदि के लिए इसके उपयोग हुए होगें। कोई तंत्र हो राजतंत्र या प्रजातंत्र सेवा में मुद्रातन्त्र का प्रभाव एक जैसा रहा है। भरत से राम ने जिज्ञासा की थी कि उदारमना होकर आवश्यक खर्च के समय पर तो करते हो।।

---

6. वा॰ रा॰– 7-64-5
7. वा॰ रा॰– 7-64-6
8. वा॰ रा॰–1-91-21

यहाँ मुद्रा राजा द्वारा मुगतान तथा माघ्यम दोनो रुप मे प्रयुक्त होता है। मुद्रा से ही सेवको की भक्ति खरीदी जाती थी। उसके लिए उन्हें बड़े पैमाने पर राजकोष से मुद्रा का भुगतान करना पड़ता था:–

कश्चिदश्चवेलस्य भक्तं च वेतनं च यथेचितं।

संप्राप्तकालं दाव्यम् ददासि न विलम्बसे

कालाभिक्रमनाच्चैव भक्तवेतन्यार्मृताः।

भर्तुः कुप्यन्ति दुष्यन्ति सोडनथः सुमहान्स्मृतः।।[9]

इस प्रकार सैनिकों के वेतन पर पूरा खर्च होता था। वेतन भुगतान हर परिस्थिति में समय पर होता था। विलम्ब से वेतन भुगतान होने पर उसका अप्रसन्न होना स्वाभाविकथा क्योंकि वेतन ही उसकी जीविका के साधन थे। भरण-पोषण किसी प्रकार चल जाता था।

पारिवारिक भरण-पोषण हेतु ही सेना युद्ध में लड़ती थी तथा श्रमिक वर्ग खून-पसीना एक करता रहता था। मजदूरों को वेतन या दैनिक मजदूरी में दो तरह के नियम प्रचलित थे। इस आधर पर रामायणकालीन मजदूरों की दो श्रेणियाँ हो गई थी। विष्टि तथा कर्मान्तिक दोनों के उद्देश्य में कोई अन्तर नहीं था। कर्मान्तिक नगद वेतन लेकर कार्य करता था।

जिसका विष्टि मजदूरी भोजन या अन्न लेता था। "कर्मान्तिक[11] तथा विष्टि" के प्रति अवहेलना की भावना का संकेत नहीं है। बल्कि राजा का आदेश रहता था कि इनके प्रति अवज्ञा की भावना नही होनी चाहिएः–[12]

महाभारत में युधिष्ठिर से नारद ने प्रश्न किया था कि राज्य में श्रमिक वर्ग सुरक्षित तो है?

9. वा० रा०– 2-100-32, 33
10. वा० रा०–1-13-7
11. वा० रा०–6-127-6
12. वा० रा०–1-13-15

राज्य की उन्नति श्रमिक वर्गों पर अवलम्बित कही गयी थी।

कच्चिन्न सर्वे कर्मान्ता:; परोक्षास्ते विशंकिता:।।

सर्वे वा पुनरूत्सृष्टा: संसृष्टं ह्यत्र कारणम्।। [13]

वेतन या मजदूरी की चर्चा कौटिल्य ने बड़े स्पष्ट ढंग से की है।

धर्मस्य कर्म सम्बन्ध मास मासन्मा विधु: यथा

सम्भावितम् वेतनम लभेत्।। कर्मकालानुरूपमसम्भावित वेतनम्।।

इस प्रकार "मुद्रा" माध्यम एवं भुगतान के रूप में तत्कालीन समाज में प्रचलित था। स्वर्ण तथा रजत मुद्रा के अतिरिक्त किसी अन्य धातु के उपयोग मुद्रा के लिए नहीं होते थे। इन दोनों धातुओं का मूल्य अधिक था। इसके उपयोग आवश्यकता रहने पर विभिन्न रूपों में होते थे। अत: तत्कालीन समाज में इसे मानक के रूप में स्वीकार किया था।

## मापन एवं संचय सम्बन्धी मुद्रा के गुण

रामायणकालीन समाज में मुद्रा द्वारा धन संचय तथा मापन के कार्य भी होते थे। भरत ने राम से कहा था कि उसे जो खजाना प्राप्त हुआ था उसे दशगुणा बढ़ाकर लौटा रहा है। यहाँ कोश की वृद्धि मुद्रा के संचय द्वारा होती है तथा वह जिस सीमा तक बढ़ाता है उसका माप मुद्रा से वह कर सकता है।

अवेक्षतां भवान कोषं कोष्ठागारं पूरं बलम!

भवतस्तेजसा सर्वेकृतं दशगुणं मया। [14]

राम के व्यक्तिगत खजाने का उल्लेख हुआ है। वन गमन के अवसर पर वे अपने व्यक्तिगत खजाने से एक हजार स्वर्णनिष्ट श्रेष्ठ ब्राह्मण को दान देते हैं:–

तं ते निष्ठ सहस्त्रेण ददामि द्विजं पुंगव। [15]

---

13. महा॰ सभा॰–5-21
14. वा॰ रा॰–6-130-55, 56
15. वा॰ रा॰–2-32-10

उनके व्यक्तिगत खजाने में लो धन है उसे न साथ ले जाना है और न राजकोष में देना है। अतः उस कोष को खर्च करने के लिए अधययनशील छात्रों के प्रति छात्र एक हजार के हिसाब से दान करते हैं:-

धन का खर्च बड़ी सावधनी से की जाती थी।

तेषां सहस्रं सौ मित्रे प्रत्येकं सम्प्रदाय।

राम ने अपने कोषाध्यक्ष को आदेश दिया था कि उनका सारा धन समीप लाकर रक्खा [17] जाय। जो धन सामने लाये गये वे दर्शनीय थे। मुद्रा के अतिरिक्त उसमें बहुमूल्य रत्न भी थे।

स राशिः सुमहांस्तत्र दर्शनीयो सादृष्यत।

त्तः स पुरुष व्याघ्रतघ्नं सहलक्ष्मणः।। [18]

राजकुमार राजकोष का उपयोग व्यक्तिगत सुख-सुविध के लिए नहीं करते थे। उसे अपनी जीविका के लिए जो साधन राजा की ओर से दिए जाते थे उसकी देखभाल करते थे। योग्य कुमार सन्मार्ग से यदि धन की बृद्धि करते थे तो उनकी प्रतिष्ठा बढ़ती थी। राम की व्यक्तिगत सम्पत्ति के उल्लेख हुए हैं। कोष में उनकी बढ़ती हुई आय गुण का परिचायक है। राजकोष या व्यक्तिगत कोष की बृद्धि की आय मुद्रा ही थी। लोगों में विश्वास था कि इसकी सीमा निश्चित है। प्रजावर्ग भी धन कोष तथा धान्यकोष की वृद्धि में लगा था। आक्रोष एवं घृणा की स्थिति में दोनों का त्याग कर दिया जाता था। नगर तथा राष्ट्र के धन के माप धन्यकोष एवं धनकोष दोनों से ही होते थे। राज्य के धन कोष की वृद्धि होने के कारण इन्द्र तथा कुबेर की मान्यता राजा को दी जाती थी। मुद्रा ही इसका मापदंड विशेष रूप से था।

---

16. वा॰ रा॰–2-32-22
17. वा॰ रा॰–2-32-27
18. वा॰ रा॰–2-32-28

**10**

# कर आदि की व्यवस्था

## कर सम्बन्धी नीति

रामायण में कर सम्बन्धी नीति की चर्चा अनेक प्रसंगों में हुई है। रामराज्य के एक सुदृढ़ राजतंत्र होने के कारण उसकी अर्थव्यवस्था स्वस्थ तथा दृढ़ थी। अर्थशास्त्र द्वारा निर्मित नीति का सहारा सर्वत्र लिया जाता था। रामायण में उल्लिखित वार्ता [1] सम्पत्तिशास्त्र का दूसरा नाम था। यह तिस्त: [2] विद्या के अन्तर्गत राजकुमारों के लिए अनिवार्य रूप से सीखने योग्य मान्य शास्त्र था। राजा की करनीति भी इस शास्त्र से संचालित होती थी। इसके परिणामस्वरूप राजा की सफल कर नीति के कारण राजकोष भरा रहता था। जो आर्थिक सम्पन्नता के परिचायक है। [3]

शुचीनां रक्षितारश्चनित्यंविषयवासिनाम्। [4]

राजा दशरथ अर्थविद थें। राम एक सफल अर्थशास्त्रज्ञ थे

सत्संग्रहप्रग्रहणे स्थान विनिग्रहस्य च।

आयकर्मण्युपायज्ञः संदृष्ट व्ययकर्मवित्।। [5]

1. वा॰ रा॰–2-100-47
2. वा॰ रा॰–2-100-68
3. वा॰रा॰–1-17-13
4. वा॰ रा॰–2-2-19
5. वा॰ रा॰–2-1-26

आयकर्म के उपाय में चतुर होना तथा व्ययकर्म करने में सफल होना अर्थशास्त्रज्ञता के परिचायक मान्य थे। इस तरह की शिक्षा राम की अर्थशास्त्रज्ञ सुधन्ना से प्राप्त हुई थी।

विनीतश्च श्रेष्ठै धर्मार्थ नैपुण्यश्च

यदा व्रजति संग्रामं ग्रामार्थेसगरस्थवा।।[6]

आय कर्म के संघर्ष उपाय में चतुर होना तथा व्यय कर्म करने में सफल होना शास्त्रज्ञ का अर्थशास्त्रज्ञानों के परिचायिका थी। यह शिक्षा राम को अर्थशास्त्र सुधन्या से प्राप्त हुई थी जिसका उललेख स्वयं लेखक ने स्पष्टता से किया है–ऋग्वेदकालीन यज्ञ की मानसिक पृष्टभूमि बड़ी स्पष्टता से अभिव्यक्त हुई है–"यज्ञो वै श्रेष्ठतमं कर्म" भारतीय कर्मठता की देन मानी जाती थी।

उनका सिद्धान्त था–आय कर्म एवं व्यय कर्म में कर्मठता अनिवार्य समझी जाती थी। भारतीय परम्परा में आर्यों की कर्मठता ही अनिवार्य समझी जाती थी सारी संघर्षशीलता ही कर्मठता के लिए अनिवार्य थी जिससे सम्पन्नता से पूरे समाज का आदर्श ही था।

सेना के जवान सभी सुख सुविधा त्याग कर सेवा में लगे रहते थे। उनका सिद्धान्त था कि केवल अर्थ सिद्धि वाले कार्य करने से शत्रुओं की वृद्धि होती है। अर्थ प्राप्ति के प्रयत्न का एक मर्यादा का संकेत यहां प्राप्त होता है। "देश्यो भव व्यर्थ परोहि लोके।[7] सिर्फ अर्थचिंतन अनुचित कहा गया है। अर्थ में आशक्ति, विपत्ति की जननी है। यह ध्वनि यहाँ है–इस्वस्र वरसंपन्नमर्थशास्त्र विशारदम्।[8] इस उक्ति के अनुसार सुघन्वा जैसे अर्थशास्त्रज्ञ की सलाह राजा के लिए आवश्यक थी। राज्य की अर्थनीति पर तथा स्थिति पर रातकी पिछली पहर चिंतन-मनन हुआ करता था। अर्थनीति पूरे समाज की नींव थी। इतनी बड़ी इमारत जिस नींव पर खड़ी हो उसकी आधर शिला अत्यन्त ठोस होनी चाहिए थी। राजाओं द्वारा रात्रि का अन्तिम प्रहर इस चिन्तन के लिए उपयुक्त कहा गया

---

6. वा॰ रा॰–2-2-36
7. वा॰ रा॰–2-2-58
8. वा॰ रा॰–2-100-14

था। मानव मस्तिष्क की सारी चंचलताएं-विकलताएं समाप्त या शान्त रहने पर ही अर्थ चिंतन की धारा तैयार हो सकती थी।

राम ने भरत से चित्रकूट पर इस प्रकार प्रश्न किया था।

कच्चिनिद्रा वशनैषीः कच्चितकाले प्रबुध्यसे।

कंच्चिचापरात्रैषु चिन्तयस्मार्थ नैपुणम्।। [9]

अर्थसंकट के समय अर्थशास्त्र के पण्डितों की सलाह पर ही कार्य होता था:-

पण्डितोऽयर्थश्रृच्ध्येषु कुर्मानिः श्रेयसंमहत। [10]

अर्थनीति सें राजतंत्र की स्थिति पर प्रभाव पड़ता था। यह वह सूत्र था जिससे देश-समाज एवं परिवार प्रभावित होता था। राम ने भरत से प्रश्न किया था कि तुम्हारी आय से व्यय अधिक तो नहीं है? राजकोष में धन एकत्र होने का स्रोत लगे रहते थे जो बिना प्रयत्न कोष भरते रहते थें। दूसरी ओर कोष से व्यय के स्रोत भी स्वाभाविक थे। वह राज्य जो आपकी अपेक्षा व्यय में अधिक डूबा रहता था। उसकी स्थिति की कल्पना स्पष्ट है। राजतंत्र-भोग-विलास सम्पन्न विचार का प्रतीक था; अतः आय की अपेक्षा व्यय का अधिक होना उस युग में स्वाभाविक था। पर रामराज्य की यह विशेषता कुछ भिन्न थी। "आयस्ते विपुलः कच्चित, कच्चिदत्यल्परोवव्यमः अपात्रेषु न ते कच्चित्कोशोगच्छतिराघवः।।

देवतार्थे च पित्रर्थे ब्राह्मनाभ्यागतेषु च

योधेषु मित्रवर्गेषु कच्चिदगच्छति ते व्यया।।" [11]

राम ने कहा था कि जिसे अर्थशास्त्र का ज्ञान नहीं रहता है वह अधिक धन की कामना करने लगता है। अर्थशास्त्र का ज्ञान मानव मस्तिष्क एवं मन को धन के सम्बन्ध में संतुलित करने वाला शास्त्र है। यह ध्वनि राम की उक्ति

---

9. वा॰ रा॰–2-100-17
10. वा॰ रा॰–2-100-22
11. वा॰ रा॰–2-100-45

से स्पष्ट है कि अर्थनीति में योग्य मन्त्रियों की सलाह आवश्यक हैं सुमंत्रणा के फलस्वरूप राज्य की अर्थव्यवस्था सुदृढ़ रहती है।

काले धमार्थ कामान यह संमंत्रयसचिवैः सह।।

निषेदेतात्मवांल्लोके न स व्यसनमाप्नुयात्।

हितानुवन्धमालोच्य कार्याकार्य भिहात्मनः,

राजा सहार्थत्तवज्ञै सचिवैः सहिजीवन्ति।। [12]

सफल अर्थनीति के अभाव में जब अर्थव्यवस्था धीमी पड़ जाती है तो असंतुलित होकर धन-प्राप्ति की कामना की जाने लगती है।

अशास्त्र विदुषां तेषां न कार्यमहितंवचः।

अर्थशास्त्रानभिज्ञानां विपुलां श्रियभिच्छताम्। [13]

धन की प्राप्ति के लिए आकुलता-व्याकुलता-चिरकाल की वस्तु है। अर्थशास्त्र का ज्ञान ही सही दिशा प्रदान करता हैं राम ने अर्थशास्त्र के ज्ञान का महत्व ठीक से समझा था जिस पर राज्य की नीति अवलम्बित थी। अथशास्त्र की भाषा में उपभोग; उत्पादन विवरण तथा विनिमय आर्थिक समस्याएं हैं तो राजस्व भी सम्पूर्ण राजतंत्र को संचालित करने के मुख्य प्रेरक तत्वों में से एक था। राजस्व पर राजय का कल्याण टिका रहता था। इससे सिर्फ राजा का भरण-पोषण नहीं बल्कि पूरे राज्य के भरण-पोषण का मुख्य एवं एकमात्र साधन राजस्व ही था। राजतंत्र में राजा ही सर्वस्व कहा गया था। क्योंकि समाज कल्याण के सारे कार्य उन्हीं के द्वारा सम्पन्न होते थें राजा प्रजा के साथ उग्रतापूर्ण व्यवहार नहीं करते थे। उदारता तथा सहृदयता ही प्रजा के हृदय जीतने के साधन थे। "भरत" ने राम से पूछा था कि तुम्हारे उग्र दंड से प्रजा ऊब तो नहीं गई है? यह उग्र दण्ड कर वसूली से सम्बद्ध था।

"कच्चिनोग्रेण दण्डेन मुशमुद्वेजितप्रजम" करके रूप में धन वसूल करने के

12. वा॰ रा॰–6-63-12; 13
13. वा॰ रा॰–6-63-15
14. वा॰ रा॰–2-100-27

लिए धर्म एवं अधर्म दोनों ही मार्ग थे। राम के सारे धन धर्म मार्ग से उपार्जित होते थे

"महद्धनं धर्म बलेरूपार्जितम्" [15]

राजा द्वारा प्रजा का शोषण नहीं होता था वल्कि प्रजा से लिए गए धन का सदुपयोग प्रजा के संरक्षण में होता था। जो राजा प्रजा से कर लेकर उसकी रक्षा नहीं करते थे, वे अधर्म के भागी होते थे। कर लेना यदि अनिवार्य था तो उस कर से प्रजा कल्याण के कार्य भी आवश्यक रूप से होते थे। कर देने वाली प्रजा राजा की दृष्टि में पुत्रवत थी:–

अधर्मस्तु महांस्तात भवेत्रस्य महीपतेः।

यो हरैद्बलिवंगभागं वा न च रक्षति पुत्रवत्। [16]

देश में किसी तरह के कर लगाए जाते थे। और "कर" की क्या दर थी

इसकी भी चर्चा वाल्मीकि ने की है। इन्द्र तथा कुबेर की संज्ञा राजा को दी गई थी क्योंकि सुदृढ़ करनीति के कारण राजा के पास अपार सम्पत्ति एकत्र हो जाती थी:– [17]

धनैश्च संचयैश्चान्मैः शक्रवै श्रवणो यमः। वे राजा धर्म तथा काम के साथ-साथ अर्थ का संचय करते थे जिससे प्रजा का पालन होता था। [18] स्वस्थ कर व्यवस्था तथा प्रशासन की स्वच्छता के फलस्वरूप राज्य में तस्कर नहीं था। राजा की ओर से व्यापार पर ऐसा अंकुश नहीं रखा गया था कि तस्करी का सहारा लोगों को लेना पड़े। लोगों की नैतिकता का वैसा ह्रास भी नहीं हुआ था।

कामी वा न कदर्यो वा नृशंसः पुरूषः क्वचित।

द्रष्टुं शक्ष्मयेधयायां नाविद्वान्न च नास्तिकः।।

---

15. वा॰ रा॰–2-32-45
16. वा॰ रा॰–3-6-11
17. वा॰ रा॰–1-6-3
18. वा॰ रा॰–1-6-5

सर्वे नराश्च नार्याश्य धर्मशीला सुसंयताः।

उदिता शीलवृताम्यां महर्षय इवामलाः।। [19]

राज्य में क्षुद्र तथा तस्कर का न होना राज्य की सफल अर्थनीति एवं कर नीति का परिचायक है।

नाना हिताग्नि नीयज्वा न क्षुद्रो न तस्करः।

कश्चिदासीद यो धयायां चावृतोन शंकरः।। [20]

राजा की तरह प्रजा भी आर्थिक दृष्टि से पूर्ण सबल एवं स्वथ्य थी।

लोगों में परिश्रम करने की क्षमता थी तथा परिश्रम से मिलने वाली आय संतोषजनक थी।

बाह्यसंनिचयः कश्चिदासीतस्मिन्युरोत्रमे।

कुटुम्नी योह्य सिद्धार्थोगवाइव धनधन्यवान।। [21]

यह स्थिति राज्य की प्रजा की थी। प्रजा सम्पन्न तथा सुखी हर दृष्टि से थी। प्रजा की सम्पन्नता के फलस्वरूप राजा की सम्पन्नता निश्चित थी। अतः राजकोष सदा भरा पूरा रहता था तथा प्रजा आर्थिक विपणता का अनुभव नहीं करती थी।

भरत से राम ने प्रश्न किया था कि कौशल देश की प्रजा सुखी सम्पन्न तो है? यह प्रश्न दैविक, दैहिक, भौतिक, ताप की सूचना से सम्बद्ध था।

कच्चित्तेदयिताः सर्वेकृषिगोरक्षतीविनः।

वार्तायां संश्रिवास्तात लोके हि सुख मेघते।। [22]

इस परिवेश में प्रजा के जितनी तरह के कर वसूल होते थे; उनके प्रसंग रामायण में उपलब्ध होते हैं। इन करों की परम्परा अति प्राचीन काल से चली आ रही थी।

---

19. वा॰ रा॰–1-6-8, 9
20. वा॰ रा॰–1-6-12
21. वा॰ रा॰–1-6-7
22. वा॰ रा॰–2-100-47

## विभिन्न कर तथा उनसे मिलने वाली आय

राजा की कर सम्बन्धी नीति स्पष्ट थी। राजा के लिए प्रजा पुत्रवत थी तथा राजा भी ईश्वर के अवतार ही समझे जाते थे। विरोध तथा संघर्ष की भावना का सर्वथा अभाव था। तस्करी नहीं थी। प्रशासन शक्तिशाली एवं स्वच्छ था। राम का प्रश्न इस प्रकार है–

गृहीतश्चैव पृष्टश्च काले दृष्टः सकारयाः।

कच्चिन्नं मुच्चते चोरो धन लोभान्नरर्षम।।[23]

प्रशासन की भ्रष्टाचरिता की कल्पना उस समाज में कम ही होती होगी क्योंकि भरत से प्रश्न है कि चोर पकड़े जायं तथा उससे पूछा जाय और बिना उचित कारण के धन के लोभ में छोड़ दिए जायं। यह बात तो राजय में नहीं हो रही है? स्वच्छ प्रशासन से राम की कर सम्बन्धी नीति पर असर पड़ता था। जितने भी कर लगाए जाते थे उसके भुगतान में प्रजा तथा राज कर्मचारी दोनों की रूचि एक जैसी रहती होगी। कर का विरोध नहीं होता था। प्राचीन परम्परा ही सभी करों के विधन के आधार होते थे। ऐसे किसी तरह के नये करों की घोषणा ग्रन्थ में नहीं है जो कर प्रजा को भार स्वरूप हो सकता था।

रामाचणकालीन समाज यह निश्चित कर चुका था कि भूमि पर स्वामित्व राजा तथा प्रजा दोनों का है। पृथिवी की रक्षा करने के कारण वह 'आय' कर षद्‍ भाग प्राप्त करता था। प्रजा के व्यक्तिगत स्वामित्व पर वह राजा शकोचूर्ण दृष्टि नहीं रखता था। मजदूरों का सामन्तों द्वारा शोषण उस काल की अपनी विशेषता थी। अतः नारद ने श्रमिक वर्गो की सुरक्षा का उत्तरदायित्व राजा पर सौंपा था। भरत से भी ऐसी ही जिज्ञासा राम ने प्रकट की थीः–

तेषां गुप्ति परिहारैः कच्चितैः भरणं कृतम्।

रक्ष्या हि राज्ञा धर्मेण सर्वे विषय वासिनः।।[24]

राजा प्रजा वर्ग की सुरक्षा पर घ्यान रखते हुए उसके पालन-पोषण के

---

23. महा॰ सभा॰–5-21
24. वा॰ रा॰–2-100-48

उत्तरदायित्व का निर्वाह करता था। करके भार से यह वर्ग पीड़ित न हो जाय। इसकी चिन्ता राजा को हमेशा ही करनी पड़ती थी। अप्रत्यक्ष कर की परम्परा थी। राजा को सामन्तों के माध्यम से कर की प्राप्ति प्रत्यक्ष करके रूप में होती थी। कर का भुगतान करने वाला सामन्त देश में उत्पादनकर्ता नहीं था। उत्पादन श्रमिकों द्वारा होता था। श्रमिक वर्ग की रक्षा का धयान राजा को रखना पड़ता था जिससे कि वह वर्ग कर की चेष्टा में नष्टप्राय न हो जाय। राम ने उस वर्ग के अतिरिक्त अपनी भावना देव वर्ग; पितृवर्ग, मृत्यवर्ग तथा गुरूवर्ग के प्रति इस प्रकार अभिव्यक्त की है–

कच्चिद्वेवान पितृन् मृत्यान् गुरून्पितृसमानपि।
वृद्धांश्च तात वैधांश्च ब्राह्मणांश्चामिमन्यते।।[25]

इन वर्गों के सभी लोग विशेष निष्ठा के अधिकारी होने के कारण सम्भावनीय उन्हे। सुविधजनक स्थिति में रखने की श्रेष्ठा राजा की ओर से होती थी। निश्चय ही ये वर्ग कर मुक्त रहे होंगे।

## विभिन्न कर

<u>भागः</u>– इस सम्बन्ध में कौटि ल्यांक कथन है कि अन्न के उत्पादन पर लिया जाने वाला "राजकर" भाग था–

सीतामागों वलिः करों वाजिक नदी पालसतरों नावः।
पट्टनम विनीतं वर्तनी राजुनुश्चोर राज्जुश्च राष्ट्रम्।।[26]

बाल्मिकी ने इस षड़भाग का प्रसंग अनेक स्थलों पर उपस्थित किया है। उत्तरखण्ड में राम से शम्मूक की तपस्या के सन्दर्भ में कहा है कि राजा प्रजा का पालन कर्ता कहलाता है। प्रजा के सारे कर्मपुल के छठे भाग का आधिकारी राजा ही हो जाता है। उस अधिकार के साथ ही उसका प्रजापालन सम्बन्धी कर्तव्य महत्वपूर्ण है

---

25. वा॰ रा॰–2–100–13
26. अर्थशास्त्र–2–6

षडभागस्य न भोका सौरदाते न प्रजा कथम् । । स त्वं पुरु शार्द्ल भार्गस्व विषयं स्व कम।[27]

कर्तव्य एवं अधिकार एक सिक्के के दो पहलू है। राजा का अधिकार षड्भाग वसूली का है तो प्रजा की रक्षा भी मुख्य उत्तरदायित्व है। भरत ने कौशल्य के समक्ष ऐसी ही भाव प्रकट किया था। "बलिषड्भागमुग्धैत्य नृपस्य रक्षत: प्रजा[28] कर लेने वाला राजा प्रजा से कर की वसूली में जैसी तात्परता रखता है। प्रजा की रक्षा उसी तात्परता से नहीं करने पर वह अधर्म का भागी होता हो जाता है। राजा प्रजा से कर वसूली करते थें।

यह माग कहकर वसूल होता था। यानी प्रजा की आय का छटा भाग लेने वाला नृप उसकी रक्षा करने का भार ग्रहण करता था। राजा यदि प्रजा की रक्षा पुत्रवत नहीं करता तो वह अधर्मो तथा कर्तव्ययुक्त समझा जाता था :–

अधर्मरतु महांस्तात् भवेत्र महीपते:।

यो हरे दूलिषंभागं न च रक्षति पुत्रवत।[29]

इस तरह के कार्य की चर्चा रामायण पूर्व साहित्य में उपलब्ध है। बलि, बलिकृत आदिनामों से यह कर प्राचीन समाज से ही वसूल होता आ रहा था।[30] व्यास का कथन इस "कर" के प्रसंग में इस प्रकार है:– न चा स्थाने न च काले करा तेम्योनियान्वते अनुवूर्वेषा सान्त्वेन यथाकाले यथाविधि:।।[31]

यह चिन्तन वाद के समाज की उपज है। वाल्मीकि ने सर्वत्र षड्भाग की ही चर्चा की है। व्यास ने देशकाल का महत्व कर निर्धारण में स्वीकार किया है। कि सिद्धान्त से उपज का पड़भाग नहीं बल्कि भूमि की उर्वरा शक्ति आदि पर विचार करते हुए कर सम्बन्धी नीति होती थी।

---

27. वा॰ रा॰–7–74–32
28. वा॰ रा॰–2–75–25
29. वा॰ रा॰–3–6–11
30. ऋग्वेद–1–70–9,5–1–10, 10–13–6 बौधायण सू॰–1–10–18ए नारद धर्म सू॰–18–48
31. महाभारत–12–38

**कर**

पशु एवं हिरण्य पर लगाए जाने वाले "कर" की चर्चा रामायण में अलग से नहीं है। बाद के साहित्य में उसका उल्लेख इस प्रकार है।

पंचाशद्भाग ओद्यो राजा पशु हिरण्योः।

धान्यानामष्टभोभागः षष्टो भागः शष्टो द्वादशस्ववा।।[32]

कौटिल्य के अर्थशास्त्र में धन्य पर लगे कर का उल्लेख इस प्रकार है। "प्रभूत धनधन्यस्यांश तृतीयं चतुर्थ वायाचेतं"[33] पर वाल्मीकि ने ऐसा उल्लेख कहीं नहीं किया है जिसका तात्पर्य यह है कि तत्कालीन राज्य कर नीति उदारता पूर्ण था। ब्राह्मण तथा क्षत्रिय कर मुक्त वर्ग थे। सिर्फ वैश्य से ही कर की प्राप्ति होती थी क्योंकि धनार्जन का कार्य सिर्फ वैश्यवर्ग का ही था। धन पर यह ऐसा कर था जो पशुओं से मिलने वाली आय पर लगाया जाता था–

"करोगवादीनप्रतिवर्षराज[34] ग्राह्यंद्रवं" वाल्मीकि ने इसका उल्लेख नहीं किया है बल्कि बड्भाग के अन्तर्गत इस राजकीय आय को सामाहिक नहीं कर सके। इसे कर मुक्त ही चित्रित किया गया है। सम्भव है रामायणकालीन समाज इस कर से मुक्त रहा हो क्योंकि पशुओं की अधिकता उस समाज में उस हद तक थी कि लोग गायों का दान करोड़ों की संख्यायें करते थे।।

**बलिः**–राजकर की एक श्रेणी बलि थी यह कर प्रजा पर नहीं लगता था। सामन्त या आधीन राजाओं पर इस कर का भार था। ऋग्वेद काल राजाओं को मिलने वाला उपहार बलि[35] कर कहा गया है वाल्मीकि ने इस "कर" की चर्चा की है।

सामन्तराज संघश्च बलिकर्मभिराटतम्।।[36]

---

32. गौ॰ धर्म सू॰–10-25, मनुस्मृति-7-130
33. कौटिल्य अर्थशास्त्र–5-2
34. कल्पसूत्र-हरिभ्रदसूरिका भाष्य
35. वूहलर एपिक इण्डिया भाग–1 पृ॰ 75
36. वा॰ रा॰–1-5-14

दशरथ के अश्वमेंध यज्ञ में उपस्थित होने वाले अनेक राजे थे। उन राजाओं से प्राप्त उपहार जो बलि कर के रूप में था, उल्लिखित हुआ है:–

तत्त: केश्चिदहोरात्रौ रूपमाता महीक्षित:।

बहूनि रत्नान्यदायराज्ञोदशरथस्य "ह"।।[37]

राम अश्वमेघ यज्ञ की सम्पन्नता हेतु विभिन्न दिशाओं से राजाओं की उपस्थिति होती है। यज्ञ-स्थल पर राम के पहुँचते ही राजकीय भेंट अर्चित की जाती है–

"नैभिषैवसत्तस्य सर्वएवपराधिया:"

आनिन्युरूपहारांश्रू तान राम: प्रत्यपूजयत[38]–इस प्रकार यह उपहारादि बलि के अन्तर्गत सम्राट को प्राप्त होते थे।।

**हिरण्य**

यह एक प्रकार के "कर" का नाम था। खनिज पदार्थो पर लगाया जाने वाला यह[39] कर था। इस कर के सम्बन्ध में यह भी उल्लेख उपलब्ध होता है। यह अन्न पर[40] लगाया जाने वाला कर था। ।।गेतिम,।। विष्णु तथा मनु अदिशास्त्रकारों ने हिरण्य तथा अन्य वस्तुओं पर निश्चित भाग में करके रूप में प्राप्त किया जाना हिरण्य कर रहा था।

"पंचाशदभागं आदेयो राज्ञा पशु हिरण्ययो:"[41]

वाल्मीकि ने इस कर का उल्लेख स्पष्ट रूप से नहीं किया है बल्कि खनिज द्रव्यों की व्यवस्था पर राजा का पूरा ध्यान था। राजा के लिए जिस अष्टवर्ग की पालन की आवश्यकता बतलायी गई है उसके अन्तर्गत खानों पर अधिकार प्राप्त करना भी एक है। भरत से राम का प्रश्न था कि दश वर्ग

---

37. वा० रा०–1-13-33
38. वा० रा०–7-92-4
39. अर्थशास्त्र–पृ० 133
40. हिन्दू रेभनेन्यू सिस्टम पेज 72
41. गौ० ध० सू०–10-25 मनुस्मृति-7-130

पंचवर्ग, सप्तवर्ग, चतुर्वशी; अष्टवर्ग तथा त्रिवर्ग पर समुचित ध्यान तो रहता है। इस अष्टवर्ग के अन्तर्गत खेतों की उन्नति करना, व्यापार वृद्धि करना दुर्ग बनवाना पशु निर्माण कराना; जंगल से हाथी पकड़कर मंगवाना अधीन राजाओं से बलिभाग वसूल करना निर्जन प्रदेशों को आबाद करना तथा खनिज पर अधिकार प्राप्त कराना भी था।

रामायण में कर्मान्तिक शब्द का अर्थ यह भी किया गया कि कर्मान्तिक वह कर्मचारी था जो खानों तथा कारखानों का अधिकारी होता था। इस शब्द का दूसरा अर्थ भी किया गया है कि वह कर्मचारी जो नगद मजदूरी लेकर "श्रम" कर्ता हो। इतना तो निश्चित है कि उस काल में राजा का अधिकार सम्पूर्ण पृथिवी पर समझा जाता था।

"इक्ष्वाकुणाभियंभूमिः सशैल वनकानना"

मृगयक्षिमनुष्यानांनिगहप्रम्रहावपि।[45] इससे राजा का अधिकार खान एवं खनिज द्रव्यों पर स्वतः सिद्ध हो जाता है। वाल्मीकि ने राजाओं को रत्नहारी[46] की संज्ञा दी है जिससे स्पष्ट होता है कि राज्य का अधिकार खनिज पदार्थों पर भी था। खनिज द्रव्यों तथा खानों पर राजकीय अधिकार होते हुए भी राजा उससे सिर्फ "कर" प्राप्त करते थे। बाद के स्मृतिकारों ने खान पर लगी कर की चर्चा की है। कौटिल्य के अर्थशास्त्र में भी खान सम्बन्धी राज कर का विधान इस प्रकार उल्लिखित है।

एवं मूल्यं विभागं च व्याजी परिधमत्ययम्।
शुल्कं वेधारण दण्डं रूपंरूपिकमेव च।।
खनिभ्यो द्वादशंविधं धातु पण्सं च संहरेत्।
एवं सर्वेषु स्थापयेन्मुख संग्रहम्।।[48]

---

43. वा० रा०–2-82-20
44. रामायण कालीन समाज–डॉ० शान्ति कुमार नानूराम व्यास
45. वा० रा०–4-18-6
46. वा० रा०–2-82-6
47. मनुस्मृति–8-9
48. अर्थशास्त्र–2-12-13

## वाणिज्य कर

शुक्रनीति के अनुसार सुरुचिपूर्ण तरीकों से अर्थार्जन ही अर्थशास्त्र कहलाता था।

श्रुति स्मृति अविरोधेन् राजवृत्तादिशासनम्।

सुयुक्त्यार्थार्जनं यत्र ह्यर्थशास्त्रं तदुच्यते।।[49]

अर्थार्जन के साधनतीन ही थे जिसका एक मात्र अधिकारी वैश्य वर्ग था:–

कृषिवाणिज्य तदूच्च तृतीयं पशुपालनं।

विद्याह्येका महाभागं वार्तावृत्तित्रयाश्रिया।।[50]

इसलिए वैश्यवर्ग के लिए एक मात्र सिद्धान्त वैश्यो धनार्जनं कुर्यात्।[51] इसी आधर पर महाभारतकार ने अपनी मान्यता करके सम्बन्ध में इस प्रकार दी थी।

"वैश्य एवे कर प्रदा"[52] मनुस्मृतिकार कर व्यवस्था के प्रति स्पष्ट दीख पड़ते हैं। उनके अनुसार स्थल एवं जलमार्ग से व्यापार करने में निपुण तथा बाजार में बिकने वाली वस्तुओं के मूल्य निर्धारण में दक्ष व्यक्ति जो कीमत निश्चित कर रहे थे उसमें जो लाभांस रहता था उसका बीसवां भाग वाणिज्य कर था जिस वस्तु का व्यापार अनुचित था उसकी व्यवस्था समाज[54] ने दे दी थी। वाल्मीकि की व्यवस्था इससे भिन्न[55] नहीं है। रामायण में स्पष्ट संकेत है कि बड़े-बड़े व्यापारी कौशल देश में थे।

---

49. शुक्र–4–3–55
50. विष्णु पु॰–5–10–23
51. महाभारत–5–132–30
52. महाभारत–2–47–28
53. मनुस्मृति–2–47–28
54. महाभारत–12–295–5, 6
55. वा॰ रा॰–2–75–38

सामन्तराजसंघश्च वलिकर्मभिरावृताम्।

नानादेशनिवासैश्प वणिऽभिरूपशोभिताम्।।[56]

उनसे वाणिज्य कर की प्राप्ति होती थी। रामायण काल में इस कर की चर्चा विस्तार से हुई है। भरत के राजपद का अधिकारी हो जाने पर राजसभा में गुरु वशिष्ठ का संकेत इस कर के सम्बन्ध में इस प्रकार है।

उदीच्याश्च प्रतीथाश्च दक्षियणात्याश्च केवला:।

कोप्यारान्ता: सामुद्रारत्नान्यभिहरन्त ते।।[57]

यानि विभिन्न दिशाओं के राजे तथा अनेक देशों के व्यापारी तुम्हें अब रत्न अर्पित करें। व्यापारी वर्ग को बाहर से व्यापार करने या सामान खरीद कर ले जाने पर व्यापारी शुल्क जमा करना पड़ता था। उत्तर काण्ड में उल्लिखित हुआ है कि विभिन्न देश के व्यापारी बाहर से आकर मधुपुर को सुशोभित करते थे। सोभिता गोमितानशोनीयश्च तथान्यैदैवमानुषै:तां पुरीं दिव्यासंभवं नानापण्योपशोभितान।।[58]

अयोधया नगरी में विभिन्न देशों के व्यापारी सामानों के खरीद विक्री के लिए डेरा डाले हुए थे।।

नानादेशनिवासैर्ख्वणितिभरुपशोभितामं।[59]

वाणिज्य कर का विकासवाद समाज में अधिक हुआ जिसका वर्णन कौटिल्य ने विस्तार के साथ किया है।[60]

---

56. वा॰ रा॰–1-5-14
57. वा॰ रा॰–2-82-8
58. वा॰ रा॰–7-70-14
59. वा॰ रा॰–1-5-14
60. कौटिल्य अर्थशास्त्र–2-16-18

# 11

# उपसंहार

मानव सभ्यता की विकास धारा में वह गति है कि जीवन के सारे बन्धन स्वतः ढीले पड़ते जाते हैं।

प्रवाहमान यह विकाशक्रम अनादिकाल से आ रहा है। भविष्य की अपार जलराशि इस धारा में बहते हुए सारे बन्धनों को समाहित कर लेने की क्षमता रखती है। हमारा वेद साहित्य लौकिक साहित्य में प्रतिबिम्बित हुआ है तो लौकिक अपभ्रंस में और अपभ्रंस प्रादेशिक भाषाओं में। वे सभी श्रृंखलाबद्ध प्रतीत होते हैं। कोई एक अलग हो जाय तो क्रमभंग प्रतीत होता है। रामायण महाकाव्य इस श्रृंखला के अन्तर्गत है, यह साहित्य एक युग का प्रतिनिधित्व करता है। इतिहासकारों ने इसे स्मृतिकाल की संज्ञा दी है। श्रुतिकाल के अन्तर्गत 'वेद', ब्राह्मण, आरण्यक तथा उपनिषद् है जो संस्कृत साहित्य का प्रथम सोपान है। द्वितीय सोपान स्मृतिकाल ही है जिसके अन्तर्गत रामायण, महाभारत तथा पुराणादि रचनाएं हैं। प्रस्तुत पुस्तक स्मृतिकाल की मुख्य रचना वाल्मीकि रामायण पर आधारित है।

पुस्तक में स्वाभाविक रूप से आर्थिक जीवन की परम्परा तथा इसके विकास के विश्लेषण हुए हैं। विकास की यह धारा किस हद तक वर्णित है इसे स्पष्ट करने का प्रयास किया गया है। धर्म, अर्थ, काम तथा मोक्ष पुरुषार्थ के चार सोपान मान्य हुए हैं। महर्षि वाल्मीकि ने अर्थ को जीवन से अलग-थलग नहीं मानकर प्रमुख साधन के रूप में स्वीकार किया है। प्रारम्भ

में ही दरिद्रता की विदाई की प्रार्थना आर्यों ने की थी।[1] उस समय साधन तथा साध्य दोनों की पवित्रता का महत्व किया गया–

"ऋतस्य पंथां न तरन्ति दुष्कृतः"[2]

बाद में सामाजिक विकृतियां उत्पन्न हुई तो धन का महत्व इतना अधिक बढ़ गया कि धन जीवन का साधन नहीं रहकर साध्य हो गया। श्रेष्ठ साहित्य ऐसी सामाजिक वृत्तियों पर अंकुश रखता है।

महर्षि वाल्मीकि ने कहा है कि अर्थशास्त्र का जिसे ज्ञान नहीं रहता है वह असंतुलित धन[3] की कामना करने लगता है। राम ने ऐसे धन लिप्सुओं को चेतावनी दी है कि जो अर्थसिद्धि में लगे रहते हैं उनके शत्रुओं की संख्या बहुत अधिक[4] बढ़ जाती है। कवि ने स्पष्ट उल्लेख किया है कि देश में अर्थिक संकट आने पर अर्थशास्त्र की सलाह ही देश की प्रजा का त्राण कर सकती है। जब राजतन्त्र कभी ऐसे भ्रमर में फँसता था तो विद्वानों को सर्वोपरि महत्व देकर उसे भ्रंवर से बचने के मार्ग की खोज करवाई की जाती थी।

कच्चितसहस्रान्मूर्खाणामेकमिच्छसिपण्डितम्।

पण्डितो ह्यर्थ कृच्छ्रेषुकर्यानिः श्रेयसं महत्।।[5]

इस प्रकार रामायण काव्य में अर्थशास्त्र की चर्चा कम नहीं हुई है। साधारण तथा मान्यता काव्यग्रन्थ के सम्बन्ध में यही है कि यह आधयात्मिक ग्रन्थ होने के कारण जीवन के दो ही तत्तवों "धर्म" तथामोक्ष स्पर्श करना होगा पर वस्तु स्थिति इसके विपरीत है।

आर्थिक साहित्य के विकास की झलक इस ग्रन्थ से प्राप्त होती है। वेद साहित्य में विशाल भवनों के उल्लेख प्राप्त नहीं होते हैं। एक छोटा सा साफ-सुथरा फूस निर्मित घर जिसमें गाएं तथा बकरियाँ भी बाँधी जाती हैं वह

1. ऋग्वेद–10–155–1
2. ऋग्वेद–9–73–6
3. वा० रा०–6–63–15
4. वा० रा०–2–21–58
5. 2–100–26

आर्य निवास है। रामायण ऐसे भवनों का उल्लेख करती है जिसमें सात-सात कक्षाएँ हैं जो कई ताल ऊँचे हैं–वैसे घरों के लिए विमानगृह की संज्ञा दी गई है। राम की सेना जो लंका से दूर टिकी थी उसका निरीक्षण कई ताल ऊँचे भवन पर से रावण ने किया था।

लक्ष्मण सुग्रीव से मिलने के प्रयास में सात कक्षाएं पारकर अन्तःपुर के समीप पहुंचता है। राम-राजा दशरथ से मिलने के लिए रथ पर चलते हैं तो महल के भीतर तीन कक्षाओं तक रथ पर ही सवार होकर पढ़ते जाते हैं शेष कक्षाएं पैदल चलकर अन्तःपुर तक पहुँचते हैं।[6]

यह आर्थिक विकास की प्रक्रिया है जो सदा चलती ही रहती है। प्राचीन अर्थ व्यवस्था के विस्तार तथा विकास की ओर संकेत करते हुए रामायण में वर्णित अथव्यवस्था पर विचार करना इस पुस्तक का मुख्य उद्देश्य है। समाज की विकास धारा; अर्थ से अनुप्राणित होती है। विकास के प्रेरक तत्वों में अर्थ का स्थान सर्वोपरि है।

इस प्रकार पुस्तक का मुख्य स्वर एवं विषय मानव जीवन को उत्प्रेरित करने वाले अर्थतन्त्रको स्वीकार किया गया है।

पुस्तक का प्रथम भाग औचित्य से सम्बद्ध है। इस विषय से सम्बद्ध सामग्री का संकेत इसी अध्याय में देने का प्रयास हुआ है। महर्षि वाल्मीकि ने रामायण के विषय एवं उद्देश्य का उल्लेख रचना के प्रारम्भ में किया है। जीवन के सारे त्तवों का वर्णन इस काव्यग्रन्थ में हुआ है। जीवन में अर्थ तत्व को महत्व किस हद कि दिया गया था यह विश्लेषण करते हुए प्रयास अध्याय सफल जीवन की झांकी प्रस्तुत करता है–

कच्चिदर्थेन वा धर्मेमर्थ धर्मेन वा पुनः।
उभय प्रीति लोभेन कामेन च न वाधते।।
कच्चिदर्सचधर्म च कामं च जयतांवर।
विभज्यकाले कालज्ञ सर्वान वरद शेवसे।।[7]

---

6. वा॰ रा॰–2-2-36
7. वा॰ रा॰–2-100-58

इस पुस्तक में एक विस्तृत साहित्य का आधार ग्रहणकर रामायण से पूर्व "भारतीय आर्थिक जीवन" का विश्लेषण किया गया है। वेद ब्राह्मण, आरण्यक ग्रन्थों से सहारा लेकर प्राचीन जीवन किस हद तक स्पष्ट हो सकता है, यह दिखाने का प्रयास किया गया है।

रामायण-पूर्व समाज में विभिन्न जातियों वर्गों तथा कबीलों के संयोग तथा उनके सामंजस्य पर प्रकाश डालना भी उद्देश्य है। आर्थिक विकास की प्रक्रिया में विभिन्न वर्गों के योगदान एक जैसे नहीं होते हैं प्रागैतिकहासकालीन हबसि, निषाद जातियां कार्य जातियों को प्रभावित करती रही है।[8] आर्यों का रहन-सहन जैसे धोती पहनना, स्त्रियों का साड़ी पहनना, माँग में सिंदूर डालना, विवाह आदि के नियम यहाँ की आदिम जातियों की देन है। वैज्ञानिक चिंतन में विभिन्नत्तायों तथ्यों के आधार पर इसे स्वीकार[9] किया है। आर्थिक विक़ास का इतिहास आदिम समाजवाद के प्रारम्भ में किया गया है जिसकी परिणति पूंजीवाद एवं राजतन्त्र में दिखाई गई है।

धन के प्रति ऋषियों की भावनाओं का विश्लेषण यथास्थान विस्तार से किया गया है। यज्ञीय पशुओं के विभाजन तथा धर्मिक आवरण में धन-लिप्सा की चर्चा करते हुए किसी पूर्वाग्रह का सहारा नहीं लिया गया है। प्रमाणों के आधार पर यह सिद्ध किया गया है विकास की विभिन्न धाराओं की परिणति ही वर्तमान समाज है।

इस प्रकार आर्थिक जीवन के विश्लेषण में कई आवश्यक बिन्दुओं पर अलग-अलग विवेचन करने का प्रयास किया गया है। कृषि जीवन के प्रारम्भ कर उद्योग धंधें के विकास आदि के विश्लेषणों में प्राचीन भारतीय जीवन की झांकी स्पष्ट रूप से इस पुस्तक में दिखाई गई है। कृषि व्यवस्था के वर्णन में कृषि से सम्बद्ध अनेक कार्यों की चर्चा जैसे भूमि के जोत, बीजों का बोना तथा फसल की सिंचाई, फसल की रखवाली आदि की चर्चा हुई है। विभिन्न फसलों

8. वा॰ रा॰–2-100-14
9. इंडो आर्यन एण्ड हिन्दी सुनीति कुमार चटर्जी-पृ॰ 31

के नाम तथा फसलों की तैयारी में अपनाए गये साधनों के उल्लेख हुए हैं; पशुपालन प्राचीन भारतीयों का मुख्य पेशा था।

उद्योग धंधे के अन्तर्गत सारे कुटीर उद्योग समाहित कर लिये गये हैं। तत्कालीन समाज में इन सारे कार्यों में किस सीमा तक कुशलता प्राप्त कर ली थी। इसका विवेचन किया गया है–

नमस्तक्षाभ्यो रथकारेभ्यश्च वो नमो।

नमः कुलालेभ्यः कर्मरेभ्श्च वो नमो ।।

नमो निषादेभ्यः पुंजिकेभ्यश्च वो नमो ।

नमः श्वनिमो मृगुम्यश्च वो नमः ।। [10]

जैसे प्रमाणो के आधार पर यह सिद्ध किया गया है कि आर्थिक वर्ग के प्रति समाज में पूरी श्रद्धा थी जिस कारण उद्योग के विकास से समाज का विकास नापा जाता था। [11]

प्राचीन वाणिज्य की चर्चा के आधार पर तत्कालीन समझ के सर्वाण्ड़ वण विकास का विवेचन किया गया है। प्राचीन भारतीय सामाजिक संसथानों का उद्घाटनरामायण का विषय नहीं होते हुए भी उस पर प्रकारोंन्तर सेकवहिने काफी प्रकाश डाला है। उन सारे मथ्यों के बटोरने तथा पूर्वाग्रहहीन होकर उस पर विचार करने के फलस्वरूप अनेक नये तथ्य उपस्थित किए गए हैं। प्राप्त सामग्री के संयोजन तथा नवीन आकलन के कारण यह पुस्तक विस्तृत हो गया। पूरे समाज को तीन वर्गो मेंसमाहित कर देखने परखने की चेष्टा की गई है।

आर्य-वानर तथा राक्षसों के समाजों का विवेचन्न पुस्तुत किया गया है। चतुवर्ण ब्राह्मण, क्षत्रिण।

वैश्य, शूद्र; चतुवर्ग, धर्म, अर्थ, काम, मोक्ष, चतुराश्रम ब्रह्मचारी, ग्राहस्थ, वानप्रस्थ, सन्यास से सम्बद्ध सामग्री आर्य जातियों के परिपेक्ष में प्रस्तुत किये

---

10. यजुर्वेद–16–17

गए हैं। राक्षस तथा वानर समाज उस कल्पना से काफी दूर था। संस्कृति तथा सभ्यता से सम्बद्ध चर्चाएं गौण कर दी गई है।

चतुर्वर्ग की कल्पना के अन्तर्गत आर्य सभ्यता तथा संस्कृति की झलक अवश्य प्रस्तुत की गई है। अर्थ का महत्व जीवन में किस हद तक दिया गया था, इस आधार पर प्राप्त सामग्रियों से तत्कालीन समाज यापन के साधन वर्णित किये गये हैं।

आर्थिक वर्ग के विवेचन में एक लम्बी सूची दी गई है जितने तरह के जीविकोपार्जन कार्य रामायण में वर्णित हुए हैं। ब्राह्मण, क्षत्रिय संघर्ष की कड़ी रामायण में आर्थिक पहलुओं के आधार पर है यह विवेचन आर्थिक वैज्ञानिक होने के कारण प्रश्रय पा सका है वाल्मीकि के दार्शनिक कथनों को व्यावहारिक दृष्टिकोण से अलग-थलग देखना उनके प्रति अन्याय होगा। वर्ण संषर्ष या वर्ण प्रति स्पर्ध को दार्शनि दृष्टिकोण से देखना ऐतिहासिक परिप्रेक्ष्य से आंख मूंद लेना होगा। इसका महत्व सामाजिक विश्लेषण में नहीं देकर बल्कि अर्थिक सेयोजना के विस्तार से विचार होगा।

इस पुस्तक में विभिन्न प्रकार की सम्पत्तियों का विवरण पुस्तक किया गया है। कौशल; लंका एवं किष्किन्धा की सम्पन्नता के संकेत अलग से देते हुए वन सम्पदा; खनिज, भूमि, पशु, भवन, धनकोष, धान्यकोष तथा वस्त्राभूषण के विवेचन से रामायण में वर्णित अनेक तरह की सम्पत्तियों से सुनियोजित वर्णन के साथ यह पुस्तक समाप्त किया गया है जिससे तत्कालीन सम्पत्ति पर प्रकाश पड़ता है।

प्राचीन भारतीयों ने सम्पत्ति के संग्रह में जो आदर्श उपस्थित किया वे आज भी ग्राह्य है। देश काल तथा परिस्थिति से प्रभावित मानव कुछ बातों में एक जैसे प्रारम्भ से रहे हैं; यह ध्वनि सम्पत्ति के विवेचन से स्पष्ट है। भवन-निर्माण हो या, पशुपालन उसके पीछे जो मूल प्रवृत्ति है वह सदा से एक ही है।

आर्य, राक्षस एवं बानर समाज में समान प्रकृति रहने के कारण विकास एवं संचय के मूल उद्देश्य एक ही है। यह उद्देश्य अक्षय सुख की खोज है। सोने की लंका, किष्किन्धा गुफा, अयोध्या की अट्टालिका इसी सुख की खोज में आंखें फाड़कर देखती हुई नजर आती हैं। धन की अपारराशि अयोध्या एवं लंका

में फैली हुई थी जिसका विवेचन करना इस पुस्तक का उद्देश्य है। रामायण में वर्णित कृषि के कई भाग हुए हैं।

भूमि की जुताई, बोआई, सिंचाई कृषि के औजार फसलों से उत्पन्न अन्न तथा कृषि पर तत्कालीन संकट। प्रारम्भ में आर्यजीवन का विकास चित्रित करते हुए कहा है कि उनके हल काफी बड़े और भारी होते थे जिसे चार-छः बारह तथा कभी-कभी बैल तक खींचते थे।

रामायण में वर्णित उस कोटि के नहीं हैं। भूमि में सुधार तथा कृषि विकास में दो बैलों से खींचने योग्य हल का निर्माण किया अतः आभास मिलता है किसी व्यवस्था का उत्तरोत्तर विकास स्वाभाविक प्रक्रिया है। राजाओं द्वारा समारोह के साथ, हल जोता जाना कृषि की अनिवार्यता प्रतिपादित करता है। यज्ञ स्थल, यज्ञकर्ता के हाथों से हल द्वारा परिशोधित होता था। कृषि से यज्ञ तथा यज्ञ से कृषि यह ध्वनि निकलती है।

रामायण में कृषि जीवन का चित्रण कहाँ तक हुआ है यह इस पुस्तक से स्पष्ट है। कृषि तथा कृषक, के प्रति राजा के कर्तव्य का उल्लेख महर्षि वाल्मीकि में किया है:-

तेषां गुप्ति परिहारैः कच्चिते मरणंकृतम्

रक्ष्या हिराज्ञा धर्मेण सर्वे विषमवासिनः।।[12]

कवि ने रक्षा का मह राजनीतिक दृष्टि से दिया है। यह विश्लेषण विभिन्न तथ्यों के आधार पर हुआ है। "कृषि गोर जीविनः" का समाज ही विश्सावैश्य था। रामायण में वर्णित कृषि की परिस्थिति पर विचार करते हुए कृषकों की स्थिति पर भी विचार किया गया है।

"मत्स्य न्याय" एवं अराजकता की परिस्थिति से जूझने वाले कृषकों के लिए वाल्मीकि तथा व्यास जैसे समाजविदों के सिद्धांत क्या थे उन्हें स्पष्ट किया गया है। यह मत्स्य न्याय पूंजीवाद की जड़ है जिस पर उसकी विशाल इमारत तैयार होती है। कृषक वर्ग और अराजकता की परिस्थिति में अपना

---

12. वा० रा०-3-100-48

स्वामित्व किसी वस्तु पर नहीं मानता था जिससे वह और भी विपन्न हो जाता था। खेतों में बीज डालना नहीं चाहता था। इन सारे तथ्यों का विश्लेषण कृषि पर तत्कालीन संकट के सन्दर्भ में किया गया है तथा इस पुस्तक का निष्कर्ष समाप्त किया गया है कि कृषि और कृषक राष्ट्रीय समस्या के रूप में विचारणीय विषय थे।

बड़े-बड़े उद्योग आज की तरह तत्कालीन समाज में नहीं थे लेकिन कुटीर उद्योग या लघु उद्योगों की जाल पूरे देश में फैले हुए थे। समाज का हर वर्ग अपने कला कौशल का प्रदर्शन करता था तथा उनके कार्यों में वहीं बारीकी थी जो कि एक निपुण शिल्पी कला में हो सकती है। मुख्य उद्योग ही विवेचन का विषय है क्योंकि महर्षि वाल्मीकि ने उन उद्योगों पर काफी तथ्य प्रस्तुत किया है।

वस्त्रोद्योग का विकास यदि पराकाष्टा पर था तो अस्त्र-शस्त्र निर्माण उद्योग भी पीछे नहीं था। वस्त्र उद्योग के अन्तर्गत अलग-अलग शाखा तैयार हो गई थी। आर्य कार्य में निपुणता एवं दक्षता हेतु यह विभाजन आवश्यक था। क्षौमया कौशेष वस्त्र उद्योग तथा और्ण वस्त्रोद्योग एक साथ एक ही तरह के शिल्पियों द्वारा नहीं चलते थे।

यदि ऐसा होता तो वैसी निपुणता शायद नहीं आ सकती थी। काष्ट उद्योग एवं चर्म उद्योग वैसे विषयों पर अलग-अलग शीर्षक के अन्तर्गत विचार किया गया है जहाँ चर्म उद्योग आज हेय दृष्टि से देखा जाता है; वहाँ रामायण उस कार्य के महत्व पर प्रकाश डालती है।

उसके द्वारा निर्मित सामान उच्च कोटि के होते थे जो महलों की शोभा बढ़ाते थें उसकी पवित्रता ऐसी थी कि यज्ञ समारोह में भी यह वर्ग आमंत्रित होता था। काष्ट उद्योग के अन्तर्गत पादुका का निर्माण भी होता था और बड़ी-बड़ी नौकाएं भी तैयार होती थी। रामायण से उपलब्ध तथा उन उद्योगों के सर्वांगीण चित्र प्रस्तुत करते हैं। अयोध्या में कम्बल वाले उद्योग केकेय देश या लंका में भी हो यह सम्भव नहीं है। स्थान विशेष पर परिस्थिति जन्य परिवेश

---

13. ऋग्वेद-4-24-9

में उद्योग धंधें का विकास एक स्वाभाविक गति है। "केकेय" देश में निर्मित कम्बल या सामुद्रिक किनारे पर मोती निकालने के उद्योग के भौगोलिक कारण हैं जिनका पालन हुआ है। कुछ ऐसे भी उद्योग

इस पुस्तक के अन्तर्गत वर्णित है जिनका विकास लंका, किष्किन्धा तथा आर्य प्रदेशों में सामान्य दीख पड़ता है। आभूषण निर्माण उस युग का एक मुख्य उद्योग दीख पड़ता है जिसके अन्तर्गत विभिनन कोटि के आभूषणों की चर्चा की गई है ये आभूषण उपयोगिता तथा खपत के आधार पर निर्मित होते थे जिसका विवेचन उपलब्ध तथ्यों से किया गया है। विभिन्न उद्योगों द्वारा निर्मित वस्तुओं की सूची भी दी गई है तथा सम्बद्ध प्रसंग का उल्लेख भी किया गया है।

वस्तुओं का निर्माण वाणिज्य व्यापार के विकास पर भी निर्भर करता है। व्यापार के विकास पर महर्षि वाल्मीकि ने जो तथ्य प्रस्तुत किया है उससे व्यापार के साधनों पर पूरा प्रकाश पड़ता हैं समाज में जिस हद तक वाणिजय से सम्बद्ध विकृतियां आयी थीं उनका विवेचन किया गया है। कुछ वस्तुओं के व्यापार वर्जित थे तथा नैतिकता को तिलांजलि देकर उन वस्तुओं के व्यापार करने वाले समाज में हेय दृष्टि से देखे जाते थे। अन्तर्गत देशीय एवं वैदेशी व्यापारों के विवेचन में व्यापार के साधनों का प्रसंगम्वी ने स्पष्ट है। उत्पादनकर्ता एवं व्यापारी दोनों का सम्बन्ध भी चर्चित हुआ है। कुछ ऐसी व्यवस्था थी कि वस्तुओं के उत्पादनकर्ता स्वयं विक्रेता भी थे। इस तरह व्यापार एवं वाणिज्य से सम्बद्ध सारे तत्व उस पुस्तक में वर्णित हैं।

ऋग्वेद का मन्त्र है–"भूयसा कनीयो न अरिरेचीत" यानि मूलक्रेता तथा विक्रेता के बीच निश्चित हो जाने पर पुनः बढ़ाया नहीं जा सकता है यह सिद्धान्त समाज की स्वाभाविक गति है जिसका अनुमोदन महर्षि वाल्मीकि के समाज में भी होता था। कुछ वस्तुओं के मूल्य जहाँ खुलकर तय किये जाते थे वहां ऐसी भी वस्तु भी जिसकी कीमत तय करते हुए संकोच का अनुभव होता था। मनुष्य विकता था। मूल्य तय होते थे। समाज इसे बुरी दृष्टि से देखता था। दातुमहर्सि मूल्येन सूतमेकनितो मम्।।[14] व्यापारियों की आचार संहिता थी। उसका पालन होता था। इस समाज में कुछ अदला-बदली के द्वारा क्रय-विक्रय की जाती थी। महर्षि वाल्मीकि ने मुद्रा के प्रकार भेद तथा इसके गुणों पर

विचार किया है। इससे स्पष्ट होता है कि राजतन्त्र में मुद्रा का प्रभाव समाज के ऊपर कैसा था। मजदूरी के वेतन का भुगतान में मुद्रा का महत्व था। अश्वमेघ जैसे उत्सवों में अरबों मुद्राएं की जाती थीं। राजस्व जिसमें विभिन्न प्रकार के करों की चर्चा की गई है। राजतंत्रों द्वारा प्रजा का शोषण करके माध्यम से नहीं होता था यह स्पष्ट परिलक्षित होता है। राजाओं में वैसी विकृति तत्कालीन समाज में नहीं थी।

14. वा० रा०–1-61-15